더 멋진 내일 Tomorrow 을 위한 내일 My Career

내일은 정보처리기사

실기 (기출+모의고사 별책 수록)

임소현, 조수현,
천지은 지음

김앤북
KIM&BOOK

초판1쇄 인쇄 2024년 2월 26일
초판1쇄 발행 2024년 3월 5일
지은이 임소현, 조수현, 천지은
기획 김응태, 정다운
디자인 서제호, 서진희, 조아현
판매영업 조재훈, 김승규, 문지영

발행처 ㈜아이비김영
펴낸이 김석철
등록번호 제22-3190호
주소 (06728) 서울 서초구 서운로 32, 우진빌딩 5층
전화 (대표전화) 1661-7022
팩스 02)3456-8073

ISBN 978-89-6512-874-8 13000
정가 26,000원

잘못된 책은 바꿔드립니다.

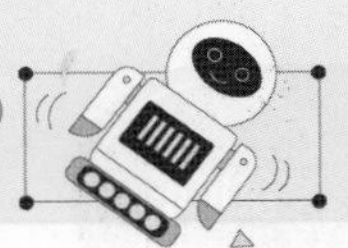

정보처리기사 자격증을 따려고 마음을 먹고, 서점에 갔을 때 두꺼운 수험서를 보고 놀라지 않으셨나요? 인터넷으로 며칠 만에 합격할 수 있는지 합격 후기를 찾아보면서 짧고 효율적으로 공부할 방법이 없을지 고민하신 적은 없으셨나요?
비전공자분들은 처음 접하는 개념이 많다 보니 개념을 이해하기 어렵거나, 긴 시간을 잡고 오래 공부하는 경우가 있었을 겁니다. 반면 전공자분들은 모의고사부터 풀면서도 본인이 모르는 개념만 유형화 지어서 공부하고 싶다는 갈증을 느꼈던 적이 있으실 겁니다. 비전공자들이 겪는 어려움과 전공자들이 느끼는 갈증을 해소해 드리고 싶어 이 책을 집필하게 되었습니다. '내일은 정보처리기사'는 정보처리기사 시험을 오랜 기간 분석하여 합격을 위한 가장 빠른 지름길로 여러분들에게 안내해 드리고자 합니다.

첫째, 2023년 출제 기준과 23년간 기출 문제를 분석해 핵심 이론 71개를 선별했습니다. 대표 유형을 통해 실제 시험문제가 어떻게 출제되는지 보고, 이에 맞게 핵심 이론을 공부한 후 연습문제로 연습하다 보면 자연스럽게 자주 묻는 이론이 무엇인지 체화되는 경험을 하게 될 것입니다.

둘째, 가장 최신 출제된 문제와 보기를 복원한 기출문제를 제공하여, 수험생 여러분들이 시험 전 실제 시험과 유사하게 연습해 볼 수 있도록 했습니다.

셋째, 기출 변형 모의고사 3회를 수록해 새로운 문제를 연습해 볼 수 있도록 하였습니다. 최근 특정 개념에 대한 설명을 묻는 등 보기가 좀 더 복잡해지고 있는데, 이러한 어려운 문제들을 더 연습해 보고 싶은 수험생들은 기출 변형 모의고사까지 풀어본다면 도움이 될 것입니다.

저자들이 5바퀴를 뛰면 수험생은 1바퀴만 뛰어도 된다. 책을 쓰면서 저자들끼리 했던 다짐입니다. 눈길에 앞 사람이 먼저 길을 만들어 놓으면 뒷사람이 편하듯, 수험생들이 더 편하고 재밌게 시험 준비를 할 수 있도록 저자들이 5번 더 기출문제를 분석하고 집필했습니다. 이 책이 여러분의 시험을 준비하는 데에 도움이 되면 좋겠습니다.
마지막으로 '내일은 정보처리기사'를 집필하기 위해 도와주신 김앤북 출판사 관계자분, 교정 및 베타테스트를 도와주신 모든 분께 감사의 말씀 올립니다.

2024년 1월

저자 일동

도서 활용법 소개

이 책은 정보처리기사 실기 시험을 준비하는데 필요한 지식만을 압축적으로 담았습니다. 정보처리기사 자격증 취득 시, 실기 시험에 나오는 개념과 문제를 '효율적으로' 공부할 수 있도록 구성하여 합격을 위한 지름길을 제시합니다. '학습 포인트'를 통해 어떤 개념이 주로 출제되는지 확인한 후, '대표 기출 유형'을 통해 어떻게 개념이 출제되는지 맛을 보고, '필수 핵심 이론'을 통한 상세 학습을 할 수 있도록 하여, 수험생들이 핵심 개념 중심으로 빠르게 학습할 수 있도록 했습니다.

첫째, 전공자뿐만 아니라 비전공자도 쉽게 이해할 수 있도록 정보처리기사 실기 출제기준에 해당하는 개념들을 기출문제 바탕으로 설명합니다.

둘째, 유형별 학습 포인트를 제공해 중요한 부분을 집중적으로 공부할 수 있도록 구성했으며,약술형에 출제되는 개념들을 깔끔한 1문장으로 정리해 설명합니다.

셋째, 2023년 최신 기출을 반영한 기출 문제 3회와 변형 모의고사 3회를 제공해 실전 연습을 할 수 있도록 하였습니다.

2020년 이후 출제 비중을 면밀히 분석하여 세부 유형에 따라 별 0개에서 3개로 구분하여 표기하였습니다.

별표 개수	설명
★★★	매 시험마다 꼭 나올 것으로 예상되는 부분 (20년도 이후 50% 이상 출제)
★★	두 번 시험 보면 1번은 꼭 나올 것으로 예상되는 부분 (20년도 이후 30~50% 출제)
★	세 번 시험 보면 1번은 나올 것으로 예상되는 부분 (20년도 이후 1번 이상 ~ 30% 미만 출제)
	출제 범위에는 포함되지만 아직 출제된 적은 없는 부분

선생님의 노하우가 담긴 필승 합격 전략

1. 핵심 개념의 이해

기출문제와 출제예상문제를 바탕으로, 정보처리기사의 넓은 출제 범위 내 핵심 개념을 정확하게 학습하는 것이 중요합니다. 개념을 단순하게 암기하는 것만 아니라 문제와 함께 공부하며 다양한 변형문제도 풀 수 있도록 공부하는 것이 중요합니다.

2. 포기하지 않는 주도적 일정 관리

정보처리기사 시험은 넓은 범위의 개념을 다룹니다. 책에서 제시하는 "전공자/비전공자(입문자 포함)별 맞춤 학습 플랜"으로 효율적인 시간 관리와 전체 학습 계획을 세웁니다.

3. 모의고사

실제 시험과 가까운 모의고사 문제를 통해 문제 풀이 해결 전략을 학습합니다. 모의고사를 통해 부족한 개념을 확인하고 자세한 해설로 이를 보완할 수 있습니다.

전공자/비전공자(입문자 포함)별 맞춤 학습 플랜

● 전공자 학습 플랜(7일)

1일	2일	3일	4일	5일	6일	7일
Chapter 1~4	Chapter 5~6	Chapter 7~8, 10~11	Chapter 9	2023 최신 기출 3회	기출 변형 모의고사 3회	복습 및 정리

– 전공자의 경우, 2023 최신 기출을 1회 풀어보고, 취약한 Chapter 순으로 1~4일에 걸쳐 학습해도 됩니다.
– 6일 동안 1회독을 완료한 후, 마지막 날에 틀린 문제를 다시 한 번 확인하고 '대표 기출 유형'을 복습합니다.

● 비전공자(입문자 포함) 학습 플랜(14일)

<table>
<tr><th>1일</th><th>2일</th><th>3일</th><th>4일</th><th>5일</th><th>6일</th><th>7일</th></tr>
<tr><td colspan="5">1회독</td><td rowspan="2">2023 최신 기출 3회</td><td rowspan="2">복습 및 정리</td></tr>
<tr><td>Chapter 1~4</td><td>Chapter 5~6</td><td>Chapter 7~8, 10~11</td><td>Chapter 9</td><td>Chapter 9</td></tr>
<tr><th>8일</th><th>9일</th><th>10일</th><th>11일</th><th>12일</th><th>13일</th><th>14일</th></tr>
<tr><td colspan="5">2회독</td><td rowspan="2">기출 변형 모의고사 3회</td><td rowspan="2">복습 및 정리</td></tr>
<tr><td>Chapter 1~4</td><td>Chapter 5~6</td><td>Chapter 7~8, 10~11</td><td>Chapter 9</td><td>Chapter 9</td></tr>
</table>

– 비전공자의 경우, 각 Chapter를 2회독 하시길 권장합니다. 5일에 걸쳐 각 Chapter를 1회독하고 2023년 최신기출 3회분을 푼 후, 오답 확인 및 대표유형을 복습하는 순으로 학습합니다.
– 1회독 때 이론을 가볍게 읽으며 별 2~3개짜리 대표유형을 중심으로 이해한 후, 연습문제를 꼭 풀도록 하고, 2회독 때는 이론을 꼼꼼하게 읽으며 별 0~1개짜리까지 학습을 권장합니다.

시험 안내

1. 시험 소개

정보처리기사 시험은 컴퓨터를 효과적으로 활용하기 위해서 하드웨어뿐만 아니라 정교한 소프트웨어가 필요해, 우수한 프로그램을 개발하여 업무의 효율성을 높이고, 궁극적으로 국가발전에 이바지하기 위해서 컴퓨터에 관한 전문적인 지식과 기술을 갖춘 사람을 양성할 목적으로 제정되었습니다.

2. 기본 정보

① 시행처 : 한국산업인력공단

② 관련 학과 : 모든 학과 응시 가능

③ 시험 과목

- 필기 1. 소프트웨어 설계 2. 소프트웨어 개발 3. 데이터베이스 구축 4. 프로그래밍 언어 활용 5. 정보시스템 구축 관리
- 실기 : 정보처리 실무

④ 검정 방법 – 필기 : 객관식 4지 택일형, 과목당 20문항(과목당 30분) 수험료 19,400원
– 실기 : 필답형(2시간30분), 수험료 22,600원

⑤ 합격 기준 – 필기 : 100점을 만점으로 하여 과목당 40점 이상, 전과목 평균 60점 이상
– 실기 : 100점을 만점으로 하여 60점 이상

3. 준비물

개인 지참 연습장 등은 사용이 불가하며, 별도 문제풀이용 연습지 제공

4. 실기시험 출제 경향

정보시스템 등의 개발 요구 사항을 이해하여 각 업무에 맞는 소프트웨어의 기능에 관한 설계, 구현 및 테스트를 수행에 필요한

1. 현행 시스템 분석 및 요구사항 확인(소프트웨어 공학 기술의 요구사항 분석 기법 활용)
2. 데이터 입출력 구현(논리, 물리데이터베이스 설계, 조작 프로시저 등)
3. 통합 구현(소프트웨어와 연계 대상 모듈 간의 특성 및 연계 모듈 구현 등)
4. 서버프로그램 구현(소프트웨어 개발 환경 구축, 형상 관리, 공통 모듈, 테스트 수행 등)
5. 인터페이스 구현(소프트웨어 공학 지식, 소프트웨어 인터페이스 설계, 기능 구현, 구현검증 등)
6. 화면설계(UI 요구사항 및 설계, 표준 프로토 타입 제작 등)
7. 애플리케이션 테스트(테스트 케이스 설계, 통합 테스트, 성능 개선 등)
8. SQL 응용(SQL 작성 등)
9. 소프트웨어 개발 보안 구축(SW 개발 보안 설계, SW개발 보안 구현 등)
10. 프로그래밍 언어활용(기본 문법 등)
11. 응용 SW 기초 기술 활용(운영체제, 데이터베이스 활용, 네트워크 활용, 개발환경 구축 등)
12. 제품 소프트웨어 패키징(제품 소프트웨어 패키징, 제품소프트웨어 매뉴얼 작성, 버전 관리 등)

출제 비중 및 출제 경향

챕터	출제 비중		출제 경향
1. 요구사항 확인	■□□□□	5.6%	매 시험 1문제 이상 출제되는 부분으로, 객체지향 설계원칙/분석방법론, UML, 비용 산정 기법 관련 계산 문제, 소프트웨어 개발 방법론 등에 대해 묻는 문제가 출제됨
2. 화면 설계	■□□□□	2.8%	출제 비중이 높지 않은 챕터로, '사용자 인터페이스(UI)'에 대해 묻는 문제가 출제됨
3. 프로그램 구현	■■□□□	7.2%	매 시험 1문제 이상 단답형으로 출제될 가능성이 높은 부분으로 '결합도', '응집도', '팬인(Fan-in)/팬아웃(Fan-out)', '디자인 패턴' 유형 등을 묻는 문제가 주로 출제됨
4. 인터페이스 구현 및 통합 구현	■□□□□	3.3%	단답형으로만 출제되었으며, 'EAI 구축 유형'이나 '인터페이스 구현 관련 데이터 기술/포맷'을 묻는 문제가 주로 출제됨
5. 데이터 입출력 구현	■■■□□	12.8%	매 시험 1문제 이상 출제될 가능성이 높은 부분으로, '데이터 모델 구성요소', '정규화', '트랜잭션의 특징' 등을 묻는 문제가 출제됨
6. SQL 응용	■■■□□	11.7%	매 시험 1문제 이상 출제되는 부분으로 특히 SQL문(주로 DML)의 빈칸을 채우거나 조회 결과를 적는 문제가 출제됨
7. 애플리케이션 테스트 관리	■■■□□	11.1%	매 시험 1문제 이상 출제되는 부분으로, 테스트 종류나 테스트 도구 관련 용어를 묻는 단답형 문제가 주로 출제됨
8. 소프트웨어 개발 보안 구축	■■□□□	8.3%	단답형으로만 출제될 가능성이 높은 부분으로, '암호화 알고리즘', '보안 위협' 관련 용어명을 적는 문제가 자주 출제됨
9. 프로그래밍 언어 활용	■■■■■	24.4%	• 매 시험 5~6문제 출제되는 챕터로, 프로그램의 수행결과를 묻는 문제가 주로 출제되며, 최근에는 코드의 빈칸을 채우는 문제가 출제됨 • 조건문과 반복문, 연산자부터 언어별 특화 문제(C-포인터, 구조체, Java-클래스, 상속, Python-연산자, 리스트 슬라이싱 등) 등이 출제됨
10. 응용 SW 기초 기술 활용	■■■□□	12.2%	운영체제와 네트워크 관련 챕터로, 'OSI 7 Layer', '프로토콜(protocol)', '서브네팅(subnetting)', '프로세스(process)' 등에 대해 묻는 문제가 자주 출제됨
11. 소프트웨어 패키징	□□□□□	0.6%	출제 빈도가 낮으며, '릴리즈 노트'의 구성요소에 대해 묻는 단답형 문제가 출제된 적 있음

도서 구성

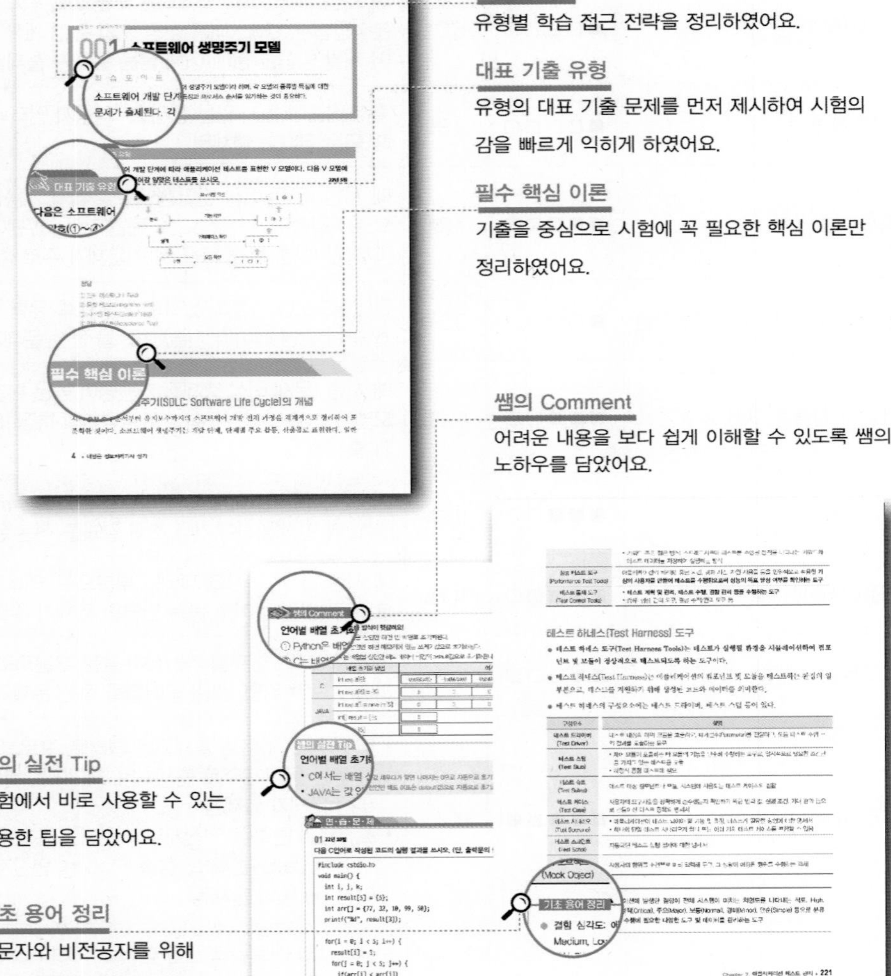

학습포인트
유형별 학습 접근 전략을 정리하였어요.

대표 기출 유형
유형의 대표 기출 문제를 먼저 제시하여 시험의 감을 빠르게 익히게 하였어요.

필수 핵심 이론
기출을 중심으로 시험에 꼭 필요한 핵심 이론만 정리하였어요.

쌤의 Comment
어려운 내용을 보다 쉽게 이해할 수 있도록 쌤의 노하우를 담았어요.

쌤의 실전 Tip
시험에서 바로 사용할 수 있는 유용한 팁을 담았어요.

기초 용어 정리
입문자와 비전공자를 위해 기초 용어를 정리하였어요.

연습문제

23개년 기출문제 중 최신 유형에 맞는 것을 선별하여 유형별로 나누어 수록하였어요.

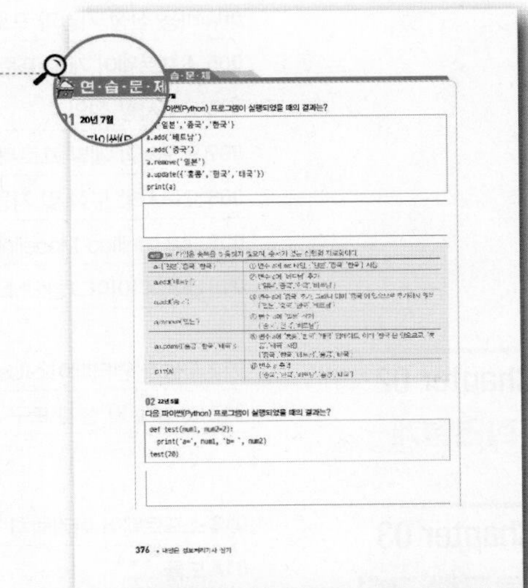

최신 기출 + 기출변형 모의고사

2023년 기출 복원 문제와 기출 변형 문제를 각각 3회분씩 수록하였어요.

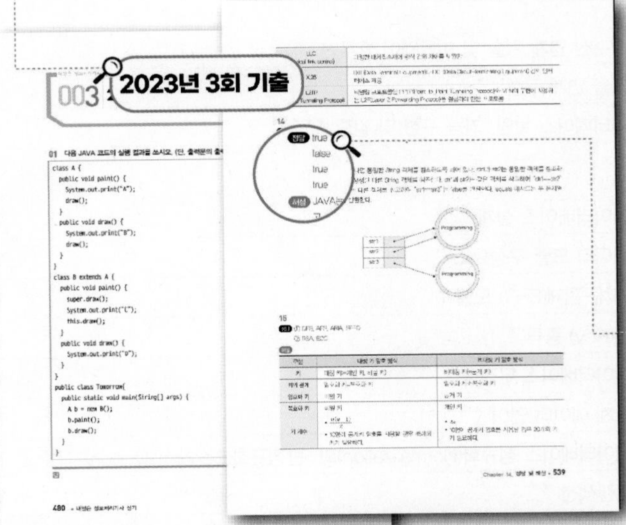

해설

해설만으로도 충분히 복습이 가능하도록 수록하였어요.

Chapter 06 SQL 응용

Chapter 07 애플리케이션 테스트 관리

Chapter 08 소프트웨어 개발 보안 구축

Chapter 09 프로그래밍 언어 활용

CONTENTS

Chapter 10
응용 SW 기초 기술 활용

Chapter 11
소프트웨어 패키징

부록
2023 최신 기출 및 기출변형 모의고사

CHAPTER

01

요구사항 확인

001 소프트웨어 생명주기 모델 ★

학·습·포·인·트

소프트웨어 개발 단계를 소프트웨어 생명주기 모델이라 하며, 각 모델의 종류별 특징에 대한 문제가 출제된다. 각 모델의 주요 특징과 프로세스 순서를 암기하는 것이 중요하다.

대표 기출 유형

다음은 소프트웨어 개발 단계에 따라 애플리케이션 테스트를 표현한 V 모델이다. 다음 V 모델에서 괄호(①~④)에 들어갈 알맞은 테스트를 쓰시오.

22년 5월

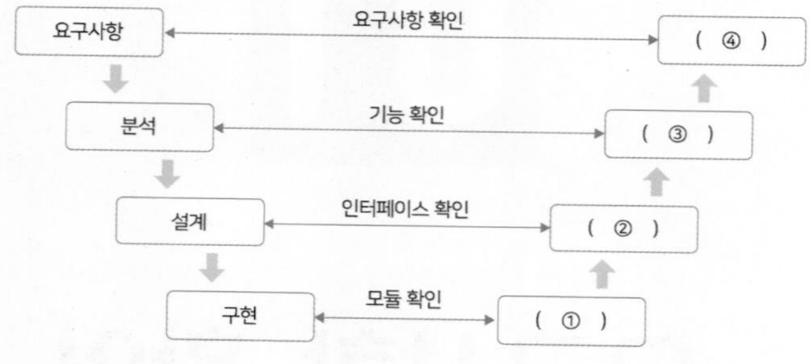

정답

① 단위 테스트(Unit Test)
② 통합 테스트(Integration Test)
③ 시스템 테스트(System Test)
④ 인수 테스트(Acceptance Test)

필수 핵심 이론

소프트웨어 생명주기(SDLC; Software Development Life Cycle)의 개념

시스템의 요구분석부터 유지보수까지의 소프트웨어 개발 전체 과정을 체계적으로 정리하여 표준화한 것이다. 소프트웨어 생명주기는 개발 단계, 단계별 주요 활동, 산출물로 표현한다. 일반적으로 사용되는 소프트웨어 생명주기 모델에는 폭포수 모델, 프로토타입 모델, V모델, 나선형 모델 등이 있다.

소프트웨어 생명주기 모델 종류

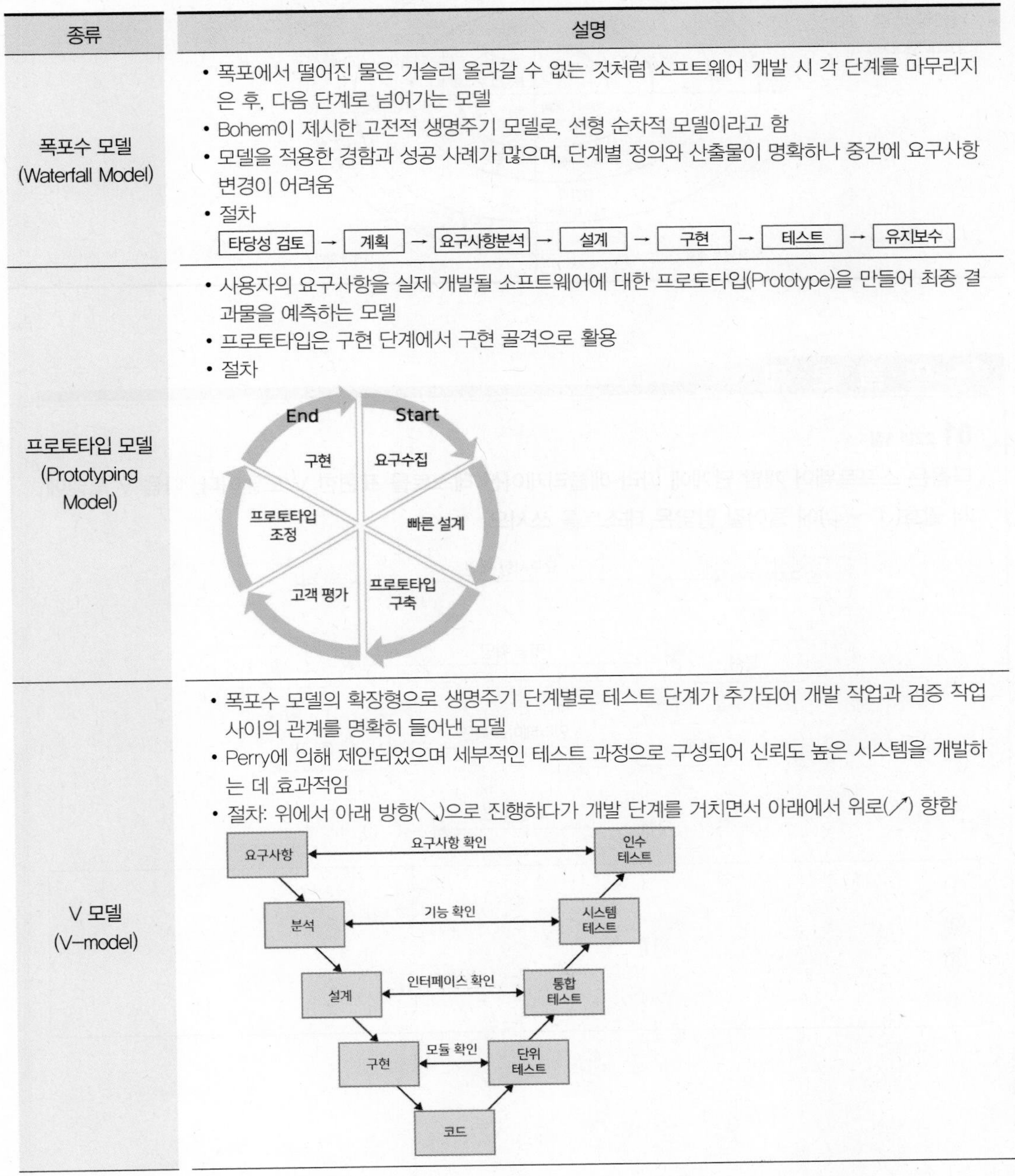

종류	설명
폭포수 모델 (Waterfall Model)	• 폭포에서 떨어진 물은 거슬러 올라갈 수 없는 것처럼 소프트웨어 개발 시 각 단계를 마무리지은 후, 다음 단계로 넘어가는 모델 • Bohem이 제시한 고전적 생명주기 모델로, 선형 순차적 모델이라고 함 • 모델을 적용한 경험과 성공 사례가 많으며, 단계별 정의와 산출물이 명확하나 중간에 요구사항 변경이 어려움 • 절차 타당성 검토 → 계획 → 요구사항분석 → 설계 → 구현 → 테스트 → 유지보수
프로토타입 모델 (Prototyping Model)	• 사용자의 요구사항을 실제 개발될 소프트웨어에 대한 프로토타입(Prototype)을 만들어 최종 결과물을 예측하는 모델 • 프로토타입은 구현 단계에서 구현 골격으로 활용 • 절차 Start: 요구수집 → 빠른 설계 → 프로토타입 구축 → 고객 평가 → 프로토타입 조정 → 구현 :End
V 모델 (V-model)	• 폭포수 모델의 확장형으로 생명주기 단계별로 테스트 단계가 추가되어 개발 작업과 검증 작업 사이의 관계를 명확히 들어낸 모델 • Perry에 의해 제안되었으며 세부적인 테스트 과정으로 구성되어 신뢰도 높은 시스템을 개발하는 데 효과적임 • 절차: 위에서 아래 방향(↘)으로 진행하다가 개발 단계를 거치면서 아래에서 위로(↗) 향함 요구사항 ↔ 인수 테스트 (요구사항 확인) 분석 ↔ 시스템 테스트 (기능 확인) 설계 ↔ 통합 테스트 (인터페이스 확인) 구현 ↔ 단위 테스트 (모듈 확인) 코드

나선형 모델 (Spiral Model)	• 폭포수 모델과 프로토타입 모델의 장점에 위험 분석 기능을 추가하여 점진적으로 완벽한 시스템으로 개발해 나가는 모델 • 대형 프로젝트 비교적 적합하나, 프로젝트 관리가 어려움 • 절차 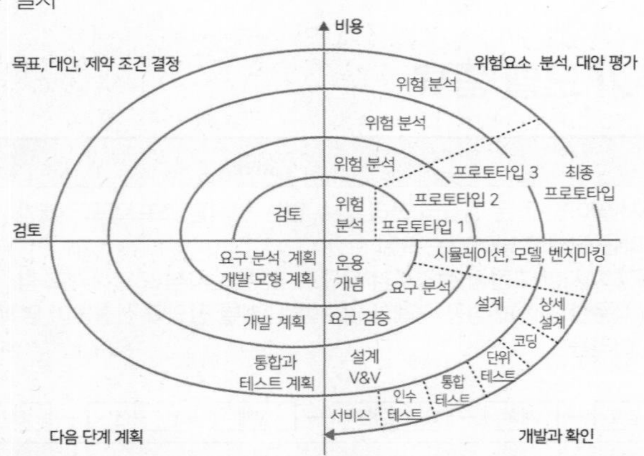

연·습·문·제

01 22년 5월

다음은 소프트웨어 개발 단계에 따라 애플리케이션 테스트를 표현한 V 모델이다. 다음 V 모델에서 괄호(①~④)에 들어갈 알맞은 테스트를 쓰시오.

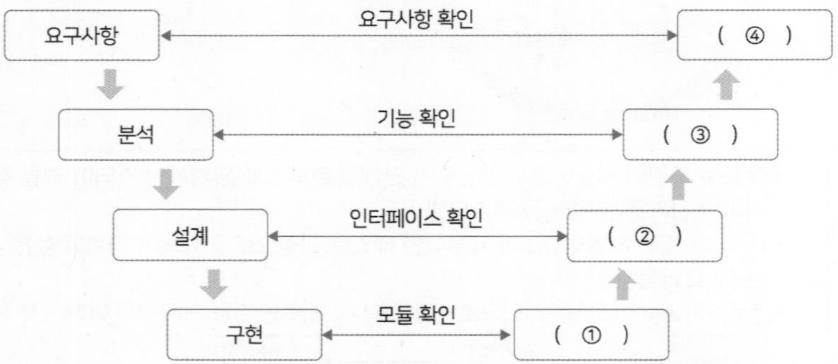

①
②
③
④

02 출제 예상

다음에서 설명하는 소프트웨어 생명주기 모델을 쓰시오.

Perry에 의해 제안되었으며 세부적인 테스트 과정으로 구성되어 신뢰도 높은 시스템을 개발하는 데 효과적인 모델이다. 개발 작업과 검증 작업 사이의 관계를 명확히 들어내 놓은 폭포수 모델의 변형이라고 볼 수 있다. 폭포수 모델이 산출물 중심이라면 ( )은 작업과 결과의 검증에 초점을 둔다.

03 출제 예상

나선형(Spiral) 모델의 주요 태스크를 [보기]를 참고하여 순서대로 쓰시오.

[보기]

계획 및 정의, 개발, 고객 평가, 위험 분석

정답

01 | ① 단위 테스트(Unit Test)
② 통합 테스트(Integration Test)
③ 시스템 테스트(System Test)
④ 인수 테스트(Acceptance Test)

02 | V 모델(V–model)

03 | 계획 및 정의 - 위험 분석 - 개발 - 고객 평가

002 소프트웨어 개발방법론 ★★

학 · 습 · 포 · 인 · 트

소프트웨어 개발방법론과 애자일, 스크럼, XP 개발방법론에 대하여 문제가 주로 출제된다. 각 개발방법론의 특징과 용어에 대해서 이해하도록 한다.

대표 기출 유형

시제품을 끊임없이 제작하며 사이클을 반복하는 개발방법론으로, 워터폴과 대조적이며 최근 소프트웨어 개발을 넘어 기업 경영 전반에서 사용되고 있다. 고객의 변화하는 요구사항과 환경 변화에 능동적인 이 소프트웨어 개발방법론을 쓰시오.

20년 7월

정답

애자일(Agile)

애자일 방법론은 절차보다는 사람이 중심이 되어 변화에 유연하고 신속하게 적응하면서 효율적으로 시스템을 개발할 수 있는 신속 적응적 경량 개발방법론이다. 개발 기간이 짧고 신속하며, 워터폴(Waterfall)에 대비되는 방법론으로 개발과 함께 즉시 피드백을 받아서 유동적으로 개발할 수 있다.

필수 핵심 이론

소프트웨어 개발방법론(Software Development Methodology)의 개념

소프트웨어의 생산성과 품질 향상을 위하여, 개발 전 과정에서 지속적으로 적용할 수 있는 방법이다.

소프트웨어 개발방법론 종류

종류	설명
구조적 방법론 (Structured Development)	• 정형화된 분석 절차에 따라 사용자 요구사항을 파악하여 문서화하는 프로세스 접근 방식의 방법론 • 쉬운 이해와 검증이 가능한 프로그램 코드를 생성하는 것이 목적이며, 분할과 정복(Divide and Conquer) 원리 적용 • 문서화하는 분석 방법으로 자료 흐름도(DFD), 자료 사전(DD), 소단위 명세서의 특징을 나타냄 • 나씨-슈나이더만(NS-Chart; Nassi-Shneidrman) 차트 사용 **나씨-슈나이더만(NS-Chart; Nassi-Shneidrman) 차트** • 논리의 기술에 중점을 두고 도형을 이용한 표현 방법 • 연속, 선택, 반복 등의 제어 논리 구조 표현 • 이해하기 쉽고 코드 변환이 용이 • 조건이 복합되어 있는 곳의 처리를 시각적으로 명확히 식별하는 데 적합
정보공학 방법론 (Information Engineering Development)	• 시스템의 개발을 위해 계획, 분석, 설계, 구축에 정형화된 기법들을 통합하여 적용하는 자료 중심의 방법론 • 개발 주기를 이용하여 대형 프로젝트를 수행하는 방법론 • 데이터베이스 설계 모델링 언어로 ERD(Entity-Relationship Diagram) 사용
객체지향 방법론 (Object-Oriented Development)	• 현실 세계의 개체(Entity)를 하나의 객체(Object)로 만들어서 소프트웨어를 개발할 때 조립하듯이 객체들을 조립해서 소프트웨어를 구현하는 방법론 • 객체(Object), 클래스(Class), 메시지(Message) 사용 • 설계 모델링 언어로 패키지 다이어그램(Package Diagram), 배치 다이어그램(Deployment Diagram), 상태 전이도(State Transition Diagram) 등 사용
컴포넌트 기반 방법론 (CBD; Componet Based Development)	• 소프트웨어를 구성하는 컴포넌트를 조립하여 새로운 소프트웨어를 만드는 방법론 • 생산성과 품질을 높이고 유지보수를 최소화할 수 있음 • 컴포넌트 제작 기법을 통해 재사용성 향상 • 독립적인 컴포넌트 단위 관리로 복잡성 최소화
애자일 방법론 (Agile Development)	고객의 요구사항 변화에 유연하고 신속하게 적응하면서 효율적으로 일정한 주기로 반복하며 개발 과정을 진행하는 방법론
제품 계열 방법론 (Product Line Development)	• 특정 제품에 적용하고 싶은 공통된 기능을 정의하여 개발하는 방법론 • 임베디드 소프트웨어를 개발하는 데 적합 • 영역 공학과 응용 공학으로 구분 영역 공학: 영역 분석, 영역 설계, 핵심 자산 구현 응용 공학: 제품 요구 분석, 제품 설계, 제품 구현

애자일 방법론

개발과 함께 즉시 피드백을 받아서 유동적으로 개발하는 소프트웨어 개발방법론이다.

애자일 방법론 핵심 가치

- 절차와 도구보다는 **개인과의 상호작용**에 더 가치를 둔다.
- 문서보다는 **실행되는 소프트웨어**에 더 가치를 둔다.
- 계약 협상보다는 **고객과의 협력**에 더 가치를 둔다.
- 계획을 따르기보다는 **변화에 유연하게 대응**하는 것에 더 가치를 둔다.

스크럼(Scrum)

개발팀이 자체적으로 일정을 조율하고 업무를 수행하는 프로젝트 관리 방법이다.

스크럼 주요 용어

주요 용어	설명
제품 백로그 (Product Backlog)	• 스크럼 프로젝트에서 제품에 대한 요구사항을 모두 담은 리스트로, 개발해야 할 기능, 요구사항 등을 우선순위에 따라 명세화한 목록 • 제품 백로그는 모든 이해당사자가 공유함
스프린트 (Sprint)	고정된 기간 개발하는 작업 주기로 일반적으로 2~4주 사이의 짧은 기간을 의미
속도 (Velocity)	한 번의 스프린트에서 하나의 스크럼 팀이 수행할 수 있는 제품 백로그의 양에 대한 추정치
번 다운 차트 (Burn Down Chart)	• 스크럼 프로젝트의 진행 상황을 시각적으로 보여 주는 차트로 시간에 따라 완료된 제품 백로그 항목의 양을 표시 • 스프린트 주기마다 업데이트됨 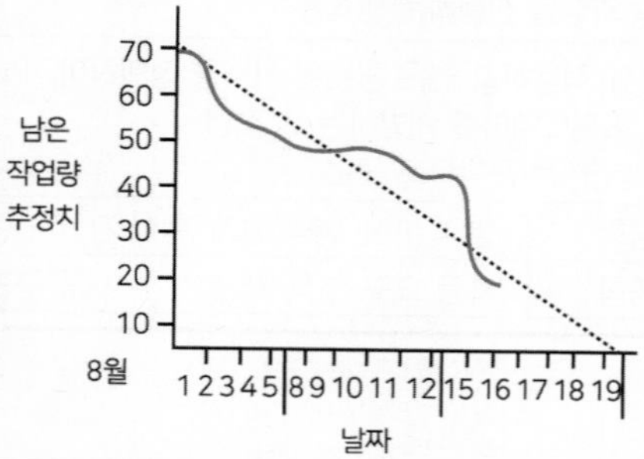 남은 작업량 추정치: 70, 60, 50, 40, 30, 20, 10 8월 날짜: 1 2 3 4 5 8 9 10 11 12 15 16 17 18 19
제품 책임자 (PO; Product Owner)	• 제품 소유자 역할을 수행하며, 제품에 대한 책임을 가짐 • 제품 백로그(Product Backlog) 관리하며, 제품 백로그에 우선순위를 부여하고, 스프린트 계획 회의(Sprint Planning Meeting)에서 개발할 항목을 선택 • 개발된 제품이 기대한 대로 되었는지 확인하고, 고객 요구사항을 충족하는지 검증함
스크럼 마스터 (SM; Scrum Master)	• 스크럼 프로세스 관리 • 스크럼 프로세스를 잘 수행할 수 있도록 스크럼 팀 지원

스크럼 개발 프로세스

순서	프로세스명	설명
1	제품 백로그(Product Backlog) 작성	개발 과정에서 새롭게 도출되는 요구사항을 지속해서 업데이트함
2	스프린트 계획 회의 (Sprint Planning Meeting)	• 수행할 작업의 스프린트(Sprint)를 수립 • 제품 백로그에서 스프린트 기간 동안 개발할 기능 선정
3	스프린트 진행 (Sprint Execution)	• 실제 작업을 수행하는 과정으로 보통 2~4주 정도의 기간으로 팀 자체적으로 진행 • 매일 지정한 시간에 약 15분의 짧은 시간 동안 일일 스크럼 회의(Daily Scrum Meeting)를 열어, 진행 상황 공유
4	스프린트 검토 (Sprint Review)	• 요구사항에 적합한지 사용자가 포함된 회의에서 테스트 진행 • 개선 사항에 대하여 피드백 정리 후, 제품 백로그에 업데이트함
5	스프린트 회고 (Sprint Retrospective)	지난 스프린트에서 얻는 경험을 바탕으로 개선 사항 도출, 반영하여 개발 프로세스 개선

XP(eXtreme Programming)

고객과 함께하는 설계, 개발, 테스트, 배포 과정을 반복적으로 작업하는 소프트웨어 개발방법론이다.

XP의 핵심 가치

의사소통(Communication), 단순성(Simplicity), 용기(Courage), 존중(Respect), 피드백(Feedback)

XP의 기본 원리

기본원리	설명
짝 프로그래밍 (Pair Programming)	개발자 둘이 짝을 이루어 개발
공동 코드 소유 (Collective Ownership)	시스템에 있는 코드는 누구든지 언제라도 수정 가능
지속적인 통합 (CI; Continuous Intergration)	하루에 몇 번이라도 시스템을 통합하여 빌드
계획 세우기 (Planning Process)	고객과 개발자가 함께 기능을 발견하고 개발하는 반복적인 과정을 계획하고 관리
작은 릴리즈 (Small/Short Release)	필요한 기능들만 갖춘 간단한 시스템을 빠르게 제품화하여 짧은(2주) 간격으로 자주 새로운 버전 배포

메타포어 (MetaPhor)	공통의 이름 작성 시스템을 사용하는 것
간단한 디자인 (Simple Design)	현재의 요구사항을 만족시키도록 가능한 한 단순하게 설계
테스트 기반 개발 (TDD; Test Driven Development)	프로그램에 대한 테스트를 수행하고, 이 테스트를 통과할 수 있도록 실제 코드를 작성
리팩토링 (Refactoring)	프로그램의 기능을 유지하며, 중복 제거, 단순화, 유연성 추가 등을 위해 시스템 재구성
40시간 작업 (40-Hour Work)	일주일에 40시간 이상을 일하지 않도록 규칙으로 정하고, 2주를 연속으로 초과 근무하지 않도록 함
고객 상주 (On Site Customer)	개발자들의 질문에 즉각 대답해 줄 수 있는 고객을 프로젝트에 풀타임으로 상주시킴
코드 표준 (Coding Standard)	효율적인 공동 작업을 위해 표준화된 관례에 따라 코드가 작성되어야 함

연·습·문·제

01 20년 7월

시제품을 끊임없이 제작하며 사이클을 반복하는 개발방법론으로, 워터폴과 대조적이며, 최근 소프트웨어 개발을 넘어 기업 경영 전반에서 사용되고 있다. 고객의 변화하는 요구사항과 환경 변화에 능동적인 이 소프트웨어 개발방법론을 쓰시오.

해설 애자일 방법론은 절차보다는 사람이 중심이 되어 변화에 유연하고 신속하게 적응하면서 효율적으로 시스템을 개발할 수 있는 신속 적응적 경량 개발방법론이다. 개발 기간이 짧고 신속하며, 워터폴(waterfall)에 대비되는 방법론으로 개발과 함께 즉시 피드백을 받아서 유동적으로 개발할 수 있다.

02 20년 10월

소프트웨어 공학에서 리팩토링(Refactoring)을 하는 목적에 대하여 간략히 서술하시오.

03 **출제 예상**

스크럼(Scrum) 개발 프로세스를 [보기]에서 골라 순서대로 기호(㉠~㉤)로 쓰시오.

[보기]

㉠ 스프린트 계획 회의
㉡ 스프린트 회고
㉢ 스프린트 검토
㉣ 제품 백로그 작성
㉤ 스프린트 진행

정답

01 | 애자일(Agile)
02 | 리팩토링의 목적은 프로그램을 쉽게 이해하고 수정하여 빠르게 개발할 수 있도록 하기 위함이다.
03 | ㉣ – ㉠ – ㉤ – ㉢ – ㉡

003 객체지향(OOP)과 객체지향 분석 방법론★★

학 · 습 · 포 · 인 · 트

객체지향 구성요소와 설계 원칙에 대한 문제가 출제된다. 또한 객체지향 기법에 대해서 꼼꼼히 이해하는 것이 중요하다.

대표 기출 유형

객체지향 설계 원칙 중 다음에서 설명하는 원칙을 [보기]에서 골라 쓰시오. **22년 7월**

- 자신이 사용하지 않는 인터페이스와 의존 관계를 맺거나 영향을 받지 않아야 한다는 객체지향 설계 원칙 중 하나이다.
- 예를 들어, 프린터, 팩스, 복사 기능을 가진 복합기의 경우 3가지 기능을 모두 가진 범용 인터페이스보다는 프린터 인터페이스, 팩스 인터페이스, 복사 인터페이스로 분리함으로써 하나의 기능 변경으로 인해 다른 기능이 영향을 받지 않도록 해야 한다.

[보기]

SRP, OCP, LSP, ISP, DIP

정답

ISP

객체지향 설계 원칙(SOLID)에서 자신이 사용하지 않는 인터페이스와 의존 관계를 맺거나 영향을 받지 않아야 한다는 객체지향 설계 원칙은 인터페이스 분리의 원칙(ISP; Interface Segregation Principle)이다.

필수 핵심 이론

객체지향(OOP; Object Oriented Programming)

현실 세계의 객체(Entity)를 소프트웨어 객체(Object)로 추상화하여 프로그래밍하는 방법이다.

객체지향 구성요소

구성요소	설명
클래스(Class)	• 공통된 속성과 연산을 갖는 객체의 집합 • 하나 이상의 유사한 객체들을 묶어 공통된 특성을 표현한 데이터 추상화를 의미
객체(Object)	• 상태, 동작, 고유 식별자를 가진 모든 것 • 필요한 자료구조와 이에 수행되는 함수들을 가진 하나의 독립된 존재 • 객체의 상태는 속성값에 의해 정의
메서드(Method)	클래스에서 생성된 객체를 사용하는 방법
메시지(Message)	객체에게 어떤 행위를 하도록 지시하는 명령
인스턴스(Instance)	같은 클래스에 속한 각각의 객체
속성(Property)	객체의 상태(State)를 나타내며, 해당 객체가 가지고 있는 데이터 값

객체지향 기법

<table>
<tr><th>기법</th><th colspan="2">설명</th></tr>
<tr><td>추상화
(Abstraction)</td><td colspan="2">• 객체의 공통적인 특성을 파악하고, 이를 하나의 개념으로 일반화하는 과정
• 자료 추상화, 과정 추상화, 제어 추상화</td></tr>
<tr><td>캡슐화
(Encapsulation)</td><td colspan="2">• 객체의 속성과 행동을 하나로 묶고, 외부에서의 접근을 제한하는 것
• 객체의 내부 구현 방법이 외부로 노출되지 않으므로 객체 간의 결합도가 낮아지고, 객체의 재사용성과 유지보수성이 높아짐</td></tr>
<tr><td>상속성
(Inheritance)</td><td colspan="2">새로운 클래스를 작성할 때 이미 구현된 클래스의 속성과 기능을 물려받아 확장하여 사용하는 기법</td></tr>
<tr><td>정보 은닉
(Information Hiding)</td><td colspan="2">• 코드 내부 데이터와 메서드를 숨기고 공개 인터페이스를 통해서만 접근이 가능하도록 하는 코드 보안 기술로, 객체의 내부 구현과 상세한 동작 방식을 외부에서 알 수 없도록 숨기는 것
• 필요하지 않은 정보는 접근할 수 없도록 하여 한 모듈 또는 하부 시스템이 다른 모듈의 구현에 영향을 받지 않게 설계, 모듈들 사이의 독립성 유지
• 모듈 내부의 자료구조와 접근 동작들에만 수정을 국한하지 않아, 요구사항 변화에 따른 수정이 가능
• 설계에서 은닉되어야 할 기본 정보로 IP주소와 같은 물리적 코드, 상세 데이터 구조가 있음</td></tr>
<tr><td rowspan="3">다형성
(Polymorphism)</td><td colspan="2">여러 개체가 같은 인터페이스를 공유하면서도 각자 다른 구현을 제공할 수 있도록 하는 기능으로, 객체들이 상속, 인터페이스, 오버 로딩 등을 활용하여 다양한 동작을 할 수 있음</td></tr>
<tr><td>오버 로딩
(Overloading)</td><td>같은 이름의 매서드를 인자의 타입, 개수, 순서 등에 따라 다르게 정의</td></tr>
<tr><td>오버 라이딩
(Overriding)</td><td>상위 클래스에 정의된 매서드를 하위 클래스에서 재정의하여 사용</td></tr>
</table>

관계성 (Relationship)	한 객체가 다른 객체를 참조하거나 참조되는 경우 두 객체 사이에 형성됨	
	연관화 (Association)	• is-member-of 관계 • 2개 이상의 객체가 서로 연관된 관계
	분류화 (Classification)	• is-instance-of 관계 • 공통된 특성을 갖는 객체들의 인스턴스
	집단화 (Aggregation)	• is-part-of 관계, part-whole 관계 • 서로 관련 있는 객체들을 묶어 하나의 상위 객체로 구성
	일반화 (Generalization)	• is-a 관계 • 공통된 특성으로 추상화한 상위 객체 구성
	특수화 (Specialization)	• is-a 관계 • 상위 객체를 구체화하여 하위 객체 구성

객체지향 설계 원칙(SOLID)

시스템의 수정, 확장이 용이한 시스템을 설계하기 위해 지켜야 하는 5가지의 원칙이다.

원칙		설명
S	단일 책임의 원칙 (SRP; Single Responsibility Principle)	• 하나의 클래스는 하나의 역할만 수행해야 한다는 원칙 • 클래스가 여러 가지 역할을 수행하면 유지보수가 어려워지고 코드가 복잡해짐
O	개방 폐쇄의 원칙 (OCP; Open-Closed Principle)	• 클래스는 확장에 대해 열려 있어야 하지만 수정에 대해서는 닫혀 있어야 한다는 원칙 • 새로운 기능이나 요구사항이 추가될 때 기존 코드를 수정하지 않고 확장할 수 있음
L	리스코프 치환의 원칙 (LSP; Liskov Substitution Principle)	• 상속된 클래스는 기본 클래스의 역할을 수행할 수 있어야 한다는 원칙 • 상속 관계에서 하위 클래스는 상위 클래스와 호환성이 있어야 함
I	인터페이스 분리의 원칙 (ISP; Interface Segregation Principle)	• 클라이언트는 자신이 사용하지 않는 인터페이스와 의존 관계를 맺거나 영향을 받지 않아야 한다는 원칙 • 하나의 큰 인터페이스보다는 작은 여러 개의 인터페이스로 나누어서 클라이언트가 필요한 기능만 사용할 수 있도록 해야 함
D	의존성 역전의 원칙 (DIP; Dependency Inversion Principle)	• 의존 관계를 뒤집어서 상위 수준 모듈은 하위 수준 모듈에 의존해서는 안 된다는 원칙 • 추상화된 인터페이스나 추상 클래스를 사용하여 두 모듈 간의 의존 관계를 최소화하고 유연성을 높여야 함

럼바우(Rumbaugh) 데이터 모델링에 대한 다음 설명에서, 각 지문(①~③)에 해당하는 모델링을 [보기]에서 골라 쓰시오. **21년 7월**

① 다수의 프로세스들 간의 자료 흐름을 중심으로 처리 과정을 표현한 모델링
예) 자료흐름도(DFD)
② 시간의 흐름에 따른 객체들 간의 제어 흐름, 상호작용, 동작 순서 등의 동적인 행위를 표현하는 모델링
예) 상태 변화도(STD), 사건 추적도
③ 시스템에서 요구되는 객체를 찾아내어 속성과 연산 식별 및 객체들 간의 관계를 규정하여 표시하는 모델링
예) ER 다이어그램(ERD)

[보기]

Operation, Sequence, Information, Transaction, Functional, I/O, Dynamic, Architecture, Cause-Effect, Constraint, Rebuilding, Duration

정답

① Functional

② Dynamic

③ Information

럼바우의 데이터 모델링은 그래픽 표기법을 이용하여 소프트웨어 구성요소를 모델링하는 방법론이다. 모델링 방법론에는 객체 모델링(Object Modeling), 동적 모델링(Dynamic Modeling), 기능 모델링(Functional Modeling)이 있으며, 모델링 순서는 객체 모델링 → 동적 모델링 → 기능 모델링 순이다.

럼바우의 데이터 모델링

구분	설명
객체 모델링 (Object Modeling; Information Modeling)	• 시스템에서 요구하는 객체를 찾고 객체 간의 관계를 정의하여 ERD를 만드는 과정까지의 모델링 • 가장 중요하며 선행되어 진행 • 객체 다이어그램을 활용하여 표현
동적 모델링 (Dynamic Modeling)	• 시간의 흐름에 따라 객체들 사이의 제어 흐름, 동작 순서 등의 동적인 행위를 표현하는 모델링 • 상태 다이어그램을 활용하여 표현
기능 모델링 (Functional Modeling)	• 프로세스들의 자료 흐름을 중심으로 처리 과정을 표현하는 모델링 • 자료 흐름도(DFD)를 활용하여 표현

필수 핵심 이론

객체지향 분석 방법(OOA; Object Orient Analysis)

소프트웨어를 개발하기 위한 비지니스(업무)를 객체와 속성, 클래스와 멤버, 전체와 부분 등으로 나누어서 분석하는 방법이다.

객체지향 분석 방법론의 종류

<table>
<tr><th>종류</th><th colspan="2">설명</th></tr>
<tr><td rowspan="5">럼바우(Rumbaugh) 방법</td><td colspan="2">• OMT(Object Modeling Technique)
• 객체 모형, 동적 모형, 기능 모형의 3개 모형을 생성하는 방법</td></tr>
<tr><td>객체 모형
(Object Modeling)</td><td>• 시스템에서 요구되는 객체를 찾아내어 속성과 연산 식별 및 객체 간의 관계를 규정하여 다이어그램으로 표시
• 객체 다이어그램 활용</td></tr>
<tr><td>동적 모형
(Dynamic Modeling)</td><td>• 시간의 흐름에 따른 객체 간의 제어 흐름, 상호작용, 동작 순서와 같은 동적 행위를 표현
• 상태 다이어그램 활용</td></tr>
<tr><td>기능 모형
(Functional Modeling)</td><td>• 프로세스들 사이의 자료 흐름을 중심으로 처리 과정을 표현
• 자료 흐름도(DFD; Data Flow Diagram) 활용</td></tr>
<tr><td colspan="2">• 객체 모델링 → 동적 모델링 → 기능 모델링 순서로 진행</td></tr>
<tr><td>부치(Booch) 방법</td><td colspan="2">• OOD(Object Orient Design)
• 클래스와 객체를 분석 및 식별하여 클래스의 속성과 연산을 정의</td></tr>
<tr><td>야콥슨(Jacobson) 방법</td><td colspan="2">• OOSE(Object Oriented Software Engineering)
• 유스케이스를 모든 모델의 기본으로 활용하는 방법론
• 분석, 설계, 구현 단계로 구성되며, 기능적 요구사항 중심</td></tr>
<tr><td>Wirfs-Brock 방법</td><td colspan="2">분석과 설계 간의 구분이 없고, 고객 명세서를 평가해서 설계 작업까지 연속적으로 수행하는 기법</td></tr>
<tr><td>Coad와 Yourdon 방법</td><td colspan="2">• E-R 다이어그램을 사용하여 객체의 행위를 데이터 모델링하는 데 초점을 둔 방법
• 객체 식별, 구조 식별, 주제 정의, 속성과 인스턴스 연결 정의, 연산과 메시지 연결 정의</td></tr>
</table>

연·습·문·제

01 22년 7월

객체지향 설계 원칙 중 다음에서 설명하는 원칙을 [보기]에서 골라 쓰시오.

- 자신이 사용하지 않는 인터페이스와 의존 관계를 맺거나 영향을 받지 않아야 한다는 객체지향 설계 원칙 중 하나이다.
- 예를 들어, 프린터, 팩스, 복사 기능을 가진 복합기의 경우 3가지 기능을 모두 가진 범용 인터페이스보다는 프린터 인터페이스, 팩스 인터페이스, 복사 인터페이스로 분리함으로써 하나의 기능 변경으로 인해 다른 기능이 영향을 받지 않도록 해야 한다.

[보기]

SRP, OCP, LSP, ISP, DIP

해설 객체지향 설계 원칙(SOLID)에서 자신이 사용하지 않는 인터페이스와 의존 관계를 맺거나 영향을 받지 않아야 한다는 객체지향 설계 원칙은 인터페이스 분리의 원칙(ISP; Interface Segregation Principle)이다.

02 21년 7월

럼바우(Rumbaugh) 데이터 모델링에 대한 다음 설명에서, 각 지문(①~③)에 해당하는 모델링을 [보기]에서 골라 쓰시오.

① 다수의 프로세스들 간의 자료 흐름을 중심으로 처리 과정을 표현한 모델링
예) 자료흐름도(DFD)

② 시간의 흐름에 따른 객체들 간의 제어 흐름, 상호작용, 동작 순서 등의 동적인 행위를 표현하는 모델링
예) 상태 변화도(STD), 사건 추적도

③ 시스템에서 요구되는 객체를 찾아내어 속성과 연산 식별 및 객체들 간의 관계를 규정하여 표시하는 모델링
예) ER 다이어그램(ERD)

[보기]

Operation, Sequence, Information, Transaction, Functional, I/O, Dynamic, Architecture, Cause-Effect, Constraint, Rebuilding, Duration

①
②
③

해설 럼바우의 데이터 모델링은 그래픽 표기법을 이용하여 소프트웨어 구성 요소를 모델링하는 방법론이다. 모델링 방법론에는 객체 모델링(Object Modeling), 동적 모델링(Dynamic Modeling), 기능 모델링(Functional Modeling)이 있으며, 모델링 순서는 객체 모델링 → 동적 모델링 → 기능 모델링 순이다.

객체 모델링 (Object Modeling; Information Modeling)	• 시스템에서 ERD를 요구하는 객체를 찾고 객체 간의 관계를 정의하여 만드는 과정까지의 모델링 • 가장 중요하며 선행되어 진행 • 객체 다이어그램을 활용하여 표현
동적 모델링 (Dynamic Modeling)	• 시간의 흐름에 따라 객체들 사이의 제어 흐름, 동작 순서 등의 동적인 행위를 표현하는 모델링 • 상태 다이어그램을 활용하여 표현
기능 모델링 (Functional Modeling)	• 프로세스들의 자료 흐름을 중심으로 처리 과정을 표현하는 모델링 • 자료 흐름도(DFD)를 활용하여 표현

03 출제 예상

객체지향 개념에서 연관된 데이터와 함수를 함께 묶어 외부와 경계를 만들고 필요한 인터페이스만을 밖으로 드러내는 과정에 해당하는 용어를 쓰시오.

해설 연관된 데이터와 함수를 함께 묶어 외부와 경계를 만들어 필요한 인터페이스만 밖으로 드러내는 과정은 캡슐화(Encapsulation)이다.

04 출제 예상

객체지향 개념 중 하나 이상의 유사한 객체들을 묶어 공통된 특성을 표현한 데이터 추상화를 의미하는 용어를 쓰시오.

해설 하나 이상의 유사한 객체들을 묶어 공통된 특성을 표현한 데이터 추상화를 의미하는 용어는 클래스(Class)이다.

05 **출제 예상**

객체지향 기법에서 클래스들 사이의 '부분–전체(part–whole)' 관계 또는 '부분(is–a–part–of)'의 관계로 설명되는 연관성을 나타내는 용어를 쓰시오.

해설 '부분–전체(part–whole)' 관계 또는 '부분(is–a–part–of)'의 관계는 집단화(Aggregation)이다. 일반화(Generalization)는 is–a 관계이다.

정답

01 | ISP

02 | ① Functional
② Dynamic
③ Information

03 | 캡슐화(Encapsulation)

04 | 클래스(Class)

05 | 집단화(Aggregation)

004 비용 산정 기법과 프로젝트 일정 계획 ★

학 · 습 · 포 · 인 · 트

소프트웨어 개발 시, 비용 산정과 프로젝트 일정 계획을 수립하는 것은 매우 중요한 일이다. 비용 산정 기법과 프로젝트 일정 계획 기법을 활용하여 결과를 구하는 문제가 출제된다.

대표 기출 유형

LoC(Line of Code) 기법에 의하여 예측된 총 라인 수가 30,000라인, 개발자가 5명, 개발자가 월평균 300라인을 개발한다. 이때 프로젝트 개발에 소요되는 기간을 계산식과 함께 쓰시오.

20년 5월

정답

프로젝트 개발 기간: 20개월

계산식: (30,000라인÷300라인)÷5명=20개월

Man Month는 프로젝트 인원과 관련 없이 한 사람이 프로젝트를 할 때 걸리는 시간으로 Man Month=LoC÷프로그래머의 월간 생산성=30,000÷300=100개월이다. 그러나 개발자가 5명이라고 했으므로 프로젝트 개발 기간은 Man Month÷프로젝트 인력=100÷5=20개월이다.

필수 핵심 이론

소프트웨어 비용 산정 개념

소프트웨어 개발에 소요되는 인원, 자원, 기간 등을 파악하여 실행 가능한 계획을 수립하기 위해 비용을 산정하는 기법이다.

비용 산정 기법 종류

비용 산정 기법은 전문가를 통해 비용을 산정하는 '하향식 산정 방법', 요구사항과 기능에 따라 비용을 산정하는 '상향식 산정 방법'으로 구분된다.

하향식 비용 산정 기법

종류	설명
전문가 감정 기법	• 조직 내 경험이 많은 두 명 이상의 전문가에게 비용 산정을 의뢰하는 기법 • 빠르고 편리하게 비용을 산정할 수 있으나, 개인적·주관적 산정
델파이 기법	• 전문가 감정 기법의 주관적인 판단을 보완하기 위해 많은 전문가의 의견을 종합하여 비용을 산정하는 기법 • 1명의 조정자와 여러 명의 전문가로 구성

상향식 비용 산정 기법

종류	설명
LOC 기법 (source Line Of Code)	• 소프트웨어 각 기능의 원시 코드 라인 수의 낙관치, 중간치, 비관치를 측정하여 예측치를 구하고, 이를 이용하여 비용 산정 예측치= $\frac{o+4m+p}{6}$ (o: 낙관치, m: 중간치, p: 비관치) * 낙관치: 가장 적게 측정된 코드 라인수 * 중간치: 측정된 모든 코드 라인 수의 평균 * 비관치: 가장 많이 측정된 코드 라인 수 • 측정이 쉽고 이해하기 쉬워 많이 사용 • 예측치를 이용하여 생산성, 노력, 개발 기간 등의 비용 산정
Man Month	한 사람이 1개월 동안 할 수 있는 일의 양을 기준으로 프로젝트 비용을 산정 Man Month = LOC / 개발자 월 생산성 프로젝트 기간 = Man Month / 참여 개발자 수
COCOMO (Constructive Cost Model)	• 보헴(Boehm)이 제안한 모델로 LOC(원시 코드 라인 수)에 따라 비용 산정 • 비용 산정 결과를 프로젝트를 완성하는 데 필요한 노력(Man-Month)으로 표현 • 프로젝트의 복잡도 또는 원시 프로그램의 규모에 따라 조직형, 반분리형, 임베디드형으로 분류 **조직형 (Organic Mode)**: • 기관 내부에서 개발된 중·소 규모의 소프트웨어로 일괄 자료 처리, 과학 기술 계산용, 비지니스 자료 개발용 • 5만(50KDSI) 라인 이하의 소프트웨어 개발 **반 분리형 (Semi-Detached Mode)**: • 조직형과 임베디드형의 중간형으로 트랜잭션 처리 시스템이나 운영체제, 데이터베이스 관리 시스템, 컴파일러 개발용 • 30만(300KDSI) 라인 이하의 소프트웨어 개발 **임베디드형 (Embedded Mode)**: • 초대형 규모의 트랜잭션 처리 시스템, 운영체제, 실시간 처리 시스템 등 시스템 프로그램 개발용 • 30만(300KDSI) 라인 이상의 소프트웨어 개발
Putnam 모형	• 소프트웨어 개발 주기 단계별 노력의 분포 가정하여 비용 산정 • 푸트남(Putnam)이 제안한 것으로, 생명주기 예측 모형이라고도 함 • 시간에 따른 함수로 표현되는 Rayeigh-Norden 곡선의 노력 분포도를 기초로 함

	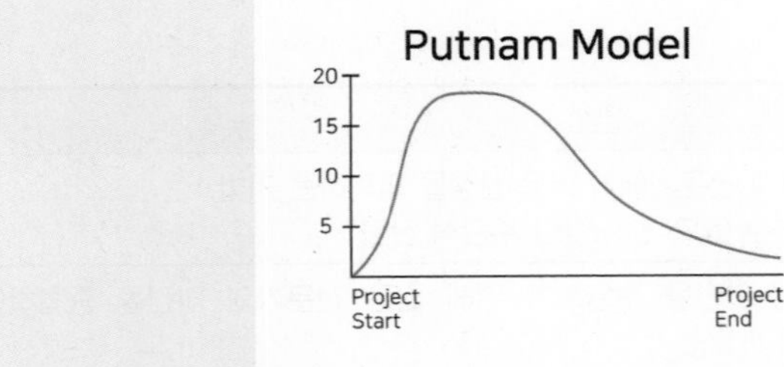 • 비용 산정 자동화 추정 도구로 SLIM 사용
기능점수(FP; Function Point) 모형	• 요구 기능을 증가시키는 인자별로 가중치를 부여하고 요인별 가중치를 합산하여 총 기능의 점수를 계산하여 비용 산정 기능점수(FP) = 총 기능 점수 × [0.65 + 0.1 × 총 영향도] (표 참조) • 기능별 가중치 • 비용 산정 자동화 도구로 ESTIMACS 사용

소프트웨어 기능 증대 요인	가중치		
	단순	보통	복잡
자료 입력(입력양식)	3	4	6
정보 출력(출력 보고서)	4	5	7
명령어(사용자 질의 수)	3	4	5
데이터 파일	7	10	15
필요한 외부 루틴과의 인터페이스	5	7	10

일정관리 모델의 개요

프로젝트가 일정 기한 내에 적절하게 완료될 수 있도록 관리하는 모델이다. 일정관리 모델 종류는 CPM, PERT, 간트 차트가 있다.

일정관리 모델 종류

모델 종류	설명
CPM 기법 (Critical Path Method)	• 프로젝트 완성에 필요한 작업을 나열하고 작업에 필요한 소요 기간을 예측하는 데 사용하는 기법 • 네트워크 다이어그램을 통하여 노드와 간선으로 작업과 소요 시간을 표시, 각 작업의 순서와 의존관계 확인 가능 • 임계 경로는 최장 경로를 의미함 • (예시) 아래의 네트워크 다이어그램에서 임계 경로를 구하시오.

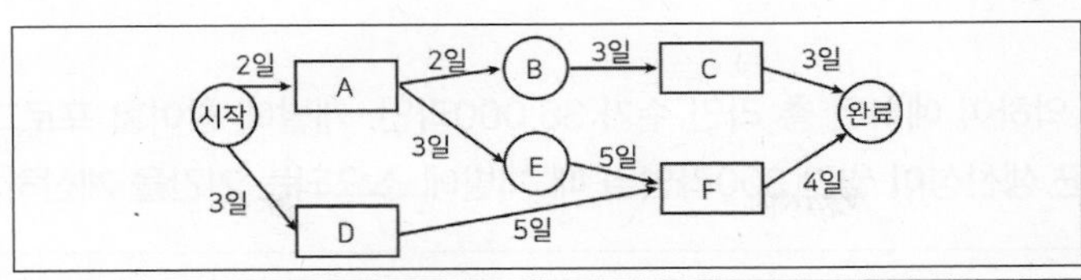

시작 → A → B → C → 완료: 2 + 2 + 3 + 3 = 10일
시작 → A → E → F → 완료: 2 + 3 + 5 + 4 = 14일
시작 → D → F → 완료: 3 + 5 + 4 = 12일
따라서, 임계 경로는 14일이다.

PERT (Program Evaluation and Review Technique)

- 일의 순서를 계획적으로 정리하기 위한 기법으로 낙관치, 중간치, 비관치를 사용하여 일정을 관리하는 기법

  작업 예측치 = (낙관치 + (4 × 기대치) + 비관치) / 6

- 과거에 경험이 없어서 소요 기간 예측이 어려운 소프트웨어에 사용

간트 차트 (Gantt Chart)

- 프로젝트의 시작과 끝을 그래픽으로 표시, 각 작업 일정을 수평 막대(Bar) 형태로 표현한 차트로 시간선(Time-Line) 차트라고도 함
- 수평 막대의 길이는 작업에 필요한 시간을 나타냄

작업단계	일정						산출물
계획	■						프로젝트 정의서
분석		■	■				요구 분석 명세서
구현				■	■	■	원시 코드

연·습·문·제

01 **20년 5월**

LoC(Line of Code) 기법에 의하여 예측된 총 라인 수가 30,000라인, 개발자가 5명, 개발자가 월 평균 300라인을 개발한다. 이때 프로젝트 개발에 소요되는 기간을 계산식과 함께 쓰시오.

프로젝트 개발 기간:
계산식:

해설 Man Month는 프로젝트 인원과 관련 없이 한 사람이 프로젝트를 할 때 걸리는 시간으로 Man Month=LoC÷프로그래머의 월간 생산성=30,000÷300=100개월이다. 그러나 개발자가 5명이라고 했으므로 프로젝트 개발 기간은 Man Month÷프로젝트 인력=100÷5=20개월이다.

02 출제 예상

LOC 기법에 의하여 예측된 총 라인 수가 36,000라인, 개발에 참여할 프로그래머가 6명, 프로그래머들의 평균 생산성이 월간 300라인일 때 개발에 소요되는 기간을 계산하시오.

해설 Man Month = LOC / 개발자 월 생산성, 프로젝트 기간 = Man Month / 참여 개발자 수로 구한다.
LOC = 36,000, 개발자 월 생산성 = 300, 개발자 수 = 6명
Man Month = 36,000 / 300 = 120
프로젝트 기간 = 120 / 6 = 20

03 필기 20년 8월

CPM 네트워크가 다음과 같을 때 임계경로의 소요기일을 계산하시오.

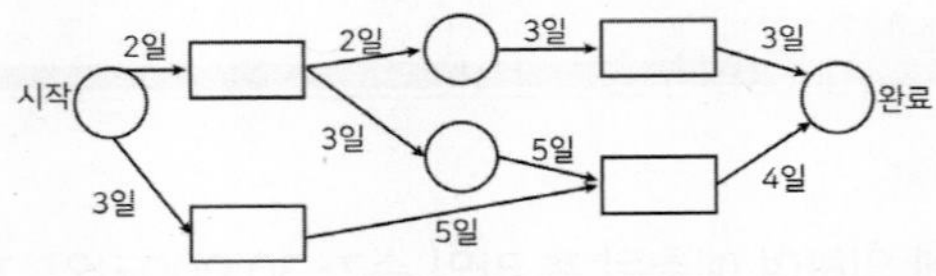

해설

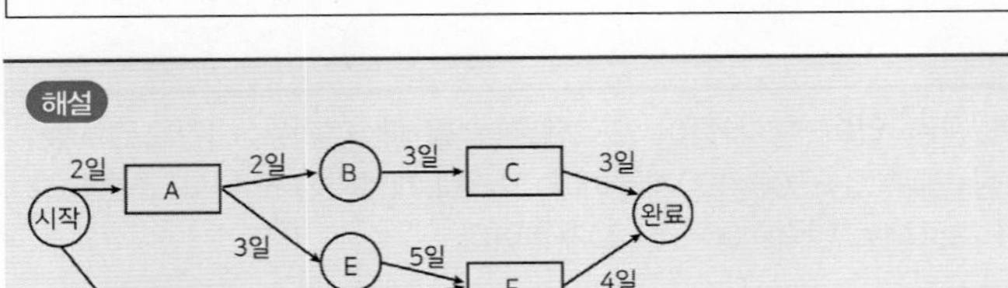

시작→A→B→C→완료: 2 + 2 + 3 + 3 = 10일
시작→A→E→F→완료: 2 + 3 + 5 + 4 = 14일
시작→D→F→완료: 3 + 5 + 4 = 12일
따라서, 임계 경로는 14일이다.

04 **출제 예상**

다음은 COCOMO Model 소프트웨어 개발 유형에 대한 설명이다. 괄호(①~③)에 들어갈 알맞은 용어를 [보기]에서 골라 쓰시오.

(①)	• 기관 내부에서 개발된 중·소 규모의 소프트웨어로 일괄 자료 처리, 과학 기술 계산용, 비지니스 자료 개발용 • 5만(50KDSI) 라인 이하의 소프트웨어 개발
(②)	• 조직형과 임베디드형의 중간형으로 트랜잭션 처리 시스템이나 운영체제, 데이터베이스 관리 시스템, 컴파일러 개발용 • 30만(300KDSI) 라인 이하의 소프트웨어 개발
(③)	• 초대형 규모의 트랜잭션 처리 시스템, 운영체제, 실시간 처리 시스템 등 시스템 프로그램 개발용 • 30만(300KDSI) 라인 이상의 소프트웨어 개발

[보기]

Embedded Mode, Semi-detached Mode, Organic Mode, Semi-embedded Mode

①
②
③

정답

01 | 프로젝트 개발 기간: 20개월
계산식: (30,000라인÷300라인)÷5명=20개월

02 | 20

03 | 14

04 | ① Organic Mode
② Semi-Detached Mode
③ Embedded Mode

005 소프트웨어 개발 표준

학·습·포·인·트

소프트웨어 개발 표준의 종류와 특징에 대해서 이해하는 것이 중요하다. 어떤 소프트웨어 개발 표준의 특징을 말하는지 구분할 수 있어야 한다.

필수 핵심 이론

소프트웨어 개발 표준 개요

- 소프트웨어 개발 단계에서 수행하는 품질 관리에 사용되는 국제적 표준으로 ISO/IEC 12207, CMMI, SPICE 등이 있다.
- ISO/IEC 12207 표준은 소프트웨어 생명주기 프로세스로, 소프트웨어의 개발, 운영, 유지보수 등을 체계적으로 관리하기 위한 소프트웨어 생명주기 표준이다.

프로세스 구분	내용
기본 생명주기 프로세스	획득, 공급, 개발, 운영, 유지보수
지원 생명주기 프로세스	품질 보증, 검증, 확인, 활동 검토, 감사, 문서화, 형상관리, 문제해결
조직 생명주기 프로세스	기반 구조, 관리, 개선, 훈련

- CMMI(능력 성숙도 통합 모델, Capability Maturity Model Integration)는 소프트웨어 개발 조직의 업무 능력 및 조직의 성숙도를 평가하는 모델이다. CMMI의 성숙도 레벨은 초기화, 관리, 정의, 정량적 관리, 최적화 5단계가 있다.

수준	단계	설명
1	초기화 단계(Initial)	• 정의된 프로세스 없음, 예측 불가 • 작업자의 능력에 따라 성공 여부
2	관리 단계(Managed)	• 특정한 프로젝트 내의 프로세스 정의 및 수행 • 프로젝트 관리 시스템 생성
3	정의 단계(Defined)	조직의 표준 프로세스에 따라 업무 수행
4	정량적 관리 단계 (Quantitatively Managed)	• 정량적 기법을 활용하여 프로세스 통제 • 프로젝트 정량적 관리 및 통제
5	최적화 단계(Optimizing)	프로세스 역량 향상을 위해 지속적 개선, 내재화

- SPICE(Software Process Improvement and Capability dEtermination)은 소프트웨어 처리 개선 및 능력 평가 기준에 대한 국제 표준이다. 소프트웨어 프로세스 평가를 위한 국제 표준으로 ISO/IEC 155504라고도 한다. SPICE 프로세스 수행능력 수준은 6단계이다.

수준	단계	설명
0	불안정 단계	프로세스가 구현되지 않았거나, 프로세스가 목적을 달성하지 못한 단계
1	수행 단계	프로세스가 수행되고, 목적을 달성한 단계
2	관리 단계	정의된 자원의 한도 내에서 프로세스가 작업 산출물을 인도하는 단계
3	확립 단계	소프트웨어 공학 원칙에 기반하여 정의된 프로세스 수행되는 단계
4	예측 단계	프로세스가 목적 달성을 위해 통제되고, 양적인 측정을 통해 일관되게 수행되는 단계
5	최적화 단계	프로세스 수행을 최적화하고, 지속적인 개선을 통해 업무 목적을 만족하는 단계

연·습·문·제

01 출제 예상

소프트웨어 개발 표준 중 소프트웨어 품질 및 생산성 향상을 위해 소프트웨어 프로세스를 평가 및 개선하는 국제 표준을 쓰시오.

02 **출제 예상**

다음은 CMMI의 성숙도 레벨이다. 각 단계(①~⑤)를 [보기]에서 골라 쓰시오.

수준	단계	설명
1	(①)	• 정의된 프로세스 없음, 예측 불가 • 작업자의 능력에 따라 성공 여부
2	(②)	• 특정한 프로젝트 내의 프로세스 정의 및 수행 • 프로젝트 관리 시스템 생성
3	(③)	조직의 표준 프로세스에 따라 업무 수행
4	(④)	• 정량적 기법을 활용하여 프로세스 통제 • 프로젝트 정량적 관리 및 통제
5	(⑤)	프로세스 역량 향상을 위해 지속적 개선, 내재화

[보기]

Defined, Initial, Managed, Optimizing, Quantitatively Managed

①

②

③

④

⑤

해설 CMMI의 성숙도 레벨은 초기화, 관리, 정의, 정량적 관리, 최적화 5단계가 있다.

정답

01 | SPICE

02 | ① Initial

② Managed

③ Defined

④ Quantitatively Managed

⑤ Optimizing

006 요구사항 정의 ★

학·습·포·인·트

소프트웨어 개발 단계에서 첫 번째 단계인 요구사항을 도출하는 단계이다. 소프트웨어 개발 전반에 걸쳐 나오므로 요구사항의 유형과 내용에 대해 기억하는 것이 중요하다.

대표 기출 유형

요구사항 분류에 대한 다음 설명에서 각 지문(①, ②)이 설명하는 요구사항의 유형을 쓰시오.

21년 4월

- (①) 요구사항은 사용자가 시스템을 통해 제공받기를 원하는 기능이나 시스템이 반드시 수행해야 하는 기능에 대한 요구사항이다.
- (②) 요구사항은 시스템이 수행하는 기능 이외의 품질, 제약사항에 대한 사항에 대한 요구사항으로, 시스템의 장비 구성, 성능, 인터페이스, 테스트, 보안 등의 요구사항을 말한다.

정답

① 기능(적)

② 비기능(적)

- 요구사항이란 시스템 개발 분야에서 어떤 과제를 수행하기 위해, 필요한 조건이나 능력을 말한다.
- 기능적 요구사항: 사용자 요구사항, 시스템 요구사항
- 비기능적 요구사항: 제품 요구사항, 조직 요구사항, 외부 요구사항

필수 핵심 이론

요구사항

요구사항이란 특정 목적을 위해 사용자가 필요로 하는 조건 또는 기능을 명시하는 것을 말한다.

요구사항 분류

요구사항 분류		설명
기능 요구사항 (Functional Requirement)	기능 요구사항	목표 시스템이 반드시 수행해야 하거나, 목표 시스템을 이용하여 사용자가 반드시 수행할 수 있어야 하는 기능(동작)에 대한 요구사항
비기능 요구사항 (Nonfunctional Requirement)	성능 요구사항	목표 시스템의 처리 속도 및 시간, 처리량, 동적/정적 용량, 가용성과 같은 성능에 대한 요구사항
	시스템 장비 구성 요구사항	하드웨어, 소프트웨어, 네트워크 등의 도입 장비 내역과 같은 시스템 장비 구성에 대한 요구사항
	인터페이스 요구사항	• 목표 시스템과 외부를 연결하는 시스템 인터페이스와 사용자 인터페이스에 대한 요구사항(타 소프트웨어, 하드웨어, 통신 인터페이스, 타 시스템과의 정보교환에 이용되는 프로토콜 연계 포함) • 사용자 편의성, 사용자 경험 등 사용자 중심의 요구사항
	데이터 요구사항	목표 시스템의 서비스에 필요한 초기자료 구축 및 데이터 변환을 위한 대상, 방법, 보안이 필요한 데이터 등 데이터를 구축하기 위해 필요한 요구사항
	테스트 요구사항	구축된 시스템이 목표 대비 제대로 운영되는지 테스트하고 점검하기 위한 요구사항
	보안 요구사항	정보 자산의 기밀성과 무결성을 확보하기 위해 목표 시스템의 데이터 및 기능, 운영 접근을 통제하기 위한 요구사항
	품질 요구사항	• 관리가 필요한 품질 항목, 품질 평가 대상 및 목표에 대한 요구사항 • 신뢰성, 사용성, 유지보수성, 이식성, 보안성을 구분하여 작성
	제약사항	시스템 설계, 구축, 운영과 관련하여 사전에 파악된 기술, 표준, 업무, 법 제도와 같은 제약사항
	프로젝트 관리 요구사항	프로젝트의 원활한 수행을 위한 관리 방법 및 추진 단계별 수행 방안에 대한 요구사항
	프로젝트 지원 요구사항	• 프로젝트의 원활한 수행을 위해 필요한 지원 사항 및 방안에 대한 요구사항 • 시스템/서비스 안정화 및 운영, 교육훈련 및 기술 지원, 하자보수 또는 유지관리 요구사항

연·습·문·제

01 21년 4월

요구사항 분류에 대한 다음 설명에서 각 지문(①, ②)이 설명하는 요구사항의 유형을 쓰시오.

- (①) 요구사항은 사용자가 시스템을 통해 제공받기를 원하는 기능이나 시스템이 반드시 수행해야 하는 기능에 대한 요구사항이다.
- (②) 요구사항은 시스템이 수행하는 기능 이외의 품질, 제약사항에 대한 사항에 대한 요구사항으로, 시스템의 장비 구성, 성능, 인터페이스, 테스트, 보안 등의 요구사항을 말한다.

①
②

해설 요구사항이란 시스템 개발 분야에서 어떤 과제를 수행하기 위해, 필요한 조건이나 능력을 말한다.
기능적 요구사항 : 사용자 요구사항, 시스템 요구사항
비기능적 요구사항 : 제품 요구사항, 조직 요구사항, 외부 요구사항

02 출제 예상

기능적 요구사항에 대하여 서술하시오.

03 출제 예상

다음 사례를 기능적 요구사항과 비기능적 요구사항으로 분류하여 기호(㉠~㉣)를 쓰시오.

㉠ 시스템의 처리량(Throughput), 반응 시간 등의 성능 요구나 품질 요구
㉡ 차량 대여 시스템이 제공하는 모든 화면이 3초 이내에 사용자에게 보여야 함
㉢ 시스템 구축과 관련된 안전, 보안에 대한 요구사항
㉣ 금융 시스템은 조회, 인출, 입금, 송금의 기능이 있어야 함

1. 기능적 요구사항:
2. 비기능적 요구사항:

정답

01 | ① 기능(적)
② 비기능(적)

02 | 목표 시스템이 반드시 수행해야 하거나, 목표 시스템을 이용하여 사용자가 반드시 수행할 수 있어야 하는 기능(동작)에 대한 요구사항이다.

03 | 1. 기능적 요구사항: ㉣
2. 비기능적 요구사항: ㉠, ㉡, ㉢

007 요구사항 개발 프로세스

학 · 습 · 포 · 인 · 트

요구사항 개발의 각 단계에서 수행되는 일에 대하여 암기하는 것이 중요하다.

필수 핵심 이론

요구사항 개발 프로세스

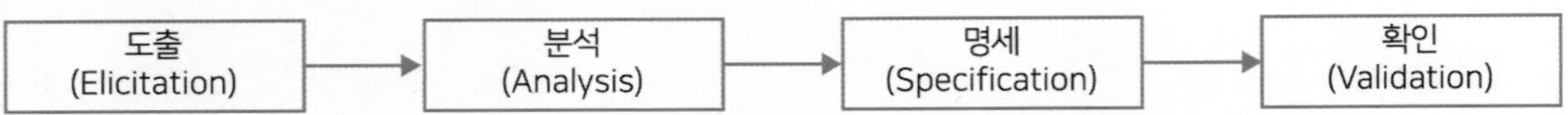

개발 프로세스	설명
도출(Elicitation)	• 소프트웨어가 제공해야 할 기능 이해 • 사용자와 이해관계자의 추상적 요구에 대한 정보를 식별하는 단계 • 청취, 인터뷰, 설문조사, 워크숍, 프로토타이핑(Prototyping), 유스케이스(Use Case) 활용
분석(Analysis)	• 도출된 요구사항을 바탕으로 소프트웨어 개발 범위 이해 • 도출된 요구사항에 대한 충돌, 중복, 누락 등의 분석을 통하여 완전성과 일관성을 확보하는 단계 • 자료 흐름도(DFD), 자료 사전(DD), Mini-Spec, ERD, UML 활용
명세(Specification)	• 도출과 분석을 통해 나온 요구사항 문서화 • 요구사항에 대하여 이해하기 쉽게, 체계적으로 검토, 평가, 승인될 수 있는 문서를 작성하는 단계
확인(Validation)	• 요구사항 명세서에 작성된 내용이 정확하게 작성되었는지 확인 • 모든 이해관계자가 참여하며, 요구사항 명세서의 내용이 이해하기 쉬운지, 일관성 있고, 완전한지, 회사의 기준에 적합한지를 검증하는 단계

쌤의 실전 Tip

요구사항(Requirement) 개발 프로세스 외우기

도출 〉 분석 〉 명세 〉 확인 → 도둑을 분명히 확인했다.

요구사항 명세 기법

기법	정형 명세 기법	비정형 명세 기법
특징	• 사용자의 요구사항을 수학적 기호와 정형화된 표기법으로 작성 • 요구사항을 정확하고 간결하게 표현 • 작성자와 관계없이 일관성 있으며, 완전성 검증 가능	• 사용자의 요구사항을 자연어를 기반으로 서술 • 사용자와 개발자의 이해가 쉬움 • 작성자의 표현 방법, 이해도에 따라 일관성이 떨어지고, 다양한 해석 발생
종류	VDM, Z-스키마, Petri-net, CSP	FSM, Decision Table, E-R모델링, State Chart(SADT)

연·습·문·제

01 출제 예상

요구사항 개발 프로세스의 순서를 기호(㉠~㉣)로 나열하시오.

㉠ 도출(Elicitation)　　㉡ 분석(Analysis)
㉢ 명세(Specification)　　㉣ 확인(Validation)

해설

외우기 Tip! 도출 〉 분석 〉 명세 〉 확인 → 도둑을 분명히 확인했다.

02 출제 예상

소프트웨어 설계에서 요구사항 분석을 진행하는 이유를 서술하시오.

해설 요구사항 분석은 소프트웨어 개발 과정에서 가장 중요한 단계 중 하나이자 첫 번째 단계이다. 요구사항 분석은 사용자 요구사항을 이해하고, 소프트웨어 시스템이 어떻게 작동해야 하는지에 대한 명확한 이해를 바탕으로 설계 및 개발 작업을 수행하는 것이다.

03 출제 예상

다음에서 설명하는 요구사항 단계를 쓰시오.

요구사항이 실제 요구를 반영하는지, 문서상의 요구사항은 서로 상충되지 않는지 등을 점검하는 단계이다. 모든 이해관계자가 참여하며, 요구사항 명세서의 내용이 이해하기 쉬운지, 일관성 있고, 완전한지, 회사의 기준에 적합한지를 점검한다.

해설 요구사항 검증은 요구사항 명세서의 내용이 이해하기 쉬운지, 일관성 있고, 완전한지, 회사의 기준에 적합한지를 검증하는 단계이다.

정답

01 | ㉠ – ㉡ – ㉢ – ㉣
02 | 요구사항 분석은 사용자 요구사항을 이해하고, 소프트웨어 시스템이 어떻게 작동해야 하는지에 대한 명확한 이해를 바탕으로 설계 및 개발 작업을 수행하는 것이다.
03 | 요구사항 검증(Requirement Validation)

008 요구사항 분석 및 자동화 도구

학 · 습 · 포 · 인 · 트

요구사항 분석기법의 종류와 특징의 종류가 많은데 이를 정확하게 이해하는 것이 중요하다.

필수 핵심 이론

자료 흐름도(DFD; Data Flow Diagram)

시스템 내에서 데이터 흐름을 나타내는 다이어그램이다.

기호명	표기법	설명
프로세스 (Process)	(타원) 프로세스명	자료를 변환시키는 시스템의 처리 과정을 표현
자료 흐름 (Data Flow)	자료명 →	DFD의 구성요소들 간의 데이터의 이동 또는 연관 관계를 표현
자료 저장소 (Data Store)	(평행선) 데이터 저장소명	시스템에서의 자료 저장소(파일, 데이터베이스)를 표현
단말 (Terminator)	(사각형) 단말명	시스템의 처리 과정에서 데이터가 발생하는 시작과 종료를 표현

자료 사전(DD; Data Dictionary)

데이터 요소의 정의, 유형, 길이, 사용 방법 등을 기술하고 데이터 요소 간의 관계를 나타낸 문서이다.

기호	설명
=	자료의 정의(is composed of)
+	자료의 연결(and)
( )	자료의 생략(Optional)
[|]	자료의 선택(or)

{ }	자료의 반복(Iteration of) { }: 최소 0번 이상 최대 ∞ 반복 $\{\ \}_m$: m번 이상 반복, $\{\ \}^n$: 최대로 n번 반복, $\{\ \}^n_m$: m 이상 n 이하로 반복
**	자료의 설명(Comment)

쌤의 실전 Tip

데이터 흐름도 구성요소 외우기

프로세스(Process), 데이터 흐름도(Data Flow), 단말(Terminator), 자료 저장소(Data Store) → 프 흐~ 단! 저장하자.

요구사항 분석을 위한 자동화 및 관리 도구(CASE; Computer Aided Software Engineering)의 특징

- 일관성 있는 문서 작성
- 인간의 오류를 최소화하여, 요구사항 분석의 정확성 향상
- 빠르고 효율적인 문서 작성으로, 시간과 비용 절감
- 문서 변경 이력 추적 용이, 다른 팀원과 공유 및 수정이 쉬워져 협업 효율 향상

요구사항 분석을 위한 자동화 및 관리 도구의 종류

종류	특징
SADT(Structured Analysis and Design Technique)	• SoftTech 사 개발, 설계도구 • 구조적 분석과 설계 기법으로, 시스템을 구성하는 구성요소와 그들 간의 상호작용을 시각적으로 표현하는 방법을 제공 • 사각형으로 표현되는 블록(시스템)과 화살표(입출력)로 표현되는 연결선으로 이루어진 블록 다이어그램 사용
SREM(Software Requirements Engineering Methodology)	• TRW Defense and Space Systems 개발, 요구분석용 자동화 도구 • 소프트웨어 요구사항의 수집, 분석, 명세, 검증 등의 단계를 체계적으로 수행하고, 이를 기반으로 고객의 요구를 만족시키는 소프트웨어 제품을 개발하는 방법론 • Top-down 방식, 수학적 표현 방식 사용, 요구사항과 소프트웨어 요소 사이의 상호관계 추적 관리
PSL/PSA	• 미시간 대학 개발, 요구분석용 자동화 도구 • PSL(Problem Statement Language): 요구사항 분석을 위한 수학적 표현법 • PSA(Problem Statement Analyzer): PSL로 작성된 명세를 검증하고 분석하는 자동화 도구

HIPO(Hierarchical Input Process Output)

하향식 소프트웨어 개발을 위한 문서화 도구이다.

HIPO Chart 종류	설명
가시적 도표 (Visual Table of Contents, 도식목차)	시스템의 전체적인 구조를 표현하는 계층(Tree) 구조
총체적 도표 (Overview Diagram, 총괄개요 도표)	프로그램을 구성하는 기능 설명, 입력 및 출력 자료 정보 제공
세부적 도표(Detail Diagram, 상세도표)	총체적 도표에 표시된 기능을 구성하는 기본 요소들을 상세히 설명

연·습·문·제

01 출제 예상

자료 흐름도(Data Flow Diagram)의 구성요소로 옳은 것을 [보기]에서 골라 쓰시오.

[보기]
Data Flow, Process, Terminator, Data Dictionary, Data Store, Mini-Spec

해설

외우기 Tip! 프로세스(Process), 데이터 흐름도(Data Flow), 단말(Terminator), 자료 저장소(Data Store) → 프 흐~ 단! 저장하자.

02 출제 예상

다음의 자료 사전(Data Dictionary)에서 사용되는 기호이다. 설명에 알맞은 기호를 [보기]에서 골라 쓰시오.

① 자료의 생략
② 자료의 반복
③ 자료의 설명

[보기]
{ }, [ ], ( ), =, *, **, +

①
②
③

03 출제 예상

다음의 설명에 해당하는 용어를 영문 약어로 쓰시오.

소프트웨어의 생명주기 전반을 지원하는 프로그램 또는 소프트웨어 개발을 지원하는 자동화 도구 혹은 방법론의 결합을 의미한다. 요구사항을 자동으로 분석하고 요구사항 분석 명세서를 기술하도록 개발된 도구로 요구사항을 자동으로 수집하고, 분석하고, 요구사항 분석 명세서를 작성하는 소프트웨어 도구이다. 이를 통해 개발자들은 시간과 비용을 절약할 수 있으며, 요구사항의 정확성과 완전성을 보장할 수 있다.

해설 CASE(Computer Aided Software Engineering)는 소프트웨어의 생명주기 전반을 지원하는 프로그램 또는 소프트웨어 개발을 지원하는 자동화 도구 혹은 방법론의 결합을 의미한다.

정답

01 | Process, Data Flow, Terminator, Data Store

02 | ① ( )
② { }
③ **

03 | CASE

009 UML(Unified Modeling Language)★★★

학 · 습 · 포 · 인 · 트

UML의 정의와 UML의 관계를 묻는 문제가 출제되고 있다. UML이 어떤 상황에서 사용하는 언어인지, UML 관계의 종류(영문명)와 의미를 기억하는 것이 중요하다. 예시를 통해서 UML 관계를 이해하는 것이 중요하다.

대표 기출 유형

다음 중, 설명에 대한 괄호 (　) 안에 들어갈 알맞은 답을 쓰시오. **21년 10월**

> (　) 다이어그램은 문제해결을 위한 도메인 구조를 나타내어 보이지 않는 도메인 안의 개념과 같은 추상적인 개념을 기술하기 위해 나타낸 것이다. 또한 소프트웨어의 설계 혹은 완성된 소프트웨어의 구현 설명을 목적으로 사용할 수 있다. (　) 다이어그램의 형식은 (　)을/를 포함하여 속성(attribute)과 메서드(method)가 있다.

정답

클래스(Class)

UML(Unified Modeling Language)은 통합 모델링 언어라고 한다. UML를 사용하면 의미가 명확하고 소통이 원활해지며, 전체 시스템 구조와 클래스 간의 의존성 파악도 쉬우며, 원활한 유지보수를 위한 문서 활용으로도 사용된다. UML 다이어그램은 구조 다이어그램(Structure Diagram: 정적)과 행위 다이어그램(Behavior Diagram: 동적)으로 나뉘는데 클래스 다이어그램은 구조 다이어그램에 속한다.

필수 핵심 이론

UML(Unified Modeling Language)

객체지향 시스템을 개발할 때 산출물을 명세화, 시각화, 문서화하는 데 사용되는 표준화된 객체지향 모델링 언어이다.

UML의 구성요소

구성요소	설명
사물(Things)	• 모델을 구성하는 가장 중요한 요소로, 다이어그램 안에서 관계가 형성될 수 있는 대상들 • 클래스(Class), 컴포넌트(Component), 유스케이스(Use Case), 노드(Node) 등
관계(Relationships)	• 사물과 사물 사이의 연관성을 표현 • 연관(Association) 관계, 의존(Dependency) 관계, 집합(Aggregation) 관계, 포함(Composition) 관계, 일반화(Generalization) 관계, 실체화(Realization) 관계 등
다이어그램 (Diagrams)	• 사물과 관계를 그림으로 표현 • 클래스 다이어그램(Class Diagram), 객체 다이어그램(Object Diagram), 유스케이스 다이어그램(Use Case Diagram) 등

UML의 구성요소 외우기

사물, 관계, 다이어그램 → 사물은 관계가 다 있다!

대표 기출 유형

다음 설명에서 각 번호에 들어갈 알맞은 용어를 [보기]에서 골라 쓰시오. **21년 10월**

눈에 보이지 않는 것을 개념적으로 표현하는 것이 '추상화'라 하며, 이는 실세계의 복잡한 상황을 간결하고 명확하게 개념화(概念化)하는 것이다. (①)은/는 클래스들 사이의 전체 또는 부분 같은 관계를 나타내는 것이고, (②)은/는 한 클래스가 다른 클래스를 포함하는 상위 개념일 때 IS-A관계라 하며, 일반화 관계로 모델링한다.

[보기]

Association, Composition, Realization, Dependency, Generalization, Aggregation

정답

① Aggregation

② Generalization

UML(Unified Modeling Language)는 통합 모델링 언어라 불리며, 시스템을 모델로 표현해 주는 대표적인 모델링 언어이다. UML 다이어그램 종류에는 구조 다이어그램, 행위 다이어그램 등이 있으며, 클래스 다이어그램은 구조 다이어그램 중 하나다. 클래스 다이어그램 (Class Diagram)은 시간에 따라 변하지 않는 시스템의 정적인 면을 보여 주는 대표적인 UML 구조 다이어그램이며, 시스템을 구성하는 클래스들 사이의 관계를 표현한다.

필수 핵심 이론

UML의 관계(Relationships)

구분	설명	예시
연관(Association) 관계	2개 이상의 사물이 서로 연관이 있는 관계	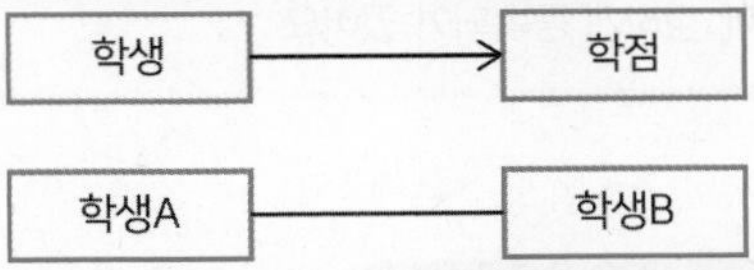 학생 → 학점 학생A — 학생B • 단방향 관계: 사물 사이를 화살표(→)로 연결해 표현 • 양방향 관계: 사물 사이를 실선(–)으로 연결해 표현
의존(Dependency) 관계	하나의 사물과 다른 사물이 소유관계는 아니지만 사물의 변화가 다른 사물에도 영향을 미치는 관계	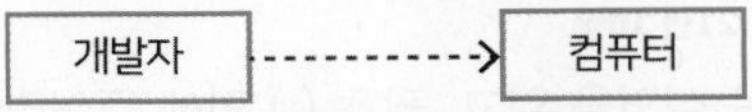 개발자 ------> 컴퓨터 영향을 주는 사물이 영향을 받는 사물 쪽으로 점선 화살표를 연결해 표현
집합(Aggregation) 관계	하나의 사물이 다른 사물에 포함된 관계	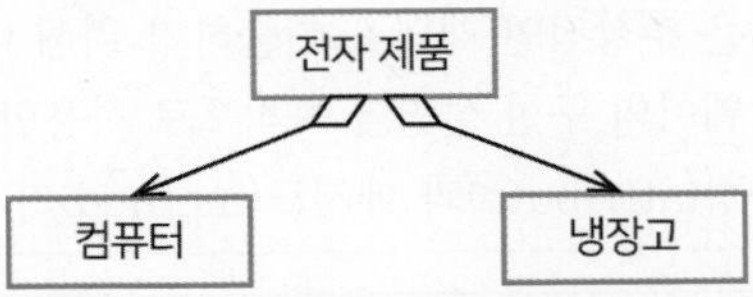 전자 제품 / 컴퓨터, 냉장고 포함되는 사물(부분)에서 포함하는 사물(전체) 쪽으로 속이 빈 마름모를 연결해 표현
포함(Composition) 관계	집합 관계의 특수한 형태로, 포함하는 사물(전체)의 변화가 포함되는 사물(부분)에 영향을 미치는 관계	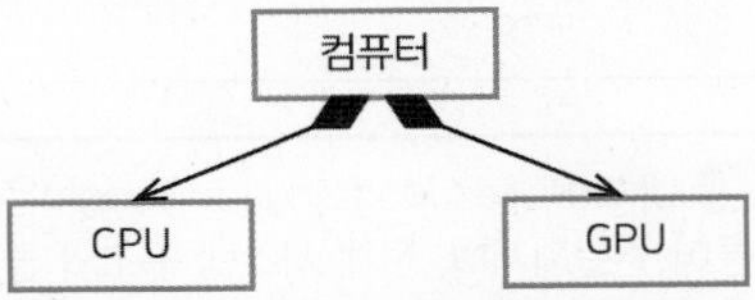 컴퓨터 / CPU, GPU 포함되는 사물(부분)에서 포함하는 사물(전체) 쪽으로 속이 채워진 마름모를 연결해 표현
일반화 (Generalization) 관계	하나의 사물이 다른 사물에 비해 더 일반적인지(부모, 상위), 구체적인지(자식, 하위)를 표현하는 관계	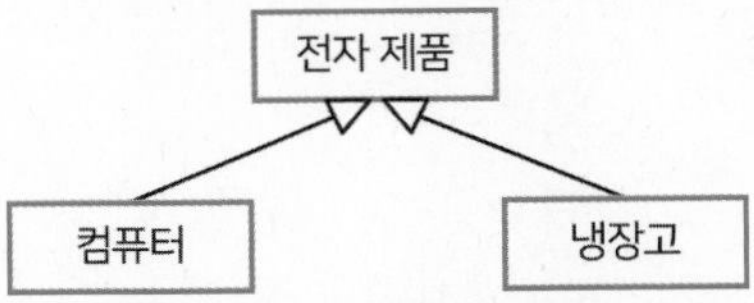 전자 제품 / 컴퓨터, 냉장고 구체적인 사물(자식, 하위)에서 일반적인 사물(부모, 상위)로 속이 빈 삼각형을 실선으로 연결해 표현
실체화(Realization) 관계	사물이 다른 사물에 기능(오퍼레이션, 인터페이스)을 수행하도록 지정하는 관계	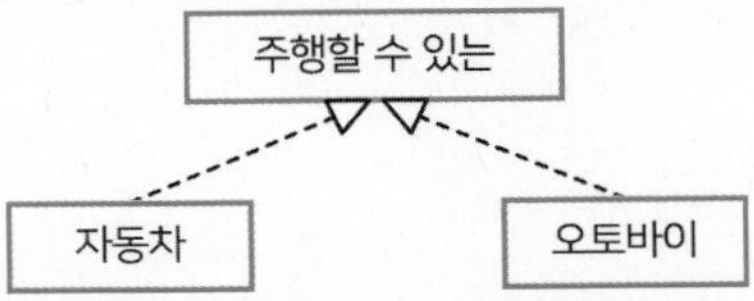 주행할 수 있는 / 자동차, 오토바이 사물에서 기능 쪽으로 속이 빈 삼각형을 점선으로 연결해 표현

쌤의 Comment

UML의 집합(Aggregation) 관계와 포함(Composition) 관계가 헷갈려요!

집합(Aggregation) 관계와 포함(Composition) 관계는 비슷하게 보여요. 하지만 집합(Aggregation) 관계에서는 '전체', '부분' 모두 독립적으로 존재할 수 있지만, 포함(Composition) 관계에서는 '부분'은 '전체'가 사라지면 함께 사라진다는 점에서 차이가 있어요. 예를 들어, 전자제품(전체)과 컴퓨터(부분)와 같은 집합 관계에서 전자제품이 사라진다고 컴퓨터가 사라지지 않지만, 컴퓨터(전체)와 CPU(부분)와 같은 포함 관계에서는 컴퓨터가 사라지면 컴퓨터에 포함되어 있던 CPU 역시 사라지게 되죠. 이렇듯 포함 관계는 집합 관계와 달리, 부분이 전체로부터 독립적인 생명주기를 갖지 못하고 전체에 강하게 종속되어 있어요.

연·습·문·제

01 21년 10월

다음 설명을 읽고, 괄호 ( ) 안에 들어갈 알맞은 답을 쓰시오.

(   ) 다이어그램은 문제해결을 위한 도메인 구조를 나타내어 보이지 않는 도메인 안의 개념과 같은 추상적인 개념을 기술하기 위해 나타낸 것이다. 또한 소프트웨어의 설계 혹은 완성된 소프트웨어의 구현 설명을 목적으로 사용할 수 있다. (   ) 다이어그램의 형식은 (   )을/를 포함하여 속성(attribute)과 메서드(method)가 있다.

해설 UML(Unified Modeling Language)은 통합 모델링 언어라고 한다. UML를 사용하면 의미가 명확하고 소통이 원활해지며, 전체 시스템 구조와 클래스 간의 의존성 파악도 쉬우며, 원활한 유지보수를 위한 문서 활용으로도 사용된다. UML 다이어그램은 구조 다이어그램(Structure Diagram: 정적)과 행위 다이어그램(Behavior Diagram: 동적)으로 나뉘는데 클래스 다이어그램은 구조 다이어그램에 속한다.

02 22년 10월

UML에 대한 다음 설명에서 괄호(①~③)에 들어갈 알맞은 용어를 쓰시오.

UML은 시스템 분석, 설계, 구현 등 시스템 개발 과정에서 시스템 개발자와 고객 또는 개발자 상호 간의 의사소통이 원활하게 이루어지도록 표준화한 대표적인 객체지향 모델링 언어로, 사물, (①), 다이어그램으로 이루어져 있다. (②)은/는 UML에 표현되는 사물의 하나로, 객체가 갖는 속성과 동작을 표현한다. 일반적으로 직사각형으로 표현하며, 직사각형 안에 이름, 속성, 동작을 표기한다. (③)은/는 (②)와 같은 UML에 표현되는 사물의 하나로, (②)(이)나 컴포넌트의 동작을 모아놓은 것이며, 외부적으로 가시화되는 행동을 표현한다. 단독으로 사용되는 경우는 없으며, (③) 구현을 위한 (②) 또는 컴포넌트와 함께 사용된다.

①
②
③

03 출제 예상

UML의 구성요소 3가지를 모두 쓰시오.

해설 UML의 기본 구성요소는 사물(Things), 관계(Relationships), 다이어그램(Diagrams) 3가지이다.

외우기 Tip! 사물, 관계, 다이어그램 → 사물은 관계가 다 있다!

04 21년 10월

다음 설명에서 각 번호에 들어갈 알맞은 용어를 [보기]에서 고르시오.

눈에 보이지 않는 것을 개념적으로 표현하는 것이 '추상화'라 하며, 이는 실세계의 복잡한 상황을 간결하고 명확하게 개념화(槪念化)하는 것이다. (①)은/는 클래스들 사이의 전체 또는 부분 같은 관계를 나타내는 것이고, (②)은/는 한 클래스가 다른 클래스를 포함하는 상위 개념일 때 IS-A관계라 하며, 일반화 관계로 모델링한다.

[보기]

Association, Composition, Realization, Dependency, Generalization, Aggregation

①
②

해설 UML(Unified Modeling Language)는 통합 모델링 언어라 불리며, 시스템을 모델로 표현해 주는 대표적인 모델링 언어이다. UML 다이어그램 종류에는 구조 다이어그램, 행위 다이어그램 등이 있으며, 클래스 다이어그램은 구조 다이어그램 중 하나다. 클래스 다이어그램 (Class Diagram)은 시간에 따라 변하지 않는 시스템의 정적인 면을 보여 주는 대표적인 UML 구조 다이어그램이며, 시스템을 구성하는 클래스들 사이의 관계를 표현한다.

구분	설명
연관(Association) 관계	2개 이상의 사물이 서로 연관이 있는 관계
의존(Dependency) 관계	하나의 사물과 다른 사물이 소유관계는 아니지만, 사물의 변화가 다른 사물에도 영향을 미치는 관계
집합(Aggregation) 관계	하나의 사물이 다른 사물에 포함된 관계
포함(Composition) 관계	집합 관계의 특수한 형태로, 포함하는 사물(전체)의 변화가 포함되는 사물(부분)에 영향을 미치는 관계
일반화(Generalization) 관계	하나의 사물이 다른 사물에 비해 더 일반적인지(부모, 상위) 구체적인지(자식, 하위)를 표현하는 관계
실체화(Realization) 관계	사물이 다른 사물에 기능(오퍼레이션, 인터페이스)을 수행하도록 지정하는 관계

05 출제 예상

UML 모델에서 한 사물의 명세가 바뀌면 다른 사물에 영향을 주며, 일반적으로 한 클래스가 다른 클래스를 오퍼레이션의 매개변수로 사용하는 경우에 나타나는 관계가 무엇인지 쓰시오.

해설 사물의 변화가 다른 사물에 영향을 미치는 관계는 의존(Dependency) 관계다.

정답

01 | 클래스(Class)
02 | ① 관계
② 클래스
③ 인터페이스
03 | 사물(Things), 관계(Relationships), 다이어그램(Diagrams)
04 | ① Aggregation
② Generalization
05 | 의존(Dependency)

010 UML 다이어그램(UML Diagram) ★

학 · 습 · 포 · 인 · 트

UML 다이어그램의 개념과 종류, 특징을 정확하게 이해해야 한다. 또한, UML 다이어그램을 구성하는 요소와 UML 다이어그램을 읽을 수 있어야 한다.

대표 기출 유형

다음은 판매와 관련된 UML 다이어그램이다. 다음 그림에 해당하는 UML 다이어그램의 명칭을 쓰시오. **20년 11월**

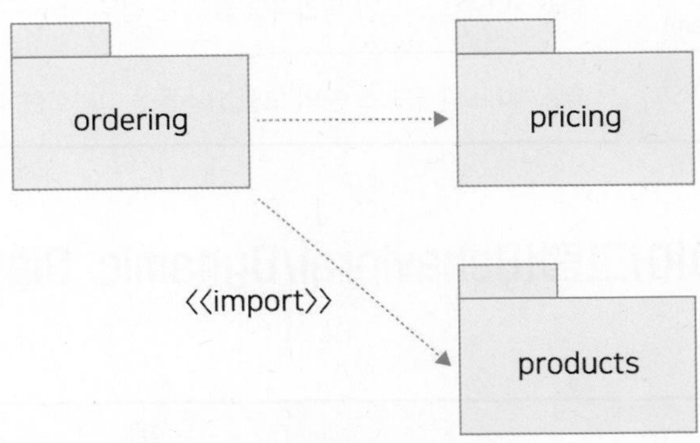

정답

패키지 다이어그램(Package Diagram)

폴더 모양의 패키지와 점선으로 표시된 의존 관계, import라는 스테레오 타입 표기를 통해 패키지 다이어그램인지 파악한다.

필수 핵심 이론

구조적/정적 다이어그램(Structural/Static Diagram)의 종류와 특징

종류	설명
클래스 다이어그램 (Class Diagram)	• 시스템 내 클래스의 구조 표현 • 클래스–클래스, 클래스–속성 사이의 관계 표현
객체 다이어그램 (Object Diagram)	클래스에 속한 사물(객체)을 특정 시점에 연관된 객체–객체 사이의 관계 표현
컴포넌트 다이어그램 (Component Diagram)	실제 구현 모듈인 컴포넌트–컴포넌트 사이의 관계 또는 인터페이스 사이의 관계 표현
배치 다이어그램 (Deployment Diagram)	결과물, 프로세스, 컴포넌트 등의 물리적 요소들의 위치 표현
복합체 구조 다이어그램 (Composite Structure Diagram)	클래스나 컴포넌트가 복합 구조를 갖는 경우, 내부 구조 표현
패키지 다이어그램 (Package Diagram)	유스케이스나 클래스 등의 모델 요소들을 그룹화한 패키지들 사이의 관계 표현

행위적/동적 다이어그램(Behavioral/Dynamic Diagram)의 종류와 특징

종류	설명
유스케이스 다이어그램 (Use Case Diagram)	• 사용자 관점에서 시스템의 활동 표현 • 요구분석 중 시스템의 기능적 요구 정의에 활용
순차 다이어그램 (Sequence Diagram)	상호작용 하는 객체 사이의 메시지 흐름을 시간 순서에 따라 표현
커뮤니케이션 다이어그램 (Communication Diagram)	상호작용 하는 객체 사이의 메시지 흐름을 표현하며, 객체 사이의 연관까지 표현
상태 다이어그램 (State Diagram)	객체가 속한 클래스의 상태 변화, 다른 객체와의 상호작용에 따른 변화 표현
활동 다이어그램 (Activity Diagram)	시스템이 어떤 기능을 수행하는지 객체의 처리 로직, 조건에 따른 처리 흐름을 순서대로 표현
타이밍 다이어그램 (Timing Diagram)	객체의 상태 변화와 시간 제약을 명시적으로 표현

클래스 다이어그램의 구성요소

구성요소	설명	
클래스 이름 (Class Name)	클래스의 이름	
속성 (Attribute)	클래스의 특성으로 클래스가 속한 변수 표현	
연산 (Operation)	클래스에 속한 매서드를 나타내며, 클래스가 수행할 수 있는 행위 표현	
접근 제어자 (Access Modifier)	클래스의 접근 가능 범위를 기호로 표현	
	Public(+)	어떤 클래스나 패키지에서도 접근 가능
	Private(−)	해당 클래스 내부에서만 접근 가능
	Protected(#)	해당 클래스와 동일한 패키지 내부 및 하위 클래스에서만 접근 가능
	Package(~)	해당 클래스가 속한 패키지 내부에서만 접근 가능

유스케이스 다이어그램의 구성요소

구성요소	설명	
시스템(System)	전체 시스템의 영역 표현	
유스케이스 (Use Case)	사용자 관점에서 시스템이 액터에게 제공하는 서비스 또는 기능	
액터(Actor)	시스템과 상호작용을 하는 사용자 또는 시스템	
관계 (Relationship)	액터와 유스케이스 사이의 관계 표현	
	연관 관계 (Association)	유스케이스와 액터 간의 상호작용이 있음을 표현
	포함 관계 (Include)	하나의 유스케이스 동작에 다른 유스케이스의 동작이 필요한 경우에 사용
	확장 관계 (Extend)	하나의 유스케이스가 다른 유스케이스를 선택적으로 확장할 수 있는 경우에 사용
	일반화 관계 (Generalization)	상위 유스케이스와 하위 유스케이스 간의 상속 관계

순차 다이어그램의 구성요소

구성요소	설명
객체(Object)	시스템에서 사용되는 구성요소로 클래스의 이름, 객체 이름, 인스턴트 변수를 가짐
생명선(Lifeline)	객체가 메모리 내에 존재하는 시간을 표시하는 수직선
실행(Activation)	오퍼레이션이 실행되는 시간을 직사각형으로 표현
메시지(Message)	객체 간의 정보 및 제어를 전달하는 데 사용하며, 객체 간의 상호작용을 나타내는 화살표로 표현
회귀 메시지(Self-Message)	객체 스스로 매서드를 호출한 것으로, 객체의 생명선으로 회귀하는 화살표로 표현

UML 확장 모델의 스테레오 타입(Stereotype)

타입	설명
《include》	기본 유스케이스의 동작이 실행될 때, 다른 유스케이스의 동작이 반드시 실행될 때 사용
《extend》	기본 유스케이스는 반드시 실행되고, 확장된 유스케이스는 선택적으로 실행될 때 사용
《interface》	클래스나 다른 인터페이스와 상호작용하기 위한 매서드를 정의할 때 사용
《exception》	예외를 정의할 때 사용

연·습·문·제

01 20년 11월

다음은 판매와 관련된 UML 다이어그램이다. 다음 그림에 해당하는 UML 다이어그램의 명칭을 쓰시오.

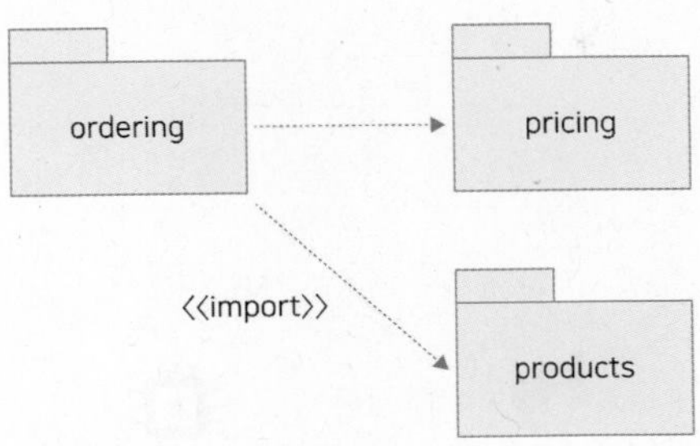

해설 폴더 모양의 패키지와 점선으로 표시된 의존 관계, import라는 스테레오 타입 표기를 통해 패키지 다이어그램인지 파악한다.

02 출제 예상

UML 모델에서 사용하는 Structural Diagram에 속하지 않은 것을 [보기]에서 골라 쓰시오.

[보기]

Class Diagram, Component Diagram, Deployment Diagram, Package Diagram, Object Diagram, Activity Diagram, Composite Structure Diagram, Sequence Diagram

해설 Activity Diagram은 시스템이 어떤 기능을 수행하는지 객체의 처리 로직, 조건에 따른 처리 흐름을 순서대로 표현하는 다이어그램이며, Sequence Diagram은 상호작용 하는 객체 사이의 메시지 흐름을 시간 순서에 따라 표현하는 다이어그램이다. 이 둘은 행위적/동적 다이어그램(Behavioral/Dynamic Diagram)에 속한다.

정답

01 | 패키지 다이어그램(Package Diagram)
02 | Activity Diagram, Sequence Diagram

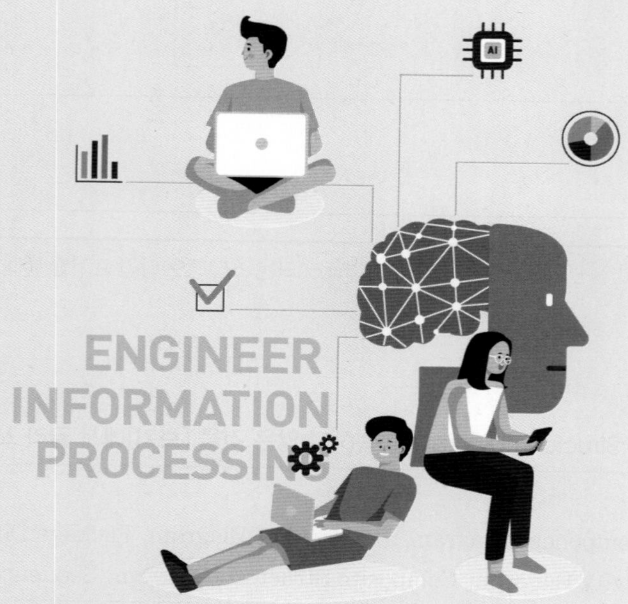

더 멋진 내일(Tomorrow)을 위한 내일(My Career)

내 일 은 정 보 처 리 기 사 실 기

CHAPTER

02 화면설계

011 사용자 인터페이스(User Interface) ★★★

학 · 습 · 포 · 인 · 트

UI 유형별 특징, 기본 원칙, 설계 지침을 이해해야 한다. 특히 기본 원칙에 해당하는 설명은 헷갈리기 쉬우니 유의하도록 한다.

UI(User Interface) 설계 원칙 중 직관성에 대해 간략히 서술하시오. **20년 10월**

정답

직관성은 **누구나 쉽게 이해하고 사용할 수 있어야 한다**는 설계 원칙이다.

필수 핵심 이론

사용자 인터페이스(UI; User Interface)

사용자와 시스템 간의 상호작용이 원활하게 이루어지도록 도와주는 인터페이스

사용자 인터페이스의 구분

유형	설명
CLI (Command Line Interface)	• 텍스트 기반 인터페이스 • 사용자가 명령어를 입력하여 소프트웨어 조작 예) 윈도우 운영체제 제공 Command Prompt
GUI (Graphical User Interface)	• 그래픽 기반 인터페이스 • 사용자가 마우스와 키보드 등의 입력장치를 사용하여 소프트웨어 조작 예) 윈도우 운영체제 제공 탐색기

NUI (Natural User Interface)	• 사용자 반응 기반 인터페이스 • 인간의 자연스러운 동작(손짓, 음성, 시선) 등을 인식하여 소프트웨어 조작
OUI (Organic User Interface)	• 유기적 상호작용 기반 인터페이스 • 자연 그대로의 상태 특성을 반영한 장치 제어로 사물의 변형 없이 자연 형태 그대로 인터페이스 장치가 되어 소프트웨어 조작

사용자 인터페이스의 특징

특징	설명
오류 최소화	구현하고자 하는 결과의 오류를 최소화
작업시간 단축	사용자의 편의성을 높임으로써 작업시간 단축
상호작용	(사용자와 시스템이 정보를 주고받는) 사용자 중심의 상호작용
요구사항 반영	사용자 요구사항이 UI에 반영될 수 있도록 구성
쉬운 이해	배우기가 용이하고 쉽게 사용할 수 있도록 구성

사용자 인터페이스의 기본 원칙

설계 원칙	설명
직관성 (Intuitiveness)	누구나 쉽게 이해하고 사용할 수 있도록 설계
유효성 (Efficiency)	사용자의 목적을 정확하고 완벽하게 달성할 수 있도록 설계
학습성 (Learnability)	누구나 쉽게 배우고 익힐 수 있도록 설계
유연성 (Flexibility)	사용자의 요구사항을 최대한 수용하고 실수를 최소화하도록 설계

사용자 인터페이스 표준 및 지침

설계 지침	설명
사용자 중심	사용자가 이해하기 쉽고 편하게 사용할 수 있는 환경을 제공하며 실사용에 대한 이해가 바탕이 되어야 함
일관성	UI 요소들의 일관성 있는 사용은 사용자가 인터페이스를 더 쉽게 익힐 수 있도록 함
단순성	UI는 불필요한 요소를 제거하고, 필요한 요소만을 포함하여 가능한 한 단순하게 UI를 구성해야 함

결과 예측 가능	사용자가 언제나 예측할 수 있는 결과를 기대할 수 있도록 UI 설계를 해야 함
가시성	UI 요소들은 사용자에게 잘 보이고, 쉽게 인지될 수 있어야 함
표준화	UI의 구성요소는 표준화되어야 함
접근성	사용자의 직무, 연령, 성별 등이 고려된 다양한 계층을 수용해야 함
명확성	사용자에게 명확한 정보를 제공하고, 사용자가 이를 쉽게 이해할 수 있도록 UI를 구성해야 함
오류 발생 해결	• 오류 발생 시, 사용자는 오류가 발생했음을 정확하게 인지할 수 있어야 함 • 오류 메시지는 이해하기 쉬워야 하며, 오류로 인해 발생할 수 있는 부정적인 내용은 적극적으로 사용자에게 전달되어야 함 • 오류 메시지는 소리나 색 등을 이용하여 들을 수 있거나 의미가 쉽게 전달되어야 함 • 오류로부터 회복을 위한 구체적인 설명이 제공되어야 함 • 사용자가 잘못된 입력을 한 경우, 사용자가 쉽게 수정하고 다시 시도할 수 있도록 UI를 구성해야 함

연·습·문·제

01 **20년 7월**

사용자 인터페이스에 대한 다음 설명에서 괄호에 들어갈 알맞은 답을 쓰시오.

직관성 – 누구나 쉽게 이해하고 사용할 수 있어야 한다.
(　　) – 사용자의 목적을 정확하고 완벽하게 달성하여야 한다.
학습성 – 누구나 쉽게 배우고 익힐 수 있어야 한다.
유연성 – 사용자의 요구사항을 최대한 수용하며 오류를 최소화해야 한다.

02 **20년 10월**

UI(User Interface) 설계 원칙 중 직관성에 대해 간략히 서술하시오.

03 **21년 7월**

다음 괄호(①, ②) 안에 알맞은 답안을 쓰시오.

• (①): 사용자가 시스템이나 서비스를 이용하면서 느끼고 생각하게 되는 총체적인 감정 및 경험
• (②): 사용자와 시스템 간의 상호작용이 원활하게 이뤄지도록 도와주는 장치나 소프트웨어

①
②

04 21년 10월

다음 설명에 대한 알맞은 답을 영문 약어로 쓰시오.

( )은/는 사용자가 그래픽을 통해 컴퓨터와 정보를 교환하는 환경을 말한다. 이전까지 사용자 인터페이스는 키보드를 통해 명령어로 작업을 수행시켰지만 ( )에서는 키보드뿐만 아니라 마우스 등을 이용하여 화면의 메뉴 중 하나를 선택하여 작업을 수행한다. 화면에 아이콘을 띄워 마우스를 이용하여 화면에 있는 아이콘을 클릭하여 작업을 수행하는 방식이다. 대표적으로는 마이크로소프트의 Windows, 애플의 Mac 운영체제 등이 있다.

해설 그래픽 기반 인터페이스, 사용자가 마우스와 키보드 등의 입력장치를 사용하여 소프트웨어를 조작하는 것은 GUI(Graphical User Interface)이다.

05 22년 5월

다음 설명에 대한 답을 영어 약어로 쓰시오.

키보드나 마우스와 같은 장치 없이 말이나 행동 그리고 감정과 같은 인간의 자연스러운 표현으로 컴퓨터나 장치를 제어할 수 있는 환경

해설 사용자 반응 기반 인터페이스, 인간의 자연스러운 동작(손짓, 음성, 시선) 등을 인식하여 소프트웨어 조작을 하는 것은 NUI(Natural User Interface)이다.

정답

01 | 유효성
02 | 직관성은 **누구나 쉽게 이해하고 사용할 수 있어야 한다**는 설계 원칙이다.
03 | ① UX(User Experience)
② UI(User Interface)
04 | GUI(Graphical User Interface)
05 | NUI(Natural User Interface)

012 UI 설계 및 설계 도구

학·습·포·인·트

UI 화면 구성요소의 종류와 특징에 대하여 이해해야 한다.

필수 핵심 이론

UI 화면 구성요소

<table>
<tr><th>구성요소</th><th colspan="3">설명</th></tr>
<tr><td>텍스트
(Text)</td><td colspan="3">사용자에게 메시지, 설명, 라벨, 버튼 텍스트 등의 정보 제공</td></tr>
<tr><td rowspan="7">버튼/입력 필드
(Button/Input Field)</td><td colspan="3">버튼을 클릭하면 액션을 수행하거나 페이지 전환</td></tr>
<tr><td>이름</td><td>설명</td><td>예시</td></tr>
<tr><td>토글 버튼
(Toggle Button)</td><td>• 사용자가 특정 상태를 켜고 끌 수 있는 입력 필드
• "On" 또는 "Off"와 같은 두 가지 상태 중 하나를 선택</td><td>Toggle-Switch</td></tr>
<tr><td>라디오 버튼
(Radio Button)</td><td>• 여러 개의 옵션 중에서 하나를 선택할 수 있는 입력 필드
• 사용자가 여러 개의 색상 중에서 하나를 선택할 때 사용</td><td>Radio buttons</td></tr>
<tr><td>텍스트 필드
(Text Field)</td><td>• 사용자가 직접 텍스트를 입력할 수 있는 입력 필드
• 사용자가 이름, 이메일, 주소 등을 입력할 때 사용</td><td>Account name
Alb</td></tr>
<tr><td>체크 박스
(Checkbox)</td><td>• 여러 개의 옵션 중에서 하나 이상을 선택할 수 있는 입력 필드
• 사용자가 여러 가지 선택사항 중에서 원하는 항목을 선택할 때 사용</td><td>Check boxes</td></tr>
<tr><td>콤보 박스
(Combo Box)</td><td>• 목록에서 값을 선택할 수 있는 입력 필드
• 사용자가 국가, 시간대, 언어 등을 선택할 때 사용</td><td>Apple
Apple
Strawberry
Melon
Banana</td></tr>
<tr><td>피드백
(Feedback)</td><td colspan="3">• 사용자가 시스템과 상호작용 할 때 발생하는 시스템의 응답
• 입력 필드에 값을 잘못 입력한 경우 입력 필드 색 변화, 버튼 클릭 시 시각적 효과로 버튼이 눌러졌음을 표현, 특정 작업이 수행되는 동안 프로그레스 바(Progress Bar) 표현</td></tr>
</table>

목록/테이블 (List/Table)	• 데이터를 나열하거나 표시하는 데 사용 • 사용자는 목록/테이블에서 데이터를 검색, 정렬, 필터링 및 페이징 가능
알람 (Alert)	사용자에게 경고, 오류, 성공 메시지를 표시하는 데 사용
메뉴/탭 (Menu/Tab)	• UI 화면에서 페이지 간 이동이나 작업을 수행하는 데 사용 • 탐색 메뉴, 필터 메뉴, 설정 메뉴

UI 설계 도구의 종류

종류	설명
와이어프레임 (Wireframe)	• 기획 단계 초기에 제작, 레이아웃, UI 요소의 뼈대를 설계하는 모형 • 각 페이지의 영역 구분, 콘텐츠, 텍스트 배치 등을 화면 단위로 설계 예) 파워포인트, 키노트, 스케치, 일러스트, 포토샵, 손 그림
목업 (Mockup)	• 디자인, 사용 방법 설명, 평가 등을 위해 실제 화면과 유사하게 만든 정적인 형태의 모형 • 시각적으로만 구성요소를 배치하는 것으로 일반적으로 실제로 구현되지는 않음 예) 파워 목업, 발사믹 목업
스토리보드 (Storyboard)	• 디자이너와 개발자가 참고하는 작업 지침서로 와이어프레임의 콘텐츠에 대한 설명, 페이지 간 이동 순서를 추가한 문서 • 정책, 프로세스, 콘텐츠 구성, 와이어프레임, 기능 정의 등 서비스 구축을 위한 전반적인 정보 포함 예) 파워포인트, 키노트, 스케치
프로토타입 (Prototype)	• 와이어프레임이나 스토리보드에 인터렉션을 적용하여 실제 구현된 것처럼 테스트가 가능한 동적인 형태의 모형 • 손으로 직접 작성하는 페이퍼 프로토타입(Paper Prototype)과 디지털 프로그램을 활용하여 제작한 디지털 프로토타입(Digital Prototype)이 있음 예) HTML/CSS, Flinto
유스케이스 (Use case)	사용자 요구사항으로, 사용자가 원하는 기능, 시스템의 활동을 표현한 동적 다이어그램

연·습·문·제

01 출제 예상

다음의 사용자 인터페이스(UI)를 보고 알맞은 요소 이름을 [보기]에서 골라 쓰시오.

①	Apple / Apple, Strawberry, Melon, Banana
②	
③	Account name / Alb

[보기]
Toggle Button, Radio Button, Text Field, Checkbox, Combo Box

①
②
③

02 출제 예상

UI와 관련된 기본 개념 중 하나로, 시스템의 상태와 사용자의 지시에 대한 효과를 보여 주어 사용자가 명령에 대한 진행 상황과 표시된 내용을 해석할 수 있도록 도와주는 것이 무엇인지 쓰시오.

해설 시스템의 상태와 사용자의 지시에 대한 효과를 보여 주어 사용자가 명령에 대한 진행 상황과 표시된 내용을 해석할 수 있도록 도와주는 것은 피드백(Feedback)이다.

03 출제 예상

다음 내용이 설명하는 UI 설계 도구를 쓰시오.

- 디자인, 사용 방법 설명, 평가 등을 위해 실제 화면과 유사하게 만든 정적인 형태의 모형
- 시각적으로만 구성요소를 배치하는 것으로 일반적으로 실제로 구현되지는 않음

해설 실제 화면과 유사하게 만든 정적인 형태의 모형으로 시각적 구성요소만 배치하고 구현되지 않는 것은 목업(Mockup)이다.

정답

01 | ① Combo Box
② Toggle Button
③ Text Field

02 | 피드백(Feedback)

03 | 목업(Mockup)

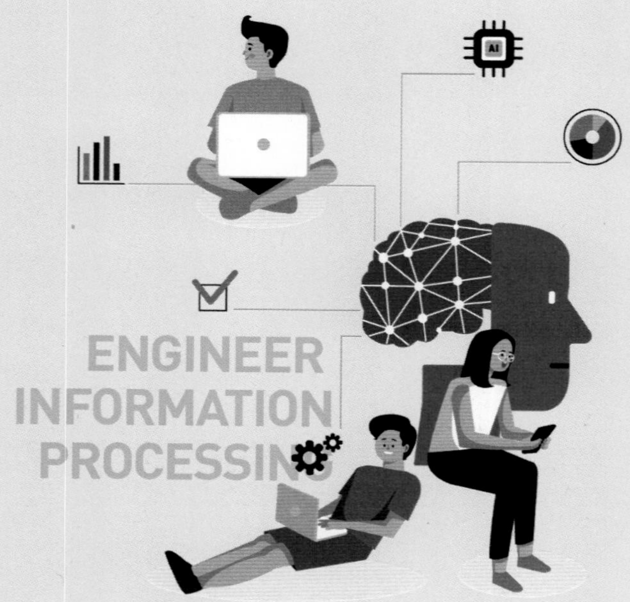

더 멋진 내일(Tomorrow)을 위한 내일(My Career)

내 일 은 정 보 처 리 기 사 실 기

CHAPTER

03

프로그램 구현

013 소프트웨어 아키텍처

학·습·포·인·트

소프트웨어 아키텍처의 개념과 소프트웨어 아키텍처의 패턴 유형과 특징에 대해서 이해해야 한다.

필수 핵심 이론

소프트웨어 아키텍처(Software Architecture)의 개념

- 소프트웨어 시스템을 구성하는 요소 간의 상호작용과 그 요소들의 속성들을 결정하는 체계적인 설계이다. 이는 시스템의 전체적인 구조와 그 내부의 각 요소 사이의 관계, 그리고 시스템의 동작 원리와 제약조건 등을 정의한다.
- 소프트웨어 아키텍처는 시스템의 개발과 유지보수 과정에서 중요한 역할을 한다. 아키텍처가 잘 설계되면, 시스템의 복잡도를 감소시키고, 유지보수 및 개선이 용이해지며, 재사용성과 확장성도 높아진다. 또한, 여러 개발자 간의 협업을 원활하게 할 수 있으며, 코드의 일관성과 품질을 유지할 수 있다.

소프트웨어 아키텍처 패턴(Software Architecture Pattern)의 개념

- 소프트웨어 아키텍처를 설계할 때 발생하는 일반적인 문제에 대한 일반적인 해결책을 제공하는 반복적인 설계 패턴이다. 즉, 특정 문제를 해결하기 위한 방법이며, 재사용이 가능한 설계 솔루션이다.
- 각 패턴은 특정 문제에 대한 해결책을 제공하기 위한 특정한 아키텍처 요소들의 집합으로 이루어져 있으며, 이러한 요소들은 일반적으로 추상화된 레이어, 컴포넌트, 인터페이스, 연결 방식 등으로 구성된다.

소프트웨어 아키텍처 패턴 유형

유형	설명	예시
레이어 패턴 (Layers Pattern)	• 시스템의 아키텍처를 여러 개의 레이어로 분리하여 구성하는 패턴 • 각 레이어 간의 의존성을 최소화하여 시스템의 유지보수성, 확장성, 재사용성을 높임	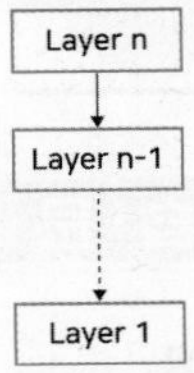 Layer n Layer n-1 Layer 1
클라이언트-서버 패턴 (Client-Server Pattern)	• 클라이언트와 서버 사이에 구조를 정의하여 서로 상호작용 하도록 하는 것 • 일반적으로 분산 시스템에서 사용되며, 클라이언트는 사용자 또는 다른 시스템에서 요청을 보내고, 서버는 해당 요청을 처리하고 결과를 반환	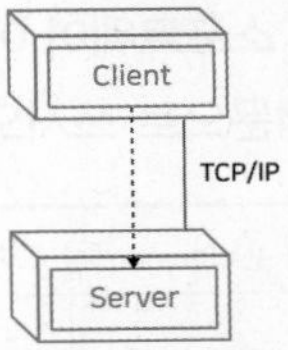 Client TCP/IP Server
파이프-필터 패턴 (Pipe-Filter Pattern)	• 데이터 처리를 일련의 단계로 분리하여 처리하는 구조를 갖는 패턴 • 데이터를 처리하는 각 단계를 독립적인 모듈로 분리함으로써 유연성과 확장성을 높임 • 또한 필터를 조합하여 다양한 처리 과정을 구성할 수 있어서 재사용성이 높으나, 필터 간 데이터 이동에서 데이터 변환 오버헤드 발생	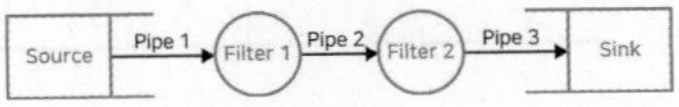 Source Pipe 1 Filter 1 Pipe 2 Filter 2 Pipe 3 Sink
모델-뷰-컨트롤러 패턴 (MVC; Model-View-Controller Pattern)	• 사용자 인터페이스를 구현하기 위한 패턴 모델(Model): 애플리케이션의 데이터 및 비지니스 로직 뷰(View): • 사용자 인터페이스 • 모델에서 가져온 데이터를 사용자가 볼 수 있는 형태로 표현 컨트롤러(Controller): • 모델과 뷰 사이의 연결고리 • 사용자의 입력에 따라 모델 업데이트, 모델의 상태에 따라 뷰 업데이트 • 구성요소가 서로 독립적으로 존재하므로, 유지보수성이 높아지고 코드 재사용성이 증가, 구성요소의 역할이 분명하게 정의되어 개발자 간의 협업 원활	MODEL UPDATES MANIPULATES VIEW CONTROLLER SEES USES USER
브로커 패턴 (Broker Pattern)	• 분산 시스템에서 서비스 제공자와 사용자 사이에 중개 역할을 수행하는 중개자를 사용하여 상호작용하는 패턴 • 클라이언트-서버 패턴과 유사하지만, 클라이언트는 서비스 제공자를 직접 호출하지 않고 중개자를 통해 서비스에 접근	Client Broker Server 1 Server 2 Server 3

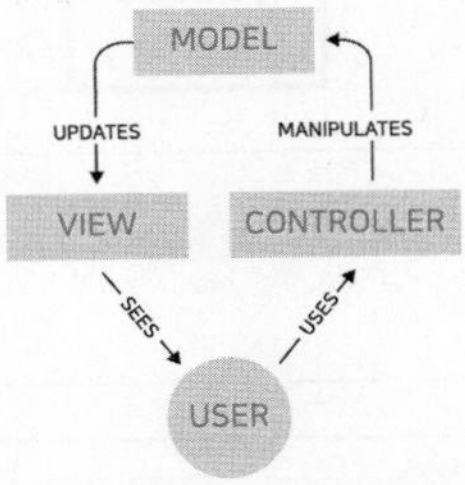

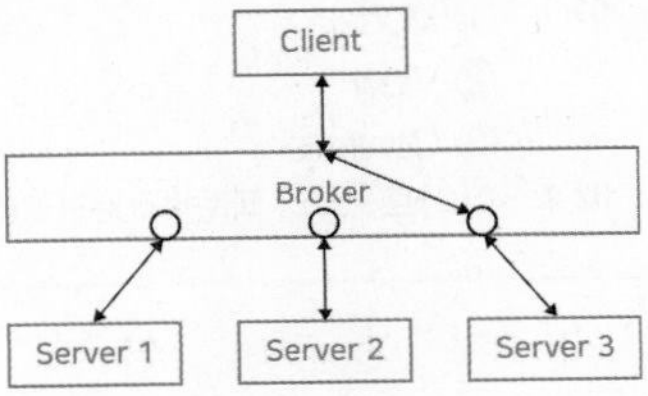

마스터-슬레이브 패턴 (Master-Slave Pattern)	• 하나의 마스터(Master) 노드가 전반적인 제어를 담당하고, 여러 개의 슬레이브(Slave) 노드가 마스터로부터 작업을 받아 처리하는 구조 패턴 • 실시간 시스템에서 사용	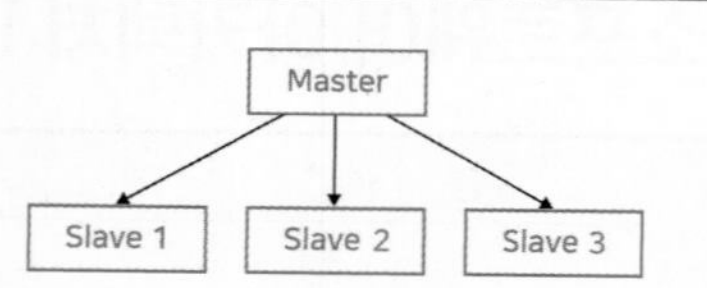

연·습·문·제

01 출제 예상

다음의 소프트웨어 아키텍처 모델 중 MVC에 대한 설명이다. 괄호(①~③) 안에 들어갈 알맞은 용어를 영문으로 쓰시오.

(①)	애플리케이션의 데이터 및 비즈니스 로직
(②)	• 사용자 인터페이스 • 모델에서 가져온 데이터를 사용자가 볼 수 있는 형태로 표현
(③)	• 모델과 뷰 사이의 연결고리 • 사용자의 입력에 따라 모델 업데이트, 모델의 상태에 따라 뷰 업데이트

02 출제 예상

다음의 소프트웨어 아키텍처 모델의 그림을 보고 해당 아키텍처 모델명을 쓰시오.

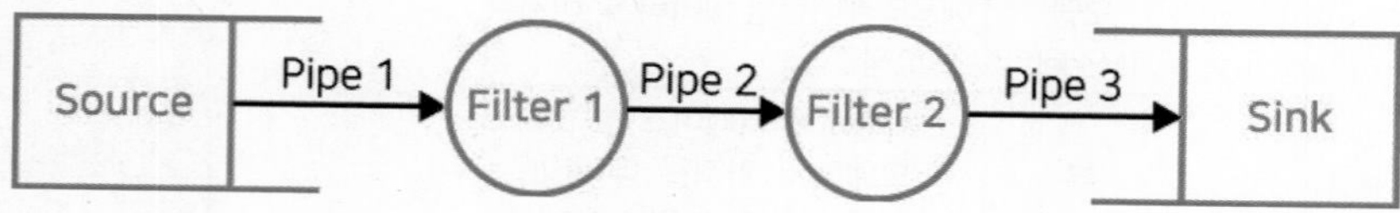

해설 데이터 처리를 일련의 단계로 분리하여 처리하는 구조를 갖는 패턴으로 파이프-필터 패턴(Pipe-Filter Pattern)이다.

정답

01 | ① Model
② View
③ Controller

02 | 파이프-필터 패턴(Pipe-Filter Pattern)

014 모듈 ★★★

학·습·포·인·트

모듈화의 장·단점, 모듈의 적정성을 나타내는 결합도와 응집도에 대하여 출제되고 있다.

대표 기출 유형

모듈에 대한 다음 설명에서 각 지문(①~③)에 해당하는 응집도(Cohesion)를 [보기]에서 찾아 기호(㉠~㉦)로 쓰시오. **21년 7월**

1. 내부의 요소들이 기능적으로 연관성은 없으나, 순차적으로 실행될 때의 응집도
2. 서로 다른 기능을 수행하지만 동일한 입력과 출력을 사용할 때의 응집도
3 하나의 기능에 밀접하게 관련되어 있거나 연관되어 있을 때의 응집도

[보기]

㉠ 기능적 응집도	㉡ 순차적 응집도	㉢ 교환적 응집도	㉣ 절차적 응집도
㉤ 시간적 응집도	㉥ 논리적 응집도	㉦ 우연적 응집도	

정답

1. ㉣
2. ㉢
3. ㉠

응집도 순서는 우연적 〉 논리적 〉 시간적 〉 절차적 〉 교환적 〉 순차적 〉 기능적 응집도로 되어 있다.

필수 핵심 이론

모듈(Module)의 개념 및 특징

프로그램에서 독립적으로 컴파일하고 링크될 수 있는 최소한의 단위이다.

특징	설명
독립성	• 모듈은 자체적으로 완결성을 갖추며, 다른 모듈과 독립적으로 개발, 테스트, 유지보수 할 수 있음 • 모듈의 독립성은 결합도와 응집도에 의해 결정
재사용성	모듈은 독립적이고 추상화된 인터페이스를 제공하여, 다른 시스템에서 재사용할 수 있음

모듈화(Modularity)

큰 시스템을 작은 부분으로 분해하고, 독립적인 기능 모듈로 구성하여 각각을 개발, 관리 및 유지 보수할 수 있도록 하는 과정이다.

모듈화 기법	설명
루틴(Routine)	프로그램의 기능을 수행하기 위한 명령의 모임
메인 루틴(Main Routine)	프로그램의 시작점이 되는 루틴으로, 프로그램의 흐름을 제어하고 서브루틴 호출
서브루틴(Subroutine)	메인 루틴이나 다른 서브루틴에서 호출하여 사용되는 루틴

모듈화(Modularity)의 유형

결합도(Coupling): 모듈 간 연관 관계 강도

강도	유형	설명
약함	자료 결합도 (Data Coupling)	• 모듈 간의 인터페이스가 자료 요소로만 구성될 때의 결합도 • 한 모듈의 내용을 변경하더라도 다른 모듈에는 전혀 영향을 미치지 않는 상태로 가장 바람직한 결합도
	스탬프 결합도 (Stamp Coupling)	• 두 모듈이 동일한 자료구조를 조회하는 경우의 결합도 • 자료구조상 변화는 모든 모듈에 영향을 미치게 됨
	제어 결합도 (Control Coupling)	• 어떤 모듈이 다른 모듈 내부의 논리적인 흐름을 제어하기 위해 제어 신호를 이용하여 통신하는 경우의 결합도 • 하위 모듈에서 상위 모듈로 제어 신호가 이동하여 상위 모듈에게 처리 명령을 부여하는 권리 전도 현상이 발생
	외부 결합도 (External Coupling)	• 특정 모듈에서 선언한 데이터(변수)를 외부의 다른 모듈에서 참조할 때의 결합도 • 참조되는 데이터의 범위를 각 모듈에서 제한할 수 있음
	공통 결합도 (Common Coupling)	• 공유되는 공통 데이터 영역을 여러 모듈이 사용할 때의 결합도 • 모듈 내에서 다른 기능과 관련된 데이터를 변경할 때 다른 기능에 영향을 미침
강함	내용 결합도 (Content Coupling)	한 모듈이 다른 모듈의 내부 기능 및 그 내부 자료를 직접 참조하거나 수정하는 경우의 결합도

응집도(Cohesion): 모듈의 기능 독립성 강도

강도	유형	설명
강함	기능적 응집도 (Functional Cohesion)	모듈 내부의 모든 기능이 단일 목적을 위해 수행될 경우의 응집도
	순차적 응집도 (Sequential Cohesion)	모듈 내 하나의 활동으로부터 나온 출력값을 그 다음 활동의 입력값으로 사용하는 경우의 응집도
	통신적 응집도 (Communication Cohesion)	동일한 입력과 출력을 사용하여 서로 다른 기능을 수행하는 활동들이 모여 있을 경우의 응집도
	절차적 응집도 (Procedural Cohesion)	모듈이 다수의 관련 기능을 가질 때 모듈 안의 구성요소들이 그 기능을 순차적으로 수행하는 경우의 응집도
	시간적 응집도 (Temporal Cohesion)	특정 시간에 처리되어야 하는 활동들을 하나의 모듈에서 처리되는 경우의 응집도
	논리적 응집도 (Logical Cohesion)	유사한 특성, 형태를 갖는 처리요소들로 하나의 모듈에서 처리되는 경우의 응집도
약함	우연적 응집도 (Coincidental Cohesion)	• 모듈 내부의 구성요소들이 서로 관련 없이 우연히 모여 있는 경우의 응집도 • 서로 다른 상위 모듈에 의해 호출되어 처리상의 연관성이 없는 서로 다른 기능을 수행하는 경우의 응집도

팬인(Fan-In) / 팬아웃(Fan-Out): 모듈화의 결합도와 응집도를 측정하기 위한 지표

구분	설명
팬인 (Fan-In)	• 모듈 내부로 들어오는 호출의 수를 측정하는 지표 • 높은 팬인을 가지는 모듈은 재사용성이 높아지고, 모듈 내부에서 논리적으로 관련 있는 부분이 많음
팬아웃 (Fan-Out)	• 모듈이 다른 모듈을 호출하는 수를 측정하는 지표 • 높은 팬아웃을 가지는 모듈은 의존성이 높아지고, 재사용성이 낮아짐

연·습·문·제

01 **20년 5월**

다음 설명에서 괄호(①, ②)에 들어갈 알맞은 용어를 쓰시오.

> 모듈의 기능적 독립성은 소프트웨어를 구성하는 각 모듈의 기능이 서로 독립됨을 의미하는 것으로, 모듈이 하나의 기능만을 수행하고 다른 모듈과의 과도한 상호작용을 배제함으로써 이루어진다. 모듈의 독립성을 높이기 위해서는 (①)은/는 약하게, (②)은/는 강하게 만들어야 한다.

①

②

02 21년 4월

다음은 결합도에 대한 설명이다. 괄호(①~③) 안에 들어갈 알맞은 용어를 [보기]에서 찾아 기호로 쓰시오.

- (①)은/는 다른 모듈 내부에 있는 변수나 기능을 다른 모듈에서 사용하는 경우의 결합도
- (②)은/는 모듈 간의 인터페이스로 배열이나 객체, 구조 등이 전달되는 경우의 결합도
- (③)은/는 파라미터가 아닌 모듈 밖에 선언된 전역 변수를 참조하고 전역 변수를 갱신하는 식으로 상호 작용하는 경우의 결합도

[보기]

ㄱ. 자료 결합도 ㄴ. 스탬프 결합도 ㄷ. 제어 결합도
ㄹ. 공통 결합도 ㅁ. 내용 결합도 ㅂ. 외부 결합도

①
②
③

해설 내용 결합도 〉 공통 결합도 〉 외부 결합도 〉 제어 결합도 〉 스탬프 결합도 〉 자료 결합도

외부 결합도	어떤 모듈에서 반환한 값을 다른 모듈에서 참조해서 사용하는 경우
제어 결합도	단순히 처리해야 할 대상인 값만 전달되는 것 아니라 어떻게 처리를 해야 한다는 제어 요소가 전달
자료 결합도	모듈간의 인터페이스 전달되는 파라미터를 통해서만 모듈 간의 상호작용이 일어나는 경우

03 21년 10월

결합도(Coupling)의 종류 중 단순 처리 대상인 데이터만 전달되는 것이 아니라 어떻게 처리해야 하는지를 결정하는 제어 요소가 전달되는 경우의 결합도를 영문으로 쓰시오.

해설 소프트웨어 공학에서 coupling이란 결합도를 의미한다. 결합도는 약할수록 모듈의 독립성이 높아지는데, 내용(Content) 결합도 〉 공통(Common) 〉 외부(External) 〉 제어(Control) 〉 스탬프(Stamp) 〉 자료(Data) 결합도 순으로 결합도가 약해진다. 영어 용어의 출제가 빈번해지면서 영어 용어도 같이 숙지할 필요가 있다.

04 21년 7월

모듈에 대한 다음 설명에서 각 지문(①~③)에 해당하는 응집도(Cohesion)를 [보기]에서 찾아 기호(㉠~㉦)로 쓰시오.

1. 내부의 요소들이 기능적으로 연관성은 없으나, 순차적으로 실행될 때의 응집도
2. 서로 다른 기능을 수행하지만 동일한 입력과 출력을 사용할 때의 응집도
3. 하나의 기능에 밀접하게 관련되어 있거나 연관되어 있을 때의 응집도

[보기]

㉠ 기능적 응집도　㉡ 순차적 응집도　㉢ 교환적 응집도　㉣ 절차적 응집도
㉤ 시간적 응집도　㉥ 논리적 응집도　㉦ 우연적 응집도

1.
2.
3.

해설 응집도 순서는 우연적 〉 논리적 〉 시간적 〉 절차적 〉 교환적 〉 순차적 〉 기능적 응집도로 되어 있다.

05 20년 5월

다음의 모듈 관계를 표현한 시스템 구조도를 참고하여 팬인(Fan-In)이 2 이상인 모듈을 모두 쓰시오.

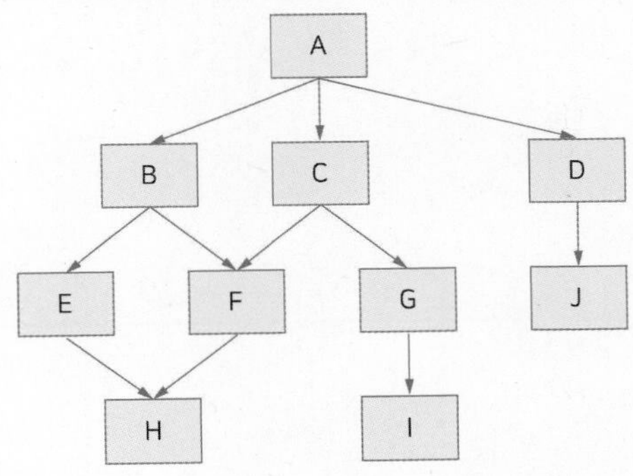

해설 모듈에서 화살표가 나가는 경우 팬아웃이고 모듈에서 화살표가 들어오는 경우 팬인이라고 한다.

06 22년 7월

다음 프로세스 구조에서 모듈 F의 Fan-In과 Fan-Out을 계산하시오.

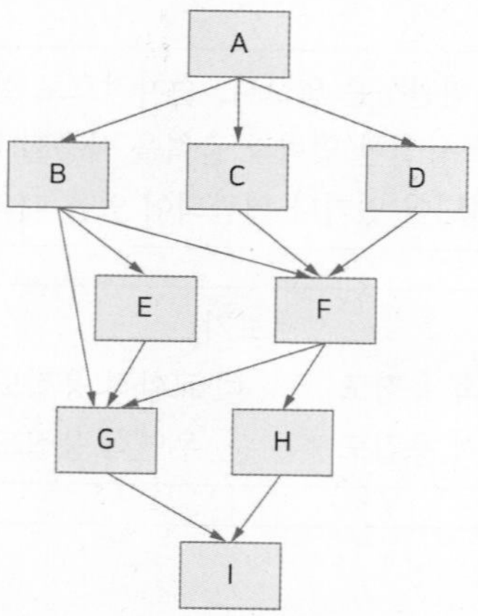

- Fan-in:
- Fan-out:

정답

01 | ① 결합도(Coupling)
② 응집도(Cohesion)

02 | ① ㅁ. 내용 결합도
② ㄴ. 스탬프 결합도
③ ㄹ. 공통 결합도

03 | Control Coupling

04 | 1. ㉣
2. ㉢
3. ㉠

05 | F, H

06 | Fan-in: 3
Fan-out: 2

015 디자인 패턴 ★★★

학·습·포·인·트

디자인 패턴의 개념과 유형, 세부 패턴에 대한 문제가 다수 출제된다. 디자인 패턴의 구성요소와 디자인 패턴 활용 시, 장·단점에 대하여 확실하게 이해해야 한다.

대표 기출 유형

한 객체의 상태가 바뀌면 그 객체에 의존하는 다른 객체들에게 연락이 가서 자동으로 내용이 갱신되는 방식으로, 일대다의 의존성을 정의하는 패턴이다. 상호작용을 하는 객체 사이에서는 가능하면 느슨하게 결합하는 이 패턴을 영문 Full Name으로 쓰시오. **20년 7월**

정답

Observer

필수 핵심 이론

디자인 패턴 활용 시 장·단점

구분	설명
장점	• 소프트웨어 코드 품질 향상 • 설계 변경 시, 유연한 대응 • 개발자들 사이의 원활한 의사소통 • 소프트웨어의 품질 향상 • 객체지향 설계와 생산성 향상 • 소프트웨어 구조 파악 용이 • 재사용을 통한 개발 시간 단축
단점	• 초기 투자 비용 부담 • 객체지향 설계와 구현으로 타 방법론 기반의 애플리케이션 개발에 부적합

디자인 패턴의 유형

생성 패턴(Creational Pattern)

객체를 생성하는 방법과 관련된 패턴으로 객체 생성에 대한 복잡성을 해결하고, 객체 생성에 대한 유연성을 높이는 패턴이다.

패턴	설명
추상 팩토리 (Abstract Factory)	• 생성할 객체의 클래스를 제한하지 않고 객체 생성 • 구체적인 클래스에 의존하지 않고 서로 연관된 객체들의 조합을 만드는 인스턴스를 제공하는 패턴
빌더 (Builder)	• 복잡한 인스턴스를 조립하여 만드는 패턴 • 객체의 추상화와 구현을 분리하여 결합도를 낮춘 패턴
팩토리 매서드 (Factory Method)	• 상위클래스에서 객체를 생성하는 인터페이스를 정의하고, 하위클래스에서 인스턴스를 생성하도록 하는 패턴 • 가상 생성자(Virtual–Constructor) 패턴
프로토타입 (Prototype)	원형이 되는 인스턴스를 복제함으로써 새로운 인스턴스를 생성하는 패턴
싱글톤 (Signleton)	• 어떤 클래스의 인스턴스가 오직 하나임을 보장하는 패턴 • 하나의 객체를 생성하면 생성된 객체를 어디서든 참조할 수 있지만, 여러 프로세스가 동시에 참조할 수는 없음 • 클래스 내에서 인스턴스가 하나뿐임을 보장하며, 불필요한 메모리 낭비 최소화

구조 패턴(Structural Pattern)

객체들의 구성 방식이나 인터페이스를 개선하거나 유연하게 조합하는 방식으로 설계하여 더 큰 구조를 만드는 방법과 관련된 패턴이다.

패턴	설명
어댑터 (Adapter)	• 호환성이 없는 클래스들의 인터페이스를 다른 클래스가 이용할 수 있도록 변환해 주는 패턴 • 상속을 이용하는 클래스 패턴, 위임을 이용하는 인스턴스 패턴
브리지 (Bridge)	추상화와 구현을 분리하여 각자 독립적으로 확장할 수 있도록 한 패턴
프록시 (Proxy)	• 객체에 대한 접근을 제어하여 필요할 때만 객체를 생성하고 다룰 수 있도록 해 주는 패턴 • 객체를 드러나지 않게 하여 정보 은닉
컴포지트 (Composite)	객체들을 트리 구조로 구성하여 단일 객체와 복합 객체를 동일하게 다룰 수 있도록 하는 패턴
데코레이터 (Decorator)	• 객체에 추가적인 기능을 동적으로 덧붙일 수 있도록 해 주는 패턴 • 객체 간의 결합을 통하여 상속보다 유연한 기능 확장 가능

플라이웨이트 (Flyweight)	객체의 공유를 통해 메모리 사용량을 줄이고 성능을 향상시키는 패턴
퍼사드 (Facade)	복잡한 서브 시스템을 단순한 인터페이스로 제공하여 외부에서 사용하기 쉽게 해 주는 패턴

행위 패턴(Behavioral Pattern)

객체나 클래스 사이의 책임과 역할을 분산하는 방법과 관련된 패턴이다.

패턴	설명
전략 패턴(Strategy)	객체의 행위를 클래스로 캡슐화하여 행위의 변화에 따라 클래스를 유연하게 변경하는 패턴
중재자(Mediator)	• 객체 간의 상호작용에서 발생하는 복잡한 로직을 하나의 객체(중재자)로 캡슐화하고, 다른 객체 간의 조정을 중재하는 패턴 • 객체 간의 통제와 지시의 역할을 하는 중재자를 두어 객체지향의 목표 달성
커맨드(Command)	요청을 객체로 캡슐화하여 요청의 처리를 취소하거나, 재사용하거나, 로깅하는 등의 작업을 수행하는 패턴
옵저버(Observer)	객체의 상태가 변경될 때 그 객체에 의존하는 다른 객체들에게 변경을 알려 주고 자동으로 내용을 갱신하는 패턴
상태(State)	객체의 상태를 캡슐화하여 상태에 따른 행위를 변경할 수 있게 해 주는 패턴
반복자(Iterator)	내부 구조를 노출하지 않고, 순서대로 요소들에 접근하는 방법을 제공하는 패턴
방문자(Visitor)	객체 구조와 기능을 분리하여 구조 안의 각 요소에 대해 새로운 연산을 정의하는 패턴
책임 연쇄 (Chain of Responsibility Pattern)	요청을 처리할 수 있는 객체를 동적으로 지정하여 요청을 처리하고, 처리할 객체가 없는 경우에는 다음 객체로 요청을 전달하는 방식으로 요청의 처리를 해결하는 패턴
인터프리터(Interpreter)	문법 규칙을 클래스화하여 특정 표현식을 표현하는 객체를 생성하고 처리하는 방식의 패턴
메멘토(Memento)	특정 시점의 객체의 상태 정보를 저장하고, 필요에 따라 이를 복구(작업취소: Undo)할 수 있는 패턴
템플릿 매서드 (Template Method)	상위 클래스에서 처리 기능의 골격을 정의하고, 하위 클래스에서 구체적인 처리를 구현하는 디자인 패턴

연·습·문·제

01 20년 7월

한 객체의 상태가 바뀌면 그 객체에 의존하는 다른 객체들에게 연락이 가서 자동으로 내용이 갱신되는 방식으로, 일대다의 의존성을 정의하는 패턴이다. 상호작용을 하는 객체 사이에서는 가능하면 느슨하게 결합하는 이 패턴을 영문 Full Name으로 쓰시오.

02 20년 11월

소프트웨어 공학의 디자인 패턴(Design Pattern)에 대한 다음 설명에서 괄호에 들어갈 알맞은 답을 쓰시오.

- 디자인 패턴은 1995년 GoF(Gang of Four)라고 불리는 에릭 감마(Erich Gamma), 리차드 헬름(Richard Helm), 랄프 존슨(Ralph Johnson), 존 블리시디스(John Vissides)가 처음으로 구체화 및 체계화하였다.
- 디자인 패턴은 소프트웨어 설계에서 공통으로 발생하는 문제에 대해 자주 쓰이는 설계 방법을 정리한 것으로, 디자인 패턴을 참고하여 개발할 경우 개발의 효율성과 유지보수성, 운용성이 높아지며 프로그램의 최적화에 도움이 된다.
- 디자인 패턴은 총 23가지이며, 목적에 따라 생성, 구조, (　　) 3가지로 분류한다.

해설 디자인 패턴의 유형은 다음과 같다.
- 목적: 생성 / 구조 / 행위
- 범위: 클래스 / 객체

03 **21년 7월**

디자인 패턴에 관련된 다음 설명에서 괄호에 들어갈 알맞은 답을 쓰시오.

디자인 패턴 중에서 ( ) 패턴은 반복적으로 사용되는 객체들의 상호작용을 패턴화한 것으로, 클래스나 객체들이 상호작용하는 방법이다. 알고리즘 등과 관련된 패턴으로 Interpreter, Observer, Command가 있다.

해설 행위 패턴은 객체나 클래스 간의 교류 방법에 대해 정의하는 방법을 제시한다.

행위 패턴 클래스	Interpreter, Template
행위 패턴 객체	Chain of Responsibility, Command, Iterator, Mediator, Memento, Observer, State, Strategy, Visitor

04 **21년 10월**

다음의 설명에 대하여 괄호 ( ) 안에 들어갈 알맞은 용어를 [보기]에서 고르시오.

( ) 패턴은 객체지향 디자인 패턴이다. ( ) 은/는 부모(상위) 클래스에 알려지지 않은 구체 클래스를 생성하는 패턴이며, 자식(하위) 클래스가 어떤 객체를 생성할지를 결정하도록 하는 패턴이기도 하다. 부모(상위) 클래스 코드에 구체 클래스 이름을 감추기 위한 방법으로도 사용한다.

[보기]

Interpreter, Observer, Composite, Factory Method, Builder

해설 상위클래스에서 객체를 생성하는 인터페이스를 정의하고, 하위클래스에서 인스턴스를 생성하도록 하는 패턴은 팩토리 메서드(Factory Method)이다.

05 **출제 예상**

다음 내용이 설명하는 디자인 패턴을 영문으로 쓰시오.

- 하나의 객체를 생성하면 생성된 객체를 어디서든 참조할 수 있지만, 여러 프로세스가 동시에 참조할 수는 없다.
- 클래스 내에서 인스턴스가 하나뿐임을 보장하며, 불필요한 메모리 낭비를 최소화할 수 있다.

해설 클래스 내에서 인스턴스가 하나뿐임을 보장하는 패턴은 Singleton이다.

정답

01 | Observer
02 | 행위
03 | 행위(Behavioral)
04 | Factory Method
05 | Singleton

CHAPTER

04

인터페이스 구현 및 통합 구현

016 송수신 연계 기술 및 미들웨어 솔루션

학 · 습 · 포 · 인 · 트

송수신 통신 유형에 대한 부분은 문제로 출제되지는 않았지만, 의미를 이해하는 것이 중요하다.

필수 핵심 이론

송·수신 연계 기술

개발할 시스템과 연계할 내·외부 시스템 사이 송·수신을 위해 사용되는 기술이다.

연계 기술	설명
DB Link	데이터베이스에서 제공하는 DB Link 객체를 이용하는 방식
API/Open API	송신 시스템의 데이터베이스에서 데이터를 읽어서 제공하는 애플리케이션 프로그래밍 인터페이스 프로그램
Socket	서버는 통신을 위한 소켓을 생성하여 포트를 할당하고 클라이언트의 통신 요청 시, 클라이언트와 연결하는 방식
JDBC	수신 시스템에서 JDBC 드라이버를 이용하여 송신 시스템 데이터베이스와 연결하는 방식

송·수신 통신 유형

개발할 시스템과 연계할 내·외부 시스템 사이 송·수신하는 형태이다.

구분	통신 유형	설명
실시간	단방향	상대 시스템에 거래를 일방적으로 요청만 하고, 응답이 없는 방식
	양방향	시스템 간에 상호 거래가 이루어지는 방식
	동기	상대 시스템에 거래를 요청하고 응답을 기다리는 방식
	비동기	상대 시스템에 거래를 요청하는 서비스와 응답을 받는 서비스가 분리되는 방식
	지연처리	시스템의 거래 요청과 응답이 순차적으로 이루어지는 방식
배치	DB/File 거래	정해진 시간에 통신이 이루어지는 방식

미들웨어(Middleware)

분산 컴퓨팅 환경에서 서로 다른 기종 간의 하드웨어나 프로토콜, 통신환경 등을 연결하여 응용 프로그램과 운영환경 간에 원만한 통신이 이루어질 수 있게 서비스를 제공하는 소프트웨어이다.

솔루션 유형	설명
DB 미들웨어	데이터베이스 솔루션 업체에서 제공하는 클라이언트에서 원격의 데이터베이스와 연결하기 위한 미들웨어
원격 프로시저 호출 (RPC; Remote Procedure Call)	응용 프로그램의 프로시저를 사용하여 원격 프로시저를 로컬 프로시저처럼 호출하는 방식의 미들웨어
트랜잭션 처리 모니터 (TP monitor; Transaction Processing monitor)	트랜잭션이 올바르게 처리되고 있는지 데이터를 감시하고 제어하는 미들웨어
메시지 지향 미들웨어 (MOM; Message-Oriented Middleware)	• 독립적인 애플리케이션을 하나의 통합된 시스템으로 묶기 위한 역할을 하는 미들웨어 • 상이한 애플리케이션 간 통신을 비동기 방식으로 지원 • 송신 측과 수신 측의 연결 시 메시지 큐를 활용
ORB (Object Request Broker)	코바(CORBA) 표준 스펙을 구현한 객체지향 미들웨어
WAS (Web Application Server)	사용자의 요구에 따라 변하는 동적인 콘텐츠를 처리하기 위해 사용되는 미들웨어

연·습·문·제

01 출제 예상

다음의 설명에 해당하는 용어를 쓰시오.

( )은/는 분산 컴퓨팅 환경에서 서로 다른 기종 간의 하드웨어나 프로토콜, 통신환경 등을 연결하여 응용 프로그램과 운영환경 간에 원만한 통신이 이루어질 수 있게 서비스를 제공하는 소프트웨어이다.

02 출제 예상

다음의 설명에 해당하는 용어를 쓰시오.

( )은/는 독립적인 애플리케이션을 하나의 통합된 시스템으로 묶기 위한 역할을 하는 미들웨어이다. 상이한 애플리케이션 간 통신을 비동기 방식으로 지원하며, 송신 측과 수신 측의 연결 시 메시지 큐를 활용한다.

정답

01 | 미들웨어(Middleware)
02 | 메시지 지향 미들웨어(MOM; Message-Oriented Middleware)

017 모듈 연계 구현 ★★

학 · 습 · 포 · 인 · 트

모듈 연계를 위한 구축 유형에 대한 문제가 주로 출제된다. 각 방식의 특징을 이해하고 암기하는 것이 중요하다.

대표 기출 유형

다음은 EAI(Enterprise Application Integration)에 대한 설명이다. 각 괄호(①, ②) 안에 들어갈 알맞은 EAI 구축 유형을 쓰시오. **20년 10월**

1. 정의
   EAI(Enterprise Application Integration)는 기업 내 각종 애플리케이션 및 플랫폼 간의 정보 전달, 연계, 통합 등 상호 연동이 가능하게 해 주는 솔루션이다. 비즈니스 간 통합 및 연계성을 증대시켜 효율성 및 각 시스템 간의 확정성(Determinacy)을 높여 준다.
2. 구축 유형
   1) (①): 가장 기본적인 애플리케이션 통합 방식으로, 애플리케이션을 1:1로 연결한다. 변경 및 재사용이 어렵다.
   2) (②): 단일 접점인 허브 시스템을 통해 데이터를 전송하는 중앙 집중형 방식이다. 확장 및 유지보수가 용이하나, 허브 장애 발생 시 시스템 전체에 영향을 미친다.
   3) Message Bus: 애플리케이션 사이에 미들웨어를 두어 처리하는 방식이다. 확장성이 뛰어나며 대용량 처리가 가능하다.
   4) 그룹 내에서는 (②) 방식을, 그룹 간에는 Message Bus 방식을 사용한다. 필요한 경우 한 가지 방식으로 EAI 구현이 가능하다. 데이터 병목 현상을 최소화할 수 있다.

정답

① 포인트 투 포인트(Point-to-Point)

② 허브 앤 스포크(Hub & Spoke)

EAI의 유형은 다음과 같다.

메시지 버스(Message Bus)	애플리케이션과 미들웨어 간 웹서비스 인터페이스를 통해 전송
하이브리드(Hybrid)	허브 앤 스포크와 메시지 버스 혼합
포인트 투 포인트(Point-to-Point)	1:1 방식으로 애플리케이션 통합 수행
허브 앤 스포크(Hub & Spoke)	단일 접점인 허브 시스템을 통해 데이터를 전송하는 중앙 집중 방식

필수 핵심 이론

EAI 구축 유형

Point-to-Point를 제외하고 나머지는 모두 중간에 미들웨어를 두는 방식이다.

유형	기능	그림
포인트 투 포인트 (Point-to-Point)	• 가장 기본적인 애플리케이션 통합 방식으로, 중간에 미들웨어를 두지 않고 애플리케이션을 1:1로 연결 • 변경 및 재사용이 어려움	Point-to-Point
허브 앤 스포크 (Hub & Spoke)	• 단일 접점인 허브 시스템을 통해 데이터를 전송하는 중앙 집중형 방식 • 확장 및 유지 보수가 용이함 • 허브 장애 발생 시 시스템 전체에 영향을 미침	Spoke Hub Hub&Spoke
메시지 버스 (Message Bus)	• 애플리케이션 사이에 미들웨어(버스)를 두어 처리하는 방식 • 확장성이 뛰어나며 대용량 처리가 가능	서비스 Bus Messege Bus
하이브리드 (Hybrid)	• Hub & Spoke와 Message Bus의 혼합 방식 • 그룹 내에서는 Hub & Spoke 방식을, 그룹 간에는 Message Bus 방식을 사용 • 필요한 경우 한 가지 방식으로 EAI 구현이 가능 • 데이터 병목 현상 최소화 가능	Bus Hub Hybrid Hub

쌤의 실전 Tip

EAI 구축 유형 외우기

Point-to-Point, Hub&Spoke, Message Bus, Hybrid → 택배를 Point-to-Point 직접 전달해도 되지만, 우체국 Hub(Hub&Spoke)에 부치거나 Bus(Message Bus) 타고 가거나 Hybrid(하이브리드)해서 전달하면 편하다.

연·습·문·제

01 20년 10월

다음은 EAI(Enterprise Application Integration)에 대한 설명이다. 각 괄호(①, ②) 안에 들어갈 알맞은 EAI 구축 유형을 쓰시오.

1. 정의
EAI(Enterprise Application Integration)는 기업 내 각종 애플리케이션 및 플랫폼 간의 정보 전달, 연계, 통합 등 상호 연동이 가능하게 해 주는 솔루션이다. 비즈니스 간 통합 및 연계성을 증대시켜 효율성 및 각 시스템 간의 확정성(Determinacy)을 높여 준다.

2. 구축 유형
   1) (①): 가장 기본적인 애플리케이션 통합 방식으로, 애플리케이션을 1:1로 연결한다. 변경 및 재사용이 어렵다.
   2) (②): 단일 접점인 허브 시스템을 통해 데이터를 전송하는 중앙 집중형 방식이다. 확장 및 유지보수가 용이하나, 허브 장애 발생 시 시스템 전체에 영향을 미친다.
   3) Message Bus: 애플리케이션 사이에 미들웨어를 두어 처리하는 방식이다. 확장성이 뛰어나며 대용량 처리가 가능하다.
   4) 그룹 내에서는 (②) 방식을, 그룹 간에는 Message Bus 방식을 사용한다. 필요한 경우 한 가지 방식으로 EAI 구현이 가능하다. 데이터 병목 현상을 최소화할 수 있다.

①
②

해설 EAI의 유형은 다음과 같다.

메시지 버스(Message Bus)	애플리케이션과 미들웨어 간 웹서비스 인터페이스를 통해 전송
하이브리드(Hybrid)	허브 앤 스포크와 메시지 버스 혼합
포인트 투 포인트(Point-to-Point)	1:1 방식으로 애플리케이션 통합 수행
허브 앤 스포크(Hub & Spoke)	단일 접점인 허브시스템을 통해 데이터를 전송하는 중앙 집중 방식

02 **21년 4월**

기업 내 각종 애플리케이션 및 플랫폼 간의 정보 전달, 연계, 통합 등 상호 연동이 가능하게 해 주는 솔루션으로, Point-to-Point, Hub&Spoke, Message Bus, Hybrid 등의 다양한 방식으로 구축이 가능한 모듈 연계 방법을 무엇이라고 하는지 영문(약어 또는 Full name)으로 쓰시오.

해설 EAI 구축 유형

포인트 투 포인트 (Point-to-Point)	• 가장 기초적인 애플리케이션 통합 방법(1:1 단순 통합 방법) • 개발자 간 대화를 통해 통합 가능
허브 앤 스포크(Hub&Spoke)	단일한 접점의 허브 시스템을 통하여 데이터를 전송하는 중앙 집중적 방식
메시지 버스(Message Bus)	• 애플리케이션 사이 미들웨어를 두어 연계하는 통합 방식 • 뛰어난 확장성과 대용량 데이터 처리 가능
하이브리드(Hybrid)	• 그룹 내에는 허브 앤 스포크 방식 • 그룹 간에는 메시지 버스 방식을 사용하는 통합 방식

정답

01 | ① 포인트 투 포인트(Point-to-Point)
② 허브 앤 스포크(Hub & Spoke)

02 | EAI(Enterprise Application Integration)

018 인터페이스 보안, 기능 구현 및 검증 ★★★

학 · 습 · 포 · 인 · 트

인터페이스 구현에서 사용되는 데이터 포맷에 대한 문제가 자주 출제된다. 해당 데이터 포맷의 약어와 설명을 정확하게 암기하는 것이 중요하다.

대표 기출 유형

다음 설명에 해당하는 알맞은 용어를 쓰시오. **20년 5월**

웹 페이지의 기본 형식인 HTML의 문법이 각 웹 브라우저에서 상호호환적이지 못하다는 문제와 SGML(Standard Generalized Markup Language)의 복잡함을 해결하기 위해 개발된 다목적 마크업 언어이다. W3C(World Wide Web Consortium)에서 개발했으며, 원활한 데이터의 연계를 위해 송·수신 시스템 간에 전송되는 데이터가 동일한 구조로 구성될 수 있도록 형태를 정의하는 역할을 수행한다.

정답

XML(eXtensible Markup Language)

필수 핵심 이론

네트워크 영역의 인터페이스 보안 기술

네트워크 보안 기술	설명
IPSec (IPSecurity)	네트워크 계층에서 IP 패킷 단위의 데이터 변조 방지 및 은닉 기능을 제공하는 프로토콜
SSL (Secure Socket Layer)	TCP/IP 계층과 애플리케이션 계층 사이에서 인증, 암호화, 무결성을 보장하는 프로토콜
S-HTTP (Secure HyperText Transfer Protocol)	클라이언트와 서버 간에 전송되는 모든 메시지를 암호화하는 프로토콜

인터페이스 구현 시 사용되는 데이터 기술, 포맷

데이터 기술, 포맷	설명
AJAX (Asynchronous JavaScript and XML)	JavaScript를 사용한 비동기 통신기술로 클라이언트와 서버 간에 XML 데이터를 주고 받는 기술
REST (Representational State Transfer)	웹과 같은 분산 하이퍼 미디어 환경에서 자원의 존재/상태 정보를 표준화된 HTTP 메서드로 주고받는 웹 아키텍처
JSON (JavaScript Object Notation)	비동기 브라우저/서버 통신(AJAX)을 위해 "속성-값 쌍", "키-값 쌍"으로 이루어진 데이터 오브젝트를 전달하기 위해 인간이 읽을 수 있는 텍스트를 사용하는 개방형 표준 포맷
XML (eXtensible Markup Language)	웹 페이지의 기본 형식인 HTML의 문법이 각 웹 브라우저에서 상호호환적이지 못하다는 문제와 SGML의 복잡함을 해결하기 위하여 W3C에서 개발한 다목적 마크업 언어
YAML (YAML Ain't Markup Language)	데이터를 사람이 쉽게 읽을 수 있는 형태로 표현하기 위해 사용하는 데이터 직렬화 양식

인터페이스 구현 검증 도구

인터페이스 구현 검증 도구	설명
xUnit	소프트웨어의 함수나 클래스 같은 서로 다른 구성 원소(단위)를 테스트할 수 있게 해 주는 도구로, JAVA(jUnit), C++(cppUnit), .Net(nUnit), Web(httpUnit) 등 다양한 언어를 지원
STAF	각 테스트 대상 분산 환경에 데몬을 사용하여 테스트 대상 프로그램을 통해 테스트를 수행하고, 통합하며 자동화하는 검증 도구
FitNesse	웹 기반 테스트 케이스 설계/실행/결과 확인 등을 지원하는 테스트 프레임워크, 사용자가 테스트 케이스 테이블을 작성하면 빠르고 편하게 자동으로 원하는 값에 대한 테스트 가능
NTAF	FitNesse와 STAF의 장점을 결합하여 개발된 테스트 자동화 프레임워크

01 20년 5월

다음 설명에 해당하는 알맞은 용어를 약어로 쓰시오.

웹 페이지의 기본 형식인 HTML의 문법이 각 웹 브라우저에서 상호호환적이지 못하다는 문제와 SGML(Standard Generalized Markup Language)의 복잡함을 해결하기 위해 개발된 다목적 마크업 언어이다. W3C(World Wide Web Consortium)에서 개발했으며, 원활한 데이터의 연계를 위해 송·수신 시스템 간에 전송되는 데이터가 동일한 구조로 구성될 수 있도록 형태를 정의하는 역할을 수행한다.

02 20년 5월

다음 괄호에 공통으로 들어갈 알맞은 용어를 영문 약어로 쓰시오.

- (　　)은/는 속성-값(Attribute-value Pair)으로 이루어진 데이터 객체를 전달하기 위해 사용하는 개방형 표준 포맷이다.
- (　　)은/는 비동기 처리에 사용되는 AJAX에서 XML을 대체하여 사용되고 있다.
- (　　)은/는 언어 독립형 데이터 포맷으로 다양한 데이터 프로그래밍 언어에서 사용된다.

03 20년 7월

클라이언트와 서버 간 자바스크립트 및 XML을 비동기 방식으로 처리하며, 전체 페이지를 새로 고치지 않고도 웹페이지를 일부 영역만을 업데이트할 수 있도록 하는 기술을 의미하는 용어를 영문 약어로 쓰시오.

04 22년 7월

다음 설명에 대한 알맞은 답을 [보기]에서 고르시오.

1. 인터넷에서, 웹 서버와 사용자의 인터넷 브라우저 사이에 문서를 전송하기 위해 사용되는 통신규약을 말한다. 인터넷에서 하이퍼텍스트(hypertext) 문서를 교환하기 위하여 사용되는 통신규약이다. 이 규약에 맞춰 개발해서 서로 정보를 교환할 수 있게 되었다.
2. 문자, 그래픽, 음성 및 영상을 하나의 연상 거미집(Web of Association)과 같이 서로 연결시켜, 제시된 순서에 관계 없이 이용자가 관련된 정보를 검색할 수 있도록 하는 정보 제공 방법이다. 즉, 한 페이지에서 링크된 순서에 상관없이 사용자들이 원하는 정보를 클릭함으로써 원하는 정보에 쉽게 접근하는 방식을 말한다.
3. 웹 페이지 표시를 위해 개발된 지배적인 마크업 언어다.

또한, 제목, 단락, 목록 등과 같은 본문을 위한 구조적 의미를 나타내는 것뿐만 아니라 링크, 인용과 그 밖의 항목으로 구조적 문서를 만들 수 있는 방법을 제공한다.

[보기]
HTTP, XML, HTML, AJAX, Hypertext

1.
2.
3.

정답

01 | XML(eXtensible Markup Language)
02 | JSON(JavaScript Object Notation)
03 | AJAX(Asynchronous JavaScript and XML)
04 | 1. HTTP
2. Hypertext
3. HTML

CHAPTER

05

데이터 입출력 구현

019 데이터베이스 설계 ★★★

학·습·포·인·트

데이터베이스와 SQL의 각 개념의 목적과 특징을 정확히 이해하는 것이 중요하다. 데이터베이스의 개념과 관련 내용에 대한 문제가 주로 나온다. 각 종류의 정의를 이해하는 게 중요하다.

대표 기출 유형

다음은 DB 설계 절차에 관한 설명이다. 다음 빈칸에 들어갈 알맞은 용어를 쓰시오. **21년 4월**

- (①)은/는 특정 DBMS의 특성 및 성능을 고려하여 데이터베이스 저장 구조로 변환하는 과정으로, 결과로 나오는 명세서는 테이블 정의서 등이 있다.
- (②)은/는 현실 세계에 대한 인식을 추상적, 개념적으로 표현하여 개념적 구조를 도출하는 과정으로, 주요 산출물에는 E-R 다이어그램이 있다.
- (③)은/는 목표 DBMS에 맞는 스키마 설계, 트랜잭션 인터페이스를 설계하는 정규화 과정을 수행한다.

[보기]
구현, 개념적 설계, 논리적 설계, 요구사항 분석, 물리적 설계

정답

① 물리적 설계

② 개념적 설계

③ 논리적 설계

- 요구사항 분석은 요구조건 분석, 개념적 설계, 논리적 설계, 물리적 설계 순이다.
- 개념적 설계는 정보를 구조화하기 위해 추상적 개념으로 독립적인 개념 스키마를 설계한다.
- 논리적 설계는 컴퓨터가 이해할 수 있도록 DBMS에 맞게 논리적 자료구조로 사람이 이해하기 쉽게 변환한다.
- 물리적 설계는 논리적 구조로 표현된 데이터를 물리적 구조의 데이터로 DB에 변환한다.

필수 핵심 이론

절차형 SQL 개념

절차형 SQL은 일반적인 언어형식과 같이 연속적인 실행이나 분기, 반복 등의 제어가 가능한 SQL이다.

절차형 SQL 종류

종류	설명
트리거 (Trigger)	• 테이블에 대한 이벤트에 반응해 자동으로 실행되는 작업 • 데이터 작업 제한과 기록, 변경 작업 감사 등을 수행
프로시저 (Procedure)	• 어떤 행동을 수행하기 위한 일련의 작업 순서 • 일련의 연산 처리 결과를 마치 하나의 함수처럼 실행
사용자 정의 함수 (User-Defined Function)	절차형 SQL을 사용하여 일련의 SQL 처리를 단일 값으로 반환할 수 있도록 수행

스키마

스키마는 데이터베이스에 저장되는 데이터 구조와 제약조건에 관해 정의한 것이다. 스키마(Schema)는 데이터베이스를 구성하는 데이터 개체(Entity), 속성(Attribute), 관계 (Relationship) 및 검색 방법 등을 정의한 것이다. 스키마는 외부 스키마, 개념 스키마, 내부 스키마로 구성되어 있다.

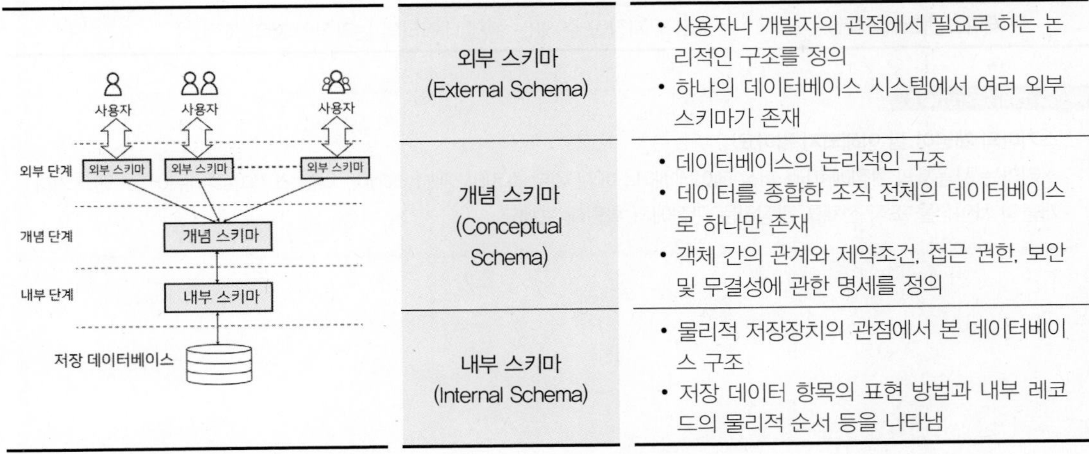

외부 스키마 (External Schema)	• 사용자나 개발자의 관점에서 필요로 하는 논리적인 구조를 정의 • 하나의 데이터베이스 시스템에서 여러 외부 스키마가 존재
개념 스키마 (Conceptual Schema)	• 데이터베이스의 논리적인 구조 • 데이터를 종합한 조직 전체의 데이터베이스로 하나만 존재 • 객체 간의 관계와 제약조건, 접근 권한, 보안 및 무결성에 관한 명세를 정의
내부 스키마 (Internal Schema)	• 물리적 저장장치의 관점에서 본 데이터베이스 구조 • 저장 데이터 항목의 표현 방법과 내부 레코드의 물리적 순서 등을 나타냄

데이터베이스 설계 순서

순서	단계	설명
1	요구조건 분석	• 데이터베이스의 사용 목적 파악 • 데이터베이스 구조 설계에 필요한 개체, 속성, 관계 제약조건 등을 식별
2	개념적 설계	• 정보를 구조화하기 위해 추상적 개념으로 독립적인 개념스키마를 설계 • 트랜잭션 모델링과 개념스키마 모델링 • 요구조건 분석을 통해 E-R 다이어그램을 작성
3	논리적 설계	• 컴퓨터가 이해할 수 있도록 DBMS에 맞게 논리적 자료구조로 사람이 이해하기 쉽게 변환 • 스키마를 평가 및 정제 • 정규화를 수행 • 트랜잭션의 인터페이스를 설계 • 테이블을 설계하는 단계에서 정규화
4	물리적 설계	• 논리적 구조로 표현된 데이터를 물리적 구조의 데이터로 DB에 변환 • 저장 레코드의 양식을 설계함(데이터 타입, 데이터값의 분포, 접근 빈도) • 저장구조 및 접근 경로를 설정하고 레코드 집중의 분석 및 설계

쌤의 실전 Tip

데이터베이스 설계 단계 외우기

요구조건 분석, 물리적 설계, 논리적 설계, 개념적 설계 → 요~ 물론(논) 개념부터 봐야지.

데이터 모델

구성 요소	설명
구조(Structure)	논리적인 개체 타입 간의 관계, 데이터 구조 및 정적 성질을 표현
연산(Operation)	조작하는 기본 도구로 실제 데이터를 처리하는 작업에 대한 명세
제약조건(Constraint)	DB에 저장될 수 있는 실제 데이터의 논리적인 제약 조건

쌤의 Comment

스키마의 개념이 잘 이해되지 않아요!

스키마는 사용자의 관점에 따라 저장 데이터베이스에서 내부 스키마, 개념 스키마, 외부 스키마로 나뉘어요. 각 스키마 개념의 차이점을 조직 전체를 관장하는 관점에서 확인해 보세요.

연·습·문·제

01 21년 4월

데이터베이스 설계에 대한 다음 설명에서 각 지문(①~③)이 설명하는 용어를 [보기]에서 찾아 쓰시오.

① : 논리적 구조로 표현된 데이터를 디스크 등의 저장장치에 저장할 수 있는 데이터로 변환하는 과정으로, 파일의 저장구조 및 액세스 경로를 결정하며, 테이블 정의서 및 명세서가 산출된다.
② : 현실 세계에 대한 인식을 추상적 개념으로 표현하는 과정으로, 개념 스키마 모델링과 트랜잭션 모델링을 수행하며, 요구조건 명세를 E-R 다이어그램으로 작성한다.
③ : 현실의 자료를 특정 DBMS가 지원하는 자료구조로 변환하는 과정으로, 트랜잭션의 인터페이스를 설계하고, 정규화를 통해 스키마를 평가 및 정제한다.

[보기]
구현, 개념적 설계, 논리적 설계, 요구사항 분석, 물리적 설계

①
②
③

해설 요구사항 분석은 요구조건 분석, 개념적 설계, 논리적 설계, 물리적 설계 순이다.
- 개념적 설계는 정보를 구조화하기 위해 추상적 개념으로 독립적인 개념 스키마를 설계한다.
- 논리적 설계는 컴퓨터가 이해할 수 있도록 DBMS에 맞게 논리적 자료구조로 사람이 이해하기 쉽게 변환한다.
- 물리적 설계는 논리적 구조로 표현된 데이터를 물리적 구조의 데이터로 DB에 변환한다.

02 20년 10월

DB 스키마에 대해서 서술하시오.

03 20년 7월

다음은 데이터베이스 구축까지의 과정을 나열한 것이다. 절차에 맞도록 괄호에 들어갈 알맞은 용어를 [보기]에서 찾아 쓰시오.

요구사항 분석 → (①) → (②) → (③) → 구현

[보기]
개념적 설계, 논리적 설계, 물리적 설계

①
②
③

해설

물리적 설계	논리적 구조로 표현된 데이터를 물리적 구조의 데이터로 DB에 변환한다.
논리적 설계	컴퓨터가 이해할 수 있도록 DBMS에 맞게 논리적 자료구조로 사람이 이해하기 쉽게 변환한다.
개념적 설계	정보를 구조화하기 위해 추상적 개념으로 독립적인 개념스키마를 설계한다.

외우기 Tip! 요구조건 분석, 물리적 설계, 논리적 설계, 개념적 설계 → 요~ 물론(논) 개념부터 봐야지.

04 출제 예상

다음은 절차형 SQL 종류이다. 다음 빈칸에 들어갈 알맞은 용어를 [보기]에서 찾아 쓰시오.

① : 절차형 SQL을 사용하여 일련의 SQL 처리를 단일 값으로 반환할 수 있도록 수행
② : 테이블에 대한 이벤트에 반응해 자동으로 실행되는 작업

[보기]
트리거, 프로시저, 사용자 정의 함수

①
②

05 출제 예상

데이터베이스 시스템에서 삽입, 갱신, 삭제 등의 이벤트가 발생할 때마다 관련 작업이 자동으로 수행되는 절차형 SQL을 쓰시오.

06 출제 예상

다음의 설명의 데이터베이스 설계 종류를 쓰시오.

- 효율적인 방법으로 데이터를 저장하는 것이다.
- 트랜잭션 처리량과 응답시간, 디스크 용량 등을 고려해야 한다.
- 저장 레코드의 형식, 순서, 접근 경로와 같은 정보를 사용하여 설계한다.

> **해설** 물리적 데이터베이스 설계에 대한 설명이다.
> - 논리적 구조로 표현된 데이터를 물리적 구조의 데이터로 DB에 변환
> - 저장 레코드의 양식 설계함(데이터 타입, 데이터값의 분포, 접근 빈도)
> - 저장구조 및 접근 경로를 설정하고 레코드 집중의 분석 및 설계

07 출제 예상

물리적 데이터베이스 구조의 기본 데이터 단위인 저장 레코드의 양식을 설계할 때 고려사항을 [보기]를 참조하여 쓰시오.

[보기]

E-R 다이어그램, 데이터 타입, 트랜잭션 모델링, 데이터값의 분포, 접근 빈도

①
②
③

> **해설** 물리적 데이터베이스 설계에 대한 설명이다.
> - 논리적 구조로 표현된 데이터를 물리적 구조의 데이터로 DB에 변환
> - 저장 레코드의 양식 설계함(데이터 타입, 데이터값의 분포, 접근 빈도)
> - 저장구조 및 접근 경로를 설정하고 레코드 집중의 분석 및 설계

08 출제 예상

데이터 모델에 표시해야 할 요소를 [보기]를 참조하여 쓰시오.

[보기]

논리적 데이터 구조, 출력, 구조, 연산, 제약 조건

①
②
③

09 21년 4월

데이터 모델의 구성요소에 대한 다음 설명에서 괄호(①, ②)에 들어갈 알맞은 용어를 쓰시오.

- (①)은/는 데이터베이스에 저장된 실제 데이터를 처리하는 작업에 대한 명세로서 데이터베이스를 조작하는 기본 도구이다.
- (②)은/는 논리적으로 표현된 객체 타입들 간의 관계로서 데이터의 구성 및 정적 성질을 표현한다.
- 제약 조건은 데이터베이스에 저장될 수 있는 실제 데이터의 논리적인 제약 조건을 의미한다.

[보기]

논리적 데이터 구조, 출력, 구조, 연산, 제약 조건

①

②

10 22년 5월

데이터의 중복으로 인해 테이블 조작 시 문제가 발생하는 현상을 이상(Anomaly)이라고 한다. 이상 중 삭제 이상(Deletion Anomaly)에 대해 간략히 서술하시오.

정답

01 | ① 물리적 설계
② 개념적 설계
③ 논리적 설계

02 | 스키마는 데이터베이스에 저장되는 데이터 구조와 제약조건에 관해 정의한 것이다.

03 | ① 개념적 설계
② 논리적 설계
③ 물리적 설계

04 | ① 사용자 정의 함수
② 트리거

05 | 트리거(Trigger)

06 | 물리적 데이터베이스 설계

07 | ① 데이터 타입
② 데이터값의 분포
③ 접근 빈도

08 | ① 구조
② 연산
③ 제약 조건

09 | ① 연산
② 구조

10 | 삭제 이상은 테이블에서 **튜플을 삭제할 때 의도와는 상관없는 값들도 함께 삭제되는 현상**이다.

020 데이터 모델 구성요소 ★

학·습·포·인·트

관계 데이터 모델의 구성에 대한 문제가 주로 나온다. 개념의 정의와 역할을 이해하는 게 중요하다.

대표 기출 유형

주어진 테이블의 Degree와 Cardinality를 작성하시오. **21년 4월**

[회원]

학번	이름	학년	학과
13001	홍길동	3학년	전기
13002	이순신	4학년	기계
13003	강감찬	2학년	컴퓨터
14002	조수현	4학년	컴퓨터
14001	천지은	4학년	데이터

정답

Degree: 4

Cardinality: 5

카디널리티(Cardinality)는 릴레이션의 가로 값인 튜플(행)의 수이다. 차수는(Degree)는 릴레이션의 세로 값인 속성(열)의 수이다.

필수 핵심 이론

관계 데이터 모델의 구성

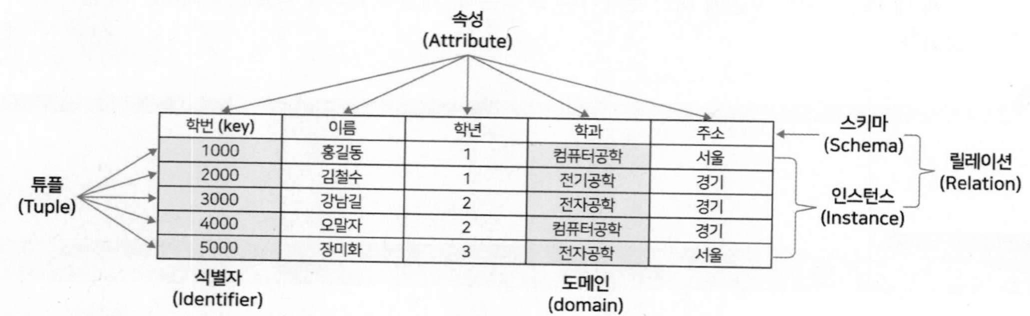

구성요소	설명
릴레이션(Relation)	행(Row)과 열(Column)로 구성된 테이블 **릴레이션의 특징** • 속성은 단일 값을 가짐 • 튜플의 삽입, 삭제로 인해 릴레이션의 시간에 따라 변함 • 속성은 서로 다른 이름을 가짐 • 한 속성의 값은 모두 같은 도메인 값을 가짐 • 튜플의 순서는 상관없음 • 속성값은 모두 원자값으로 저장
속성(Attribute)	릴레이션의 세로 값으로 열(Column)이라고도 함
튜플(Tuple)	릴레이션의 가로 값으로 행(Row)이라고도 함
차수(Degree)	속성의 수, 즉 테이블의 열의 수
카디널리티(Cardinality)	튜플의 수, 즉 테이블의 행의 수
인스턴스(Instance)	• 어느 한 시점에 릴레이션에 존재하는 튜플들의 집합 • 외연(relation extension)으로도 불림
스키마(Schema)	릴레이션의 구성 및 정보에 대한 기본적인 구조를 정의함
도메인(Domain)	하나의 속성(Attribute)이 취할 수 있는 원자값들의 집합
식별자(Identifier)	속성(Attribute) 중에서 튜플을 유일하게 식별할 수 있는 속성(Attribute)

연·습·문·제

01 출제 예상

A1, A2, A3 3개 속성을 갖는 한 릴레이션에서 A1의 도메인은 3개 값, A2의 도메인은 2개 값, A3의 도메인은 4개 값을 갖는다. 이 릴레이션에 존재할 수 있는 가능한 튜플(Tuple)의 최대 수를 작성하시오.

해설 (A1의 도메인값 3개) * (A2의 도메인 값 2개) * (A3의 도메인값 4개)의 조합으로 최대 수는 24개이다.

02 출제 예상

릴레이션의 Degree와 Cardinality를 작성하시오.

학번	이름	학년	학과
13001	홍길동	3학년	전기
13002	이순신	4학년	기계
13003	강감찬	2학년	컴퓨터

Degree:
Cardinality:

해설

- 카디널리티(Cardinality)는 릴레이션의 가로 값인 튜플(행)의 수이다.
- 차수는(Degree)는 릴레이션의 세로 값인 속성(열)의 수이다.

03 출제 예상

한 릴레이션 스키마가 4개 속성, 2개 후보키 그리고 그 스키마의 대응 릴레이션 인스턴스가 7개 튜플을 갖는다면 그 릴레이션의 차수(degree)를 작성하시오.

해설 릴레이션에서 차수(degree)는 속성의 수를 말한다.

04 **출제 예상**

다음은 관계 데이터모델 구성요소에 관한 설명이다. 다음 빈칸에 들어갈 알맞은 용어를 [보기]에서 찾아 쓰시오.

- (①)은/는 릴레이션(Relation)에 포함되어 있는 튜플(Tuple)의 수이다.
- (②)은/는 릴레이션에 존재하는 튜플들의 집합이다.
- (③)은/는 하나의 애트리뷰트가 가질 수 있는 원자값들의 집합이다.

[보기]

릴레이션 / 카디널리티 / 인스턴스 / 속성 / 튜플 / 스키마 / 도메인

①
②
③

해설

- 요구사항 분석은 요구조건 분석, 개념적 설계, 논리적 설계, 물리적 설계 순이다.
- 개념적 설계는 정보를 구조화하기 위해 추상적 개념으로 독립적인 개념스키마를 설계한다.
- 논리적 설계는 컴퓨터가 이해할 수 있도록 DBMS에 맞게 논리적 자료구조로 사람이 이해하기 쉽게 변환한다.

05 **21년 4월**

주어진 테이블의 Degree와 Cardinality를 작성하시오.

[회원]

학번	이름	학년	학과
13001	홍길동	3학년	전기
13002	이순신	4학년	기계
13003	강감찬	2학년	컴퓨터
14002	조수현	4학년	컴퓨터
14001	천지은	4학년	데이터

Degree:
Cardinality:

해설

- 카디널리티(Cardinality)는 릴레이션의 가로 값인 튜플(행)의 수이다.
- 차수는(Degree)는 릴레이션의 세로 값인 속성(열)의 수이다.

정답

01 | 24

02 | Degree: 4
Cardinality: 3

03 | 2

04 | ① 카디널리티
② 인스턴스
③ 도메인

05 | Degree: 4
Cardinality: 5

021 개체-관계(E-R) 모델 ★

학·습·포·인·트

관계 데이터 모델의 구성에 대한 문제가 주로 나온다. 개념의 정의와 역할을 이해하는 게 중요하다.

대표 기출 유형

다음 E-R다이어그램을 참고하여 괄호(①~⑤)의 설명에 적합한 요소를 찾아 ㉠~㉤으로 쓰시오.

22년 10월

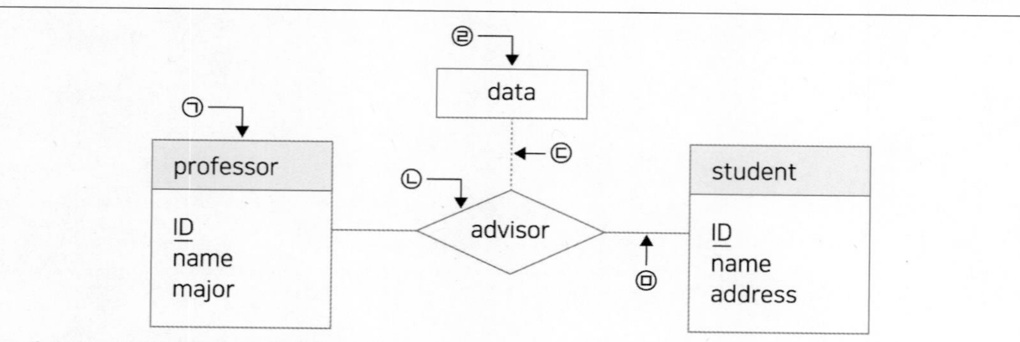

- (①) : 개체집합 - 관계집합 연결
- (②) : 개체집합
- (③) : 관계집합 - 관계집합의 속성 연결
- (④) : 관계집합의 속성
- (⑤) : 관계집합

정답

① ㉤, ② ㉠, ③ ㉢, ④ ㉣, ⑤ ㉡

필수 핵심 이론

개체-관계(E-R) 모델

- E-R 모델은 개체와 개체 간의 관계를 이용해 현실 세계를 개념적 구조로 표현하는 방법이다.
- E-R 모델의 구성요소는 개체, 속성, 관계가 있다.
- 데이터 모델(Data Model)은 데이터의 관계, 접근에 따라 추상화된 모형으로, 관계형 데이터 모델(표를 이용해 데이터 관계를 정의), 계층형 데이터 모델(트리 형태의 논리적 구조로 개체를 트리의 노드로 표현), 네트워크형 데이터 모델(망형, 그래프형 모델이라고도 불림)로 이루어져 있다.

E-R 다이어그램

기호(이름)	설명
(사각형)	• 개체(Entity) • 여러 개의 속성을 가지며, 동일한 개체는 존재할 수 없음
(마름모)	• 관계(Relationship) • 개체들이 가지는 관계로 1:1, 1:N, N:M 등 다양한 관계를 표현 가능함
(속성)	• 속성(Attribute) • 개체의 속성을 표현함
(이중 타원)	• 다중 값 속성 • 하나의 독립적인 속성이나 그 안에 여러 개의 값이 포함될 수 있음
(선)	선, 링크

쌤의 실전 Tip

E-R 다이어그램 기호 외우기

개체는 다중 값 속성 혹은 속성과 관계를 선으로 나타낸다!

연·습·문·제

01 22년 10월

다음 E-R다이어그램을 참고하여 괄호(①~⑤)의 설명에 적합한 요소를 찾아 ㉠~㉤으로 쓰시오.

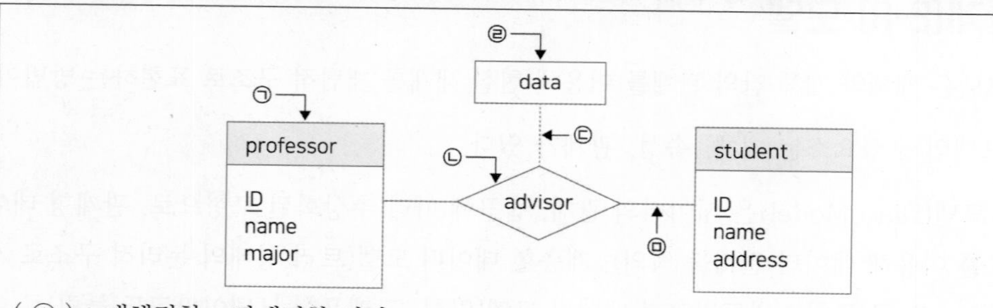

(①) : 개체집합 - 관계집합 연결
(②) : 개체집합
(③) : 관계집합 - 관계집합의 속성 연결
(④) : 관계집합의 속성
(⑤) : 관계집합

①
②
③
④
⑤

02 출제 예상

E-R 다이어그램의 기호이다. 괄호 안에 알맞은 답을 작성하시오.

(사각형)	(①)
(마름모)	(②)
(타원)	(③)

[보기]
개체, 관계, 속성, 다중 값 속성, 선

①
②
③

03 출제 예상

아래 내용을 확인하여 설명하는 알맞은 답을 작성하시오.

- 특정 DBMS를 고려하여 제작하지 않는다.
- 개체는 마름모, 속성은 사각형을 이용하여 표현한다.
- 개념적 데이터베이스 단계에서 제작된다.

정답

01 | ① ㉤
② ㉠
③ ㉢
④ ㉣
⑤ ㉡

02 | ① 개체
② 관계
③ 속성

03 | 개체-관계(E-R) 모델 (E-R 포함 시 정답)

022 키(Key) 종류 ★

학·습·포·인·트

키의 특징과 종류를 서술하는 문제가 주로 나온다. SQL 문법에서도 사용되는 개념으로 종류별 의미를 이해하는 게 중요하다.

대표 기출 유형

키(Key)에 대한 다음 설명에서 괄호(①, ②)에 들어갈 알맞은 용어를 [보기]에서 찾아 쓰시오.

22년 4월

- 키(Key)는 데이터베이스에서 조건에 만족하는 튜플을 찾거나 순서대로 정렬할 때 기준이 되는 속성을 말한다.
- 슈퍼키(Super Key)는 한 릴레이션 내에 있는 속성들의 집합으로 구성된 키로, 릴레이션을 구성하는 모든 튜플에 대해 (①)을/를 만족한다.
- 후보키(Candidate Key)는 릴레이션을 구성하는 속성들 중에서 튜플을 유일하게 식별하기 위해 사용되는 속성들의 부분집합으로, (①)와/과 (②)을/를 만족하는 특징이 있다.

[보기]

원자성, 무결성, 최소성, 유일성, 가용성, 지속성

정답

① 유일성

② 최소성

후보키는 유일성과 최소성을 만족하고 슈퍼키는 유일성을 만족한다.

필수 핵심 이론

키(Key)

키(Key)란 데이터베이스에서 특정 레코드를 식별하거나 연결하기 위한 필드 또는 필드의 조합으로, 중복을 허용하지 않는 고유한 값인 유일성(Unique)과 최소한의 속성으로 구성되어야 하는 최소성(Minimality)의 특징을 가진다.

종류	설명
기본키 (Primary Key)	• 후보키 중에서 선정된 주키(Main Key)로 중복된 값과 NULL값을 가질 수 없음 • 한 릴레이션에서 특정 튜플을 유일하게 구별할 수 있는 속성
후보키 (Candidate Key)	• 기본키로 사용할 수 있는 속성들로 유일성과 최소성을 만족함 • 모든 릴레이션에는 반드시 하나 이상의 후보키가 존재해야 함
대체키 (Alternate Key)	후보키가 둘 이상일 때 기본키를 제외한 나머지 후보키로 보조키로도 불림
슈퍼키 (Super Key)	• 한 릴레이션 내에 있는 속성들의 집합으로 구성된 키 • 릴레이션에 있는 모든 튜플에 대해 유일성은 만족시키지만 최소성은 만족시키지 못하는 키
외래키 (Foreign Key)	다른 릴레이션의 기본키를 참조하는 속성 또는 속성들의 집합으로 릴레이션 간의 참조 관계를 표현함

유일성과 최소성

종류	설명
유일성	하나의 키값으로 튜플을 유일하게 식별할 수 있는 성질
최소성	키를 구성하는 속성 중 필요한 최소한의 속성들로만 구성하는 성질

쌤의 Comment

기본키와 후보키의 차이점이 헷갈려요!

기본키와 후보키의 차이는 기본키가 후보키 중에 선택된 주 키라는 점이에요. 후보키는 릴레이션에서 레코드를 유일하게 구별할 수 있는 속성들로, 유일성과 최소성을 만족해야 해요.

01 22년 4월

키(Key)에 대한 다음 설명에서 괄호(①, ②)에 들어갈 알맞은 용어 [보기]에서 찾아 쓰시오.

- 키(Key)는 데이터베이스에서 조건에 만족하는 튜플을 찾거나 순서대로 정렬할 때 기준이 되는 속성을 말한다.
- 슈퍼키(Super Key)는 한 릴레이션 내에 있는 속성들의 집합으로 구성된 키로, 릴레이션을 구성하는 모든 튜플에 대해 (①)을/를 만족한다.
- 후보키(Candidate Key)는 릴레이션을 구성하는 속성들 중에서 튜플을 유일하게 식별하기 위해 사용되는 속성들의 부분집합으로, (①)와/과 (②)을/를 만족하는 특징이 있다.

[보기]
원자성, 무결성, 최소성, 유일성, 가용성, 지속성

①
②

해설 후보키는 유일성과 최소성을 만족하고 슈퍼키는 유일성을 만족한다.

02 출제 예상

관계형 데이터베이스에서 다음 설명에 해당하는 키(Key)를 쓰시오.

한 릴레이션 내의 속성들의 집합으로 구성된 키로서, 릴레이션으로 구성하는 모든 튜플에 대한 유일성은 만족시키지만 최소성은 만족시키지 못한다.

해설 슈퍼키는 유일성을 만족하는 속성 또는 속성들의 집합이다.

03 출제 예상

다음 두 릴레이션에서 외래키로 사용된 것을 [보기]에서 찾아 쓰시오. (단, 밑줄 친 속성은 기본키이다.)

과목(<u>과목번호</u>, 과목명)
수강(<u>수강번호</u>, 학번, 과목번호, 학기)

[보기]
과목번호 / 과목명 / 수강번호 / 학번 / 학기

해설 외래키는 관계형 데이터베이스에서 한 테이블 속성 집합이 다른 테이블의 기본키로 과목 테이블의 기본키를 외래키로 가진다.

04 출제 예상

릴레이션에 있는 모든 튜플에 대해 유일성은 만족시키지만 최소성은 만족시키지 못하는 키를 쓰시오.

해설 후보키로 릴레이션을 구성하는 속성 중 튜플을 유일하게 식별하기 위한 기본키로 사용할 수 있는 속성들을 뜻한다.

05 출제 예상

다음 설명의 괄호 안에 들어갈 용어를 [보기]에서 찾아 쓰시오.

후보키는 릴레이션에 있는 모든 튜플에 대해 유일성과 ( )을 모두 만족시켜야 한다.

[보기]
중복성 / 최소성 / 참조성 / 동일성

해설 후보키는 기본키로 사용할 수 있는 속성들로 유일성과 최소성을 만족한다.

정답

01 | ① 유일성
② 최소성
02 | 슈퍼키
03 | 과목번호
04 | 후보키
05 | 최소성

023 데이터베이스 무결성

학·습·포·인·트

관계 데이터 모델의 구성에 대한 문제가 주로 나온다. 개념의 정의와 역할을 이해하는 게 중요하다.

필수 핵심 이론

무결성

- 데이터 무결성 제약조건이란 데이터베이스의 정확성, 일관성을 보장하기 위해 저장, 삭제 등을 제약하기 위한 조건이다.
- 무결성은 어떤 값의 허용에 대한 사항을 정의하고 올바른 데이터가 입력되도록 하는 것이다.
- 무결성은 릴레이션을 조작하는 과정에서 의미적 관계를 명세한 것이다.

무결성의 종류

종류	설명
개체 무결성 (Entity Integrity)	• 기본키 • 중복값을 가질 수 없음 • NULL값이 될 수 없음
참조 무결성 (Referential Integrity)	• 외래키 • 외래키 값은 NULL값이거나 참조 릴레이션의 기본키와 동일해야 함 • 참조되는 튜플이 반드시 존재해야 함
사용자 정의 무결성 (User-Defined Integrity)	사용자가 정의한 조건에 만족해야 함
도메인 무결성 (Domain Integrity)	속성값이 그 속성이 정의된 도메인에 속한 값이어야 함

쌤의 실전 Tip

개체 무결성 종류 암기 Tip!

개체 무결성은 기본키, 참조 무결성은 외래키, 사용자 정의 무결성 → 개기(면) 참외 사

연·습·문·제

01 출제 예상

릴레이션에서 기본키를 구성하는 속성은 널(Null)값이나 중복값을 가질 수 없다는 것을 의미하는 제약조건을 [보기]에서 찾아 쓰시오.

[보기]
참조 무결성, 보안 무결성, 개체 무결성, 정보 무결성

해설 개체 무결성은 릴레이션에서 기본키를 구성하는 속성은 널(NULL)값이나 중복값을 가질 수 없다는 것을 의미한다.

외우기 Tip! 개체 무결성은 기본키, 참조 무결성은 외래키, 사용자 정의 무결성 → 개기(면) 참외 사

02 출제 예상

다음 중 기본키는 NULL값을 가져서는 안 되며, 릴레이션 내에 오직 하나의 값만 존재해야 한다는 조건을 [보기]에서 찾아 쓰시오.

[보기]
참조 무결성, 보안 무결성, 개체 무결성, 정보 무결성

03 출제 예상

관계 데이터모델의 무결성 제약 중 기본키 값의 속성값이 널(Null)값이 아닌 원자값을 갖는 성질을 [보기]에서 찾아 쓰시오.

[보기]
참조 무결성, 보안 무결성, 개체 무결성, 정보 무결성

04 출제 예상

릴레이션 R1에 속한 애튜리뷰트의 조합인 외래키를 변경하려면 이를 참조하고 있는 릴레이션 R2의 기본키도 변경해야 하는데 어떤 무결성인지 [보기]에서 찾아 쓰시오.

[보기]

참조 무결성, 보안 무결성, 개체 무결성, 정보 무결성, 도메인 무결성

해설 참조 무결성은 외래키 값이 NULL값이거나 참조 릴레이션의 기본키와 동일해야 한다는 것이다.

05 출제 예상

다음은 무결성에 관한 설명이다. 다음 빈칸에 들어갈 알맞은 용어를 [보기]에서 찾아 쓰시오.

종류	설명
(①)	• 기본키 • 중복값을 가질 수 없음 • NULL값이 될 수 없음
(②)	• 외래키 • 외래키 값은 NULL값이거나 참조 릴레이션의 기본키와 동일해야 함 • 참조되는 튜플이 반드시 존재해야 함
(③)	사용자가 정의한 조건에 만족해야 함
(④)	속성값이 그 속성이 정의된 도메인에 속한 값이어야 함

[보기]

참조 무결성, 개체 무결성, 정보 무결성, 도메인 무결성, 사용자 정의 무결성

①

②

③

④

정답

01 | 개체 무결성
02 | 개체 무결성
03 | 개체 무결성
04 | 참조 무결성
05 | ① 개체 무결성
② 참조 무결성
③ 사용자 정의 무결성
④ 도메인 무결성

024 관계 데이터 언어 ★★★

학·습·포·인·트

관계대수에서 연산자의 의미와 연산 결과 그리고 관계해석과 비교하는 문제가 주로 출제되고 있다. 개념을 익히고 연습문제를 통해 문제를 풀어 보는 게 중요하다.

대표 기출 유형

아래 예시를 보고 관계 대수에 대한 기호를 [보기]에서 찾아 쓰시오. **22년 10월**

관계대수는 관계형 데이터베이스에서 원하는 정보와 그 정보를 검색하기 위해서 어떻게 유도하는가를 기술하는 절차적인 언어이다. 관계대수에 사용되는 연산은 다음과 같다.

- 합집합(UNION)은 두 릴레이션에 존재하는 튜플의 합집합을 구하되, 결과로 생성된 릴레이션에서 중복되는 튜플은 제거되는 연산으로, 사용하는 기호는 (①)이다.
- 차집합(DIFFERENCE)은 두 릴레이션에 존재하는 튜플의 차집합을 구하는 연산으로, 사용하는 기호는 (②)이다.
- 교차곱(CARTESIAN PRODUCT)은 두 릴레이션에 있는 튜플들의 순서쌍을 구하는 연산으로, 사용하는 기호는 (③)이다.
- 프로젝트(PROJECT)는 주어진 릴레이션에서 속성 리스트(Attribute List)에 제시된 속성 값만을 추출하여 새로운 릴레이션을 만드는 연산으로, 사용하는 기호는 (④)이다.
- 조인(JOIN)은 공통 속성을 중심으로 두 개의 릴레이션을 하나로 합쳐서 새로운 릴레이션을 만드는 연산으로, 사용하는 기호는 (⑤)이다.

[보기]

$\cup$, $\times$, $\bowtie$, $-$, π

정답

① $\cup$

② $-$

③ $\times$

④ π

⑤ $\bowtie$

필수 핵심 이론

관계대수

- 릴레이션 조작을 위한 연산 집합이다.
- 관계형 데이터베이스에서 원하는 정보와 그 정보를 검색하기 위해 연산의 순서를 명시하는 절차적인 언어이다.
- 일반 집합연산자와 순수 관계 연산자가 있다.

일반 집합 연산자

연산자	기호/표현	설명
합집합 (UNION)	• 기호: ∪ • R∪S	• 두 릴레이션 R과 S의 합집합 • 두 릴레이션의 합이 추출되고, 중복은 하나만 포함됨
교집합 (INTERSECTION)	• 기호: ∩ • R∩S	• 두 릴레이션 R과 S의 교집합 • 두 릴레이션의 중복되는 값만 추출됨
차집합 (DIFFERENCE)	• 기호: ― • R―S	• 두 릴레이션에서 R 릴레이션에만 존재하는 값 • R 릴레이션에서 S릴레이션에 중복되지 않는 값만 추출됨
교차곱 (CARTESIAN PRODUCT)	• 기호: X • RXS	• 두 릴레이션의 가능한 모든 튜플들의 집합 • 두 릴레이션의 가능한 모든 조합을 추출함

순수 관계 연산자

연산자	기호/표현	설명
선택 (Select)	• 기호: σ • σ 〈조건〉(R)	• 릴레이션 R에서 조건을 만족하는 튜플 반환 • 수평 연산 • 릴레이션에 존재하는 튜플 중에서 특정 조건을 만족하는 튜플들의 부분 집합을 구하여 새로운 릴레이션을 만듦
추출 (Project)	• 기호: π • π 〈속성리스트〉(R)	• 릴레이션 R에서 중복을 제거한 속성들의 값을 반환 • 수직 연산 • 주어진 릴레이션에서 속성 리스트에 제시된 속성값만을 추출하여 새로운 릴레이션을 만듦(단, 연산 결과에 중복이 발생하면 중복이 제거됨)
조인 (Join)	• 기호: ⋈ • R⋈S	공통 속성을 중심으로 2개의 릴레이션을 하나로 합쳐 새로운 릴레이션을 만듦
나누기 (Division)	• 기호: ÷ • R÷S	S 릴레이션의 속성 도메인 값과 일치하는 R 릴레이션의 S를 속성을 제외한 튜플을 반환한 릴레이션에서 다른 릴레이션의 튜플을 제외한 속성만을 선택

순수 관계 연산자 예시

$\pi_A(\sigma_p(r1 \times r2))$	select A from r1, r2 where P

관계 해석

- 데이터의 연산을 표현하는 방법으로 비절차적인 언어이다.
- 수학의 프레디킷 해석(predicate calculus)에 기반을 두고 있다.
- 연산자와 정량자가 있다.

논리 기호

구분	설명	
	연산자	연산
연산자	∨	OR
	∧	AND
	ㄱ	NOT
	연산자	연산
정량자	∀	• 가능한 모든 튜플 • 모든 것에 대하여(for all)
	∃	• 하나라도 일치하는 튜플 • 존재한다(There exist)

연·습·문·제

01 22년 10월

아래 예시를 보고 관계 대수에 대한 기호를 [보기]에서 찾아 쓰시오.

관계대수는 관계형 데이터베이스에서 원하는 정보와 그 정보를 검색하기 위해서 어떻게 유도하는가를 기술하는 절차적인 언어이다. 관계대수에 사용되는 연산은 다음과 같다.

- 합집합(UNION)은 두 릴레이션에 존재하는 튜플의 합집합을 구하되, 결과로 생성된 릴레이션에서 중복되는 튜플은 제거되는 연산으로, 사용하는 기호는 (①)이다.
- 차집합(DIFFERENCE)은 두 릴레이션에 존재하는 튜플의 차집합을 구하는 연산으로, 사용하는 기호는 (②)이다.
- 교차곱(CARTESIAN PRODUCT)은 두 릴레이션에 있는 튜플들의 순서쌍을 구하는 연산으로, 사용하는 기호는 (③)이다.
- 프로젝트(PROJECT)는 주어진 릴레이션에서 속성 리스트(Attribute List)에 제시된 속성 값만을 추출하여 새로운 릴레이션을 만드는 연산으로, 사용하는 기호는 (④)이다.
- 조인(JOIN)은 공통 속성을 중심으로 두 개의 릴레이션을 하나로 합쳐서 새로운 릴레이션을 만드는 연산으로, 사용하는 기호는 (⑤)이다.

[보기]

∪, ×, ⋈, −, π

①

②

③

④

⑤

02 20년 10월

다음이 설명하고 있는 관계대수 연산자의 기호를 [보기]에서 찾아 쓰시오.

릴레이션 A, B가 있을 때 릴레이션 B의 조건에 맞는 것들만 릴레이션 A에서 분리하여 프로젝션을 하는 연산이다.

[보기]
∪, ×, ⋈, −, π, ÷, σ

해설 순수 관계 연산자는 셀렉트(σ) / 프로젝트(π) / 조인(⋈) / 디비전(÷)이 있다.

03 22년 7월

다음은 관계 데이터 모델에 대한 설명이다. 괄호 안에 들어가는 용어를 [보기]에서 찾아 쓰시오.

- ( )은/는 관계 데이터의 연산을 표현하는 방법으로, 원하는 정보를 정의할 때는 계산 수식을 사용한다.
- 수학의 predicate calculus에 기반을 두고 있으며, 관계 데이터 모델의 제안자인 codd가 수학에 가까운 기반을 두고 특별히 관계 데이터베이스를 위해 제안하여 탄생하였다.
- ( )은/는 원하는 정보가 무엇이라는 것만 정의하는 비절차적 특성을 지니며, 튜플 ( )와/과 도메인 ( )이/가 있다.

[보기]
관계해석, 일반 집합 연산자, 관계대수

04 출제 예상

관계대수 연산에서 두 릴레이션이 공통으로 가지고 있는 속성을 이용하여 두 개의 릴레이션을 하나로 합쳐서 새로운 릴레이션을 만드는 연산은?

[보기]

U / X / ⋈ / − / π / σ

05 출제 예상

다음 R과 S 두 릴레이션에 대한 Division 연산의 수행 결과의 Cardinality / Degree를 구하시오.

R		
D1	D2	D3
a	1	A
b	1	A
c	2	A
d	2	B

S	
D2	D3
1	A

Cardinality :

Degree :

해설 Division 연산은 "R 릴레이션의 속성 도메인 값과 일치하는 S 릴레이션의 S를 속성을 제외한 튜플을 반환"한다.

S의 속성을 제외한 R의 D1 속성 중 S 릴레이션의 속성 도메인과 일치하는(D2, D3가 1, A)인 튜플만 반환한다.

D1
a
b

06 **출제 예상**

다음 두 릴레이션 Rl과 R2의 카티션 프로덕트(Cartesian Product) 수행 결과의 Cardinality / Degree를 구하시오.

R1
학년
1
2
3

R2
학과
컴퓨터
국문
수학

Cardinality :
Degree :

해설 교차곱(cartesian product)은 두 릴레이션의 가능한 모든 조합을 추출한다.

학년	학과
1	컴퓨터
1	국문
1	수학
2	컴퓨터
2	국문
2	수학
3	컴퓨터
3	국문
3	수학

07 **출제 예상**

관계해석에서 '모든 것에 대하여'의 의미를 나타내는 논리 기호를 [보기]에서 찾아 쓰시오.

[보기]
∃, ∀, ⋈, ∈, π

해설 ∀는 '모든 것에 대하여(for all)'의 의미가 있으며 가능한 모든 튜플을 의미한다.

08 22년 7월

다음 테이블에서 π TTL(employee)에 대한 연산 결과를 쓰시오.

[employee테이블]

Index	Age	TTL
1	55	부장
2	35	대리
3	42	과장
4	45	차장

①
②
③
④
⑤

①
②
③
④
⑤

해설 π TTL(employee)는 괄호 안의 employee 테이블에서 TTL 속성을 추출한다. TTL 속성을 그대로 추출하면 부장, 대리, 과장, 차장이다.

정답

01 | ① ∪
② −
③ ×
④ π
⑤ ⋈

02 | ÷

03 | 관계해석

04 | σ

05 | Cardinality : 2
Degree : 1

06 | Cardinality : 9
Degree : 2

07 | ∀

08 | ① TTL
② 부장
③ 대리
④ 과장
⑤ 차장

025 데이터베이스 정규화(Normalization)와 반정규화(Denormalization) ★★★

학 · 습 · 포 · 인 · 트

정규화 단계별 특징과 조건을 물어 보는 문제가 주로 출제된다. 데이터베이스 정규화의 목적과 개념 그리고 정규화 단계별 조건을 숙지해야 한다.

대표 기출 유형

데이터베이스에서 반정규화(De-Normalization)의 개념을 서술하시오. **20년 5월**

정답

반정규화는 정규화된 데이터 모델을 통합, 중복, 분리하는 과정으로, 의도적으로 정규화 원칙을 위배하는 행위이다.

필수 핵심 이론

정규화(Normalization)

정규화는 논리적 설계단계에서 데이터 구조의 안정성을 최대화, 중복 데이터의 최소화, 수정/삭제 시 이상 현상의 최소화, 테이블 불일치 위험의 최소화를 하는 과정이다.

정규화 목적 및 이상

개념	설명
정규화 목적	• 중복 데이터를 최소화해 삽입, 삭제, 갱신 이상들을 제거하기 위함 • 수정, 삭제 시 이상 현상의 최소화 • 테이블 불일치 위험의 최소화 • 중복을 배제하여 삽입, 삭제, 갱신 이상의 발생을 방지 • 데이터 구조의 안정성을 최대화 • 데이터 삽입 시 릴레이션의 재구성 필요성을 최소화 • 데이터베이스 검색 시 효율성을 최대화

<table>
<tr><td rowspan="2">이상</td><td>• 정규화를 거치지 않으면 생기는 곤란한 현상
• 속성들에 존재하는 여러 종류의 종속관계를 하나의 릴레이션에 표현할 때 발생</td></tr>
<tr><td><table>
<tr><th>이상 현상</th><th>설명</th></tr>
<tr><td>삽입 이상
(Insertion Anomaly)</td><td>릴레이션에서 데이터를 삽입할 때 의도와는 상관없이 원하지 않는 값들도 함께 삽입되는 현상</td></tr>
<tr><td>갱신 이상
(Update Anomaly)</td><td>릴레이션에서 튜플에 있는 속성값을 갱신할 때 일부 튜플의 정보만 갱신되어 정보에 모순이 생기는 현상</td></tr>
<tr><td>삭제 이상
(Deletion Anomaly)</td><td>릴레이션에서 한 튜플을 삭제할 때 의도와는 상관없는 값들도 함께 삭제되는 연쇄 삭제 현상</td></tr>
</table></td></tr>
</table>

데이터베이스 정규화 과정

정규화는 이상을 제거하기 위해서 중복성 및 종속성을 배제시키는 방법으로 사용한다.

정규화 단계	조건
1정규형 (1NF)	• 도메인이 원자값으로 구성되어야 함 • 원자값이 아닌 도메인을 분해해야 함
2정규형 (2NF)	• 1정규형을 만족 • 부분 함수 종속성을 제거함 • 부분집합 중 원래 자신의 집합을 제외한 것으로 X와 Y를 각각 R의 애트리뷰트 집합의 부분집합이라고 할 경우 X → Y로 표시
3정규형 (3NF)	• 2정규형을 만족 • 이행 함수 종속을 제거 • A → B이고, B → C일 때 A → C를 만족하는 관계
보이스-코드 정규형 (BCNF)	• 3정규형을 만족 • 기본키를 제외하고 후보키가 있는 경우 후보키가 기본키를 종속시키면 분해 (모든 결정자가 후보키 집합에 속해야 함)
4정규형 (4NF)	• BCNF를 만족 • 다치 종속을 제거 • 여러 컬럼들이 하나의 컬럼을 종속시키는 경우 분해하여 다중값(다치)을 제거
5정규형 (5NF)	• 4정규형을 만족 • 조인 종속성을 제거 • 조인에 의해서 종석성이 발생하는 경우 분해 • 기본키를 통하지 않는 조인 종속 제거

종속함수

종속	설명
완전 함수적 종속 (Full Functional Dependency)	어떤 테이블에서 속성이 다른 속성의 부분집합에 의해서만 결정되지 않고, 전체 속성에 의해서만 결정되는 경우
부분 함수적 종속 (Partial Functional Dependecy)	어떤 테이블에서 한 속성이 다른 속성들의 일부에만 의존하는 경우
이행적 함수적 종속 (Transitive Functional Dependecy)	A→B이고, B→C일 때 A→C를 만족하는 관계

반정규화(Denormalization)

반정규화는 정규화된 엔티티, 속성, 관계를 시스템의 성능 향상과 개발 운영의 단순화를 위해 중복, 통합, 분리 등을 수행하는 데이터 모델링 기법이다. 비정규화라고도 한다.

함수 종속(Functional Dependency)

- 어떤 릴레이션 R에서 X와 Y를 각각 R의 애트리뷰트 집합의 부분 집합이라고 할 경우 애트리뷰트 X의 값 각각에 대해 시간에 관계없이 항상 애트리뷰트 Y의 값이 오직 하나만 연관되어 있을 때 Y는 X에 함수 종속이라고 한다.
- 어떤 속성 A의 값을 알면 다른 속성 B의 값이 유일하게 정해지는 관계이다.
- A는 종속자, B는 결정이라고 하며, A → B로 표기한다.

쌤의 실전 Tip

정규화 단계별 암기

도메인이 원자값(1NF), 부분 함수 종속성 제거(2NF), 이행 함수 종속 제거(3NF), 결정자가 후보키가 아닌 것 제거(BCNF), 다치 종속 제거(4NF), 조인 종속성 제거(5NF) → **도부이결다조**

연·습·문·제

01 **20년 5월**

데이터베이스에서 반정규화(De-Normalization)의 개념을 서술하시오.

02 22년 5월

시스템의 성능을 향상시키고 개발 및 운영의 편의성 등을 높이기 위해 정규화된 데이터 모델을 의도적으로 통합, 중복, 분리하여 정규화 원칙을 위배하는 행위를 가리키는 용어를 [보기]에서 찾아 쓰시오.

[보기]
반정규화, 정규화, 완전함수종속

해설 반정규화 방법에는 테이블 통합, 테이블 분할, 중복 테이블 추가, 중복 속성을 추가한다.

03 21년 7월

다음은 제 ( ) 정규형으로서, 부분 함수적 종속성을 제거하여 완전 함수적 종속성을 만족하는 정규형을 쓰시오.

제품주문

주문번호	제품번호	고객번호	주소	주문수량
A345	1001	100	서울	150
D347	1001	200	부산	300
A210	1007	300	광주	600
A345	1007	100	서울	400
B230	1007	200	부산	700
D347	1201	200	부산	300

주문목록

주문번호	제품번호	주문수량
A345	1001	150
D347	1001	300
A210	1007	600
A345	1007	400
B230	1007	700
D347	1201	300

주문

주문번호	고객번호	주소
A345	100	서울
D347	200	부산
A210	300	광주
B230	200	부산

해설 제2정규형인 2NF가 되기 위한 조건은 1NF (조건인 원자값으로 구성)와 2NF 조건 "부분 함수 종속 제거"인 완전 함수적 종속 관계이다. 주문번호로 제품번호와 주문수량을 종속할 수 있다.

외우기 Tip! 도메인이 원자값(1NF), 부분 함수 종속성 제거(2NF), 이행 함수 종속 제거(3NF), 결정자가 후보키가 아닌 것 제거(BCNF), 다치 종속 제거(4NF), 조인 종속성 제거(5NF) → 도부이결다조

04 출제 예상

제3정규형에서 보이스코드 정규형(BCNF)으로 정규화하기 위한 작업을 쓰시오.

05 출제 예상

릴레이션 R의 모든 결정자(determinant)가 후보키이면 그 릴레이션 R은 어떤 정규형에 속하는지 쓰시오.

해설 BCNF(보이스코트 정규형)은 기본키를 제외하고 후보키가 있는 경우 후보키가 기본키를 종속시키면 분해한다.

06 출제 예상

다음 조건을 모두 만족하는 정규형을 [보기]에서 찾아 쓰시오.

- 테이블 R에 속한 모든 도메인이 원자값으로만 구성되어 있다.
- 테이블 R에서 키가 아닌 모든 필드가 키에 대해 함수적으로 종속되며, 키의 부분 집합이 결정자가 되는 부분 종속이 존재하지 않는다.
- 테이블 R에 존재하는 모든 함수적 종속에서 결정자가 후보키이다.

[보기]
BCNF, 제1정규형, 제2정규형, 제3정규형

07 **출제 예상**

데이터의 중복으로 인하여 관계연산을 처리할 때 예기치 못한 곤란한 현상이 발생하는 것을 쓰시오.

해설 이상은 정규화를 거치지 않으면 생기는 곤란한 현상으로 삽입 이상, 갱신 이상, 삭제 이상이 있다.

08 **출제 예상**

정규화된 엔티티, 속성, 관계를 시스템의 성능 향상과 개발 운영의 단순화를 위해 중복, 통합, 분리 등을 수행하는 데이터 모델링 기법을 쓰시오.

09 **출제 예상**

다음과 같이 왼쪽 릴레이션을 오른쪽 릴레이션으로 정규화를 하였을 때 어떤 정규화 작업을 한 것인지 쓰시오.

국가	도시
대한민국	서울, 부산
미국	워싱턴, 뉴욕
중국	베이징

→

국가	도시
대한민국	서울
대한민국	부산
미국	워싱턴
미국	뉴욕
중국	베이징

10 **출제 예상**

이전 단계의 정규형을 만족하면서 후보키를 통하지 않는 조인 종속(JD; Join Dependency)을 제거해야 만족하는 정규형을 쓰시오.

11 **출제 예상**

어떤 릴레이션 R에서 X와 Y를 각각 R의 애트리뷰트 집합의 부분 집합이라고 할 경우 애트리뷰트 X의 값 각각에 대해 시간에 관계없이 항상 애트리뷰트 Y의 값이 오직 하나만 연관되어 있을 때 Y는 X에 함수 종속이라고 한다. 이 함수 종속에 대해 쓰시오.

해설 부분집합 중 원래 자신의 집합을 제외한 것으로 X와 Y를 각각 R의 애트리뷰트 집합의 부분 집합이라고 할 경우 X → Y로 표시한다.

12 **22년 7월**

다음은 함수 종속성에 대한 설명이다. 해당 문제에 대한 알맞은 답을 [보기]에서 찾아 쓰시오.

① 성적은 {학생, 학과}에 대해서 ( ) Functional Dependency이다.
② 성적은 학과만 알아도 식별이 가능하므로, 이 경우에는 성적 속성은 기본키에 ( ) Functional Dependency이다.
③ 릴레이션에서 X, Y, Z라는 3개의 속성이 있을 때 X→Y, Y→Z이란 종속 관계가 있을 경우, X→Z가 성립된다.

[보기]
FULL, PARTIAL, TRANSITIVE, UNION

①
②
③

13 **20년 11월**

데이터베이스의 이상(Anomaly) 현상의 종류 3가지를 쓰시오.

해설

이상 현상	설명
삽입 이상 (Insertion Anomaly)	릴레이션에서 데이터를 삽입할 때 의도와는 상관없이 원하지 않는 값들도 함께 삽입되는 현상
갱신 이상 (Update Anomaly)	릴레이션에서 튜플에 있는 속성값을 갱신할 때 일부 튜플의 정보만 갱신되어 정보에 모순이 생기는 현상
삭제 이상 (Deletion Anomaly)	릴레이션에서 한 튜플을 삭제할 때 의도와는 상관없는 값들도 함께 삭제되는 연쇄 삭제 현상

정답

01 | 반정규화는 **정규화된 데이터 모델**을 통합, 중복, 분리하는 과정으로, **의도적으로 정규화 원칙을 위배하는 행위**이다.
02 | 비정규화 또는 반정규화 또는 역정규화 또는 Denormalization
03 | 제2정규형
04 | 결정자가 후보키가 아닌 함수 종속 제거
05 | BCNF
06 | BCNF
07 | 이상(Anomaly)
08 | 반정규화
09 | 제1정규형
10 | 제5정규형
11 | X → Y
12 | ① FULL
② PARTIAL
③ TRANSITIVE
13 | 삽입 이상(Insertion Anomaly), 삭제 이상(Deletion Anomaly), 갱신 이상(Update Anomaly)

026 트랜잭션 ★★

학 · 습 · 포 · 인 · 트

데이터베이스의 일관성을 유지하기 위한 개념인 트랜잭션의 특징과 기본 개념을 이해하고, 트랜잭션의 개념을 숙지해야 한다.

대표 기출 유형

트랜잭션의 특징 중, 원자성에 대해 약술하시오. **21년 7월**

정답

모두 반영되거나 아니면 전혀 반영되지 않아야 한다.

원자성은 완전하게 수행 완료되지 않으면 전혀 수행되지 않아야 한다. 트랜잭션 특징은 원자성, 일관성, 독립성, 지속성이다.

필수 핵심 이론

트랜잭션(Transaction)

데이터베이스의 상태를 변화시키기 위해서 수행하는 작업의 단위이다. **트랜잭션은 데이터베이스 시스템에서 하나의 논리적 기능을 수행하는 최소한의 작업 단위**, 또는 한꺼번에 모두 수행되어야 할 일련의 연산들을 의미한다.

트랜잭션의 특징

원자성은 작업이 전부 실행되거나 전혀 실행되지 않음을 보장, 일관성은 트랜잭션 수행 전과 후의 데이터베이스 상태가 동일함을 보장, 고립성은 트랜잭션이 서로 간섭하지 않고 독립적으로 수행, 영속성은 트랜잭션이 성공적으로 수행되면 그 결과가 영구적으로 저장된다. CRUD 분석은 데이터베이스 테이블에 변화를 주는 트랜잭션의 CRUD 연산에 대해 매트릭스를 작성하여 분석하는 것이다.

종류	설명
원자성 (Atomicity)	• 하나의 트랜잭션이 더 이상 작게 쪼갤 수 없는 최소한의 업무 단위 • 데이터베이스에 연산이 모두 반영되던지, 아니면 전혀 반영되지 않아야 함 • 주요 기법으로 Commit과 Rollback을 사용함
일관성 (Consistency)	• 트랜잭션이 완료된 결괏값이 일관적인 DB 상태를 유지해야 함 • 수행하고 있는 트랜잭션에서 오류가 발생하면 현재 내역을 날려버리고 롤백해야 함
고립성 (Isolation)	• 하나의 트랜잭션 수행 시 다른 트랜잭션이 작업이 끼어들지 못하도록 보장함 • 트랜잭션끼리 서로 간섭할 수 없음 • 독립성이라고도 함
영속성 (Durability)	• 트랜잭션이 정상적으로 종료된 다음에는 영구적으로 데이터베이스에 작업의 결과가 저장돼야 함 • 성공적으로 완료된 트랜잭션의 결과는 시스템이 고장 나더라도 영구적으로 반영되어야 함

CRUD 분석

데이터베이스에 영향을 주는 생성(Create), 읽기(Read), 갱신(Update), 삭제(Delete) 연산으로 프로세스와 테이블 간에 매트릭스를 만들어서 트랜잭션을 분석하는 것이다.

연·습·문·제

01 21년 7월

트랜잭션의 특징 중, 원자성에 대해 약술하시오.

해설 원자성은 완전하게 수행 완료되지 않으면 전혀 수행되지 않아야 한다. 트랜젝션 특징은 원자성, 일관성, 독립성, 지속성이다.

02 20년 5월

트랜잭션(Transaction)의 특징 중, 일관성, 지속성 외 괄호(①, ②) 안에 들어갈 나머지 2개의 특징을 쓰시오.

(①)	트랜잭션의 연산은 데이터베이스에 모두 반영되도록 완료(Commit)되든지 아니면 전혀 반영되지 않도록 복구(Rollback)되어야 한다. (All or Nothing)
일관성	트랜잭션이 그 실행을 성공적으로 완료하면 언제나 일관성 있는 데이터베이스 상태로 변환한다.
(②)	둘 이상의 트랜잭션이 동시에 병행 실행되는 경우 어느 하나의 트랜잭션 실행 중에 다른 트랜잭션의 연산이 끼어들 수 없다.
지속성	성공적으로 완료된 트랜잭션의 결과는 시스템이 고장 나더라도 영구적으로 반영되어야 한다.

①
②

해설 트랜잭션의 특징은 원자성, 일관성, 독립성, 지속성이다.

03 출제 예상

데이터베이스에서 하나의 논리적 기능을 수행하기 위한 작업의 단위 또는 한꺼번에 모두 수행되어야 할 일련의 연산들을 의미하는 용어를 쓰시오.

04 출제 예상

트랜잭션의 주요 특성 중 하나로, 둘 이상의 트랜잭션이 동시에 병행 실행되는 경우 어느 하나의 트랜잭션 실행 중에 다른 트랜잭션의 연산이 끼어들 수 없음을 의미하는 용어를 쓰시오.

해설 Isolation(독립성, 격리성)은 둘 이상의 트랜잭션이 동시에 병행 실행되는 경우 어느 하나의 트랜잭션 실행 중에 다른 트랜잭션의 연산이 끼어들 수 없다. 수행 중인 트랜잭션은 완전히 완료될 때까지 다른 트랜잭션에서 수행 결과를 참조할 수 없다.

05 출제 예상

데이터베이스의 트랜잭션 성질 중에서 다음 설명에 해당하는 것을 [보기]에서 찾아 쓰시오.

트랜잭션의 모든 연산들이 정상적으로 수행 완료되거나 아니면 전혀 어떠한 연산도 수행되지 않은 원래 상태가 되도록 해야 한다.

[보기]

Atomicity, Consistency, Isolation, Durability

06 **출제 예상**

트랜잭션의 특성 중 다음 설명에 해당하는 것을 [보기]에서 찾아 쓰시오.

트랜잭션의 연산은 데이터베이스에 모두 반영되든지 아니면 전혀 반영되지 않아야 한다.

[보기] Atomicity, Consistency, Isolation, Durability

07 **출제 예상**

데이터베이스에 영향을 주는 생성, 읽기, 갱신, 삭제 연산으로 프로세스와 테이블 간에 매트릭스를 만들어서 트랜잭션을 분석하는 것을 [보기]에서 찾아 쓰시오.

[보기] CASE 분석, 일치 분석, CRUD 분석, 연관성 분석

정답

01 | 모두 반영되거나 아니면 전혀 반영되지 않아야 한다.
02 | ① 원자성
② 독립성
03 | 트랜잭션
04 | Isolation
05 | Atomicity
06 | Atomicity
07 | CRUD 분석

027 트랜잭션 관리 기법 ★★★

학 · 습 · 포 · 인 · 트

트랜잭션의 상태를 이용하고, 트랜잭션을 사용하여 데이터베이스의 변경 작업을 정상적으로 처리할 수 있도록 COMMIT, ROLLBACK 등의 명령어를 이해하고 활용할 수 있어야 한다.

대표 기출 유형

다음 설명을 확인하여 해당하는 항목을 [보기]에서 찾아 쓰시오. **22년 4월**

① : 오류가 발생하기 전까지의 사항을 로그(log)로 기록해 놓고 이전 상태로 되돌아간 후, 실패가 발생하기 전까지의 과정을 그대로 따라가는 현상
② : 작업을 취소하여 트랜잭션을 이전 상태로 되돌리는 것

[보기]
REDO, ACID, COMMIT, UNDO, ATOMICITY

정답

① : REDO

② : UNDO

REDO는 "원상태로 되돌리다"라는 의미로 작업을 취소하여 트랜잭션을 이전 상태로 되돌린다. UNDO는 "다시 하다"라는 의미로 이전 상태로 되돌린 작업 내용을 다시 진행한다.

필수 핵심 이론

트랜잭션(Transaction)

트랜잭션은 데이터베이스의 상태를 변화시키는 작업의 단위를 말한다.

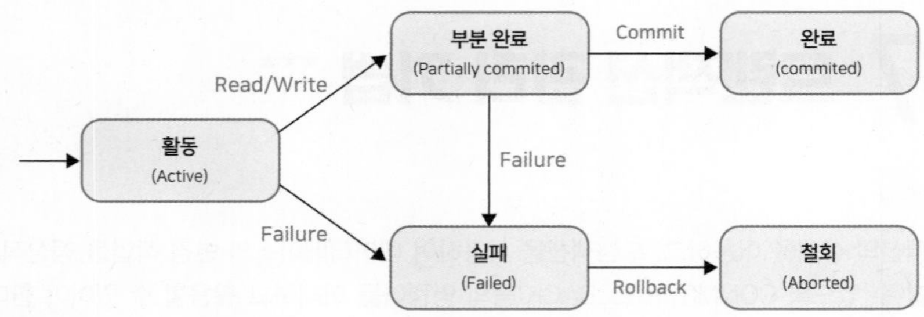

병행제어(Concurrency Control)

병행제어는 여러 사용자가 동시에 데이터베이스에 접근할 때 발생하는 문제를 해결하기 위한 기술이다.

<table>
<tr><th>개념</th><th colspan="2">설명</th></tr>
<tr><td>회복기법
(Recovery)</td><td colspan="2">• 회복은 데이터베이스 시스템이 장애나 오류 발생 시 복구시키는 과정
• 대표적인 방법으로는 로그 기반 회복 기법, 그림자 페이지 기반 회복, 체크포인트 기반 회복이 있음</td></tr>
<tr><td rowspan="4">병행제어
기법</td><td colspan="2">• 병행 제어 기법으로 로킹(Locking), 타입 스탬프(Time Stamping), 다중버전 동시제어(Multiversion Concurrency Control; MVCC), 낙관적 수행(Optimistic Concurrency)이 있음
• 로킹기법은 같은 자원을 엑세스하는 다중 트랜잭션 환경에서 일관성과 무결성을 유지하기 위해 트랜잭션의 순차적 진행을 보정하는 직렬화 기법
• 한꺼번에 로킹할 수 있는 단위를 로킹 단위라고 하며, 데이터베이스, 파일, 레코드 등이 로킹 단위가 될 수 있음
<table><tr><th>로킹 단위</th><th>오버헤드</th><th>로크 수</th><th>병행 수준</th><th>데이터베이스 공유도</th></tr><tr><td>커짐</td><td>감소</td><td>적어짐</td><td>낮아짐</td><td>감소</td></tr><tr><td>작아짐</td><td>증가</td><td>증가함</td><td>높아짐</td><td>증가</td></tr></table>• 타임스탬프는 트랜잭션이 읽거나 갱신한 데이터에 대해 타임스탬프를 부여해 시간에 따라 트랜잭션 작업을 수행
• 낙관적 기법은 트랜잭션이 종료된 이후에 일괄적으로 검사하는 방식
• 병행제어 기법 종류</td></tr>
<tr><td>타임 스탬프 순서
(Time Stamp Ordering)</td><td>트랜잭션이 읽거나 갱신한 데이터에 대해 트랜잭션이 실행을 시작하기 전에 시간표(time stamp)를 부여하여 부여된 시간에 따라 작업을 수행하는 기법</td></tr>
<tr><td>최적 병행 수행
(검증기법, 낙관적 기법)</td><td>병행수행하고자 하는 대부분의 트랜잭션이 읽기 전용 트랜잭션일 경우, 트랜잭션 간의 충동률이 매우 낮아서 병행제어 기법을 사용하지 않고 실행되어도 이 중의 많은 트랜잭션은 시스템의 상태를 일관성 있게 유지한다는 점을 이용한 기법</td></tr>
<tr><td>다중 버전 기법</td><td>타임 스탬프의 개념을 이용한 기법으로 타임 스탬프는 트랜잭션 및 데이터들이 이용될 때의 시간을 시간표로 관리하지만, 다중 버전 기법은 갱신될 때마다의 버전을 부여하여 관리하는 기법</td></tr>
</table>

트랜잭션의 상태

트랜잭션 상태	설명
완료 상태(Committed)	트랜잭션 작업 결과가 확정된 상태
활동(Active)	트랜잭션이 시작되어 실행 중인 상태
실패(Failed)	트랜잭션이 오류 등으로 비정상적으로 종료된 상태
철회(Aborted)	트랜잭션이 Rollback 명령어에 의해 취소되는 경우
부분 완료(Partially Committed)	트랜잭션이 Commit 명령어를 실행하고, 일부만 완료된 상태
완료(Committed)	트랜잭션이 Commit 명령어를 실행하여 모든 작업이 성공적으로 완료되고, 영구적으로 저장된 상태

트랜잭션의 제어

명령어	설명
커밋(COMMIT)	• 트랜잭션의 작업을 영구적으로 데이터베이스에 반영 • 데이터가 영구적으로 유지됨
롤백(ROLLBACK)	트랜잭션의 작업을 취소하고, 이전 상태로 되돌림
체크 포인트(CHECKPOINT)	트랜잭션 내에 ROLLBACK 할 시점을 설정

REDO와 UNDO

REDO와 UNDO는 데이터베이스 회복을 위한 주요 요소이다.

회복 기법	설명
REDO	• 데이터베이스가 비정상적으로 종료되었을 때 오류가 발생하기 전까지의 사항을 로그(log)로 기록해 놓고, 이전 상태로 되돌아간 후 트랜잭션들의 작업을 재작업 • 데이터베이스 내용이 손상된 경우, 가장 최근까지의 사항을 로그로 기록해 놓고 재실행해 데이터베이스를 복원하는 기법
UNDO	• 데이터베이스가 비정상적으로 종료되었을 때 디스크에 저장된 로그를 분석해 완료되지 않은 트랜잭션들의 내용을 모두 취소함 • 변경 중이거나 변경된 내용에 신뢰성을 잃어버린 경우, 변경한 내용을 취소해 복원하는 기법

회복 기법의 종류

회복 기법	설명
로그 기반 회복 기법	트랜잭션이 완료되기 전까지 데이터베이스에 기록하지 않는 지연 갱신 회복 기법과 트랜잭션 수행 중 갱신 결과를 바로 데이터베이스에 바로 반영하는 즉각 갱신 회복 기법이 있음
체크 포인트 회복 기법	장애 발생 이후에 처리된 트랜잭션만 장애 발생 이전으로 복원시키는 기법
그림자 페이징 회복 기법	트랜잭션 복제본을 수행하여 장애 발생 시 수행한 트랜잭션의 복제본을 통해 복구하는 기법
미디어 회복 기법	디스크와 같은 비휘발성 저장장치가 손상되는 장애 발생을 대비한 회복 기법
지연 갱신 회복 기법	트랜잭션의 부분 완료 상태에선 변경 내용을 로그 파일에만 저장

쌤의 실전 Tip

트랜잭션의 상태 암기

부분 완료, 완료 상태, 활동, 실패, 철회 → 보완할(부완활) 내용은 실천(실철)입니다.

연·습·문·제

01 22년 4월

다음 설명을 확인하여 해당하는 항목을 [보기]에서 찾아 쓰시오.

① : 오류가 발생하기 전까지의 사항을 로그(log)로 기록해 놓고 이전 상태로 되돌아간 후, 실패가 발생하기 전까지의 과정을 그대로 따라가는 현상

② : 작업을 취소하여 트랜잭션을 이전 상태로 되돌리는 것

[보기]

REDO, ACID, COMMIT, UNDO, ATOMICITY

①

②

해설 REDO는 "원상태로 되돌리다"라는 의미로 작업을 취소하여 트랜잭션을 이전 상태로 되돌린다. UNDO는 "다시 하다"라는 의미로 이전 상태로 되돌린 작업 내용을 다시 진행한다.

02 20년 7월

트랜잭션 ROLLBACK 명령어의 역할에 대해 간략히 서술하시오.

03 20년 10월

데이터베이스 회복(Recovery) 기법에 관련된 다음 설명에서 괄호에 공통적으로 들어갈 가장 알맞은 용어를 [보기]에서 찾아 쓰시오.

(   )은 트랜잭션이 데이터를 변경하면 트랜잭션이 부분 완료되기 전이라도 즉시 실제 데이터베이스에 그 내용을 반영하는 기법으로, 장애가 발생하여 회복 작업할 경우를 대비하여 갱신된 내용들을 로그(Log)에 보관시킨다. (   )에서 회복 작업을 수행할 경우 Redo와 Undo 모두 수행이 가능하다.

[보기]
로그 기반 회복 기법, 체크 포인트 회복 기법, 그림자 페이징 회복 기법, 즉각 갱신 회복 기법

해설

회복 기법	설명
로그 기반 회복 기법	트랜잭션이 완료되기 전까지 데이터베이스에 기록하지 않는 지연 갱신 회복 기법과 트랜잭션 수행 중 갱신 결과를 바로 데이터베이스에 바로 반영하는 즉각 갱신 회복 기법이 있음
체크 포인트 회복 기법	장애 발생 이후에 처리된 트랜잭션만 장애 발생 이전으로 복원시키는 기법
그림자 페이징 회복 기법	트랜잭션 복제본을 수행하여 장애 발생 시 수행한 트랜잭션의 복제본을 통해 복구하는 기법

04 21년 7월

병행제어기법 중, 접근한 데이터에 대한 연산을 모두 마칠 때까지 상호 배제하는 기법을 무엇이라 하는지 쓰시오.

해설 병행제어란 다중 프로그램이 이점을 활용하여 동시에 여러 개의 트랜잭션을 병행수행할 때, 동시에 실행되는 트랜잭션들이 데이터베이스의 일관성을 파괴하지 않도록 트랜잭션 간의 상호작용을 제어하는 것이다. 병행제어기법에는 로킹, 타임 스탬프 순서, 최적 병행 수행, 다중 버전 기법 등이 있다.

05 출제 예상

트랜잭션의 상태 중 트랜잭션의 마지막 연산이 실행된 직후의 상태로, 모든 연산의 처리는 끝났지만 트랜잭션이 수행한 최종 결과를 데이터베이스에 반영하지 않은 상태를 가리키는 용어를 [보기]에서 찾아 쓰시오.

[보기]
회복기법, 완료 상태, 활동, 부분 완료, 철회

해설

트랜잭션 상태	설명
완료 상태(Committed)	트랜잭션 작업 결과가 확정된 상태
활동(Active)	트랜잭션이 시작되어 실행 중인 상태
실패(Failed)	트랜잭션이 오류 등으로 비정상적으로 종료된 상태
철회(Aborted)	트랜잭션이 Rollback 명령어에 의해 취소되는 경우
부분 완료(Partially Committed)	트랜잭션이 Commit 명령어를 실행하고, 일부만 완료된 상태
완료(Committed)	트랜잭션이 Commit 명령어를 실행하여 모든 작업이 성공적으로 완료되고, 영구적으로 저장된 상태

06 출제 예상

트랙잭션을 수행하는 도중 장애로 인해 손상된 데이터베이스를 손상되기 이전에 정상적인 상태로 복구시키는 작업을 가리키는 용어를 [보기]에서 찾아 쓰시오.

[보기]
회복 기법, 완료 상태, 활동, 부분 완료, 철회

정답

01 | ① REDO
② UNDO
02 | ROLLBACK은 트랜잭션이 실패한 경우 **작업을 취소하고 이전 상태로 되돌리기 위한 제어어(명령어)**이다.
03 | 즉각 갱신 회복 기법
04 | 로킹
05 | 부분 완료
06 | 회복기법

028 스토리지와 분산 데이터베이스

학·습·포·인·트

주로 개념을 물어 보는 문제가 자주 출제된다. 용어(영어)와 개념 위주의 학습이 중요하다.

필수 핵심 이론

스토리지(Storage)

스토리지는 대용량의 데이터를 저장하기 위한 저장장치이다.

저장장치	설명
DAS (Direct-Attached Storage)	• 직접 연결 장치 • 직접 연결로 속도가 빠르고 안전함 • 직접 연결로 저장장치 확장 및 유연성이 떨어짐
NAS (Network Attached Storage)	• 네트워크 결합 장치 • 네트워크 이용이 많은 경우 성능 저하 발생 • 파일 전송의 유연성이 높음
SAN (Storage Area Network)	• 광 케이블(Fiber Channel)을 통한 결합 장치 • 높은 성능을 보장
SDS (Software-Defined Storage)	• 소프트웨어로 전체 스토리지 자원을 관리 • 하나의 저장장치처럼 사용할 수 있도록 함

분산 데이터베이스(Distributed Database)

- 분산 데이터베이스는 물리적으로 여러 곳으로 분산된 데이터베이스를 하나의 가상 시스템으로 사용할 수 있도록 한 데이터베이스이다.
- 분산 데이터베이스는 전역 스키마, 분할 스키마, 할당 스키마, 지역 스키마가 있다.

장점	단점
• 분산 제어가 용이 • 효용성과 융통성이 높음 • 시스템 확장이 용이 • 지역 자치성이 높음	• 설계가 비교적 어려움 • 개발 비용과 처리 비용이 증가

분산 데이터베이스 시스템 구성

구성	설명
분산 처리기	물리적으로 분산되어 지역별로 필요한 데이터를 할 수 있는 지역 컴퓨터를 분산 처리기라고 함
분산 데이터베이스	지리적으로 분산된 데이터베이스로서 해당 지역의 특성에 맞게 데이터베이스를 구성함
통신 네트워크	분산 처리기들을 통신망으로 연결하여 논리적으로 하나의 시스템처럼 작동할 수 있도록 함

분산 데이터베이스의 목표

분산 데이터베이스가 되기 위해서는 4가지 투명성을 만족해야 한다.

투명성	설명
위치 투명성 (Location Transparency)	사용자가 데이터베이스의 하드웨어와 소프트웨어의 물리적 위치를 알 필요가 없음
중복 투명성 (Replication Transparency)	동일 데이터가 중복되어 여러 곳에 있어도 사용자에게 하나만 존재하도록 인식함
병행 투명성 (Concurrency Transparency)	다수의 트랜잭션이 동시에 실현되더라도 그 결과는 영향을 받지 않음
장애 투명성 (Failure Transparency)	분산 데이터베이스 시스템의 이상이 발생해도 트랜잭션을 정확하게 처리해야 함

연·습·문·제

01 **출제 예상**

다음 내용이 설명하는 스토리지 시스템을 쓰시오.

- 하드디스크와 같은 데이터 저장장치를 호스트버스 어댑터에 직접 연결하는 방식
- 저장장치와 호스트 기기 사이에 네트워크 디바이스 없이 직접 연결하는 방식으로 구성

02 **출제 예상**

다음에 설명하는 IT 스토리지 기술을 쓰시오.

- 가상화를 적용하여 필요한 공간만큼 나눠 사용할 수 있도록 하며 서버 가상화와 유사함
- 컴퓨팅 소프트웨어로 규정하는 데이터 스토리지 체계이며, 일정 조직 내 여러 스토리지를 하나처럼 관리하고 운용하는 컴퓨터 이용 환경
- 스토리지 자원을 효율적으로 나누어 쓰는 방법으로 이해할 수 있음

03 **출제 예상**

분산 데이터베이스 목표 중 "데이터베이스의 분산된 물리적 환경에서 특정 지역의 컴퓨터 시스템이나 네트워크에 장애가 발생해도 데이터 무결성이 보장된다"는 것과 관계 있는 것은 무엇인지 쓰시오.

정답

01 | DAS(Direct Attached Storage)
02 | SDS(Software Defined Storage)
03 | 장애 투명성(Failure Transparency)

029 데이터베이스 이중화와 암호화 ★

학·습·포·인·트

데이터베이스 이중화와 암호화의 용어(영어) 및 개념 위주로 학습하는 것이 중요하다.

대표 기출 유형

정보시스템 운영 중 서버가 다운되거나 자연재해, 시스템 장애 등의 이유로 고객에게 서비스가 불가능한 경우가 종종 발생한다. 이와 같은 비상 상황이 발생한 경우 "비상사태 또는 업무 중단 시점부터 업무가 복구되어 다시 정상 가동될 때까지의 시간"을 무엇이라고 하는가? **20년 7월**

정답

목표복구시간(RTO; Recovery Time Objective)

필수 핵심 이론

데이터베이스 이중화(Database Replication)

데이터베이스 이중화는 시스템 오류로 인해 데이터베이스의 이상이 발생한 경우 복구하기 위해 동일한 데이터베이스를 복제해서 관리하는 기술이다.

방법	설명
활동–활동(Active–Active)	두 DB가 동시에 서비스를 제공함
활동–대기(Active–Standby)	하나의 DB만 서비스를 제공하다 DB의 이상 발생 시 대기하던 다른 DB에서 서비스를 제공함

데이터베이스 암호화(Database Encryption)

데이터베이스에 저장된 값을 암호화해 내용을 알 수 없도록 하는 방법이다.

용어	설명
암호화(Encryption)	암호화되지 않은 평문을 암호문으로 바꿈
복호화(Decryption)	암호화된 암호문을 암호화되지 않은 평문으로 바꿈
키(Key)	적절한 암호화 및 복호화를 위해 사용하는 값

목표 복구 시간과 목표 복구 시점

용어	설명
목표 복구 시간 (RTO; Recovery Time Objective)	고객에게 서비스가 불가능한 경우 업무중단 시점으로부터 복구되어 정상 가동될 때까지 소요된 시간
목표 복구 시점 (RPO; Recovery Point Objective)	고객에게 서비스가 불가능한 경우 업무중단 시점으로부터 복구할 수 있는 기준점

연·습·문·제

01 **20년 7월**

정보시스템 운영 중 서버가 다운되거나 자연재해, 시스템 장애 등의 이유로 고객에게 서비스가 불가능한 경우가 종종 발생한다. 이와 같은 비상 상황이 발생한 경우 "비상사태 또는 업무 중단 시점부터 업무가 복구되어 다시 정상 가동될 때까지의 시간"이라는 의미의 용어를 쓰시오.

02 **출제 예상**

다음 설명에 해당하는 용어를 [보기]에서 찾아 쓰시오.

방법	설명
(①)	두 DB가 동시에 서비스를 제공함
(②)	하나의 DB만 서비스를 제공하다 DB의 이상 발생 시 대기하던 다른 DB에서 서비스를 제공함

[보기]

대기-활동, 활동-활동, 활동-대기, 대기-대기

①

②

03 출제 예상

아래 설명에 알맞은 답을 [보기]에서 찾아 쓰시오.

용어	설명
(①)	암호화되지 않은 평문을 암호문으로 바꿈
(②)	암호화된 암호문을 암호화되지 않은 평문으로 바꿈
(③)	적절한 암호화 및 복호화를 위해 사용하는 값

[보기]

복호화, 암호화, 키, 이중화

①

②

③

정답

01 | 목표복구시간(RTO; Recovery Time Objective)

02 | ① 활동-활동
② 활동-대기

03 | ① 암호화
② 복호화
③ 키

030 파티셔닝(Partitioning)

학 · 습 · 포 · 인 · 트

파티셔닝의 개념과 파티셔닝 종류의 특징을 이해해야 한다.

필수 핵심 이론

파티셔닝

파티셔닝은 테이블을 작은 단위로 관리하여 부하를 분산시킨다. 병렬 데이터베이스 환경 중 수평 분할에 활용하는 기법이다.

파티셔닝의 종류

유형	설명
범위 분할(Range Partitioning)	지정한 열의 값을 기준으로 분할함
해시 분할(Hash Partitioning)	해시 함수를 적용한 결과 값에 따라 데이터를 분할함
목록 분할(List Partitioning)	값 목록에 파티션을 할당하여 분할함
조합 분할(Composite Partitioning)	범위 분할, 해시 분할, 목록 분할 중 2개 이상의 파티셔닝을 결합함
라운드 로빈(Round Robin Partitioning)	레코드를 균일하게 분배하는 방식임

연·습·문·제

01 출제 예상

파티셔닝 방식 중 '월별, 분기별'과 같이 지정한 열의 값을 기준으로 범위를 지정하여 분할하는 방식을 쓰시오.

02 출제 예상

아래 설명에 알맞은 용어를 [보기]에서 찾아 쓰시오.

유형	설명
(①)	지정한 열의 값을 기준으로 분할
(②)	해시 함수를 적용한 결과 값에 따라 데이터를 분할
(③)	범위 분할, 해시 분할, 목록 분할 중 2개 이상의 파티셔닝을 결합함

[보기]
라운드 로빈 / 목록 분할 / 해시 분할 / 범위 분할 / 조합 분할

①
②
③

03 출제 예상

테이블을 작은 단위로 관리하여 부하를 분산시킨다. 병렬 데이터베이스 환경 중 수평 분할에 활용하는 기법을 쓰시오.

정답

01 | 범위 분할
02 | ① 범위 분할
② 해시 분할
③ 조합 분할
03 | 파티셔닝

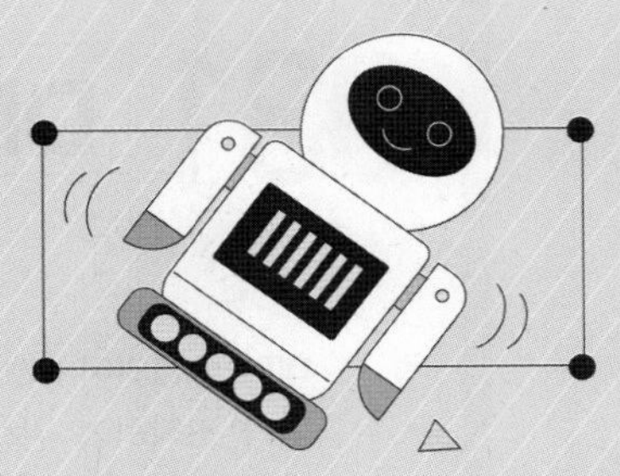

CHAPTER

06

SQL 응용

031 DDL ★★

학·습·포·인·트

데이터 정의어 DDL(Data Definition Language)은 중요한 개념 중 하나로, 스키마를 정의하거나 조작하기 위해 사용한다. CREATE(생성), ALTER(변경), DROP(삭제), TRUNCATE(삭제) 명령어가 있으며 각 명령어의 역할과 사용 방법을 이해하는 것이 중요하다.

대표 기출 유형

[학생] 테이블의 name 속성에 IDX_NAME 이름으로 인덱스를 생성하는 SQL문을 작성하시오.

20년 7월

[학생]

sttd	name	score	class
1000	조수현	90	수학
2000	천지은	95	과학
3000	임소현	90	수학
4000	홍길동	95	과학

정답

CREATE INDEX IDX_NAME ON 학생(NAME);

필수 핵심 이론

SQL 문법의 종류

SQL 문법은 크게 3가지의 종류로, 데이터베이스를 정의하는 역할을 하는 DDL, 정의된 데이터베이스에 정보를 조회, 수정, 삭제 등의 역할을 하는 DML, 데이터를 제어하기 역할을 하는 DCL로 나뉜다.

종류	설명	명령어	역할
데이터 정의어 DDL (Data Definition Language)	• 데이터베이스를 정의하는 언어 • 데이터의 전체적인 구조를 결정하는 역할	CREATE	테이블 생성
		ALTER	테이블 수정
		DROP	테이블 삭제
		TRUNCATE	테이블 초기화
데이터 조작어 DML (Data Manipulation Language)	데이터베이스에 저장된 자료를 조회, 수정, 삭제 등의 역할을 하는 언어	SELECT	데이터 조회
		INSERT	데이터 삽입
		UPDATE	데이터 수정
		DELETE	데이터 삭제
데이터 제어어 DCL (Data Control Language)	데이터 보안, 무결성, 회복, 병행 수행제어 등을 정의하는 언어	GRANT	작업 권한 부여
		REVOKE	작업 권한 회수
		COMMIT	작업 완료
		ROLLBACK	작업 취소, 복구

CREATE TABLE

테이블을 생성하는 문법

문법	설명	
CREATE TABLE 테이블명 (속성명 데이터_타입 [DEFAULT 기본값] [NOT NULL], ... , PRIMARY KEY(기본키) , UNIQUE(속성명) , FOREIGN KEY(외래키) REFERENCES 참조테이블(기본키) , CONSTRAINT 제약조건명 CHECK(조건식));	PRIMARY KEY	• 기본키로 사용할 속성의 집합을 정의 • 레코드를 구별할 수 있는 역할
	FOREIGN KEY	외래키로 테이블 내의 열 중 다른 테이블을 참조하는 열
	UNIQUE	테이블 내 유일해야 하는 값으로 중복을 허용하지 않음
	CONSTRAINT	• 무결성 제약조건을 정의하며, 데이터 오류 발생 가능성을 줄임 • 제약 조건의 이름
	CHECK	제약 조건을 정의
	DEFAULT	기본값을 설정

테이블을 생성하는 문법 예시

CREATE TABLE 고객(	고객 테이블 생성
ID VARCHAR(15)	최대 문자열 길이가 15자인 'ID' 속성
, 가입채널번호 INTEGER NOT NULL	NULL 값을 갖지 않는 정수형 '가입채널번호' 속성
, 생년월일 DATE	DATE 자료형을 가지는 '생년월일' 속성
, 휴면계정 INTEGER DEFAULT 0	기본값이 0인 정수형 '휴면계정' 속성
, 고객등급 CHAR(3)	문자열 길이가 3인 '고객등급' 속성
, PRIMARY KEY(ID)	'ID'를 기본키로 정의
, UNIQUE(속성명)	'속성명'은 중복값을 가질 수 없도록 정의
, FOREIGN KEY(고객등급)	'고객등급'을 외래키로 정의
REFERENCES 등급혜택(등급코드)	'등급혜택' 테이블의 '등급코드' 속성을 참조
, CONSTRAINT 생년월일	'생년월일' 이름의 제약조건 정의
CHECK(생년월일 〉 '19600101'));	'생년월일' 속성은 '19600101' 이후의 값만을 저장 가능

테이블 생성 예시

그림	문법

학생

PRIMARY KEY

학번	이름	학과	주소
1000	홍길동	컴퓨터공학	서울
2000	김철수	전기공학	경기
3000	강남길	전자공학	경기
4000	오말자	컴퓨터공학	경기
5000	장미화	전자공학	서울

```
CREATE TABLE 학생 (
   학번 VARCHAR(10) NOT NULL,
   이름 VARCHAR(10) NOT NULL,
   학과 VARCHAR(20) NOT NULL,
   주소 VARCHAR(10),
   PRIMARY KEY(학번)
);
```

수강신청

FOREIGN KEY

학번	과목코드	학기
1000	A	2020-1
2000	B	2021-1
3000	A	2020-2
4000	A	2020-1
5000	C	2020-1

```
CREATE TABLE 수강신청(
   학번 VARCHAR(10) NOT NULL,
   과목코드 VARCHAR(10) NOT NULL,
   학기 VARCHAR(10) NOT NULL,
   FOREIGN KEY(학번)
      REFERENCES 학생(학번)
   FOREIGN KEY(과목코드)
      REFERENCES 과목(과목코드)
);
```

CREATE INDEX

문법	설명	
CREATE [UNIQUE] INDEX 인덱스명 ON 테이블명 (속성명 [ASC|DESC], ...) [CLUSTER];	UNIQUE	사용 시 중복값이 없는 속성으로 인덱스를 생성
	ASC|DESC	• 값이 없는 경우 기본값은 ASC • ASC는 오름차순 정렬 • DESC는 내림차순 정렬
	CLUSTER	사용 시 인덱스가 클러스터드(순서에 따른 정렬) 인덱스로 설정

ALTER TABLE

테이블의 정의를 변경하는 문법이다.

문법	설명	예시
ALTER TABLE 테이블명 ADD 속성 데이터타입;	• 테이블에 속성을 추가 • DEFAULT 정의 가능	ALTER TABLE 고객 ADD 이름 VARCHAR(9) DEFAULT '없음';
ALTER TABLE 테이블명 MODIFY 속성 데이터타입;	• 테이블에 속성을 변경 • DEFEAULT, NOT NULL 등 제약 조건 변경 가능	ALTER TABLE 고객 MODIFY 이름 VARCHAR(20) NOT NULL;
ALTER TABLE 테이블명 DROP 속성;	테이블 속성을 삭제	ALTER TABLE 고객 DROP 이름;
ALTER TABLE 테이블명 RENAME COLUMN 속성 TO 변경할_속성명;	테이블의 속성명을 변경	ALTER TABLE 고객 RENAME COLUMN 이름 TO 고객이름;

DROP TABLE, TRUNCATE 문법

테이블을 삭제하는 문법이다.

문법	설명	예시
DROP TABLE 테이블명 [CASCADE | RESTRICT];	• 테이블 제거 • CASCADE는 참조하는 다른 모든 개체를 제거 • RESTRICT 다른 테이블이 삭제할 테이블을 참조 중이면 제거하지 않음	DROP TABLE 고객 CASCADE;
TRUNCATE TABLE 테이블명;	• 테이블을 초기 상태로 변경 • DROP과 달리 테이블 구조만 남기고 데이터를 다 삭제함 • ROLLBACK 불가능	TRUNCATE TABLE 고객;

연·습·문·제

01 20년 7월

[학생] 테이블의 name 속성에 IDX_NAME 이름으로 인덱스 생성하는 SQL문을 작성하시오.

[학생]

sttd	name	score	class
1000	조수현	90	수학
2000	천지은	95	과학
3000	임소현	90	수학
4000	홍길동	95	과학

해설

문법	설명	
CREATE [UNIQUE] INDEX 인덱스명 ON 테이블명 (속성명 [ASC|DESC], ...) [CLUSTER];	UNIQUE	사용 시 중복값이 없는 속성으로 인덱스를 생성
	ASC|DESC	• 값이 없는 경우 기본값은 ASC • ASC는 오름차순 정렬 • DESC는 내림차순 정렬
	CLUSTER	사용 시 인덱스가 클러스터드(순서에 따른 정렬) 인덱스로 설정

02 20년 10월

다음 [속성 정의서]를 참고하여 [학생] 테이블에 대해 20자의 가변 길이를 가진 '주소' 속성을 추가하는 SQL문을 작성하시오. (단, SQL문은 ISO/IEC 9075 표준을 기반으로 작성하시오.)

[속성 정의서]

속성명	데이터타입	제약조건	테이블명
학번	CHAR(10)	UNIQUE	학생
이름	VARCHAR(8)	NOT NULL	학생
주민등록번호	CHAR(13)		학생
학과	VARCHAR(16)	FOREIGN KEY	학생
학년	INT		학생

(①) TABLE 학생 (②) 주소 VARCHAR(20);

①
②

해설

문법	설명	예제
ALTER TABLE 테이블명 ADD 속성 데이터타입;	• 테이블에 속성을 추가 • DEFAULT 정의 가능	ALTER TABLE 고객 ADD 이름 VARCHAR(9) DEFAULT '없음';
ALTER TABLE 테이블명 MODIFY 속성 데이터타입;	• 테이블에 속성을 변경 • DEFEAULT, NOT NULL 등 제약조건 변경 가능	ALTER TABLE 고객 MODIFY 이름 VARCHAR(20) NOT NULL;
ALTER TABLE 테이블명 DROP 속성;	테이블 속성을 삭제	ALTER TABLE 고객 DROP 이름;
ALTER TABLE 테이블명 RENAME COLUMN 속성 TO 변경할_속성명;	테이블의 속성명을 변경	ALTER TABLE 고객 RENAME COLUMN 이름 TO 고객이름;

03 출제 예상

DDL(Data Define Language)의 명령어 중 스키마, 도메인, 인덱스 등을 정의할 때 사용하는 SQL 문을 작성하시오.

04 출제 예상

다음 문장의 괄호 안 내용으로 공통 적용될 수 있는 알맞은 용어를 쓰시오.

관계형 데이터 모델에서 한 릴레이션의 ( )은/는 참조되는 릴레이션의 기본키와 대응되어 릴레이션 간에 참조 관계를 표현하는 데 사용되는 중요한 도구이다. ( )을/를 포함하는 릴레이션이 참조하는 릴레이션이 되고, 대응되는 기본키를 포함하는 릴레이션이 참조 릴레이션이 된다.

05 출제 예상

학생 테이블을 생성한 후, 성별 필드가 누락되어 이를 추가하려고 한다. 이에 적합한 SQL 명령어를 작성하시오.

06 출제 예상

테이블 두 개를 조인하여 뷰 V_1을 정의하고, V_1을 이용하여 뷰 V_2를 정의하였다. V_1과 V_2 모두 삭제하는 SQL 명령어를 작성하시오.

(①) (②) V_1 (③);

①
②
③

정답

01 | CREATE INDEX IDX_NAME ON 학생(NAME);
02 | ① ALTER
② ADD
03 | CREATE
04 | 외래키(Foreign Key)
05 | ALTER
06 | ① DROP
② VIEW
③ CASCADE

032 DCL ★

학·습·포·인·트

데이터 제어어 DCL(Data Control Language)은 중요한 개념 중 하나로, 사용자별 데이터베이스의 접근 또는 사용 권한을 부여하거나 제거해 데이터를 보호 관리하는 언어이다. 명령어의 역할과 사용 방법을 숙지해야 한다.

대표 기출 유형

Grant의 기능에 대해 간략하게 약술하시오. **21년 10월**

정답

사용자(User)에게 접속 권한, 오브젝트 생성 권한, DBA 권한 등을 부여할 수 있는 명령어

데이터를 제어하는 DCL에는 GRANT, REVOKE 명령어가 있다. Grant는 사용자에게 접속 권한, 오브젝트 생성 권한, DBA 권한 등을 부여할 수 있는 명령어이며, Revoke는 사용자에게 부여한 권한을 다시 회수하는 명령어이다.

필수 핵심 이론

DCL(Data Control Language)

데이터 제어언어는 데이터 보안, 무결성 유지, 병행수행제어, 회복을 위해 사용하는 언어이다.

GRANT와 REVOKE

DBA(데이터베이스 관리자)가 사용자에게 권한을 부여 및 회수하기 위한 명령어이다.

GRANT

문법	설명
GRANT 권한 ON 테이블 TO 사용자 [WITH GRANT OPTION];	• 사용자에게 권한을 부여 • 권한 종류 권한: ALL — 허용 내용: 모든 권한 권한: SELECT, INSERT, UPDATE, DELETE — 허용 내용: 레코드 조회, 입력, 수정, 삭제 권한: CREATE, ALTER, DROP — 허용 내용: 테이블 생성, 변경, 삭제 • WITH GRANT OPTION 다른 사용자에게 권한을 부여할 수 있는 권한을 부여
예시	
GRANT SELECT ON 고객 TO 매니저 WITH GRANT OPTION;	• '고객' 테이블에 대한 'SELECT' 권한을 '매니저'에게 부여 • 다른 사용자에게도 부여할 수 있는 권한 부여

REVOKE

명령어	설명
REVOKE [GRANT OPTION FOR] ON 테이블 FROM 사용자 [CASCADE CONSTRAINTS];	• 사용자에게 권한을 회수 • 권한 종류는 GRANT와 같음 • CASCADE CONSTRAINTS • 권한 회수 시 권한을 부여받았던 사용자가 부여한 권한도 회수
예시	
REVOKE SELECT ON 고객 FROM 매니저;	'매니저'에게 부여한 '고객' 테이블의 'SELECT' 권한 회수

COMMIT, ROLLBACK 그리고 SAVEPOINT

트랜잭션을 제어하는 언어로 TCL(Transaction Control Language)로도 분류되지만, 기능을 제어하는 명령어로 DCL로도 분류된다.

명령어	설명
COMMIT	트랜잭션이 성공적으로 끝나면 데이터베이스가 일관성 있는 상태를 가지기 위해 변경 사항을 영구적으로 적용
ROLLBACK	하나의 트랜잭션이 비정상적으로 종료 시 보류 중인 모든 변경 사항을 폐기하고 이전 상태로 회귀
SAVEPOINT	Rollback 할 포인트 지정

연·습·문·제

01 21년 10월

Grant의 기능에 대해 간략하게 약술하시오.

해설 데이터를 제어하는 DCL에는 GRANT, REVOKE 명령어가 있다. Grant는 사용자에게 접속 권한, 오브젝트 생성 권한, DBA 권한 등을 부여할 수 있는 명령어이며, Revoke는 사용자에게 부여한 권한을 다시 회수하는 명령어이다.

02 출제 예상

사용자 X1에게 department 테이블에 대한 검색 연산을 회수하는 명령을 쓰시오.

해설 REVOKE은 사용자 권한을 회수한다.

03 출제 예상

참조 무결성을 유지하기 위하여 DROP 문에서 부모 테이블의 항목 값을 삭제할 경우 자동적으로 자식 테이블의 해당 레코드를 삭제하기 위한 옵션을 쓰시오.

04 출제 예상

DBA가 사용자 PARK에게 [STUDENT] 테이블의 데이터를 갱신할 수 있는 시스템 권한을 부여하고자 하는 SQL문을 작성하고자 한다. 다음에 주어진 SQL문에 알맞은 용어를 [보기]에서 찾아 쓰시오.

```
SQL> GRANT ( ① ) ( ② )
     STUDENT TO PARK;
```

[보기]

INSERT, INTO, ALTER, TO, UPDATE, IN, ON

①

②

해설

문법	설명
GRANT 권한 ON 테이블 TO 사용자 [WITH GRANT OPTION];	• 사용자에게 권한을 부여 • 권한 종류 권한 / 허용 내용 ALL / 모든 권한 SELECT, INSERT, UPDATE, DELETE / 레코드 조회, 입력, 수정, 삭제 CREATE, ALTER, DROP / 테이블 생성, 변경, 삭제 • WITH GRANT OPTION 다른 사용자에게 권한을 부여할 수 있는 권한을 부여

권한	허용 내용
ALL	모든 권한
SELECT, INSERT, UPDATE, DELETE	레코드 조회, 입력, 수정, 삭제
CREATE, ALTER, DROP	테이블 생성, 변경, 삭제

05 출제 예상

사용자 'PARK'에게 테이블을 생성할 수 있는 권한을 부여하기 위한 SQL문의 구성으로 빈칸에 적합한 명령어를 쓰시오.

```
GRANT (            ) PARK ;
```

해설 PARK에게 'CREATE TABLE' 권한을 부여한다.

06 출제 예상

아래와 같은 SQL문을 수행 후 U1과 U2의 검색 권한을 모두 제거하는 SQL문을 작성하시오.

```
    – DBA
GRANT SELECT ON STUDENT TO U1 WITH GRANT OPTION;
    – U1
REVOKE SELECT ON STUDENT TO U2;
    – DBA
(   )
```

정답

01 | 사용자(User)에게 접속권한, 오브젝트 생성권한, DBA 권한 등을 부여할 수 있는 명령어

02 | REVOKE SELECT ON department FROM X1;

03 | CASCADE

04 | ① UPDATE
② ON

05 | CREATE TABLE TO

06 | REVOKE SELECT ON STUDENT FROM U1 CASCADE;

033 DML ★★★

학·습·포·인·트

데이터 조작어 DML(Data Manipulation Language)은 사용자가 실질적인 데이터 처리를 위해 주로 사용하며, 명령어를 해석하거나 설명에 대한 명령어를 고르는 문제가 자주 출제된다. SQL문의 조건 확인하고 문제를 풀 수 있을 정도로 명령어 사용법을 숙지해야 한다.

대표 기출 유형

STUDENT 테이블에서 '경영학과' 학생 50명, '컴퓨터과' 학생 100명, '수학과' 학생 50명의 정보가 저장되어 있을 때, 다음 SQL문 ①, ②, ③의 실행 결과에 따른 튜플의 수는? (단, DEPT 컬럼은 학과명이다.) **22년 10월, 20년 5월**

```
① SELECT DEPT FROM STUDENT;
② SELECT DISTINCT DEPT FROM STUDENT;
③ SELECT COUNT(DISTINCT DEPT) FROM STUDENT WHERE DEPT = '컴퓨터과';
```

정답

① 200

② 3

③ 1

① STUDENT 테이블에는 총 200개의 튜플이 들어 있고, 모든 학생의 DEPT를 가져오기 때문에 출력되는 튜플의 수는 총 200개이다.
② STUDENT 테이블에 있는 중복되지 않은 학과명을 가져와 '경영학과', '컴퓨터과', '수학과' 3개의 데이터를 가져온다.
③ STUDENT 테이블에서 'DEPT' 속성의 값이 '컴퓨터과'인 튜플에 대해 중복을 제거하고 'DEPT'의 개수를 세므로 1이 결과로 반환된다.

필수 핵심 이론

DML

DML은 데이터를 조작하는 조회, 추가, 변경, 삭제를 위해 사용한다.

SELECT

데이터를 조회하기 위해 SELECT 명령어를 사용한다.

<table>
<tr><th>구문</th><th>설명</th><th>내용</th></tr>
<tr><td rowspan="7">SELECT
[ALL | DISTINCT]
[테이블.]속성명 [AS 별칭]
[, ...]
FROM 테이블명[, ...]
[WHERE 조건]
[GROUP BY 속성명, ...]
[HAVING 조건]
[ORDER BY 속성명[, ...]
[ASC | DESC]];</td><td>SELECT
(필수)</td><td>• All: 모든 데이터를 반환
• DISTINCT: 중복 튜플 발견 시 그중 첫 번째 하나만 검색
• 검색하고자 하는 속성명
• AS를 사용해 별칭으로 표시</td></tr>
<tr><td>FROM
(필수)</td><td>• 열 참조를 가진 테이블을 지정
• 테이블명도 별칭으로 변경 사용</td></tr>
<tr><td>WHERE</td><td>• 데이터를 추출하는 선택 조건식을 지정
• 테이블 간의 결합할 때 그 결합 관계를 지정</td></tr>
<tr><td>GROUP BY</td><td>그룹화할 열 또는 속성명을 지정</td></tr>
<tr><td>HAVING</td><td>GROUP BY 절에 집계한 결과에 조건을 정함</td></tr>
<tr><td>ORDER BY</td><td>정렬한 속성명을 지정</td></tr>
<tr><td>ASC
DESC</td><td>• ASC: Ascending Order 오름차순(기본값)
• DESC: Descending Order 내림차순</td></tr>
</table>

SELECT 생년월일, 고객등급	생년월일, 고객 등급을 검색
FROM 고객	고객 테이블을 대상으로
WHERE 생년월일 〉 '19600101'	생년월일이 '19600101'보다 큰 데이터
ORDER BY 생년월일 DESC;	검색 결과를 생년월일 기준으로 내림차순

SELECT 자세한 설명

<table>
<tr><th>구문</th><th>설명</th></tr>
<tr><td>SELECT
[테이블명.]속성명 [AS 별칭]
[, ...]</td><td>• 검색하고자 하는 속성명
• AS를 사용해 별칭으로 표시 가능
• 여러 속성을 선택 가능</td></tr>
<tr><td>[분석함수(속성) OVER
([PARTITION BY
속성명 [, ...])]</td><td>• PARTITION BY로 구분된 집합을 WINDOW라고 함
• PARTITION BY에 지정한 속성이 WINDOW 범위임
• GROUP BY를 사용하지 않고 속성의 값을 집계함</td></tr>
<tr><td>[COUNT, SUM, AVG, MAX,
MIN, STDDEV, VARIANCE, ...]</td><td>• 집계 함수
• 여러 행 또는 테이블 전체 행으로부터 하나의 집계 결과를 반환
<table>
<tr><th>구분</th><th>설명</th></tr>
<tr><td>COUNT</td><td>속성별 범위의 튜플의 수를 집계</td></tr>
<tr><td>SUM</td><td>속성 범위의 합계를 집계</td></tr>
<tr><td>AVG</td><td>속성 범위의 평균을 집계</td></tr>
<tr><td>MAX</td><td>속성 범위의 최댓값을 집계</td></tr>
<tr><td>MIN</td><td>속성 범위의 최솟값을 집계</td></tr>
</table></td></tr>
</table>

	STDDEV	속성 범위의 표준편차를 집계
	VARIANCE	속성 범위의 분산을 집계

[RANK, DENSE_RANK, ROW_NUMBER]

• 순위함수
• 파티션에서 각 행의 순위 값을 반환

구분	설명
RANK	• 중복 순위 시 다음 값은 넘어감 • 예시 데이터: 10, 10, 5 • 순서 1, 1, 3
ROW_NUMBER	• 중복 순위 시 순차적인 순위를 표시 • 예시 데이터: 10, 10, 5 • 순서: 1, 2, 3
DENSE_RANK	• 중복 순위 시 순차적 순서 부여 • 예시 데이터: 10, 10, 5 • 순서: 1, 1, 2

SELECT 문 예시

```
SELECT 종류
FROM 차량
WHERE 사원번호 = (SELECT 사원번호
                  FROM 인사
                  WHERE 성명 = '오형우');
```

인사 테이블

성명	소속	사원번호
김이순	총무과	25
박이준	자재과	56
이형수	영업과	23
오형우	교육과	43

차량 테이블

사원번호	종류
23	A
25	B
43	C
56	D

순서	단계	결과
1	SELECT 사원번호 FROM 인사 WHERE 성명 = '오형우';	다음 SQL의 결과를 보면 인사 테이블에서 성명이 오형우인 사원 번호를 추출한다. 사원번호: 43
2	SELECT 종류 FROM 차량 WHERE 사원번호 = 43;	괄호 안의 sql문의 결과가 43 임으로 차량 테이블에서 사원번호가 43인 종류를 추출한다. 종류: C

집계함수 예시

테이블	SQL문	설명
학생 점수 테이블 성명 / 과목 / 점수 홍길동 / 국어 / 80 홍길동 / 영어 / 68 홍길동 / 수학 / 97 강감찬 / 국어 / 58 강감찬 / 영어 / 97 강감찬 / 수학 / 65	SELECT 성명, AVG(점수) FROM 성적 GROUP BY 성명;	• 성적 테이블에서 학생별 점수 평균을 구함 • 성명별 점수의 평균을 구하기 위해 성명으로 GROUP BY 필요

학생 점수 테이블

성명	과목	점수
홍길동	국어	80
홍길동	영어	68
홍길동	수학	97
강감찬	국어	58
강감찬	영어	97
강감찬	수학	65

GROUP BY, ORDER BY 자세한 설명

구문	설명
GROUP BY 속성명[, ...]	정의한 속성값을 기준으로 그룹화하여 결과를 처리
[ROLLUP(속성명, [, ...])]	데이터를 그룹화할 기준 열을 지정
[CUBE(속성명, [, ...])]	ROLLUP과 유사하나 결합 가능한 모든 값의 소계를 구함
[HAVING 조건]	집계함수를 가지고 조건 비교
[ORDER BY 속성명, [, ...]]	속성명을 대상으로 정렬
[ASC | DESC]	속성명 정렬 시 오름차순(ASC), 내림차순(DESC)을 정의하고, 지정하지 않은 경우 기본값으로 오름차순 정렬

OLAP(On-Line Analytical Processing)

OLAP는 사용자가 데이터를 다양한 방식으로 분석을 할 수 있도록 해 주는 시스템이다.

Roll-Up, Drill-Down, Slicing이 있다.

WHERE 비교 연산자

WHERE 조건절에는 검색할 조건을 정의하는 다양한 비교 연산이 있다.

연산자	의미	
관계	A = B	A와 B가 같다.
	A 〈〉 B	A와 B가 같지 않다.
	A 〈 B	A보다 B가 크다.
	A 〉 B	A가 B보다 크다.
	A 〉= B	A가 B보다 같거나 크다.
	A 〈= B	B가 A보다 같거나 크다.
논리	NOT A	A가 False인 경우 TRUE를 반환
	A AND B	A와 B 둘 다 TRUE인 경우 TRUE를 반환
	A OR B	A 혹은 B 중 하나만 TRUE여도 TRUE를 반환
패턴	A 속성 입력 예시: '333', 'ABC', '3AB', '33', '3K'	
	A LIKE '3%'	%: 모든 문자를 검색
		3으로 시작하는 모든 문자('333', '3AB', '33', '3K')
	A LIKE '3_'	_: 하나의 문자를 검색
		3으로 시작하는 두 자리 문자('33', '3K')
	A LIKE '3#'	#: 하나의 숫자를 검색
		3과 숫자인 문자('33')
BETWEEN	• 범위를 검색 • 나이 BETWEEN 10 AND 20: 나이가 10에서 20 사이를 검색	
IN	• 속성이 특정 값을 가지고 있는 값을 검색 • A IN(10, 20, 30): A 속성값이 10, 20, 30인 경우	
NULL	• 데이터값이 존재하지 않음을 나타내기 위해 사용 • A IS NULL: A 값이 존재하지 않는 경우 • A IS NOT NULL: A 값이 존재하는 경우	
산술	• 산술, 관계, 논리 연산자 순서로 우선순위를 가짐 • x, /, +, − 산술 연산으로, 왼쪽이 더 우선순위가 높음	
EXISTS	• 서브쿼리에만 사용할 수 있음 • EXISTS: 데이터가 존재하는 경우 TRUE를 반환 • NOT EXISTS: 데이터가 존재하지 않는 경우 TRUE를 반환	

UPDATE

UPDATE는 특정 테이블에서 튜플(행)을 수정하는 명령어이다.

구문	설명
UPDATE 테이블명	수정하고자 하는 대상 "테이블 명"을 지정
SET 속성명 = 데이터 [, ...]	• 수정하고자 하는 속성명과 값을 지정 • "속성명"의 속성을 "데이터"로 변경
[WHERE 조건];	수정할 레코드를 선택할 조건을 지정

예시

UPDATE 고객 SET 고객등급 = 'AAA' WHERE 가입채널번호 = 123;	고객 테이블에서 가입채널번호가 123인 고객의 고객등급을 'AAA'로 변경

DELETE와 INSERT

데이터베이스에서 특정 테이블에서 행을 삭제한다.

구문	설명
DELETE FROM 테이블명	"테이블명"의 테이블 명에서 행을 삭제
[WHERE 조건];	• 삭제 조건을 설정 • WHERE 조건 없이 수행 시 모든 레코드 삭제

예시

DELETE FROM 고객 WHERE 고객등급 = 'AAA';	고객 테이블에서 고객 등급이 'AAA'인 행을 삭제

구문	설명
INSERT INTO 테이블	데이터를 삽입할 테이블을 정의
(속성명, ...)	데이터를 삽입할 속성을 정의
VALUES(데이터, ...);	• 데이터를 정의 • 속성, 데이터 수, 타입이 일치해야 함

연·습·문·제

01 22년 10월, 20년 5월

STUDENT 테이블에서 '경영학과' 학생 50명, '컴퓨터과' 학생 100명, '수학과' 학생 50명의 정보가 저장되어 있을 때, 다음 SQL문 ①, ②, ③의 실행 결과에 따른 튜플의 수는? (단, DEPT 컬럼은 학과명이다.)

```
① SELECT DEPT FROM STUDENT;
② SELECT DISTINCT DEPT FROM STUDENT;
③ SELECT COUNT(DISTINCT DEPT) FROM STUDENT WHERE DEPT = '컴퓨터과';
```

①
②
③

해설 ① STUDENT 테이블에는 총 200개의 튜플이 들어 있고, 모든 학생의 DEPT를 가져오기 때문에 출력되는 튜플의 수는 총 200개이다. ② STUDENT 테이블에 있는 중복되지 않은 학과명을 가져와 '경영학과', '컴퓨터과', '수학과' 3개의 데이터를 가져온다. ③ STUDENT 테이블에서 'DEPT' 속성의 값이 '컴퓨터과'인 튜플에 대해 중복을 제거하고 'DEPT'의 개수를 세므로 1이 결과로 반환된다.

02 22년 7월

H회사의 김이순보다 급여가 높은 사람을 출력하고자 한다. 괄호 안에 들어갈 알맞은 용어를 작성하시오.

[직원]

이름	소속	급여
김이순	총무과	4,000
박이준	자재과	2,000
이형수	영업과	6,000
오형우	교육과	3,000

```
SELECT 이름, 급여
FROM 직원
WHERE 급여 > ( ① ) (SELECT 단가 FROM 직원 WHERE 이름 = ( ② ) )
```

①
②

해설 "ALL"은 하위 질의로 검색된 범위를 조건으로 사용한다. 직원 테이블에서 이름이 "김이순"인 급여를 가져와 비교한다. 직원 테이블에서 "김이순"의 급여보다 더 높은 급여를 가진 이름, 급여를 가져온다.

03 22년 7월, 20년 5월

다음 SQL 결과에 알맞는 답을 작성하시오.

[직원]

INDEX	COL1	COL2
1	2	NULL
2	3	6
3	5	5
4	6	3
5	NULL	3

```
SELECT count(col2)
FROM 직원
WHERE COL1 IN (2, 3) OR COL2 IN  (3,5);
```

해설 'COL1'의 값이 2 혹은 3이거나 'COL2'가 3 혹은 5인 값의 개수를 검색한다.

04 22년 4월

다음 SQL 결과를 조회하기 위한 SQL문의 괄호 안에 알맞은 문장을 작성하시오.

[실행 결과]

INDEX	NAME	SCORE
1	Kim	95
2	Gun	90
3	Son	80
4	Jung	60

```
SELECT NAME, SCORE FROM 성적 ( ① ) BY ( ② ) ( ③ );
```

①
②
③

해설 order by 사용방법에 대한 문제이다.

구문	설명
GROUP BY 속성명[, ...]	정의한 속성값을 기준으로 그룹화하여 결과를 처리
[ROLLUP(속성명, [, ...])]	데이터를 그룹화할 기준 열을 지정

[CUBE(속성명, [, ...])]	ROLLUP과 유사하나 결합 가능한 모든 값의 소계를 구함
[HAVING 조건]	집계함수를 가지고 조건 비교
[ORDER BY 속성명, [, ...]]	속성명을 대상으로 정렬
[ASC | DESC]	속성명 정렬 시 오름차순(ASC), 내림차순(DESC)을 정의하고, 지정하지 않은 경우 기본값으로 오름차순 정렬

05 21년 7월

다음 SQL 결과를 조회하기 위한 SQL문의 괄호 안에 알맞은 문장을 작성하시오.

[실행 결과]

INDEX	이름	가입일
1	이길순	20231023
2	이수현	20220909
3	이견	20220108
4	이지원	20220107

```
SELECT * FROM 학생 WHERE 이름 LIKE ( ① ) ORDER BY ( ② );
```

①
②

06 22년 7월

[EMP_TBL] 테이블을 참고하여 SQL문의 실행 결과를 작성하시오.

[EMP_TBL]

EMPNO	SAL
100	1000
200	3000
300	1500

```
SELECT COUNT(*) FROM EMP_TBL WHERE EMPNO > 100 AND SAL >= 3000 OR
EMPNO = 200;
```

해설 EMPNO가 100보다 크고 SAL이 3000보다 크거나 같은 데이터는 하나이다.

07 21년 7월

다음 SQL 보기에서 학과정보로 JOIN 할 경우 괄호 안에 알맞은 문장을 작성하시오.

```
SELECT *
FROM 학생정보 a JOIN 학과정보 b ( ① ) a.학과 = b.( ② );
```

①

②

08 22년 5월

[학생] 테이블을 참고하여 [실행 결과]의 학과별 튜플의 개수를 조회하는 SQL문을 작성하시오.

[학생]

학번	이름	학과
20201001	김지민	전기
20201002	이민정	전자
20201003	유민수	컴퓨터
20201004	민혜정	전자
20201005	이지연	컴퓨터

[실행 결과]

학과	학과별튜플수
전기	1
컴퓨터	2
전자	2

[SQL 작성 조건]

- 대소문자를 구분하지 않는다.
- WHERE 조건절은 사용할 수 없다.
- GROUP BY는 반드시 포함한다.
- 집계함수(Aggregation Function)를 사용해야 한다.
- '학과별튜플수' 컬럼이름 출력에 별칭(AS)을 활용한다.
- 문장 끝의 세미콜론(;)은 생략 가능하다.
- 인용부호 사용이 필요한 경우 단일 따옴표(' ')를 사용한다.

09 20년 10월

다음의 [성적] 테이블에서 과목별 점수의 평균이 90점 이상인 '과목이름', '최소점수', '최대점수'를 검색하기 위한 SQL문을 작성하시오.

[성적]

학번	과목코드	과목이름	학점	점수
20201001	101	컴퓨터구조	A+	95
20201002	101	컴퓨터구조	B+	85
20201003	201	운영체제	A+	100
20201004	201	운영체제	A	95
20201005	201	운영체제	B+	85
20201006	102	자료구조	B	82
20201007	302	기계학습원론	A	93
20201008	302	기계학습원론	A	92

[결과]

과목이름	최소점수	최대점수
컴퓨터구조	85	95
운영체제	85	100
기계학습원론	92	93

[SQL 작성 조건]

- 대소문자를 구분하지 않는다.
- WHERE문을 사용하지 않는다.
- GROUP BY와 HAVING을 반드시 사용한다.
- 집계함수(Aggregation Function)를 사용하여 명령문을 구성한다.
- 명령문 마지막의 세미콜론(;)은 생략 가능하다.
- '최소점수', '최대점수'는 별칭(Alias)을 위한 AS문을 사용해야 한다.
- 인용부호가 필요할 경우 작은 따옴표(' ')를 사용한다.

10 20년 7월

다음 [학생] 테이블은 학번, 이름, 학년, 수강과목, 점수, 연락처를 속성으로 가진다. [SQL 작성 조건]을 만족하는 SQL문을 작성하시오.

[학생]

학번 (varchar)	이름 (varchar)	학년 (number)	수강과목 (varchar)	점수 (number)	연락처 (varchar)
1000	김이름	3	데이터베이스개론	90	010-1111-2222
2000	장이름	2	자료구조	95	010-2222-2222
3000	허이름	4	인공지능개론	80	010-3333-3333
4000	조이름	1	선형대수학	70	010-4444-4444

[SQL 작성 조건]

- 3, 4학년인 학번, 이름을 조회한다.
- IN 예약어를 사용해야 한다.
- 속성명 아래의 괄호는 속성의 자료형을 의미한다.

11 20년 10월

[학생] 테이블에서 '이름'이 "민수"인 튜플을 삭제하는 SQL문을 작성하시오.

[학생]

학번	이름	점수	과목명
20201001	한희	90	알고리즘
20201002	도연	95	데이터베이스
20201003	승현	90	자료구조
20201004	민수	95	운영체제

[SQL 작성조건]

- 명령문 마지막의 세미콜론(;)은 생략이 가능하다.
- 인용 부호가 필요한 경우 작은 따옴표(' ')를 사용한다.

12 22년 10월

아래 데이터 명령어를 적용할 경우 알맞은 출력값을 작성하시오.

```
CREATE TALBE 부서 (
  부서코드 INT PRIMARY KEY,
  부서명 VARCHAR(20)
);

CREATE TABLE 직원 (
  직원코드 INT PRIMARY KEY,
  부서코드 INT,
  직원명 VARCHAR(20),
  FOREIGN KEY(부서코드) REFERENCES 부서(부서코드) ON DELETE CASCADE
);
```

```
INSERT INTO 부서 VALUES(10, '영업부');
INSERT INTO 부서 VALUES(20, '기획부');
INSERT INTO 부서 VALUES(30, '개발부');

INSERT INTO 직원 VALUES(1001, 10, '조수현');
INSERT INTO 직원 VALUES(1002, 10, '홍길동');
INSERT INTO 직원 VALUES(1003, 20, '서채원');
INSERT INTO 직원 VALUES(1004, 20, '천지은');
INSERT INTO 직원 VALUES(1005, 20, '임소현');
INSERT INTO 직원 VALUES(1006, 30, '유한솔');
INSERT INTO 직원 VALUES(1007, 30, '김진수');
```

```
① SELECT DISTINCT COUNT(부서코드) FROM 직원 WHERE 부서코드 = 20;
② DELETE FROM 부서 WHERE 부서코드 = 20;
   SELECT DISTINCT COUNT(부서코드) FROM 직원;
```

①
②

해설 부서와 직원 테이블을 만들고 데이터를 삽입 후 SQL문에 대한 실행결과를 물어 보고 있다. ①의 경우 직원 테이블에서 부서코드가 20인 수를 물어 보고 있다. 부서코드가 20인 직원은 3(서채원, 천지은, 임소현)이다.

① "SELECT COUNT(DISTINCT 부서코드) FROM 직원 WHERE 부서코드 = 20;"인 경우 부서코드 종류의 수이기 때문에 1이 정답이다.

② 부서 테이블에서 부서코드가 20인 데이터가 삭제될 때 "ON DELETE CASCADE" 조건으로 직원 테이블에서 부서코드가 20인 데이터가 함께 삭제된다. 부서코드가 20이 다 지워진 후 직원 테이블의 수는 4(조수

현, 홍길동, 유한솔, 김진수)이다. "SELECT COUNT(DISTINCT 부서코드) FROM 직원"인 경우 부서코드 종류의 수는 2이다.

13 22년 7월

다음은 테이블을 수정할 때의 상황이다. SQL 보기에서 괄호 안에 알맞은 내용을 작성하시오.

(①) 테이블명 (②) 컬럼 = 값 WHRE 점수 〉= 90;

①

②

해설

구문	설명
UPDATE 테이블명	수정하고자 하는 대상 "테이블 명"을 지정
SET 속성명 = 데이터 [, ...]	• 수정하고자 하는 속성명과 값을 지정 • "속성명"의 속성을 "데이터"로 변경
[WHERE 조건];	수정할 레코드를 선택할 조건을 지정

정답

01 | ① 200
② 3
③ 1

02 | ① ALL
② '김이순'

03 | 4

04 | ① ORDER
② SCORE
③ DESC

05 | ① 이%
② DESC

06 | 1

07 | ① ON
② 학과

08 | SELECT 학과, COUNT(학과) AS 학과별튜플수 FROM 학생 GROUP BY 학과;

09 | SELECT 과목이름, MIN(점수) AS 최소점수, MAX(점수) AS 최대점수
FROM 성적
GROUP BY 과목이름
HAVING AVG(점수) 〉= 90;

10 | SELECT 학번, 이름 FROM 학생 WHERE 학번 IN (3,4);

11 | DELETE FROM 학생 WHERE 이름 = '민수'

12 | ① 3
② 4

13 | ① UPDATE
② SET

034 집합 연산자

학·습·포·인·트

데이터베이스에서 집합 연산자는 둘 이상 SELECT 문의 결과 집합들을 조합하여 하나의 결과 집합을 반환하는 SQL 구문이다. 집합 연산자를 이용하여 여러 테이블에서 데이터를 추출하고, 필요한 정보를 조합하는 등의 작업을 수행할 수 있다. 따라서 SQL 집합 연산자를 활용하면 데이터 분석 및 조회 작업을 더욱 효율적으로 수행할 수 있다.

필수 핵심 이론

집합 연산자

집합 연산자는 두 개 이상의 테이블에서 결과를 조합하여 하나의 결과 집합을 만들어 내는 연산자이다.

데이터 예시

R1	
학번	학점 수
20201111	15
20202222	20

R2	
학번	과목번호
20202222	CS200
20203333	CS300

집합 연산자 설명

<table>
<tr><th>집합연산자</th><th>설명</th></tr>
<tr><td>UNION</td><td>중복을 제거하여 새로 집합을 생성함
<table><tr><th>구문</th><th>결과</th></tr><tr><td>(SELECT 학번 FROM R1)
UNION
(SELECT 학번 FROM R2);</td><td><table><tr><th>학번</th></tr><tr><td>20201111</td></tr><tr><td>20202222</td></tr><tr><td>20203333</td></tr></table></td></tr></table></td></tr>
</table>

<table>
<tr><td>UNION ALL</td><td>중복된 행을 모두 유지하면서 행을 합침
<table><tr><th>구문</th><th>결과</th></tr><tr><td>(SELECT 학번 FROM R1)
UNION ALL
(SELECT 학번 FROM R2);</td><td><table><tr><th>학번</th></tr><tr><td>20201111</td></tr><tr><td>20202222</td></tr><tr><td>20202222</td></tr><tr><td>20203333</td></tr></table></td></tr></table></td></tr>
<tr><td>INTERSECT</td><td>공통된 행만 추출하여 새로운 집합을 생성함
<table><tr><th>구문</th><th>결과</th></tr><tr><td>(SELECT 학번 FROM R1)
INTERSECT
(SELECT 학번 FROM R2);</td><td><table><tr><th>학번</th></tr><tr><td>20202222</td></tr></table></td></tr></table></td></tr>
<tr><td>MINUS,
EXCEPT</td><td>첫 번째 테이블에서 두 번째 테이블의 결과를 제외한 나머지 결과를 반환함
<table><tr><th>구문</th><th>결과</th></tr><tr><td>(SELECT 학번 FROM R1)
MINUS
(SELECT 학번 FROM R2);</td><td><table><tr><th>학번</th></tr><tr><td>20201111</td></tr></table></td></tr></table></td></tr>
</table>

연·습·문·제

01 출제 예상

테이블 R1, R2에 대하여 다음 [결과]를 조회하기 위한 SQL문을 작성하시오.

R1	
학번	학점 수
20201111	15
20202222	20

R2	
학번	과목번호
20202222	CS200
20203333	CS300

[결과]

학번
20202222

```
(SELECT ( ① ) FROM R1)
( ② )
(SELECT ( ① ) FROM R2);
```

①

②

해설 INTERSECT는 두 검색 결과의 교집합으로 학번 20202222가 같은 값이다.

02 출제 예상

테이블 R1, R2에 대하여 다음 [결과]를 조회하기 위한 SQL문을 작성하시오.

R	
A	B
1	A
3	B

S	
A	B
1	A
2	B

[결과]

1
3
1
2

```
SELECT ( ① ) FROM R
( ② )
SELECT ( ① ) FROM S;
```

①

②

해설 UNION ALL은 모든 결과를 포함한 합집합이다.

정답

01 | ① 학번
② INTERSECT

02 | ① A
② UNION ALL

035 조인(Join)과 서브쿼리(Subquery) ★

학·습·포·인·트

다양한 종류의 JOIN이 있으며 각 JOIN을 학습할 때는 JOIN 종류와 JOIN 조건, 테이블 별칭 사용 방법을 이해하는 것이 중요하다. 각 JOIN이 어떤 상황에 적합한지 이해하고, 조건을 정확하게 작성할 수 있도록 이해도를 높이는 게 중요하다.

대표 기출 유형

다음은 테이블에서 SQL문을 실행하였을 때 실행 결과를 작성하시오. **21년 10월**

T1

CODE	NAME
3258	SMITH
4324	ALLEN
5432	SCOTT

T2

NO	RULE
12	S%
32	%T%

```
SELECT COUNT(*) CNT
FROM T1 A
CROSS JOIN T2 B
WHERE A.NAME LIKE B.RULE;
```

정답

4

CROSS JOIN은 두 개 이상의 테이블을 조합하여 가능한 모든 조합을 생성함으로써 모든 조합을 곱해 주면 된다. WHERE 조건에 S로 시작하거나 T가 들어가는 튜플은 2개이므로 2*2는 4이다.

필수 핵심 이론

조인(Join)

조인(Join)은 관계형 데이터베이스에서 두 개 이상의 테이블을 연결하는 데 사용되는 SQL 구문이다. 여러 테이블에서 데이터를 가져와 단일 결과 세트로 결합할 수 있다.

<table>
<tr><th>JOIN 구문</th><th colspan="2">설명</th></tr>
<tr><td rowspan="5">INNER JOIN</td><td colspan="2">• 두 개 이상의 테이블에서 공통된 값을 기준으로 연결하여 새로운 결과 집합을 생성
• 교집합의 개념
• 고객 테이블과 주문 테이블을 고객 ID로 JOIN</td></tr>
<tr><td>문법 1</td><td>SELECT [테이블명.]속성명 [, ...]
FROM 테이블명1, 테이블명2, ...
WHERE 테이블명1.속성명 = 테이블명2.속성명;</td></tr>
<tr><td>예시 1</td><td>SELECT *
FROM 고객, 주문
WHERE 고객.고객ID = 주문.고객ID;</td></tr>
<tr><td>문법 2</td><td>SELECT [테이블명.]속성명 [, ...]
FROM 테이블명1 [INNER] JOIN 테이블2
 ON 조인조건
[WHERE 조건];</td></tr>
<tr><td>예시 2</td><td>SELECT *
FROM 고객
INNER JOIN 주문
ON 고객.고객ID = 주문.고객ID;</td></tr>
<tr><td rowspan="7">OUTER JOIN</td><td colspan="2">• 두 개 이상의 테이블에서 공통된 값을 기준으로 하나의 테이블에서만 존재하는 데이터도 결과 집합에 포함
• 일치하지 않는 경우 NULL 값을 가짐</td></tr>
<tr><th>OUTER JOIN 종류</th><th>설명</th></tr>
<tr><td>LEFT OUTER JOIN</td><td>왼쪽 테이블의 모든 레코드와 오른쪽 테이블에서 일치하는 레코드만을 출력</td></tr>
<tr><td>RIGHT OUTER JOIN</td><td>오른쪽 테이블의 모든 레코드와 왼쪽 테이블에서 일치하는 레코드만을 출력</td></tr>
<tr><td>FULL OUTER JOIN</td><td>왼쪽과 오른쪽 테이블에서 LEFT OUTER JOIN 후 RIGHT OUTER JOIN을 둘 다 실행</td></tr>
<tr><td>문법 1</td><td>SELECT [테이블명.]속성명 [, ...]
FROM 테이블명1, 테이블명2, ...
WHERE 테이블명1.속성명[(+)] = 테이블명2.속성명[(+)];</td></tr>
<tr><td>예시 1</td><td>SELECT *
FROM 고객, 주문
WHERE 고객.고객ID = 주문.고객ID(+);</td></tr>
</table>

	문법 2	SELECT [테이블명.]속성명 [, ...] FROM 테이블1(LEFT|RIGHT|FULL] [OUTER] JOIN 테이블2 [WHERE 조건];
	예시 2	SELECT * FROM 고객 LEFT OUTER JOIN 주문 ON 고객.고객ID = 주문.고객ID;
SELF JOIN		• 하나의 테이블에서 자신과 조인하는 방법 • 서로 다른 레코드 간의 관계를 분석하거나 계층 구조를 가진 데이터를 조회하는 경우에 사용
	문법 1	SELECT [테이블명.]속성명 [, ...] FROM 테이블명1 [AS] 별칭1, 테이블명1 [AS] 별칭2 [, ...] WHERE 별칭1.속성명 = 별칭2.속성명;
	예시 1	SELECT * FROM 고객 AS a, 고객 AS b WHERE a.고객등급 = b.과거등급;
	문법 2	SELECT [테이블명.]속성명 [, ...] FROM 테이블명1 [AS] 별칭1 JOIN 테이블명1 [AS] 별칭2 [, ...] ON 별칭1.속성명 = 별칭2.속성명 [WHERE 조건];
	예시 2	SELECT * FROM 고객 AS a JOIN 고객 AS b ON a.고객등급 = b.과거등급;
CROSS JOIN		• 두 개 이상의 테이블을 조합하여 가능한 모든 조합을 생성 • 테이블 간의 관계가 없는 경우에 사용
	문법 1	SELECT [테이블명.]속성명 [, ...] FROM 테이블1 CROSS JOIN 테이블2;
	예시 1	SELECT * FROM 고객 CROSS JOIN 물품;
	문법 2	SELECT [테이블명.]속성명 [, ...] FROM 테이블1, 테이블2;
	예시 2	SELECT * FROM 고객, 물품;

서브쿼리(Subquery)

서브쿼리(Subquery)는 하나의 SQL문 안에 포함된 또 다른 SQL문으로, 하나 이상의 결과 집합을 반환한다.

종류	설명
단일 행 서브쿼리	• 서브쿼리가 하나의 행만 반환하는 경우 • 단일 행 비교연산자와 사용 • =, <, <=, >=, >, <>, • 예시 SELECT 이름, 연봉 FROM 사원 WHERE 연봉 = (SELECT MAX(연봉) FROM 사원);
다중 행 서브쿼리	• 서브쿼리가 여러 개의 행을 반환하는 경우 사용 • 특정 조건을 만족하는 데이터를 조회 • "IN", "NOT IN" 비교 연산자 사용 • 예시 SELECT * FROM 주문 WHERE 고객ID IN (SELECT 고객ID FROM 고객 WHERE 지역 = '서울');

인라인 뷰	• 서브쿼리를 사용하여 새로운 가상 테이블을 생성하는 경우 사용
	• FROM절 안에 사용되는 서브쿼리
	• 예시
	SELECT *
	FROM (SELECT 상품ID, 상품명, SUM(주문량) AS 판매량
	    FROM 주문상품
	    GROUP BY 상품ID, 상품명
	    ORDER BY 판매량 DESC) AS 판매상품;

연·습·문·제

01 21년 10월

다음 테이블에서 SQL문을 실행하였을 때 실행 결과를 작성하시오.

T1

CODE	NAME
3258	SMITH
4324	ALLEN
5432	SCOTT

T2

NO	RULE
12	S%
32	%T%

```
SELECT COUNT(*) CNT
FROM T1 A
CROSS JOIN T2 B
WHERE A.NAME LIKE B.RULE;
```

해설 CROSS JOIN은 두 개 이상의 테이블을 조합하여 가능한 모든 조합을 생성함으로써, 모든 조합을 곱해 주면 된다. WHERE 조건에 S로 시작하거나 T가 들어가는 튜플은 2개이므로 2*2는 4이다.

02 출제 예상

다음 SQL문의 실행 결과를 쓰시오.

```
SELECT 가격 FROM 도서가격
  WHERE 책번호 = (SELECT 책번호
    FROM 도서 WHERE 책명='자료구조');
```

도서

책번호	책명
111	운영체제
222	자료구조
333	컴퓨터구조

도서가격

책번호	가격
111	20,000
222	25,000
333	10,000
444	15,000

해설 도서가격 테이블에서 '자료구조'와 일치하는 책번호의 가격을 찾아서 출력한다.

03 출제 예상

다음 R1과 R2의 테이블에서 아래의 결과를 얻기 위한 SQL문을 작성하시오.

R1				
학번	이름	학년	학과	주소
1000	홍길동	1	컴퓨터공학	서울
2000	김철수	1	전기공학	경기
3000	강남길	2	전자공학	경기
4000	오말자	2	컴퓨터공학	경기
5000	장미화	3	전자공학	서울

R2				
학번	과목번호	과목이름	학점	점수
1000	C100	자료구조	A	91
2000	C200	대데이터베이스	A+	99
3000	C100	컴퓨터구조	B+	89
3000	C200	데이터베이스	B	85
4000	C200	데이터베이스	A	93
4000	C300	운영체제	B+	88
5000	C300	운영체제	B	82

결과	
과목번호	과목이름
C100	컴퓨터구조
C200	데이터베이스

정답

01 | 4

02 | 25,000

03 | SELECT 과목번호, 과목이름
FROM Rl, R2
WHERE R1.학번 = R2. 학번 AND R1.학과 = '전자공학' AND R1.이름 = '강남길';

036 뷰(VIEW)

학 · 습 · 포 · 인 · 트

뷰(VIEW)란 하나 이상의 테이블을 기반으로 생성된 가상 테이블이다. 뷰를 생성하는 방법과 함께, 뷰의 활용과 제약사항에 대해 이해해야 한다.

필수 핵심 이론

뷰(VIEW)

뷰는 하나 이상의 테이블을 기반으로 생성된 가상 테이블이다. 뷰를 사용해 저장 공간을 절약하면서도 쿼리를 간단하게 작성할 수 있다. VIEW는 SELECT문을 기반으로 생성된다. 뷰는 데이터베이스 내의 가상 테이블이며, 저장공간을 차지하지 않고, 미리 작성된 쿼리의 결과를 가져와서 다른 쿼리에서 테이블처럼 사용할 수 있다. 하나의 뷰를 삭제하면 그 뷰를 기초로 정의된 다른 뷰도 자동으로 삭제된다.

<table>
<tr><th>구분</th><th colspan="3">설명</th></tr>
<tr><td rowspan="3">명령어</td><td>문법</td><td>예시</td><td>설명</td></tr>
<tr><td>CREATE VIEW
  뷰명[(속성명, ...)]
AS(SELECT문);</td><td>CREATE VIEW 주문정보
AS(SELECT *
FROM 주문
WHERE 고객ID IN
  (SELECT 고객ID
   FROM 고객
   WHERE 지역 = '서울');</td><td>VIEW 생성</td></tr>
<tr><td>DROP VIEW 뷰명</td><td>DROP VIEW 주문정보;</td><td>VIEW 삭제</td></tr>
<tr><td>장점</td><td colspan="3">• 보안 강화, 논리적 독립성 제공: 뷰를 통해 특정한 컬럼만을 조회하거나, 접근 권한이 없는 사용자에게 뷰를 제공함으로써 보안을 강화
• 쿼리 간소화: 복잡한 쿼리를 뷰로 간소화하여 사용
• 데이터 무결성 유지: 특정한 조건에 따른 결과만을 조회할 수 있으므로, 데이터 무결성을 유지할 수 있음</td></tr>
<tr><td>단점</td><td colspan="3">• 데이터 변경 불가능: 뷰는 기본적으로 READ ONLY이고, 뷰에서 데이터를 수정하려면 해당 데이터를 저장하는 실제 테이블을 수정해야 함. 뷰를 변경하려면 뷰를 다시 생성해야 함
• 인덱스 불가능</td></tr>
</table>

뷰(View)가 어떻게 쓰이는지 헷갈려요!

뷰는 가상 테이블이기 때문에, 직접적으로 데이터를 변경하는 것은 불가능해요. 하지만 뷰를 통해 복잡한 쿼리를 단순화하여 사용할 수 있고, 뷰를 통해 특정 컬럼만을 조회하는 등의 기능을 사용할 수 있어요. 따라서 뷰의 제약 사항에도 불구하고 그 장점을 이해하고 올바르게 활용한다면, 데이터 관리에 큰 도움이 됩니다!

연·습·문·제

01 출제 예상

다음이 설명하는 종류의 테이블을 작성하시오.

- DBA는 보안 측면에서 활용할 수 있다.
- (   ) 위에 또 다른 (   )를 정의할 수 있다.
- 독립적인 인덱스를 가질 수 있다.
- 사용자가 필요한 정보를 요구에 맞게 가공하여 (   )로 만들 수 있다.

02 출제 예상

뷰(View)의 장점 2가지를 간략하게 쓰시오

①
②

03 출제 예상

SQL에서 "주문정보" VIEW를 삭제할 때 사용하는 명령을 쓰시오.

정답

01 | 뷰(View)
02 | 논리적 독립성 제공, 데이터 보안 용이, 사용자 데이터 관리 용이 중 2가지
03 | DROP VIEW 주문정보;

037 인덱스(INDEX) ★

학 · 습 · 포 · 인 · 트

인덱스는 데이터베이스에서 데이터 검색 속도를 높이기 위해 사용하는 데이터 구조로, 테이블에 있는 컬럼의 값을 기반으로 생성된다. 인덱스의 개념과 특징을 물어 보는 문제가 주로 출제되고 있다. 개념을 이해할 수 있도록 학습해야 한다.

대표 기출 유형

다음은 파일 구조(File Structures)에 대한 설명이다. 괄호 안에 들어갈 알맞은 답을 작성하시오.

21년 10월

파일구조는 파일을 구성하는 레코드들이 보조기억장치에 편성되는 방식으로, 접근 방식에 따라 그 방식이 달라진다. 접근 방법 중, 레코드들을 키-값 순으로 정렬하여 기록하고, 레코드의 키 항목만을 모은 ( )을/를 구성하여 편성하는 방식이 있으며, 레코드를 참조할 때는 ( )이/가 가리키는 주소를 사용하여 직접 참조할 수 있다. 파일구조에는 순차 접근, ( ) 접근, 해싱 접근이 있다.

정답

인덱스

인덱스는 검색 쿼리를 실행할 때 테이블의 모든 레코드를 스캔하는 것 대신 인덱스를 스캔하여 검색 속도를 향상한다. 따라서 인덱스는 데이터베이스의 성능 향상을 위해 중요한 역할을 한다.

필수 핵심 이론

인덱스(INDEX)

- 인덱스는 검색 쿼리를 실행할 때 테이블의 모든 레코드를 스캔하는 것 대신 인덱스를 스캔하여 검색 속도를 향상한다. 따라서 인덱스는 데이터베이스의 성능 향상을 위해 중요한 역할을 한다.

- 파일구조에는 순차 접근, 인덱스 접근, 해싱 접근이 있다.
- 인덱스는 데이터 레코드를 빠르게 접근하기 위해 [키, 값, 포인터] 쌍으로 구성되는 구조이다.

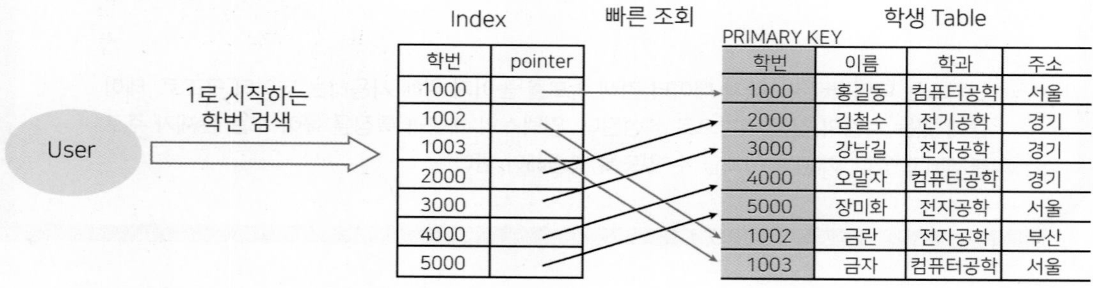

특징

- 데이터가 저장된 물리적 구조와 밀접한 관계가 있음
- 레코드의 위치를 알려 주는 용도로 사용
- 인덱스는 최소 개수로 하는 것이 효율적이며, 자동으로 생성되지 않음
- 기본키는 인덱스가 자동으로 생성
- 데이터 정의어(DDL)를 이용해 생성 변경, 제거 가능

장단점

장점	단점
• 테이블을 조회하는 속도와 성능을 향상함 • 시스템의 부하를 줄임	• 인덱스를 관리하기 위해 저장공간이 필요 • 인덱스를 잘못 사용할 경우 성능이 저하되는 역효과 발생

종류

인덱스를 구성하는 구조나 트리에 따라 여러 가지 종류가 있다.

인덱스 종류	설명
트리 기반 인덱스	• B-Tree 알고리즘 활용 • 범위 검색, 정렬, 그룹화에 유용
해시 인덱스	• (Key, Value)로 데이터를 저장하는 자료구조 중 하나로 빠른 데이터 검색 시 유용함 • 데이터 접근 비용이 균일함
비트맵 인덱스	• 0과 1의 비트값을 사용하여 인덱스를 생성 • 다중 조건을 만족하는 튜플 개수 계산이 적합
단일 인덱스	• 읽기로만 사용되는 경우에 사용 • 하나의 컬럼으로만 구성한 인덱스
결합 인덱스	• 여러 컬럼들을 묶어 하나의 인덱스로 사용 • 조건으로 사용하는 빈도가 높은 경우 사용
클러스터드 인덱스	• 인덱스 순서대로 데이터를 저장 • 데이터 삽입, 삭제 발생 시 순서를 유지하기 위해 데이터를 재정렬 • 특정 범위 검색 시 유리

인덱스 설계와 문법

- 인덱스를 어떤 컬럼에 생성할지 결정한다.
- 대부분 자주 검색되는 컬럼에 인덱스를 생성하는 것이 효율적이다.
- 과도한 인덱스 생성은 오히려 성능을 저하한다.

인덱스 사용

인덱스를 사용하는 쿼리에서 인덱스를 생성한 컬럼을 포함한다.

문법	설명
CREATE [UNIQUE] INDEX 인덱스명 ON 테이블명(컬럼명)	• 생성하고자 하는 인덱스명으로 인덱스를 생성 • UNIQUE는 인덱스 컬럼의 중복 값을 허용하지 않음
DROP INDEX 인덱스명	인덱스를 삭제
ALTER [UNIQUE] INDEX 인덱스명 ON 테이블명(컬럼명);	인덱스를 변경

연·습·문·제

01 출제 예상

데이터베이스 성능에 많은 영향을 주는 DBMS의 구성요소로 테이블과 클러스터에 연관되어 독립적인 저장공간을 보유하며, 데이터베이스에 저장된 자료를 더욱 빠르게 조회하기 위하여 사용되는 용어를 쓰시오.

해설 인덱스는 데이터 레코드를 빠르게 접근하기 위해 [키, 값, 포인터] 쌍으로 구성되는 구조이다.

02 출제 예상

다음의 설명에 해당하는 용어를 쓰시오.

- ( )의 기본 목적은 검색 성능을 최적화하는 것으로 볼 수 있다.
- B-트리( )은/는 분기를 목적으로 하는 Branch Block을 가지고 있다.
- BETWEEN 등 범위(Range) 검색에 활용될 수 있다.
- 문헌의 색인, 사전과 같이 데이터를 쉽고 빠르게 찾을 수 있도록 만든 데이터 구조이다.
- ( )의 추가, 삭제 명령어는 CREATE, DROP이다.

03 출제 예상

다음은 인덱스에 대한 설명이다. 아래 내용을 확인하여 알맞은 답을 [보기]에서 찾아 쓰시오.

인덱스 종류	설명
(①)	• B-Tree 알고리즘 활용 • 범위 검색, 정렬, 그룹화에 유용
(②)	• (Key, Value)로 데이터를 저장하는 자료구조 중 하나로 빠른 데이터 검색 시 유용함 • 데이터 접근 비용이 균일함
(③)	• 인덱스 순서대로 데이터가 저장 • 데이터 삽입, 삭제 발생 시 순서를 유지하기 위해 데이터를 재정렬 • 특정 범위 검색 시 유리

[보기]

해시 인덱스 / 단일 인덱스 / 결합 인덱스 / 클러스터드 인덱스 / 트리 기반 인덱스

①
②
③

해설

인덱스 종류	설명
트리 기반 인덱스	• B-Tree 알고리즘 활용 • 범위 검색, 정렬, 그룹화에 유용
해시 인덱스	• (Key, Value)로 데이터를 저장하는 자료구조 중 하나로 빠른 데이터 검색 시 유용함 • 데이터 접근 비용이 균일함
비트맵 인덱스	• 0과 1의 비트값을 사용하여 인덱스를 생성 • 다중 조건을 만족하는 튜플 개수 계산이 적합
단일 인덱스	• 읽기로만 사용되는 경우에 사용 • 하나의 컬럼으로만 구성한 인덱스
결합 인덱스	• 여러 컬럼들을 묶어 하나의 인덱스로 사용 • 조건으로 사용하는 빈도가 높은 경우 사용
클러스터드 인덱스	• 인덱스 순서대로 데이터가 저장 • 데이터 삽입, 삭제 발생 시 순서를 유지하기 위해 데이터를 재정렬 • 특정 범위 검색 시 유리

04 21년 10월

다음은 파일구조(File Structures)에 대한 설명이다. 괄호 안에 들어갈 알맞은 답을 작성하시오.

파일구조는 파일을 구성하는 레코드들이 보조기억장치에 편성되는 방식으로 접근방식에 따라 방식이 달라진다. 접근 방법 중, 레코드들을 키-값 순으로 정렬하여 기록하고, 레코드의 키 항목만을 모은 ( )을/를 구성하여 편성하는 방식이 있으며, 레코드를 참조할 때는 ( )이/가 가리키는 주소를 사용하여 직접 참조할 수 있다. 파일구조에는 순차 접근, ( ) 접근, 해싱 접근이 있다.

해설 인덱스는 검색 쿼리를 실행할 때 테이블의 모든 레코드를 스캔하는 것 대신 인덱스를 스캔하여 검색 속도를 향상한다. 따라서 인덱스는 데이터베이스의 성능 향상을 위해 중요한 역할을 한다.

정답

01 | 인덱스(Index)
02 | 인덱스(Index)
03 | ① 트리 기반 인덱스
② 해시 인덱스
③ 클러스터드 인덱스
04 | 인덱스(Index)

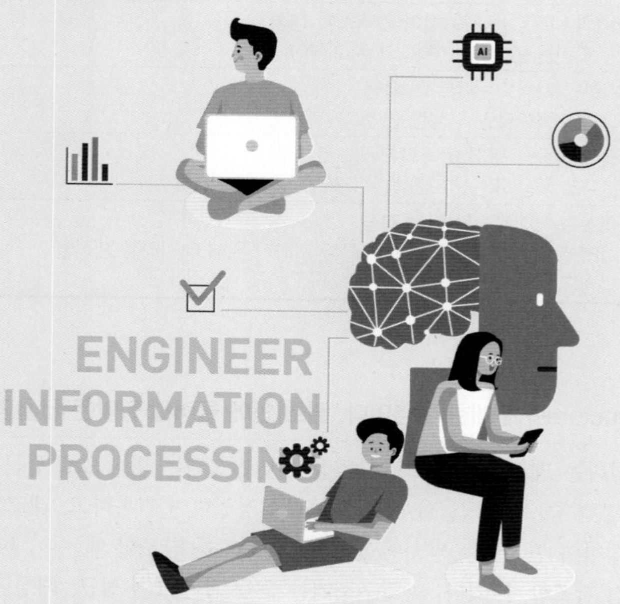

더 멋진 내일(Tomorrow)을 위한 내일(My Career)

내 일 은 정 보 처 리 기 사 실 기

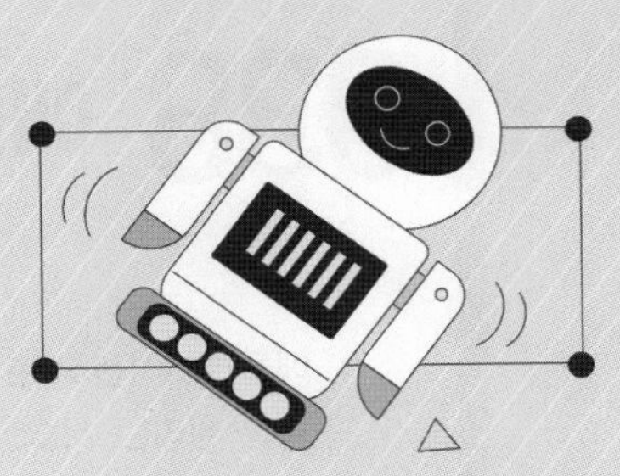

CHAPTER

07

애플리케이션 테스트 관리

038 애플리케이션 테스트 원리 및 종류 ★★

학·습·포·인·트

애플리케이션 기본 원리나 테스트 종류를 묻는 문제가 출제된 적이 있다. 특히, 애플리케이션 기본 원리는 서술형으로 나오니 파레토 법칙, 살충제 패러독스 등 주요 개념에 대해서는 한 문장으로 서술할 수 있도록 연습해 두도록 한다. 또, 애플리케이션 테스트 종류는 뒤에서 상세히 다루니, 이 장에서는 어떠한 분류 기준이 있는지를 중심으로 학습하고 넘어가도록 한다.

대표 기출 유형

01 애플리케이션 테스트에서 사용되는 살충제 패러독스(Pesticide Paradox)의 개념에 대해 간략히 쓰시오.

20년 5월

정답

살충제 패러독스는 동일한 테스트 케이스로 동일한 테스트를 반복하면 더 이상 결함이 발견되지 않는 현상을 의미한다.

02 애플리케이션을 실행하지 않고, 소스 코드에 대한 코딩 표준, 코딩 스타일, 코드 복잡도 및 남은 결함을 발견하기 위해 사용하는 테스트를 쓰시오.

20년 7월

정답

정적 분석 또는 정적 테스트

필수 핵심 이론

애플리케이션 테스트

애플리케이션 테스트는 **애플리케이션에 잠재되어 있는 결함을 찾아내는 일련의 행위 또는 절차**이다.

애플리케이션 테스트의 기본 원리

원리	설명
완벽한 테스팅은 불가능	소프트웨어의 잠재적인 결함을 줄일 수 있지만 소프트웨어에 결함이 없다고 증명할 수는 없음. 즉, 완벽한 테스팅은 불가능
초기 집중	• 개발 초기에 체계적인 분석 및 설계를 수행하면, 테스팅 기간과 재작업을 줄여 개발 기간 단축 및 결함 예방이 가능하다는 원리 • 소프트웨어 개발 초기 체계적인 분석 및 설계가 수행되지 못하면 그 결과가 프로젝트 후반에 영향을 미치게 되어 비용이 커진다는 요르돈 법칙(Snowball Effect; 눈덩이 법칙) 적용
결함 집중 (Defect Clustering)	• 적은 수의 모듈(20% 모듈)에서 대다수 결함(80% 결함)이 발견된다는 원리 • **파레토 법칙(Pareto Principle)**의 내용인 80 대 20 법칙 적용
살충제 패러독스	• 동일한 테스트 케이스로 동일한 테스트를 반복하면 더 이상 새로운 버그를 찾지 못한다는 원리 • 살충제 패러독스를 방지하기 위해서 테스트 케이스를 지속적으로 보완 및 개선 필요
정황(Context) 의존성	소프트웨어 특징, 테스트 환경, 테스트 역량 등 정황(Context)에 따라 테스트 결과가 달라질 수 있으므로, 정황에 따라 테스트를 다르게 수행해야 한다는 원리
오류-부재의 궤변 (Absence of Errors Fallacy)	결함이 없다고 해도 사용자의 요구사항을 만족시키지 못하면 품질이 높다고 볼 수 없다는 원리

애플리케이션 테스트의 분류

애플리케이션 테스트의 종류는 프로그램 실행 여부, 테스트 기법, 테스트 시각, 테스트 목적 등에 따라 나뉜다.

프로그램 실행 여부에 따른 분류

구분	설명	종류
정적 테스트	• 프로그램을 실행하지 않고 명세서나 소스 코드를 대상으로 분석하는 테스트 • 소프트웨어 개발 초기에 결함을 발견할 수 있어 소프트웨어의 개발 비용을 낮추는 데 도움이 됨	• 워크스루 • 인스펙션 • 코드 검사 등
동적 테스트	• 프로그램을 실행하여 오류를 찾는 테스트 • 소프트웨어 개발의 모든 단계에서 테스트를 수행할 수 있음	• 블랙박스(=명세 기반) 테스트 • 화이트박스(=구조 기반) 테스트 • 경험 기반 테스트

테스트 기법에 따른 분류

애플리케이션을 테스트 할 때 무엇을 기반으로 수행하느냐에 따라 명세 기반, 구조 기반, 경험 기반 테스트로 나뉜다.

구분	설명	종류
명세 기반 테스트 (=블랙박스 테스트)	사용자의 요구사항에 대한 명세를 빠짐없이 테스트 케이스로 만들어 구현하고 있는지 확인하는 테스트	• 동등 분할 테스트 • 경곗값 분석 테스트 등
구조 기반 테스트 (=화이트박스 테스트)	소프트웨어 내부의 논리 흐름에 따라 테스트 케이스를 작성하고 확인하는 테스트	• 구문 커버리지 테스트 • 결정 커버리지 테스트 • 조건 커버리지 테스트 등
경험 기반 테스트	• 유사 소프트웨어나 기술 등에 대한 테스터의 경험을 기반으로 수행하는 테스트 • 사용자의 요구사항에 대한 명세가 불충분하거나 테스트 시간에 제약이 있는 경우 수행하면 효과적임	• 오류추정 테스트 • 탐색적 테스트 등

개발 단계에 따른 테스트 분류

소프트웨어의 개발 단계에 따라 단위 테스트, 통합 테스트, 시스템 테스트, 인수 테스트로 분류할 수 있고, 이렇게 분류된 것을 테스트 레벨이라고 한다.

테스트 종류	설명	상세 분류
단위 테스트 (Unit Test)	구현 단계에서 개별 모듈 또는 컴포넌트 단위로 테스트	
통합 테스트 (Integration Test)	• 단위 테스트가 완료된 모듈들을 결합하여 하나의 시스템으로 완성시키는 과정에서의 테스트 • 모듈 간 또는 통합된 컴포넌트 간의 상호작용 오류 검사	• 빅뱅 통합 테스트 • 상향식 통합 테스트 • 하향식 통합 테스트 • 샌드위치 통합 테스트
시스템 테스트 (System Test)	개발된 소프트웨어가 해당 컴퓨터 시스템에서 완벽하게 수행되는지를 점검하는 테스트	• 기능 요구사항 테스트 • 비기능 요구사항 테스트
인수 테스트 (Acceptance Test)	개발한 소프트웨어가 사용자의 요구사항을 충족하는지에 초점을 두고 사용자가 직접 테스트	• 알파 테스트 • 베타 테스트

테스트 시각에 따른 분류

애플리케이션을 테스트 할 때 누구를 기준으로 하느냐에 따라 검증 테스트와 확인 테스트로 나뉜다.

구분	설명
검증 테스트 (Verification Test)	• **개발자**의 시각에서 제품의 생산 과정을 테스트 • 제품이 명세서대로 완성됐는지를 테스트
확인 테스트 (Validation Test)	• **사용자**의 시각에서 생산된 제품의 결과를 테스트 • 사용자가 요구한 대로 제품이 완성됐는지, 제품이 정상적으로 동작하는지를 테스트

테스트 목적에 따른 분류

구분	설명
회복 테스트 (Recovery Test)	시스템에 고의로 결함을 주어 실패하도록 한 후, 올바르게 복구되는지를 확인하는 테스트
안전 테스트 (Security Test)	시스템에 설치된 시스템 보호 도구가 불법적인 침입으로부터 시스템을 보호할 수 있는지를 확인하는 테스트
성능 테스트 (Performance Test)	• 시스템의 실시간 성능이나 전체적인 효율성을 진단하는 테스트 • 시스템의 응답 시간, 처리량 등을 테스트
강도 테스트 (Stress Test)	시스템에 과도한 정보량이나 빈도 등을 부과하여 과부하 시에도 시스템이 정상적으로 실행되는지를 확인하는 테스트
구조 테스트 (Structure Test)	시스템 내부의 논리적인 경로, 소스 코드의 복잡도 등을 평가하는 테스트
회귀 테스트 (Regression Test)	오류를 제거하거나 수정한 시스템에서 오류 제거와 수정에 의해 새로이 유입된 오류가 없는지 확인하는 테스트
병행 테스트 (Parallel Test)	변경된 시스템과 기존 시스템에 동일한 데이터를 입력하여 결과를 비교하는 테스트

연·습·문·제

01 20년 5월

애플리케이션 테스트에서 사용되는 살충제 패러독스(Pesticide Paradox)의 개념에 대해 간략히 쓰시오.

해설 애플리케이션 테스트는 애플리케이션에 잠재되어 있는 결함을 찾아내는 일련의 행위 또는 절차이다. 애플리케이션 테스트의 기본 원리에는 파레토 법칙, 살충제 패러독스 등이 있다.

완벽한 테스트 불가능	애플리케이션 테스트는 소프트웨어의 잠재적 결함은 줄일 수 있지만 결함이 없다고 증명할 수는 없다는 원리
파레토 법칙 (Pareto Principle)	애플리케이션의 20%에 해당하는 코드에서 전체 결함의 80%가 발견된다는 원리
살충제 패러독스 (Pesticide Paradox)	동일한 테스트를 반복하면 더 이상 결함이 발견되지 않는 "살충제 패러독스" 현상이 발생한다는 원리. 따라서 지속적으로 테스트케이스 보안 개선이 필요함
테스팅은 정황(Context) 의존성	소프트웨어 특징, 테스트 환경, 테스터 역량 등 정황에 따라 테스트를 다르게 수행해야 한다는 원리
오류-부재의 궤변 (Absence of Errors Fallacy)	소프트웨어 결함을 모두 제거해도, 결국 사용자의 요구사항을 만족시키지 못하면 해당 소프트웨어는 품질이 높지 않다는 원리

02 20년 7월

애플리케이션을 실행하지 않고, 소스 코드에 대한 코딩 표준, 코딩 스타일, 코드 복잡도 및 남은 결함을 발견하기 위해 사용하는 테스트를 쓰시오.

정답

01 | 살충제 패러독스는 **동일한 테스트 케이스로 동일한 테스트를 반복**하면 더 이상 **결함이 발견되지 않는 현상**을 의미한다.

02 | 정적 분석(Static Analysis) 또는 정적 테스트(Static Testing)

039 테스트 케이스 / 테스트 시나리오 / 테스트 오라클 ★★

학·습·포·인·트

테스트 케이스의 구성요소와 테스트 오라클의 유형을 묻는 문제가 출제된 적이 있다. 단답형으로만 출제된 적이 있는 부분이니 용어 정의가 나왔을 때 단답형으로 쓸 수 있도록 연습해 둔다.

대표 기출 유형

다음은 테스트케이스의 구성요소에 대한 설명이다. 괄호(①~③) 안에 들어갈 알맞는 보기를 고르시오.

21년 10월

식별자_ID	테스트 항목	(①)	(②)	(③)
AC_L0101	출금 기능	계좌 이체 화면	계좌잔액: 150000 출금잔액: 7000 본인인증: Valid	출금 성공
AC_L0102	출금 기능	계좌 이체 화면	계좌잔액: 150000 출금잔액: 2000000 본인인증: N/A	출금 실패(1) – 잔액 부족
AC_L0103	출금 기능	계좌 이체 화면	계좌잔액: 150000 출금잔액: 7000 본인인증: Invalid	출금 실패(2) – 인증 실패

[보기]

- 요구 절차
- 의존성 여부
- 테스트 데이터
- 테스트 조건
- 하드웨어 환경
- 예상 결과
- 소프트웨어 환경
- 성공/실패 기준

정답

① 테스트 조건

② 테스트 데이터

③ 예상 결과

테스트 케이스는 개발된 소프트웨어가 사용자의 요구사항을 정확하게 준수하는지 확인하기 위해 입력 값(테스트 데이터), 실행 조건(테스트 조건), 예상 결과 등으로 구성된 테스트 항목에 대한 명세서이다.

필수 핵심 이론

테스트 케이스(Test Case)

- 테스트 케이스는 개발된 소프트웨어가 **사용자의 요구사항을 정확하게 준수하는지 확인하기 위해 입력 값(테스트 데이터), 실행 조건(테스트 조건), 예상 결과 등으로 구성된 테스트 항목에 대한 명세서**이다.
- 테스트 케이스를 미리 설계하면 테스트 오류 방지, 테스트 수행에 필요한 인력, 시간 등의 자원 낭비를 줄일 수 있다.
- 테스트 케이스 작성 절차는 1) 테스트 계획 검토 및 자료 확보 → 2) 위험 평가 및 우선순위 설정 → 3) 테스트 요구사항 정의 → 4) 테스트 구조 설계 및 테스트 방법 결정 → 5) 테스트 케이스 정의 및 작성 → 6) 테스트 케이스 타당성 확인 및 유지 보수 순이다.

테스트 시나리오(Test Scenario)

- 테스트 시나리오는 테스트 케이스를 적용하는 순서에 따라 여러 개의 테스트 케이스들을 묶은 집합이다. 즉, 테스트 케이스를 적용하는 구체적인 절차에 대한 명세서이다.
- 테스트 순서에 대한 구체적인 절차, 사전 조건, 입력 데이터 등이 설정되어 있다.

테스트 오라클(Test Oracle)

- 테스트 오라클은 테스트의 결과가 참인지 거짓인지를 판단하기 위해서 사전에 정의된 참값을 입력하여 비교하는 기법 및 활동을 말한다.
- 테스트 오라클의 유형에는 참(True) 오라클, 샘플링(Sampling) 오라클, 추정(Heuristic) 오라클, 일관성(Consistent) 검사 오라클이 있다.

종류	설명
참(True) 오라클	**모든 테스트 케이스**의 입력값에 대해 기대하는 결과를 생성함으로써 발생된 오류를 모두 검출할 수 있는 오라클
샘플링(Sampling) 오라클	**특정 몇몇 테스트 케이스**의 입력값에 대해서만 기대하는 결과를 생성하는 오라클
추정(Heuristic) 오라클	샘플링 오라클의 단점을 개선한 오라클로, **특정 테스트 케이스**의 입력값에 대해 올바른 결과를 제공하고, 나머지 값들에 대해서는 휴리스틱(추정)으로 처리하는 오라클
일관성(Consistent) 검사 오라클	**애플리케이션의 변경이 있을 때**, 테스트 케이스의 이전 수행 결과와 현재 수행 결과가 동일한지를 확인하는 오라클

연·습·문·제

01 21년 10월

다음은 테스트케이스의 구성요소에 대한 설명이다. 괄호(①~③) 안에 들어갈 알맞은 것을 [보기]에서 찾아 쓰시오.

식별자_ID	테스트 항목	(①)	(②)	(③)
AC_L0101	출금 기능	계좌 이체 화면	계좌잔액: 150000 출금잔액: 7000 본인인증: Valid	출금 성공
AC_L0102	출금 기능	계좌 이체 화면	계좌잔액: 150000 출금잔액: 2000000 본인인증: N/A	출금 실패(1) – 잔액 부족
AC_L0103	출금 기능	계좌 이체 화면	계좌잔액: 150000 출금잔액: 7000 본인인증: Invalid	출금 실패(2) – 인증 실패

[보기]

- 요구 절차
- 의존성 여부
- 테스트 데이터
- 테스트 조건
- 하드웨어 환경
- 예상 결과
- 소프트웨어 환경
- 성공/실패 기준

①
②
③

해설 테스트 케이스는 개발된 소프트웨어가 사용자의 요구사항을 정확하게 준수하는지 확인하기 위해 입력값(테스트 데이터), 실행 조건(테스트 조건), 예상 결과 등으로 구성된 테스트 항목에 대한 명세서이다.

02 20년 11월

특정한 몇몇 테스트 케이스의 입력 값들에 대해서만 기대하는 결과를 제공하는 오라클로, 전수 테스트가 불가능한 경우 사용하고, 경계값 및 구간별 예상값 결과 작성 시 사용하는 오라클을 쓰시오.

해설 테스트 오라클은 테스트의 결과가 참인지 거짓인지를 판단하기 위해서 사전에 정의된 참값을 입력하여 비교하는 기법이다.

테스트 오라클의 유형	설명
참 오라클	모든 입력값에 대하여 기대하는 결과를 생성하여 오류 검출
샘플링 오라클	특정한 몇 개의 입력값에 대해서만 기대하는 결과를 제공
휴리스틱 오라클	특정 입력값에 올바른 결과를 제공하고 나머지 값은 휴리스틱(추정)으로 처리
일관성 검사 오라클	애플리케이션 변경이 있을 때, 수행 전과 후의 결괏값이 동일한지 확인

정답

01 | ① 테스트 조건
② 테스트 데이터
③ 예상 결과

02 | 샘플링 오라클(Sampling Oracle)

040 테스트 기법에 따른 분류 - 블랙박스 테스트 / 화이트박스 테스트 ★★★

학 · 습 · 포 · 인 · 트

블랙박스 테스트의 유형과 화이트박스 테스트의 검증 기준을 묻는 문제가 자주 출제되었다. 각 테스트 기법을 영어로 기억해 두고, 테스트 케이스 작성까지 할 수 있을 정도로 연습해 둔다.

대표 기출 유형

애플리케이션 테스트에 대한 다음 설명에서 각 지문(①, ②)에 해당하는 용어를 쓰시오. **21년 4월**

① 입력 조건의 중간값보다 경계값에서 오류가 발생될 확률이 높다는 점을 이용한 검사 기법
(예) 0 <= x <= 10과 같은 조건이 있을 때, 입력값은 −1, 0, 10, 11 등

② 입력 조건이 유효한 경우와 그렇지 않은 경우의 입력 자료의 개수를 균등하게 정하는 검사 기법
(예) 0 <= x <= 10과 같은 조건이 있을 때, 입력값은 0 이상 10 이하의 수 n개(유효값)와 0 미만 0 초과의 수 n개(무효값)

정답

① 경곗값 분석 테스트

② 동등분할 테스트/동치 분할 테스트/균등 분할 테스트/동치 클래스 분해 테스트

필수 핵심 이론

테스트 기법에 따른 테스트 분류 - 블랙박스 VS 화이트박스 테스트

둘 다 동적 테스트(Dynamic Test)에 해당된다.

테스트 종류	설명
블랙박스 테스트 (=기능/명세 기반 테스트)	• 프로그램 외부 사용자의 **요구사항 명세**를 보면서 수행하는 테스트 • 소프트웨어의 특징, 요구사항, 설계 명세서 등에 초점을 맞춰 테스트 • **기능 및 동작 위주의 테스트**를 진행하기 때문에 내부 구조나 작동 원리를 알지 못해도 가능 • 소프트웨어 인터페이스를 통해 실시
화이트박스 테스트 (=구조/코드 기반 테스트)	• 각 응용 프로그램의 **내부 구조와 동작을 검사**하는 소프트웨어 테스트 • 코드 분석과 프로그램 구조에 대한 지식을 바탕으로, 문제가 발생할 가능성이 있는 **모듈 안의 작동을 직접 관찰하고 테스트** • Source Code의 모든 문장을 한 번 이상 수행함으로써 진행 • 논리 흐름도(Logic-Flow Diagram) 이용 가능 • 테스트 데이터를 선택하기 위해 검증 기준(Test Coverage)을 설정

블랙박스 테스트의 유형

<table>
<tr><th>테스트 종류</th><th>설명</th><th>예시</th></tr>
<tr><td>동등 분할 테스트
(Equivalence Partitioning Testing; 동치 클래스 분해, 동치 분할 검사)</td><td>입/출력값 영역을 유사한 도메인별로 유효값/무효값을 그룹핑해, 대푯값 테스트 케이스를 도출해 테스트하는 기법</td><td>
<table><tr><th>평가 점수</th><th>성적</th></tr><tr><td>80~100</td><td>A</td></tr><tr><td>60~79</td><td>B</td></tr><tr><td>0~59</td><td>C</td></tr></table>
<table><tr><th>TC</th><th>입력</th><th>예상 출력</th></tr><tr><td>#1</td><td>−10</td><td>오류</td></tr><tr><td>#2</td><td>40</td><td>C</td></tr><tr><td>#3</td><td>78</td><td>B</td></tr><tr><td>#4</td><td>84</td><td>A</td></tr><tr><td>#5</td><td>200</td><td>오류</td></tr></table>
<table><tr><td>...,-3,-2,-1</td><td>0,1,...,40,...,58,59</td><td>60,61,...,67,...,78,79</td><td>80,...,87,...,91,100</td><td>101,102,...</td></tr></table>
</td></tr>
<tr><td>경곗값 분석 테스트
(Boundary Value Analysis Testing)</td><td>등가 분할 후 경곗값 부분에서 오류 발생 확률이 높기 때문에 경곗값, 경계 이전 값, 경계 이후 값을 테스트하는 기법</td><td>
<table><tr><th>평가 점수</th><th>성적</th></tr><tr><td>80~100</td><td>A</td></tr><tr><td>60~79</td><td>B</td></tr><tr><td>0~59</td><td>C</td></tr></table>
<table><tr><th>TC</th><th>입력</th><th>예상 출력</th></tr><tr><td>#1</td><td>59</td><td>C</td></tr><tr><td>#2</td><td>80</td><td>A</td></tr><tr><td>#3</td><td>101</td><td>오류</td></tr></table>
<table><tr><td>-1</td><td>0, 1   59</td><td>60, 61   79</td><td>80, 81   91, 100</td><td>101</td></tr></table>
</td></tr>
<tr><td>원인-효과 그래프 검사
(Cause-Effect Graph Testing)</td><td>그래프를 활용하여 입력 데이터 간의 관계 및 출력에 미치는 영향을 분석한 후, 효용성이 높은 테스트 케이스를 선정하여 테스트하는 기법</td><td>
원인:
c1. 명령어가 입금
c2. 명령어가 출금
c3. 계좌 번호가 정상
c4. 트랜잭션 금액이 정상

결과:
e1. '명령어 오류' 라고 인쇄
e2. '계좌 번호 오류' 라고 인쇄
e3. '출금액 오류' 라고 인쇄
e4. 트랜잭션 금액 출금
e5. 트랜잭션 금액 입금

노드: 원인(입력조건), 결과(출력 조건)
기호: ∧(and), ∨(or), ~(not)
<table>
<tr><th></th><th></th><th>#1</th><th>#2</th><th>#3</th><th>#4</th><th>#5</th></tr>
<tr><td rowspan="4">입력</td><td>원인 1(c1)</td><td>F</td><td>T</td><td>x</td><td>x</td><td>T</td></tr>
<tr><td>원인 2(c2)</td><td>F</td><td>x</td><td>T</td><td>T</td><td>x</td></tr>
<tr><td>원인 3(c3)</td><td>x</td><td>F</td><td>T</td><td>T</td><td>T</td></tr>
<tr><td>원인 4(c4)</td><td>x</td><td>x</td><td>F</td><td>T</td><td>T</td></tr>
<tr><td rowspan="5">예상 출력</td><td>e1</td><td>T</td><td></td><td></td><td></td><td></td></tr>
<tr><td>e2</td><td></td><td>T</td><td></td><td></td><td></td></tr>
<tr><td>e3</td><td></td><td></td><td>T</td><td></td><td></td></tr>
<tr><td>e4</td><td></td><td></td><td></td><td>T</td><td></td></tr>
<tr><td>e5</td><td></td><td></td><td></td><td></td><td>T</td></tr>
</table>
x: don't care
</td></tr>
</table>

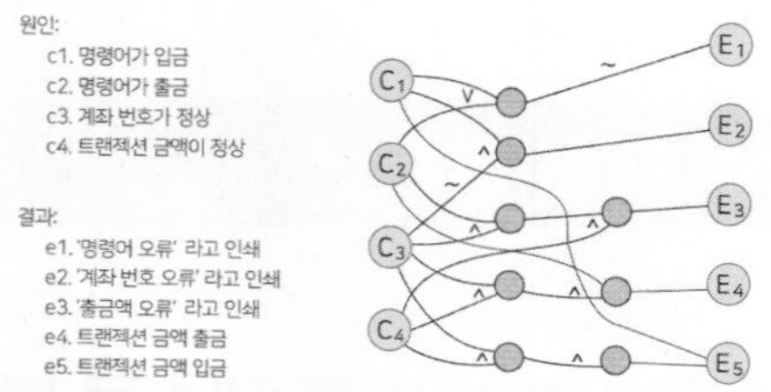

비교 검사 (Comparison Testing)	여러 버전의 프로그램에 동일한 입력 값을 넣어서 동일한 결과가 나오는지 비교해 보는 테스트 기법	(see table below)
오류 예측 검사 (Error Guessing Testing)	• 개발자가 범할 수 있는 실수를 추정하고 이에 따른 결함이 검출되도록 테스트 케이스를 설계하여 테스트하는 기법 • 다른 블랙 박스 테스트 기법으로는 찾아낼 수 없는 오류를 찾아내는 일련의 보충적 검사 기법	정렬 프로그램에서 에러가 쉽게 발생하기 쉬운 경우를 고려한 테스트 케이스 설정 #1 입력 리스트에 원소가 없는 경우 #2 입력 리스트가 하나의 원소만을 갖는 경우 등

TC	입력		예상출력	
	v1.1	v1.2	v1.1	v1.2
#1	abc	abc	ABC	ABC
#2	Hello	Hello	안녕하세요	안녕하세요
#3	ABC	ABC	ABC	ABC

화이트박스 테스트의 종류

테스트 종류	설명
(기본/기초) 경로 검사 (Base Path Coverage Testing)	• 수행 가능한 모든 경로를 테스트하는 기법 • 기본 경로는 사이클을 허용
제어 구조 검사 (Control Structure Testing)	• 조건 검사(Condition Testing): 프로그램 모듈 내에 있는 논리적 조건을 테스트하는 기법 • 루프 검사(Loop Testing): 프로그램의 반복(Loop) 구조에 초점을 맞춰 실시하는 테스트 기법 • 데이터 흐름 검사(Data Flow Testing): 프로그램에서 변수의 정의와 변수 사용의 위치에 초점을 맞춰 실시하는 테스트 기법

화이트박스 테스트의 검증 기준(Coverage)

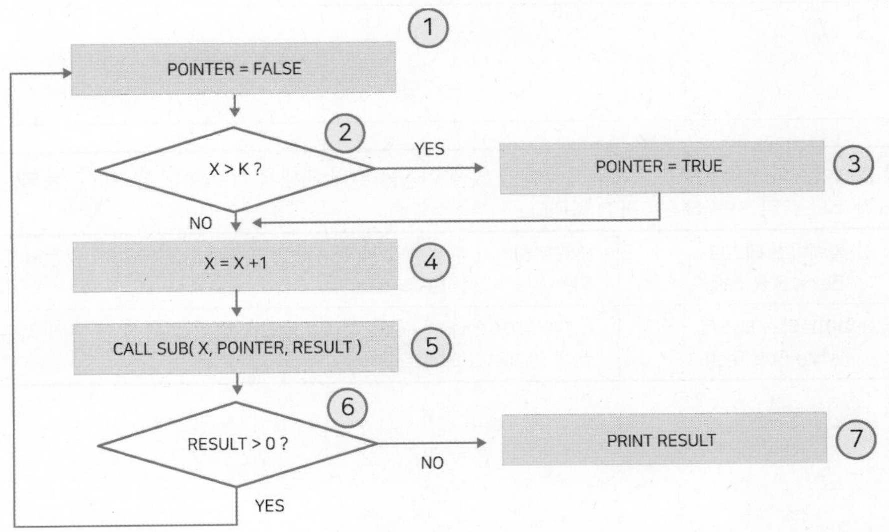

검증 기준	설명
구문(문장) 검증 기준 (Statement Coverage)	• 프로그램 내의 모든 명령문을 적어도 한 번 수행하는 커버리지 • 조건문 결과와 관계없이 구문 실행 개수로 계산 • 문장 커버리지(%) = (테스트 케이스 집합에 의해 실행된 **문장**의 수) / (전체 실행 가능한 프로그램 문장의 수) * 100
결정(분기) 검증 기준 (Decision Coverage; Branch Coverage)	• (각 분기의) 결정 포인트 내의 전체 조건식이 적어도 한 번은 참(T)과 거짓(F)의 결과를 수행하는 테스트 커버리지 • 결정 커버리지(%) = (테스트 케이스 집합에 의해 실행된 **결정**의 결과 수) / (전체 프로그램 결과 수) * 100
조건 검증 기준 (Condition Coverage)	• (각 분기의) 결정 포인트 내의 각 개별 조건식이 적어도 한 번은 참과 거짓의 결과가 되도록 수행하는 테스트 커버리지 • 조건 커버리지(%) = (테스트 케이스 집합에 의해 실행된 **조건**의 결과 수) / (전체 프로그램 조건의 결과 수) * 100
결정(분기)/조건 검증 기준 (Decision/Condition Coverage)	전체 조건식뿐만 아니라 개별 조건식도 참 한 번, 거짓 한 번 결과가 되도록 수행하는 테스트 커버리지
변경 조건-결정(분기) 검증 기준 (Modified Condition/ Decision Coverage)	개별 조건식이 다른 개별 조건식에 영향을 받지 않고 전체 조건식에 독립적으로 영향을 주도록 함으로써 조건/결정 커버리지를 향상시킨 커버리지
다중 조건 검증 기준 (Multiple Condition Coverage)	결정 조건 내 모든 개별 조건식의 모든 가능한 조합을 100% 보장하는 커버리지

연·습·문·제

01 20년 10월

소프트웨어가 수행할 특정 기능을 알기 위해서 각 기능이 완전히 작동되는 것을 입증하는 테스트로, 동치 클래스 분해 및 경곗값 분석을 이용하는 테스트 기법을 쓰시오.

해설 블랙박스 테스트는 소프트웨어가 수행할 특정 기능을 알기 위해서 각 기능이 완전히 작동되는 것을 입증하는 테스트로 기능 테스트라고 불린다.

블랙박스 테스트 (Black Box Test)	소프트웨어가 수행할 특정 기능을 알기 위해서 각 기능이 완전히 작동되는 것을 입증하는 테스트
화이트박스 테스트 (White Box Test)	소프트웨어의 내부 구조와 동작 원리를 알기 위해 모듈 안의 작동을 직접 관찰하고 테스트

02 **21년 10월**

테스트 기법 중 그래프를 활용하여 입력 데이터 간의 관계와 출력에 영향을 미치는 상황을 체계적으로 분석한 다음 효용성이 높은 테스트 케이스를 선정하여 검사하는 기법을 [보기]에서 찾아 쓰시오.

[보기]

- Equivalence Partition
- Cause−Effect Graph
- Base Path Test
- Boundary Value Analysis
- Error Guess
- Loop Test
- Condition Test
- Comparison Test
- Data Flow Test

해설

블랙박스 테스트	Equivalence Partition (동치 분할 검사)	입/출력값 영역을 유사한 도메인별로 유효값/무효값을 그룹핑해, 대푯값 테스트 케이스를 도출해 테스트하는 기법
	Boundary Value Analysis (경곗값 분석)	입력 조건의 중간값보다 경계값에서 오류가 발생될 확률이 높다는 점을 이용하여 입력 조건의 경계값을 테스트 케이스로 선정하여 검사하는 기법
	Cause−Effect Graph (원인−결과 그래프 검사)	그래프를 활용하여 입력 데이터 간의 관계와 출력에 영향을 미치는 상황을 체계적으로 분석한 다음 효용성이 높은 테스트 케이스를 선정하여 검사하는 기법
	Comparison Test (비교 검사)	여러 버전의 프로그램에 동일한 입력 값을 넣어서 동일한 결과가 나오는지 비교해 보는 테스트 기법
	Error Guess (오류 예측 검사)	개발자가 범할 수 있는 실수를 추정하고 이에 따른 결함이 검출되도록 테스트 케이스를 설계하여 테스트하는 기법
화이트박스 테스트	Base Path Test (기초 경로 검사)	수행 가능한 모든 경로를 테스트하는 기법
	Condition Test (조건 검사)	프로그램 모듈 내에 있는 논리적 조건을 테스트하는 기법
	Loop Test (루프 검사)	프로그램의 반복(Loop) 구조에 초점을 맞춰 실시하는 테스트 기법
	Data Flow Test (데이터 흐름 검사)	프로그램에서 변수의 정의와 변수 사용의 위치에 초점을 맞춰 실시하는 테스트 기법

03 22년 5월

다음 중 블랙박스 테스트 기법에 해당하는 것을 모두 골라 기호(㉠~㉩)로 쓰시오.

㉠ Base Path Testing	㉡ Boundary Division Analysis
㉢ Cause-Effect Graph	㉣ Data Flow Testing
㉤ Condition Testing	㉥ Statement Coverage Testing
㉦ Branch Coverage Testing	㉧ Equivalence Partitioning
㉨ Boundary Value Analysis	㉩ Cause-Decision Graph
㉪ Base Path Coverage Testing	

해설 블랙박스 테스트 기법의 유형과 해당 용어를 정확히 알고 있는지 묻는 문제이다. Boundary Division Analysis나 Cause-Decision Graph라는 용어는 없다.

블랙박스 테스트 유형	• Equivalence Partitioning Testing • Boundary Value Analysis Testing • Cause-Effect Graph • Comparison Test • Error Guess • Decision Table Testing • State Transition Testing • Use Case Testing • Classification Tree Method Testing • Pairwise Testing

04 21년 4월

애플리케이션 테스트에 대한 다음 설명에서 각 지문(①, ②)에 해당하는 용어를 쓰시오.

① 입력 조건의 중간값보다 경계값에서 오류가 발생될 확률이 높다는 점을 이용한 검사 기법
(예) 0 <= x <= 10과 같은 조건이 있을 때, 입력값은 −1, 0, 10, 11 등

② 입력 조건이 유효한 경우와 그렇지 않은 경우의 입력 자료의 개수를 균등하게 정하는 검사 기법
(예) 0 <= x <= 10과 같은 조건이 있을 때, 입력값은 0 이상 10 이하의 수 n개(유효값)와 0 미만 0 초과의 수 n개(무효값)

05 20년 11월

테스트 기법 중 다음과 같이 '평가 점수표'를 미리 정해 놓은 후 각 영역에 해당하는 입력값을 넣고, 예상되는 출력값이 나오는지 실제 값과 비교하는 명세 기반 테스트 기법을 쓰시오.

[평가 점수표]

평가 점수	성적
0~59	F
60~69	D
70~79	C
80~89	B
90~100	A

[테스트 케이스]

테스트 케이스	1	2	3	4	5
평가 점수 범위	0~59	60~69	70~79	80~89	90~100
입력값	30	65	75	85	95
예상 결과값	F	D	C	B	A
실제 결과값	F	D	C	B	A

해설 블랙박스 테스트 중 하나인 동등 분할 테스트는 입력 데이터의 영역을 유사한 도메인별로 유효 값, 무효 값을 그룹핑하여 대푯값 테스트 케이스를 도출하여 테스트하는 기법이다. 데이터 영역에 가까운 값이 아닌 영역 내에 있는 일반 값들로 테스트한다.

06 22년 10월

테스트 기법 중 다음과 같이 각 영역의 경계에 해당하는 입력값을 넣고, 예상되는 출력값이 나오는지 실제 값과 비교하는 명세 기반 테스트 기법을 [보기]에서 찾아 쓰시오.

[배달수수료 표]

주문금액(원)	배달수수료(원)
50,000~	0
30,000~49,999	3,000
12,000~29,999	5,000
0~11,999	주문불가

[테스트 케이스]

테스트 케이스	1	2	3	4	5	6	7	8
입력값	-1	0	11,999	12,000	29,999	30,000	49,999	50,000
예상 결과값	오류	주문불가	주문불가	5,000	5,000	3,000	3,000	0
실제 결과값	오류	주문불가	주문불가	5,000	5,000	3,000	3,000	0

[보기]

- Equivalence Partition
- Boundary Value Analysis
- Condition Test
- Cause-Effect Graph
- Error Guess
- Comparison Test
- Base Path Test
- Loop Test
- Data Flow Test

07 21년 7월

테스트 유형에 대한 다음 설명에서 각 지문(①~③)에 해당하는 커버리지(Coverage)를 [보기]에서 찾아 쓰시오.

① 최소 한 번은 모든 문장이 수행되도록 구성하는 검증 기준
② 조건식이 참(True)/거짓(False)일 때 수행되도록 구성하는 검증 기준
③ ②와 달리 전체 조건식에 상관없이 개별 조건식이 참(True)/거짓(False)일 때 수행되도록 구성하는 검증 기준

[보기]

- 결정(분기)/조건 검증 기준
- 구문(문장) 검증 기준
- 조건 검증 기준
- 선택 검증 기준
- 다중 조건 검증 기준
- 결정(분기) 검증 기준

①
②
③

08 20년 11월

다음은 화이트박스 테스트의 프로그램 제어 흐름이다. 다음의 순서도를 참고하여 분기 커버리지에 해당하는 테스트 케이스를 작성하시오.

[순서도]

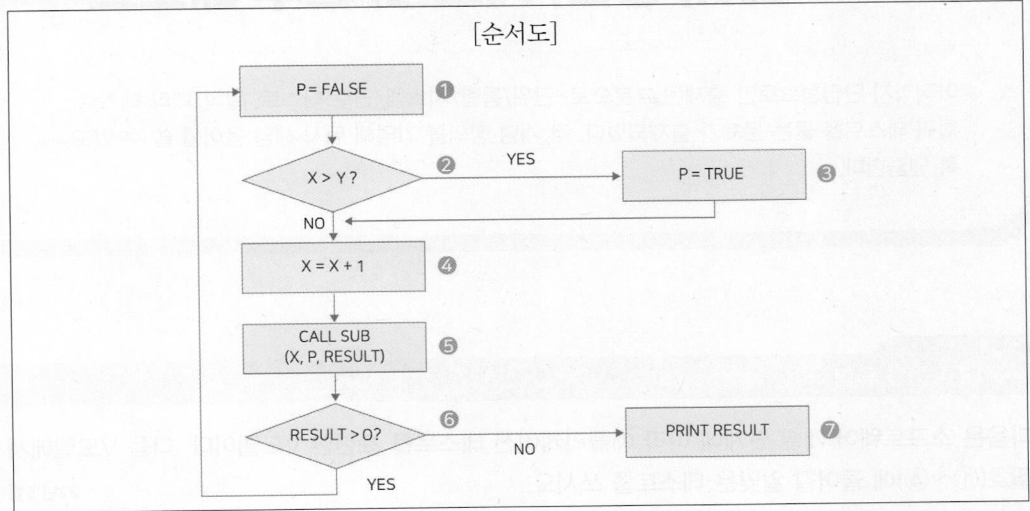

[작성 예시]

①→②→④로 테스트 케이스를 구성할 경우: ①→②→④

해설 결정 커버리지는 결정 포인트 내의 전체 조건식이 적어도 한 번은 참과 거짓의 결과를 수행해야 하기 때문에 첫 번째 분기도 참, 거짓이 와야 하고, 두 번째 분기도 참, 거짓이 한 번씩 와야 한다.

정답

01 | 블랙박스 테스트(Black Box Test)
02 | Cause–Effect Graph
03 | ㉢, ㉧, ㉨
04 | ① 경곗값 분석 테스트
② 동등분할 테스트 또는 동치 분할 테스트 또는 균등 분할 테스트 또는 동치 클래스 분해 테스트
05 | 동치 분할 검사 또는 동치 클래스 분해 또는 동등 분할 테스트 또는 Equivalence Partitioning Testing
06 | Boundary Value Analysis
07 | ① 구문(문장) 검증 기준
② 결정(분기) 검증 기준
③ 조건 검증 기준
08 | ①→②→③→④→⑤→⑥→⑦
①→②→④→⑤→⑥→①
또는 ①→②→③→④→⑤→⑥→①
①→②→④→⑤→⑥→⑦

041 개발 단계에 따른 테스트 분류 - 단위/통합/시스템/인수 테스트 ★★★

학 · 습 · 포 · 인 · 트

아직까지 단답형으로만 출제된 부분으로, 단위/통합/시스템/인수 테스트, 알파/베타 테스트, 회귀 테스트를 묻는 문제가 출제되었다. 각 개념 정의를 기억해 둬서 해당 용어를 쓸 수 있도록 연습한다.

대표 기출 유형

다음은 소프트웨어 개발 단계에 따라 애플리케이션 테스트를 표현한 V모델이다. 다음 V모델에서 괄호(①~④)에 들어갈 알맞은 테스트를 쓰시오.

22년 5월

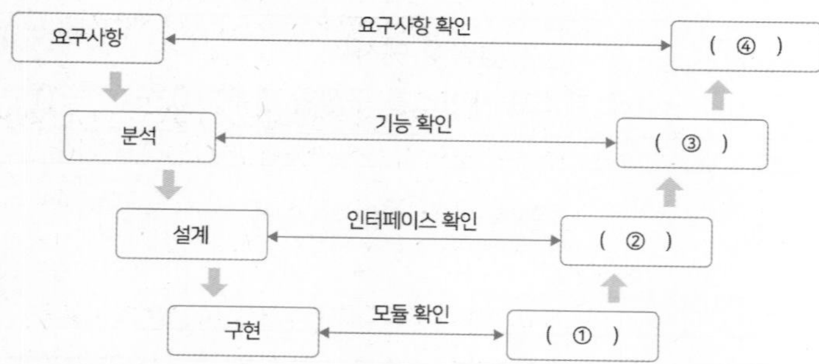

정답

① 단위 테스트(Unit Test), ② 통합 테스트(Integration Test), ③ 시스템 테스트(System Test), ④ 인수 테스트(Acceptance Test)

필수 핵심 이론

개발 단계에 따른 테스트 분류 - 단위/통합/시스템/인수 테스트

- 소프트웨어의 개발 단계에 따라 단위 테스트, 통합 테스트, 시스템 테스트, 인수 테스트로 분류할 수 있고, 이렇게 분류된 것을 테스트 레벨이라고 한다.

테스트 종류	설명	상세 분류
단위 테스트 (Unit Test)	구현 단계에서 개별 모듈 또는 컴포넌트 단위로 테스트	
통합 테스트 (Integration Test)	• 단위 테스트가 완료된 모듈들을 결합하여 하나의 시스템으로 완성시키는 과정에서의 테스트 • 모듈 간 또는 통합된 컴포넌트 간의 상호작용 오류 검사	• 빅뱅 통합 테스트 • 상향식 통합 테스트 • 하향식 통합 테스트 • 샌드위치 통합 테스트
시스템 테스트 (System Test)	개발된 소프트웨어가 해당 컴퓨터 시스템에서 완벽하게 수행되는지를 점검하는 테스트	• 기능 요구사항 테스트 • 비기능 요구사항 테스트
인수 테스트 (Acceptance Test)	개발한 소프트웨어가 사용자의 요구사항을 충족하는지에 초점을 두고 사용자가 직접 테스트	• 알파 테스트 • 베타 테스트

● 애플리케이션 테스트와 소프트웨어 개발 단계를 연결하여 표현한 것을 V-모델이라고 한다.

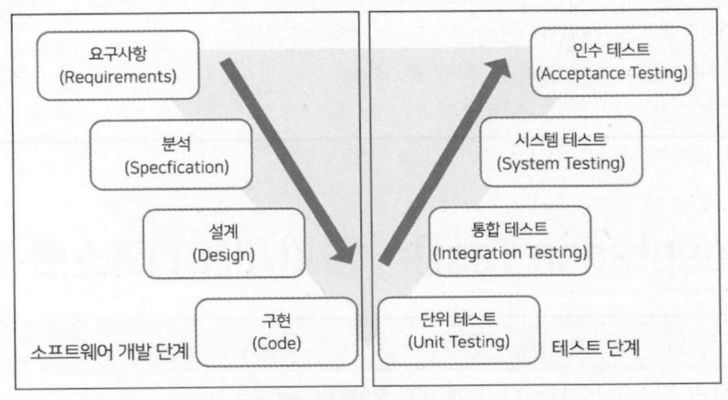

소프트웨어 생명 주기의 V-모델

통합 테스트(Integration Test) - 빅뱅/상향식/하향식/샌드위치 통합 테스트

구분	빅뱅 (Big Bang)	상향식 (Bottom Up)	하향식 (Top Down)	샌드위치 (Sandwich)
테스트 수행 방법	모든 테스트 모듈을 동시에 통합 후 테스트 수행	최하위 모듈부터 통합해 가면서 테스트	최상위 모듈부터 통합해 가면서 테스트	상위 수준에서는 하향식 통합, 하위 수준에서는 상향식 통합 테스트
테스트 드라이버/스텁	테스트 드라이버/스텁 없이 실제 모듈로 테스트	테스트 드라이버 필요	테스트 스텁 필요	테스트 스텁, 드라이버 필요
장점	• 단기간 테스트 가능 • 작은 시스템 에 유리	• 장애 위치 파악 쉬움 • 하위 모듈들에 대해 충분한 테스트 가능	• 장애 위치 파악 쉬움 • 중요 모듈의 선 테스트 가능 • 이른 프로토타입 가능	• 병렬 테스트 가능 • 시간 절약 가능 • 큰 규모의 통합 테스트에 활용

단점	• 장애 위치 파악이 어려움 • 모든 모듈이 개발되어야 가능	• 중요 모듈들이 마지막에 테스트될 가능성 높음 • 이른 프로토타입 어려움	• 많은 스텁이 필요 • 하위 모듈들의 불충분한 테스트 수행	비용이 많이 소요됨

시스템 테스트(System Test) - 기능/비기능 요구사항 테스트

테스트 종류	설명
기능적 요구사항 테스트	사용자가 제공한 기능 명세를 이용하여 수행하며 소프트웨어의 기능 요구사항을 충족하는지 점검하는 테스트, 즉 제품의 기능을 확인
비기능적 요구사항 테스트	• 소프트웨어 시스템의 성능, 안정성, 확장성 등 비기능적 요구사항을 충족하는지 점검하는 테스트, 즉 제품이 얼마나 잘 동작하는가 확인 • 기능 요구사항 테스트 진행 후 수행 • (예) 성능 테스트, 스트레스 테스트 등

인수 테스트(Acceptance Test) - 알파/베타 테스트

테스트 종류	설명
알파 테스트 (Alpha Test)	• **개발자의 장소**에서 **사용자**가 **개발자 앞**에서 행하는 테스트 기법 • 테스트는 통제된 환경에서 행해지며, 오류와 사용상의 문제점을 사용자와 개발자가 함께 확인하면서 기록
베타 테스트 (Beta Test; Field Test)	• **선정된 최종 사용자**가 **여러 명의 사용자 앞**에서 행하는 테스트 기법 • 실업무를 가지고 사용자가 직접 테스트하는 것으로 개발자에 의해 제어되지 않은 상태에서 테스트가 행해지며, 발견된 오류와 사용상의 문제점을 기록하고 개발자에게 주기적으로 보고함

회귀 테스트(Regression Testing)

- 통합 테스트로 인해 변경된 모듈이나 컴포넌트에 새로운 오류가 있는지 확인하는 테스트이다.
- 이미 테스트된 프로그램의 테스팅을 반복하는 것이다.
- 수정한 모듈이나 컴포넌트가 다른 부분에 영향을 미치는지, 오류가 생기지 않았는지 테스트하여 새로운 오류가 발생하지 않음을 보증하기 위해 반복 테스트한다.

연·습·문·제

01 **21년 4월**

다음은 애플리케이션 테스트 종류에 대한 설명이다. 각 지문(①, ②)에 해당하는 용어를 [보기]에서 찾아 쓰시오.

① 코딩 직후 소프트웨어 설계의 최소 단위인 모듈이나 컴포넌트에 초점을 맞춰 수행하는 테스트로, 모듈 테스트라고도 불린다. 사용자의 요구사항을 기반으로 한 기능성 테스트를 최우선으로 인터페이스, 외부적 I/O, 자료구조, 독립적 기초 경로, 오류 처리 경로, 경계 조건 등을 검사한다.

② 모듈들을 결합하여 하나의 시스템으로 완성시키는 과정에서의 테스트를 의미하며, 모듈 간 또는 컴포넌트 간의 인터페이스가 정상적으로 실행되는지 검사한다.

[보기]

- 시스템 테스트
- 강도 테스트
- 회귀 테스트
- 통합 테스트
- 인수 테스트
- 단위 테스트
- 베타 테스트
- 알파 테스트

①

②

02 **22년 5월**

다음은 소프트웨어 개발 단계에 따라 애플리케이션 테스트를 표현한 V모델이다. 다음 V모델에서 괄호(①~④)에 들어갈 알맞은 테스트를 쓰시오.

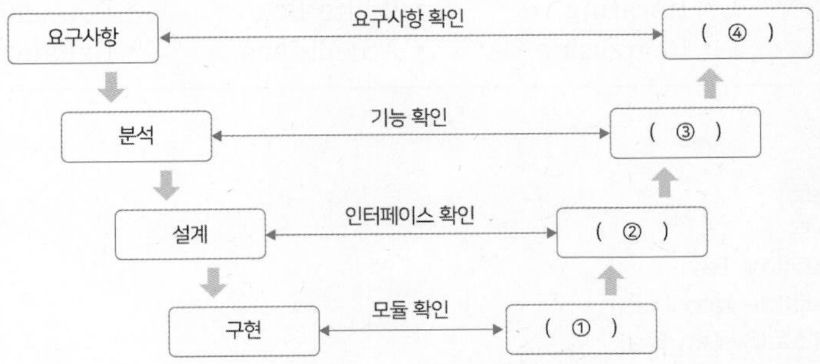

①

②

③

④

03 22년 7월

애플리케이션 테스트에 대한 다음 설명에서 괄호(①, ②)에 들어갈 알맞은 답을 한 단어로 쓰시오.

인수 테스트는 개발한 소프트웨어가 사용자의 요구사항을 충족하는지에 중점을 두고 테스트하는 방법이다.

- (①) 테스트는 사용자의 환경에서 개발자 없이 행하는 테스트 기법으로, 실제 업무를 가지고 사용자가 직접 테스트한다. 사용자가 오류 정보를 수집하여 개발자에게 보내면 개발자가 취합하여 오류를 수정하는 방식이다.
- (②) 테스트는 개발자의 환경에서 통제된 상태로 사용자가 개발자 앞에서 행하는 테스트 기법으로, 사용자가 프로그램을 수행하는 것을 개발자가 모니터링하여 오류를 수정하는 방식이다.

①

②

04 22년 7월

다음 설명에 해당하는 테스트를 [보기]에서 찾아 쓰시오.

- 통합 테스트로 인해 변경된 모듈이나 컴포넌트에 새로운 오류가 있는지 확인하는 테스트이다.
- 이미 테스트된 프로그램의 테스팅을 반복하는 것이다.
- 수정한 모듈이나 컴포넌트가 다른 부분에 영향을 미치는지, 오류가 생기지 않았는지 테스트하여 새로운 오류가 발생하지 않음을 보증하기 위해 반복 테스트한다.

[보기]

- Black Box
- Iterating
- White Box
- Boundary
- Partition
- Regression
- Acceptance
- Exhaust

정답

01 | ① 단위 테스트
② 통합 테스트

02 | ① 단위 테스트(Unit Test)
② 통합 테스트(Integration Test)
③ 시스템 테스트(System Test)
④ 인수 테스트(Acceptance Test)

03 | ① 베타(Beta) 또는 필드(Field)
② 알파(Alpha)

04 | Regression

042 결함 관리·테스트 자동화 도구 ★★

학·습·포·인·트

테스트 드라이버와 테스트 스텁을 묻는 문제가 출제된 적이 있다. 테스트 드라이버는 상향식 통합 테스트에서 필요하고, 테스트 스텁은 하향식 통합 테스트에서 필요하다는 것을 꼭 암기해 두도록 한다.

대표 기출 유형

애플리케이션 테스트에 관한 다음 설명에서 괄호(①, ②)에 들어갈 알맞은 용어를 쓰시오.

21년 10월

(①) 테스트는 소프트웨어의 최하위 모듈에서 상위 모듈 방향으로 통합하면서 테스트하는 기법으로, 하위 모듈을 포함하는 (②)이/가 필요하다. (②)은/는 이미 존재하는 하위 모듈과 존재하지 않는 상위 모듈에 대한 인터페이스 역할을 한다.

정답

① 상향식(Bottom-up)

② 테스트 드라이버(Test Driver)

필수 핵심 이론

결함(Defect)의 개념 및 결함 관리 도구(Defect Management Tool)

- 결함(Defect)은 오류 발생, 작동 실패 등과 같이 **소프트웨어가 개발자가 설계한 것과 다르게 동작하거나 다른 결과가 발생되는 것**을 의미한다.
- 결함을 제거하지 않으면 소프트웨어 제품이 실패하거나 문제가 발생한다.
- 사용자가 예상한 결과와 실행 결과 간의 차이나 업무 내용과의 불일치 등으로 인해 변경이 필요한 부분도 모두 결함에 해당된다.

용어	설명
오류(Error)	결함(Defect)의 원인이 되는 것으로, 일반적으로 사람(소프트웨어 개발자, 분석가 등)에 의해 생성된 실수(Human Mistake)
결점(Fault)	소프트웨어 개발 활동을 수행함에 있어서 시스템이 고장(Failure)을 일으키게 하며, 오류(Error)가 있는 경우 발생하는 현상
버그(Bug)	프로그램 오류로 인해 예상치 못한 결과가 나는 현상
고장(Failure) / 문제(Problem)	소프트웨어 제품에 포함된 결함이 실행될 때 발생하는 현상

- 결함 관리 프로세스는 결함 관리 계획 → 결함 기록 → 결함 검토 → 결함 수정 → 결함 재확인 → 결함 상태 추적 및 모니터링 활동 → 최종 결함 분석 및 보고서 작성 순이다.
- 결함 관리 도구(Defect Management Tool)는 단계별 테스트 수행 후 발생한 결함의 재발 방지를 위해, 유사 결함 발견 시 처리 시간 단축을 위해 결함을 추적하고 관리하는 도구이다.

도구명	설명
Mantis	결함 및 이슈 관리 도구로, 소프트웨어 설계 시 단위별 작업 내용을 기록할 수 있어 결함 추적도 가능한 도구
Trac	결함 추적은 물론 결함을 통합하여 관리할 수 있는 도구
Redmine	프로젝트 관리 및 결함 추적이 가능한 도구
Bugzilla	• 결함 신고, 확인, 처리 등 결함을 지속적으로 관리할 수 있는 도구 • 결함의 심각도와 우선순위 지정 가능

테스트 자동화 도구

- 테스트 자동화는 사람이 반복적으로 수행하던 테스트 절차를 스크립트 형태로 구현하는 자동화 도구를 적용함으로써 쉽고 효율적으로 테스트를 수행할 수 있도록 한 것이다.
- 테스트 자동화 도구를 사용함으로써 반복되는 테스트 데이터 재입력 작업을 자동화하고, 테스트 결괏값에 대한 객관적인 평가 기준 등을 제공해 테스트의 품질을 향상시킬 수 있다.
- 테스트 자동화 도구는 테스트 유형에 따라 정적 분석 도구, 테스트 실행 도구, 성능 테스트 도구, 테스트 통제 도구로 나뉜다.

구분	설명
정적 분석 도구 (Static Analysis Tools)	**프로그램을 실행하지 않고 분석하는 도구**
테스트 실행 도구 (Test Execution Tools)	• **스크립트 언어를 사용하여 테스트를 실행하는 도구** • 테스트 데이터와 테스트 수행 방법 등이 포함된 스크립트를 작성한 후 실행 • 데이터 주도 접근 방식: 스프레드시트에 테스트 데이터를 저장하고 이를 읽어 실행하는 방식

	• 키워드 주도 접근 방식: 스프레드시트에 테스트를 수행할 동작을 나타내는 키워드와 테스트 데이터를 저장하여 실행하는 방식
성능 테스트 도구 (Performance Test Tools)	애플리케이션의 처리량, 응답 시간, 경과 시간, 자원 사용률 등을 인위적으로 적용한 **가상의 사용자를 만들어 테스트를 수행함으로써 성능의 목표 달성 여부를 확인하는 도구**
테스트 통제 도구 (Test Control Tools)	• **테스트 계획 및 관리, 테스트 수행, 결함 관리 등을 수행하는 도구** • 종류: 형상 관리 도구, 결함 추적/관리 도구 등

테스트 하네스(Test Harness) 도구

- **테스트 하네스 도구**(Test Harness Tools)는 **테스트가 실행될 환경을 시뮬레이션하여 컴포넌트 및 모듈이 정상적으로 테스트되도록 하는 도구**이다.
- 테스트 하네스(Test Harness)는 애플리케이션의 컴포넌트 및 모듈을 테스트하는 환경의 일부분으로, 테스트를 지원하기 위해 생성된 코드와 데이터를 의미한다.
- 테스트 하네스의 구성요소에는 테스트 드라이버, 테스트 스텁 등이 있다.

구성요소	설명
테스트 드라이버 (Test Driver)	테스트 대상의 하위 모듈을 호출하고, 매개변수(Parameter)를 전달하고, 모듈 테스트 수행 후의 결과를 도출하는 도구
테스트 스텁 (Test Stub)	• 제어 모듈이 호출하는 타 모듈의 기능을 단순히 수행하는 도구로, 일시적으로 필요한 조건만을 가지고 있는 테스트용 모듈 • 하향식 통합 테스트에 필요
테스트 슈트 (Test Suites)	테스트 대상 컴포넌트나 모듈, 시스템에 사용되는 테스트 케이스의 집합
테스트 케이스 (Test Case)	사용자의 요구사항을 정확하게 준수했는지 확인하기 위한 입력 값, 실행 조건, 기대 결과 등으로 만들어진 테스트 항목의 명세서
테스트 시나리오 (Test Scenario)	• 애플리케이션이 테스트 되어야 할 기능 및 특징, 테스트가 필요한 상황에 대한 명세서 • 하나의 단일 테스트 시나리오가 하나 또는 여러 개의 테스트 케이스를 포함할 수 있음
테스트 스크립트 (Test Script)	자동화된 테스트 실행 절차에 대한 명세서
목 오브젝트 (Mock Object)	사용자의 행위를 조건부로 미리 입력해 두면, 그 상황에 예정된 행위를 수행하는 객체

기초 용어 정리

- 결함 심각도: 애플리케이션에 발생한 결함이 전체 시스템이 미치는 치명도를 나타내는 척도. High, Medium, Low 또는 치명적(Critical), 주요(Major), 보통(Normal), 경미(Minor), 단순(SImple) 등으로 분류
- 형상 관리 도구: 테스트 수행에 필요한 다양한 도구 및 데이터를 관리하는 도구

01 21년 10월

애플리케이션 테스트에 관한 다음 설명에서 괄호(①, ②)에 들어갈 알맞은 용어를 쓰시오.

(①) 테스트는 소프트웨어의 최하위 모듈에서 상위 모듈 방향으로 통합하면서 테스트하는 기법으로, 하위 모듈을 포함하는 (②)이/가 필요하다. (②)는 이미 존재하는 하위 모듈과 존재하지 않는 상위 모듈에 대한 인터페이스 역할을 한다.

①
②

해설

구분	테스트 드라이버(Driver)	테스트 스텁(Stub)
필요 시기	하위 모듈은 있지만 상위 모듈은 없는 경우	상위 모듈은 있지만 하위 모듈은 없는 경우
테스트 방식	상향식(Bottom-up) 통합 테스트	하향식(Top-down) 통합 테스트
정의	테스트 대상의 하위 모듈을 호출하고, 매개변수(Parameter)를 전달하고, 모듈 테스트 수행 후의 결과를 도출하는 도구	제어 모듈이 호출하는 타 모듈의 기능을 단순히 수행하는 도구로, 일시적으로 필요한 조건만을 가지고 있는 테스트용 모듈

02 21년 7월

통합 테스트에 관한 다음 설명에서 괄호에 들어갈 알맞은 용어를 쓰시오.

통합 테스트는 단위 테스트가 끝난 모듈을 통합하는 과정에서 발생하는 오류 및 결함을 찾는 테스트 기법으로, 하위 모듈에서 상위 모듈 방향으로 통합하는 상향식 통합 테스트와 상위 모듈에서 하위 모듈 방향으로 통합하는 하향식 통합 테스트가 있다. 상향식 통합 테스트는 미완성이거나 문제가 있는 상위 모듈을 대체할 수 있는 테스트 드라이버가, 하향식 통합 테스트는 미완성이거나 문제가 있는 하위 모듈을 대체할 수 있는 테스트 (   )이(가) 있어야 원활한 테스트가 가능하다.

해설 하향식 통합 테스트에 있어 모듈 간의 통합 테스트를 위해 일시적으로 필요한 조건만을 가지고 임시로 제공되는 시험용 모듈을 테스트 스텁(Stub)이라고 한다.

정답

01 | ① 상향식(Bottom-up)
② 테스트 드라이버(Test Driver)

02 | 스텁(Stub)

043 애플리케이션 성능 지표와 복잡도 ★

학 · 습 · 포 · 인 · 트

애플리케이션 성능 측정 지표와 시간 복잡도, 순환 복잡도 개념에 대해 학습한다. 특히, 액플리케이션 성능 측정 지표의 개념을 묻는 문제는 단답형으로 출제된 적이 있으니 용어를 꼭 기억해 두도록 한다.

대표 기출 유형

애플리케이션의 성능을 측정하기 위한 지표는 무엇인가? **20년 3월**

지표	설명
(①)	• 애플리케이션이 주어진 시간에 처리할 수 있는 트랜잭션의 수 • 웹 애플리케이션의 경우 시간당 페이지 수로 표현
(②)	• 사용자 입력이 끝난 후, 애플리케이션의 응답 출력이 개시될 때까지의 시간 • 애플리케이션의 경우 메뉴 클릭 시 해당 메뉴가 나타나기까지 걸리는 시간
(③)	애플리케이션에 사용자가 요구를 입력한 시점부터 트랜잭션 처리 후 그 결과 출력이 완료될 때까지 걸리는 시간
자원 사용률	애플리케이션이 트랜잭션을 처리하는 동안 사용하는 CPU 사용량, 메모리 사용량, 네트워크 사용량

정답

① 처리량(Throughput)

② 응답 시간(Response Time)

③ 경과 시간(Turnaround Time)

필수 핵심 이론

애플리케이션 성능 지표

- 애플리케이션 성능이란 사용자가 요구한 기능을 **최소한의 자원을 사용하여 최대한 많은 기능을 신속하게 처리하는 정도**를 나타낸다.
- 애플리케이션 성능 측정 지표에는 처리량, 응답 시간, 경과 시간, 자원 사용률 등이 있다.

애플리케이션 성능 측정 지표	설명
처리량(Throughput)	일정 시간 내에 애플리케이션이 처리하는 일의 양
응답 시간(Response Time)	애플리케이션에 요청을 전달하는 시간부터 응답이 도착할 때까지 걸린 시간
경과 시간(Turn Around Time)	애플리케이션에 작업을 의뢰한 시간부터 처리가 완료될 때까지 걸린 시간
자원 사용률(Resource Usage)	애플리케이션이 의뢰한 작업을 처리하는 동안의 CPU 사용량, 메모리 사용량, 네트워크 사용량 등 자원 사용률

시간 복잡도(Time Complexity)

- 시간 복잡도는 **알고리즘을 수행하기 위해 프로세스가 수행하는 연산 횟수를 수치화한 것**을 의미한다.
- 시간 복잡도가 낮을수록 알고리즘의 실행시간이 짧고, 높을수록 실행시간이 길어진다.

빅오 표기법 (Big-O Notation)	• 알고리즘의 실행시간이 최악일 때를 표기하는 방법 • 최소한 보장되는 성능을 표기하기 때문에 일반적으로 많이 사용되는 표기법
세타 표기법 (Big-Θ Notation)	알고리즘의 실행시간이 평균일 때를 표기하는 방법
오메가 표기법 (Big-Ω Notation)	알고리즘의 실행시간이 최상일 때를 표기하는 방법

빅오 표기법(Big-O Notation)

빅오 표기법은 알고리즘의 실행시간이 최악일 때를 표기하는 방법으로, 신뢰성이 떨어지는 오메가 표기법이나 평가하기 까다로운 세타 표기법에 비해 성능을 예측하기 용이하고 최소한의 보장되는 성능을 표기하기 때문에 일반적으로 많이 사용된다.

O(1)	입력값(n)이 증가해도 실행시간은 동일한 알고리즘 (예) 스택의 삽입(Push), 삭제(Pop)
O($\log_2 n$)	연산이 한 번 실행될 때마다 데이터의 크기가 절반 감소하는 알고리즘 (예) 이진 검색(BInary Search)
O(n)	입력값(n)이 증가함에 따라 실행시간도 선형적으로 증가하는 알고리즘
O($nlog_2 n$)	O(n)과 O($\log_2 n$)가 중첩된 형태의 알고리즘 (예) 힙 정렬(Heap Sort), 합병 정렬(Merge Sort)
O(n^2)	입력값(n)이 증가함에 따라 실행시간은 n^2로 증가하는 알고리즘 (예) 삽입 정렬(Insertion Sort), 쉘 정렬(Shell Sort), 선택 정렬(Selection Sort), 버블 정렬(Bubble Sort), 퀵 정렬(Quick Sort)
O(2^n)	• 입력값(n)이 증가함에 따라 실행시간은 2^n으로 증가하는 알고리즘 • 기하급수적 복잡도(exponential complexity)라고 부르기도 함 (예) 피보나치 수열(Fibonacci Sequence)

순환 복잡도(Cyclomatic Complexity)

- 순환 복잡도(Cyclomatic Complexity)는 **한 프로그램의 논리적인 복잡도를 측정하기 위한 소프트웨어의 척도**이다. 맥케이브 순환도(McCabe's Cyclomatic) 또는 맥케이브 복잡도 메트릭(McCabe's Complexity Metrics)이라고도 하며, 제어 흐름도 이론에 기초를 둔다.
- 순환 복잡도를 이용하여 계산된 값은 프로그램의 독립적인 경로의 수를 정의하고, 모든 경로가 한 번 이상 수행되었음을 보장하기 위해 행해지는 테스트 횟수의 상한성을 제공한다.
- 제어 흐름도 G에서 순환 복잡도 V(G)는 다음과 같은 방법으로 계산할 수 있다.

방법 1	순환 복잡도는 제어 흐름도의 영역 수와 일치하므로 영역 수를 계산
방법 2	V(G) = E − N + 2 : E는 화살표 수, N은 노드의 수

예제 제어 흐름도가 다음과 같을 때 순환 복잡도(Cyclomatic Complexity)를 계산하면?

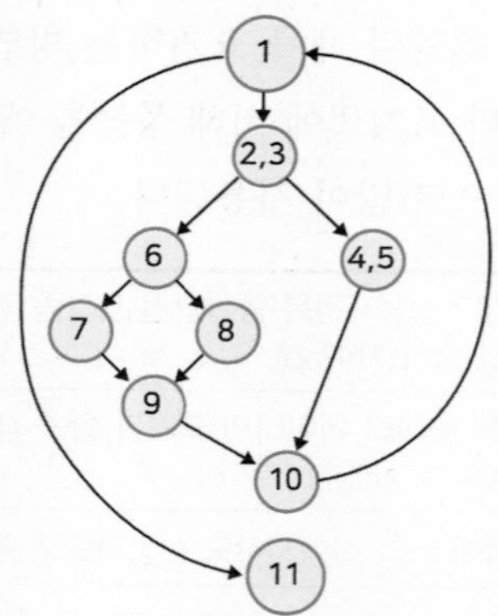

예제정답 4

풀이

$V(G) = E - N + 2$

$V(G) = 11 - 9 + 2$

$V(G) = 4$

연·습·문·제

01 20년 3월

애플리케이션의 성능을 측정하기 위한 지표는 무엇인가?

지표	설명
(①)	• 애플리케이션이 주어진 시간에 처리할 수 있는 트랜잭션의 수 • 웹 애플리케이션의 경우 시간당 페이지 수로 표현
(②)	• 사용자 입력이 끝난 후, 애플리케이션의 응답 출력이 개시될 때까지의 시간 • 애플리케이션의 경우 메뉴 클릭 시 해당 메뉴가 나타나기까지 걸리는 시간
(③)	애플리케이션에 사용자가 요구를 입력한 시점부터 트랜잭션 처리 후 그 결과 출력이 완료될 때까지 걸리는 시간
자원 사용률	애플리케이션이 트랜잭션을 처리하는 동안 사용하는 CPU 사용량, 메모리 사용량, 네트워크 사용량

①

②

③

정답

01 | ① 처리량(Throughput)

② 응답 시간(Response Time)

③ 경과 시간(Turnaround Time)

044 소스 코드 품질 분석 도구 및 최적화 ★★

학·습·포·인·트

소스 코드 품질 분석 도구에는 정적/동적 품질 분석 도구가 있다. 각 용어 정의를 묻는 문제가 출제된 적이 있으니 이를 기억해 두고, 리팩토링을 하는 목적에 대해 암기해 둔다.

대표 기출 유형

소프트웨어 공학에서 리팩토링(Refactoring)을 하는 목적에 대하여 간략히 서술하시오. **20년 5월**

정답

리팩토링의 목적은 **프로그램을 쉽게 이해하고 수정하여 빠르게 개발할 수 있도록 하기 위함**이다.

필수 핵심 이론

소스 코드 품질 분석 도구

소스 코드에 대한 코딩 스타일, 설정된 코딩 표준, 코드의 복잡도, 코드 내에 존재하는 메모리 누수 현황, 스레드의 결함 등을 발견하기 위해 사용하는 분석 도구이다.

소스 코드 품질 분석 도구의 분류

유형	설명
정적 분석 도구 (Static Analisis)	작성된 소스 코드를 실행시키지 않고, 코드 자체만으로 코딩 표준 준수 여부, 코딩 스타일 적정 여부, 잔존 결함 발견 여부를 확인하는 코드 분석 도구
동적 분석 도구 (Dynamic Anaylsis)	애플리케이션을 실행하여 코드에 존재하는 메모리 누수 현황을 발견하고, 발생한 스레드의 결함 등을 분석하기 위한 도구

소스 코드 품질 분석 도구 예시

유형	도구명	도구명
정적 분석 도구 (Static Analsis)	pmd	Java 및 타 언어 소스 코드에 대한 미사용 변수, 최적화되지 않은 코드 등 결함을 유발할 수 있는 코드 분석
	cppcheck	C/C++ 코드에 대한 메모리 누수, 오버플로우 등 분석
	SonarQube	중복 코드, 복잡도, 코딩 설계 등을 분석하는 소스 분석 통합 플랫폼, 플러그인 확장 가능
	checkstyle	Java 코드에 대한 코딩 표준 검사 도구
	ccm	다양한 언어의 코드 복잡도 분석 도구, 리눅스, 맥 환경 CLI 형태 지원
	cobertura	Java 언어의 소스 코드 복잡도 분석 및 테스트 커버리지 측정 도구
동적 분석 도구 (Dynamic Anaylsis)	Avalanche	Valgrind 프레임워크 및 STP 기반 소프트웨어 에러 및 취약점 동적 분석 도구
	Valgrind	프로그램 내에 존재하는 메모리 및 쓰레드 결함 등을 분석하는 도구

소스 코드 최적화

- 소스 코드 최적화는 배드 코드(Bad Code)를 배제하고, 읽기 쉽고 변경 및 추가가 쉬운 클린 코드(Clean Code)로 작성하는 것이다.
- **클린 코드(Clean Code)**는 누구나 쉽게 이해하고 수정 및 추가할 수 있는 단순, 명료한 코드, 즉 잘 작성된 코드를 의미한다.
- 배드 코드(Bad Code)는 프로그램의 로직(Logic)이 복잡하고 이해하기 어려운 코드이다. 대표적인 배드 코드 사례로는 외계인 코드와 스파게티 코드가 있다.

배드 코드 사례	설명
스파게티 코드(Spaghetti Code)	코드의 로직이 서로 복잡하게 얽혀 있는 코드
외계인 코드(Alien Code)	아주 오래되거나 참고문서 또는 개발자가 없어 유지 보수 작업이 어려운 코드

- 배드 코드로 작성된 애플리케이션의 코드를 클린 코드로 수정하면 애플리케이션의 성능이 개선된다.

클린 코드 작성 원칙

작성 원칙	설명
가독성	• 누구든지 **코드를 쉽게 읽을 수 있도록** 작성 • 코드 작성 시 **이해하기 쉬운** 용어를 사용하거나 들여쓰기 기능 등을 사용
단순성	• 코드를 간단하게 작성 • **한 번에 한 가지를 처리**하도록 코드를 작성하고 클래스/매서드/함수 등을 **최소 단위로 분리**
의존성 배제	• 코드가 **다른 모듈**에 미치는 **영향을 최소화** • 코드 변경 시 **다른 부분에 영향이 없도록** 작성
중복성 최소화	• **코드의 중복을 최소화** • **중복된 코드는 삭제**하고 공통된 코드 사용
추상화	**상위 클래스/매서드/함수에서는 간략하게** 애플리케이션의 특성을 나타내고, **상세 내용은 하위 클래스/매서드/함수에서** 구현

소스 코드 최적화 유형(클린 코드의 유형)

유형	설명
의미 있는 이름	• 변수나 클래스, 메서드명을 의도가 분명한 이름(사용 용도, 작업명)으로 사용 • 클래스명은 행위의 주체로 명사나 명사구로 표현하고 함수명은 클래스가 행하는 행위로 동사 또는 동사구 사용
간결하고 명확한 주석	• 주석이 필요한 경우 최대한 간결하고 명확하게 작성 • 코드 안에 변경 이력이나 저자 등의 기록은 형상 관리 도구 사용 • 코드를 처음 접하는 사람이 궁금한 점에 대해 주석 작성
보기 좋은 배치	• 읽는 사람이 편하게 읽을 수 있도록 구성 • 반복되는 구문은 새로운 함수로 정리하고 배열을 정리하여 읽기 쉽게 리팩토링
작은 함수	• 함수는 가급적으로 작게 만들고 If문이나 While문 안의 내용은 한 줄로 처리되도록 작성 • 하나의 함수는 하나의 역할만 수행하도록 선언하고 중복이 없도록 작성
클래스 분할 배치	하나의 클래스는 하나의 역할만 수행하도록 응집도를 높이고 크기를 작게 작성
느슨한 결합(Loosely Coupled) 기법 적용	클래스의 자료 구조, 메서드를 추상화할 수 있는 인터페이스 클래스를 이용하여, 클래스 간의 결합도(의존성) 최소화
읽기 쉬운 제어 흐름	조건(If/Else), 루프, 흐름을 통제하는 선언문에서 인수의 순서는 긍정적이고 간단한 내용을 앞쪽에 배치해 코드의 가독성 향상
오류 처리	• 오류 코드의 반환보다 예외 처리를 활용 • 메서드는 널(Null)을 전달하거나 반환하지 말고 널(Null) 체크 코드 작성
코딩 형식 기법 적용	• 줄 바꿈으로 개념을 구분, 종속(개념적 유사성 높음) 함수를 사용, 호출하는 함수를 먼저 배치하고 호출되는 함수는 나중에 배치 • 변수 선언 위치를 지역 변수는 각 함수 맨 처음에 선언할 때 사용하는 등의 형식 적용

01 22년 5월

소스 코드 품질 분석 도구에 대한 다음 설명에서 괄호(①, ②)에 해당하는 용어를 [보기]에서 찾아 쓰시오.

- 소스 코드 품질 분석 도구는 소스 코드의 코딩 스타일, 코드에 설정된 코딩 표준, 코드의 복잡도, 코드에 존재하는 메모리 누수 현상, 스레드 결함 등을 발견하기 위해 사용하는 분석 도구이다.
- (①) 도구는 작성한 소스 코드를 실행하지 않고 코딩 표준이나 코딩 스타일, 결함 등을 확인하는 코드 분석 도구이다.
- (②) 도구는 소스 코드를 직접 실행하여 프로그램의 동작이나 반응을 추적하고 보고하는 분석 도구로, 프로그램 모니터링 기능이나 스냅샷 생성 기능들을 포함하고 있다.

[보기]

- Static Analysis
- Dynamic Analysis
- Test Control
- Running Analysis
- Performance Analysis
- Dynamic Analysis
- Test Harness
- Test Monitoring

①
②

02 20년 5월

소프트웨어 공학에서 리팩토링(Refactoring)을 하는 목적에 대하여 간략히 서술하시오.

정답

01 | ① Static Analysis
② Dynamic Analysis

02 | 리팩토링의 목적은 **프로그램을 쉽게 이해하고 수정하여 빠르게 개발할 수 있도록 하기 위함**이다.

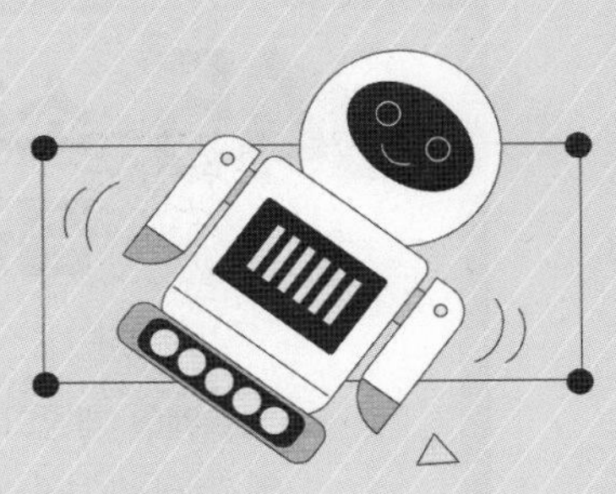

CHAPTER

08

소프트웨어 개발 보안 구축

045 소프트웨어 개발 보안 요소 및 인증, 접근 제어 ★★★

학·습·포·인·트

소프트웨어 개발의 보안 요소의 개념을 서술하는 문제가 출제된 적이 있다. 또, 3A, SSO, DAC/MAC/RBAC를 단답형으로 묻는 문제가 출제된 적이 있는데, 용어 정의가 나왔을 때 용어를 쓸 수 있도록 연습해 둔다.

대표 기출 유형

정보 보안에서 가용성(Availability)에 대해 간략히 서술하시오. **20년 11월**

정답

가용성은 **인가받은 사용자**는 **시스템 내의 정보와 자원을 언제라도 사용할 수 있다**는 보안 요건이다.

필수 핵심 이론

SW 개발 보안(정보 보안)의 3대 요소

보안 요소	설명
기밀성(Confidentiality)	**인가된 사용자에 대해서만 자원 접근이 가능해야 한다**는 특성
무결성(Integrity)	시스템 내의 정보는 **오직 인가된 사용자만 수정할 수 있다**는 특성
가용성(Availability)	**인가받은 사용자는 시스템 내의 정보와 자원을 언제라도 사용할 수 있다**는 특성

인증(Authentication)

- 인증(Authentication)은 다중 사용자 컴퓨터 시스템이나 네트워크 시스템에서 **로그인을 요청한 사용자의 정보를 확인하고 접근 권한을 검증하는 보안 절차**이다.
- 인증에는 네트워크를 통해 컴퓨터에 접속하는 사용자의 등록 여부를 확인하는 것과 전송된 메시지의 위·변조 여부를 확인하는 것이 있다.

인증 기술의 유형

유형	설명	예시
지식 기반 인증	주체가 '알고 있는 것(Something you know)'을 보여 주며 인증	패스워드, PIN 번호 등
소유 기반 인증	주체가 '그가 가지고 있는 것(Something you have)'을 보여 주며 인증	토큰, 스마트카드, 신분증, OTP 등
생체(존재) 기반 인증	주체가 '그가 가지고 있는 고유한 생체적 특징(Something You Are)'을 보여 주며 인증	홍채, 지문, 얼굴 등
행위 기반 인증	주체가 '그가 하는 것(Something you do)'을 보여 주며 인증	서명, 발걸음, 몸짓 등

접근 제어(Access Control)

- 접근 제어(Access Control)는 적절한 권한을 가진 인가자만 특정 시스템이나 정보에 접근할 수 있도록 통제하는 것이다.
- 접근 제어의 목적은 비인가자로부터 정보의 기밀성, 무결성, 가용성을 보장하기 위함이다.

접근 제어 용어

구분	설명
주체(Subject)	객체나 객체 내의 데이터에 대한 접근을 요청하는 능동적인 개체(행위자)
객체(Object)	접근 대상이 수동적인 개체 혹은 행위가 일어나는 아이템(제공자)
접근(Access)	읽고, 만들고, 삭제하거나 수정하는 등의 행위를 하는 주체의 활동

접근 제어의 유형

구분	DAC (Discretionary Access Control)	MAC (Mandatory Access Control)	RBAC (Role Based Access Control)
의미	신분 기반(임의적) 접근제어 정책	규칙 기반(강제적) 접근제어 정책	역할 기반 접근제어 정책
권한 부여자	데이터 소유자	시스템	중앙관리자
접근 결정	**신분**(Identity)	**보안등급**(Label)	**역할**(Role)
정책 변경	변경 용이	고정적(변경 어려움)	변경 용이
장점	구현 용이, 유연함	안정적, 중앙 집중적	관리 용이
상세	주체나 또는 그들이 속해 있는 그룹들의 신분(Identity)에 근거하여 객체에 대한 접근을 제한하는 방법	어떤 주체가 특정 객체에 접근하려고 할 때 양쪽의 보안 레이블(Security Label)에 기초하여, 높은 보안 수준을 요구하는 정보(객체)가 낮은 보안 수준의 주체에게 노출되지 않도록 접근을 제한하는 방법	중앙관리자가 주체와 객체의 상호관계를 제어하며 조직 내에서 직무, 직책 등의 개인의 역할에 따라 접근을 제한하는 방법

인증 관련 기술

<table>
<tr><th>기술</th><th colspan="2">설명</th></tr>
<tr><td rowspan="4">3A
(Authentication,
Authorization, Accounting)</td><td colspan="2">유무선 이동 및 인터넷 환경에서 가입자에 대한 안전하고, 신뢰성 있는 인증, 권한 부여, 계정 관리를 체계적으로 제공하는 정보 보호 기술</td></tr>
<tr><td>인증
(Authentication)</td><td>접근을 시도하는 가입자 또는 단말에 대한 식별 또는 검증</td></tr>
<tr><td>권한 부여
(Authorization)</td><td>검증된 가입자나 단말에게 어떤 수준의 권한과 서비스를 허용</td></tr>
<tr><td>계정 관리
(Accounting)</td><td>리소스 사용에 대한 정보를 수집하고 관리하는 서비스</td></tr>
<tr><td>SSO
(Single Sign On)</td><td colspan="2">시스템이 몇 대가 되어도 하나의 시스템에서 인증에 성공하면 다른 시스템에 대한 접근 권한도 얻는 시스템</td></tr>
<tr><td>IAM
(Identify Access Management)</td><td colspan="2">조직이 필요로 하는 보안정책을 수립하고 정책에 따라 자동으로 사용자의 계정과 권한을 관리하는 솔루션</td></tr>
<tr><td>EAM
(Extra Access Management)</td><td colspan="2">통합인증과 권한부여, 조직 내 자원 관리, 보안 정책 수립을 단일한 방식으로 제공하는 솔루션</td></tr>
</table>

기초 용어 정리

- 직무 분리: 업무의 발생부터 완료까지 한 사람에 의해 처리될 수 없게 하는 정책. 보안/감사, 개발/운영, 암호키 관리/변경 등 직무의 분리

쌤의 실전 Tip

SW 개발 보안의 3대 요소 외우기

기밀성, 무결성, 가용성 → 정보보안을 위해 기무사들이 가다.

연·습·문·제

01 20년 11월

데이터베이스 보안에서 가용성(Availability)에 대해 간략히 서술하시오.

해설

보안 요소	설명
기밀성(Confidentiality)	인가된 사용자에 대해서만 자원 접근이 가능해야 하는 특성
무결성(Integrity)	시스템 내의 정보는 오직 인가된 사용자만 수정할 수 있다는 특성
가용성(Availability)	인가받은 사용자는 시스템 내의 정보와 자원을 언제라도 사용할 수 있다는 특성

02 출제 예상, 필기 22년 7월, 20년 6월

데이터베이스 보안에서 무결성(Integrity)에 대해 간략히 서술하시오.

03 21년 10월

3A에 대한 다음 설명에서 설명하는 3A의 구성요소를 쓰시오.

① 접근을 시도하는 가입자 또는 단말에 대한 식별 또는 검증
② 검증된 가입자나 단말에게 어떤 수준의 권한과 서비스를 허용
③ 리소스 사용에 대한 정보를 수집하고 관리하는 서비스

①
②
③

해설 3A(Authentication, Authorization, Accounting)는 유무선 이동 및 인터넷 환경에서 가입자에 대한 안전하고, 신뢰성 있는 인증, 권한 부여, 계정 관리를 체계적으로 제공하는 정보 보호 기술이다.

요소	설명
인증(Authentication)	접근을 시도하는 가입자 또는 단말에 대한 식별 및 신분 검증
인가(Authorization)	검증된 가입자나 단말에게 어떤 수준의 권한과 서비스를 허용
계정 관리(Accounting)	리소스 사용에 대한 정보를 수집하고 관리하는 서비스

04 22년 10월

다음 설명에서 괄호 안에 들어갈 알맞은 용어를 쓰시오.

(   )은/는 여러 개의 사이트에서 한 번의 로그인으로 여러 가지 다른 사이트들을 자동적으로 접속하여 이용하는 방법을 말한다. 일반적으로 서로 다른 시스템 및 사이트에서 각각의 사용자 정보를 관리하게 되는데, 필요에 따라서 사용자 정보를 연동하여 사용해야 하는 경우도 생기게 된다. 이때, 하나의 사용자 정보를 기반으로 여러 시스템을 하나의 통합 인증을 사용하게 하는 것을 말한다. 즉, 하나의 시스템에서 인증을 할 경우 타 시스템에서는 인증 정보가 있는지 확인하고, 있으면 로그인 처리를 하도록 하고, 없는 경우 다시 통합 인증을 할 수 있도록 만드는 것을 의미한다. 개인의 경우, 사이트에 접속하기 위하여 아이디와 패스워드는 물론, 이름, 전화번호 등 개인 정보를 각 사이트마다 일일이 기록해야 하던 것이 한 번의 작업으로 끝나므로 불편함이 해소되며, 기업에서는 회원에 대한 통합관리가 가능해 마케팅을 극대화시킬 수 있다는 장점이 있다.

05 21년 4월

데이터베이스 보안과 관련된 다음 설명에서 괄호에 들어갈 알맞은 용어를 쓰시오.

접근통제는 데이터가 저장된 객체와 이를 사용하려는 주체 사이의 정보 흐름을 제한하는 것이다. 이러한 접근통제에 관한 기술 중 (   )은/는 주체나 그룹의 신원에 따라 객체에 대한 접근 권한을 부여하여 제어하는 방식으로, 데이터의 소유자가 접근통제 권한을 지정하고 제어한다. 객체를 생성한 사용자가 생성된 객체에 대한 모든 권한을 부여받고, 부여된 권한을 다른 사용자에게 허가할 수도 있다.

해설 접근 통제는 적절한 권한을 가진 인가자만 특정 시스템이나 정보에 접근할 수 있도록 통제하는 것이다.

서버 접근통제 유형	설명
임의적 접근 통제 (DAC; Discretionary Access Control)	시스템 객체에 대한 접근을 사용자나 그룹의 신분을 기준으로 제한하는 방법
강제적 접근 통제 (MAC; Mandatory Access Control)	미리 정해진 정책과 보안 등급에 의거하여 주체에게 허용된 접근 권한과 객체에게 부여된 허용 등급을 비교하여 접근을 제한하는 방법
역할기반 접근 통제 (RBAC; Role Based Access Control)	DAC와 MAC의 단점을 보완한 방식으로 중앙관리자가 주체와 객체의 상호관계를 제어하며 조직 내에서 직무, 직책 등의 개인의 역할에 따라 접근을 제한하는 방법

06 출제 예상

다음은 SW 개발 보안 3대 요소에 대한 설명이다. 알맞은 용어를 [보기]에서 찾아 쓰시오.

① 시스템 내의 정보는 오직 인가된 사용자만 수정할 수 있다.
② 인가받은 사용자는 시스템 내의 정보와 자원을 언제라도 사용할 수 있다.
③ 인가된 사용자에 대해서만 자원 접근이 가능해야 한다.

[보기]
기밀성, 가용성, 무결성

①
②
③

해설 SW 개발 보안 3대 요소에는 기밀성, 무결성, 가용성이 있다. 기밀성(Confidentiality)은 인가된 사용자에 대해서만 자원 접근이 가능해야 하는 특성이다. 무결성(Integrity)은 스템 내의 정보는 오직 인가된 사용자만 수정할 수 있다는 특성이다. 가용성(Availability)은 인가받은 사용자는 시스템 내의 정보와 자원을 언제라도 사용할 수 있다는 특성이다.

외우기 Tip! 기밀성, 무결성, 가용성 → 정보보안을 위해 기무사들이 가다.

정답

01 | 가용성은 **인가받은 사용자**는 **시스템 내의 정보와 자원을 언제라도 사용할 수 있다**는 보안 요건이다.
02 | 무결성은 **시스템 내의 정보**는 **오직 인가된 사용자만 수정할 수 있다**는 보안 요건이다.
03 | ① Authentication
② Authorization
③ Accounting
04 | SSO(Single Sign On)
05 | 임의적 접근 통제(DAC; Discretionary Access Control)
06 | ① 무결성, ② 가용성, ③ 기밀성

046 암호 알고리즘 ★★★

학·습·포·인·트

암호화 알고리즘 용어명을 적는 문제가 출제된다. 대칭 키 암호화 알고리즘(DES, 3DES, SEED, AES, ARIA, IDEA, LSFR, Skipjack), 비대칭 키 암호화 알고리즘(디피-헬만, RSA, ECC, ElGamal), 해시 암호화 알고리즘(MD5, SHA-1, SHA-256/384/512, HAS-160, HAVAL)에 속하는 주요 암호화 알고리즘들에 대해 설명이 나왔을 때 용어를 적을 수 있도록 암기하면서 학습한다.

대표 기출 유형

RFC 1321로 지정되어 있으며, 주로 프로그램이나 파일이 원본 그대로인지를 확인하는 무결성 검사 등에 사용된다. 1991년 로널드 라이베스트(Ronald Rivest)가 MD4를 대체하기 위해 고안한 128 비트 해시 암호화 알고리즘은 무엇인가?

20년 5월

정답

MD5 (Message Digest algorithm 5)

필수 핵심 이론

암호 알고리즘 관련 용어

용어	설명
평문(Plain)	암호화되기 전의 원본 메시지
암호문(Cipher)	암호화가 적용된 메시지
암호화(Encrypt)	평문을 암호문으로 바꾸는 작업
복호화(Decrypt)	암호문을 평문으로 바꾸는 작업
키(Key)	적절한 암호화를 위하여 사용하는 값

치환 암호(대치암호; Substitution Cipher)	비트, 문자 또는 문자의 블록을 다른 비트, 문자 또는 블록으로 대체하는 방법
전치 암호(Transposition Cipher)	비트, 문자 또는 블록이 원래 의미를 감추도록 자리바꿈 등을 이용하여 재배열하는 방법

양방향 암호화 알고리즘

- 양방향 암호화 알고리즘 방식에는 대칭 키 암호 방식과 비대칭 키 암호방식(=공개 키 암호방식)이 있다.
- 대칭 키 암호 방식은 동일한 키로 데이터를 암호화하고 복호화한다. 대칭 키 암호 방식은 한 번에 하나의 데이터 블록을 암호화 하는 블록 암호화 방식과, 평문과 동일한 길이의 스트림을 생성하여 비트/바이트/워드 단위로 암호화하는 스트림 암호화 방식으로 분류된다.
- 비대칭 키 암호 방식에서 데이터를 암호화할 때 사용하는 공개 키(비대칭 키; Public Key)는 데이터베이스 사용자에게 공개하고, 복호화할 때의 비밀 키(Secret Key)는 관리자가 비밀리에 관리한다.

구분	개인 키 암호 방식(Private Key Encryption)	공개 키 암호 방식(Public Key Encryption)
키	대칭 키(=개인 키, 비밀 키)	비대칭 키(=공개 키)
키의 관계	암호화 키=복호화 키	암호화 키≠복호화 키
암호화 키	비밀 키	공개 키
복호화 키	비밀 키	개인 키
키 개수	• $\frac{n(n-1)}{2}$ • 10명이 공개키 암호를 사용할 경우 45개의 키가 필요하다.	• $2n$ • 10명이 공개키 암호를 사용할 경우 20개의 키가 필요하다.
장점	• 암복호화 키 길이가 짧음 • **암복호화 속도가 빠름**	• 암호화 키 사전 공유 불필요 • **관리해야 할 키 개수가 적음** • **키 분배 및 관리가 쉬움** • **개인 키 활용해 인증, 전자 서명 등에 적용 가능**
단점	• 키 분배 및 관리의 어려움 • 기밀성만 보장	• 암복호화 키 길이가 김 • **암복호화 속도가 느림**
알고리즘	• **블록 암호화 방식: DES, SEED, AES, ARIA, IDEA, Skipjack** • **스트림 암호화 방식: LFSR, RC4, TKIP**	**디피-헬만(Diffie-Hellman), RSA, ECC, Elgamal, DAS**

양방향 암호화 알고리즘 종류

종류	설명
DES (Data Encryption Standard)	• 1975년 IBM에서 개발하고, 1975년 미국 NBS (National Bureau of Standards, 현재 NIST)에서 국가 표준으로 발표된 대칭 키 기반의 블록 암호화 알고리즘 • 블록 크기는 64bit, 키 길이는 56bit이며 16회의 라운드를 수행
SEED	• 1999년 국내 한국인터넷진흥원(KISA)이 개발한 블록 암호화 알고리즘 • 128비트 비밀키로부터 생성된 16개의 64비트 라운드 키를 사용하여 총 16회의 라운드를 거쳐 128비트의 평문 블록을 128비트 암호문 블록으로 암호화하여 출력하는 방식 • 블록 크기는 128비트이며, 키 길이에 따라 128비트, 256비트로 분류
AES (Advanced Encryption Standard)	• 2001년 미국 표준 기술 연구소(NIST)에서 발표한 대칭키 암호화 알고리즘 • DES의 개인 키에 대한 전사적 공격이 가능해지고, 3 DES의 성능문제를 극복하기 위해 개발 • 블록 크기는 128bit이며, 키 길이에 따라 128, 192, 256bit로 분류

일방향 암호화 알고리즘(=해시 암호 방식)

- 일방향 암호화 알고리즘은 임의 길이의 정보를 입력받아, 고정된 길이의 암호문(해시값)을 출력하는 암호 방식이다.
- 해시 암호화 알고리즘이 적용된 정보는 복호화가 불가능하다.
- 해시 함수를 기반으로 하는 일방향 방식에는 MAC와 MDC가 있다.

종류	설명	
MAC	키를 사용하는 메시지 인증 코드(Message Authentication Code)로 메시지의 무결성과 송신자의 인증 보장	
	HAS-160	• 국내 표준 서명 알고리즘 KCDSA(Korean Certificate-based Digital Signature Algorithm)를 위하여 개발된 해시 함수 • MD5와 SHA1의 장점을 취하여 개발된 해시 알고리즘
	HAVAL	메시지를 1024bit 블록으로 나누고 128, 160, 192, 224, 256비트인 메시지 다이제스트를 출력하는 해시 알고리즘
MDC	MDC는 키를 사용하지 않는 변경 감지 코드(Modification Detection Code)로 메시지의 무결성 보장	
	MD5 (Message-Digest algorithm 5)	• 1991년 R.rivest가 MD4를 개선한 암호화 알고리즘 • 프로그램이나 파일의 무결성 검사에 사용 • 각각의 512비트짜리 입력 메시지 블록에 대해 차례로 동작하여 128비트의 해시값 생성
	SHA-1 (Secure Hash Algorithm)	• 1993년 NSA에서 미 정부 표준으로 지정, DSA에서 사용하는 해시 알고리즘 • 160비트의 해시값 생성

SHA-256/384/512 (Secure Hash Algorithm)	• SHA(Secure Hash Algorithm) 알고리즘의 한 종류 • 256비트의 해시값 생성 • AES(Adavanced Encryption Standard, 미연방 표준 알고리즘)의 키 길이인 128, 192, 256비트에 대응하도록 출력 길이를 늘린 해시 알고리즘

- 해시 함수의 경우 레인보우 테이블 공격에 취약할 수 있다.
- 취약점을 극복하기 위해서 솔트 키를 추가하는 방법과 키 스트레칭 방법이 사용된다.

방법	설명
솔트(Salt) 키	시스템에 저장되는 패스워드들은 Hash 또는 암호화 알고리즘의 결괏값으로 저장되는데 솔트 키는 암호공격을 막기 위해 똑같은 패스워드들이 다른 암호 값으로 저장되도록 추가되는 임의의 문자열
키 스트레칭 (Key Stretching)	해시값을 알아보지 못하도록 하기 위해서 원문의 해시값을 입력값으로, 다시 그 해시값을 다시 입력값으로 n번 반복해서 적용하는 방법

연·습·문·제

01 21년 7월

보안 및 암호화와 관련된 다음 설명에 해당하는 용어를 쓰시오.

- 2001년 미국 표준 기술 연구소(NIST)에서 발표한 대칭키 암호화 알고리즘이다.
- DES의 성능 문제를 극복하기 위해 개발되었다.
- 128비트의 블록 크기를 가지며, 키 길이에 따라 128, 192, 256비트로 분류된다.

02 20년 5월

RFC 1321로 지정되어 있으며, 주로 프로그램이나 파일이 원본 그대로인지를 확인하는 무결성 검사 등에 사용된다. 1991년 로널드 라이베스트(Ronald Rivest)가 MD4를 대체하기 위해 고안한 128비트 해시 암호화 알고리즘은 무엇인가?

03 22년 7월

다음은 암호화 알고리즘에 대한 설명이다. 괄호(①, ②)에 들어갈 알맞은 용어를 쓰시오.

- 암호화 알고리즘은 패스워드, 주민번호, 은행계좌와 같은 중요 정보를 보호하기 위해 평문을 암호화된 문장으로 만드는 절차 또는 방법을 의미한다.
- Xuejia Lai와 James Messey는 1990년 PES(Proposed Encryption Standard)를 발표하고, 이후 이를 개선한 IPES(Improved PES)를 발표하였다. IPES는 128비트의 키를 사용하여 64비트 블록을 암호화하는 알고리즘이며 현재는 (①)(이)라고 불린다.
- (②)는/은 미 국가 안전 보장국(NSA, National Security Agency)에서 개발한 암호화 알고리즘으로, 클리퍼 칩(Clipper Chip)이라는 IC 칩에 내장되어 있다. 주로 전화기와 같은 음성 통신 장비에 삽입되어 음성 데이터를 암호화하는 데 사용된다. 80비트의 키를 사용하여 64비트 블록을 암호화하며 총 32라운드를 수행한다.

①
②

04 21년 10월

보안 및 암호화와 관련된 다음 설명에 해당하는 용어를 [보기]에서 찾아 쓰시오.

- 1974년 IBM에서 개발한 블록 암호화 알고리즘이며, 1975년 미국 NBS (National Bureau of Standards, 현재 NIST)에서 국가 표준으로 발표된 암호화 알고리즘이다.
- 블록 크기는 64비트, 키 길이는 56비트이며 16회의 라운드를 수행한다.
- 컴퓨터 기술이 발달함에 따라 해독이 쉬워지면서 미국의 국가 표준이 2001년 AES로 대체되었다.

[보기]

DES, SEED, ARIA, IEDA

정답

01 | AES(Advanced Encryption Standard)
02 | MD5(Message Digest algorithm 5)
03 | ① IDEA
② Skipjack
04 | DES(Data Encryption Standard)

047 보안 취약점과 서비스 공격기법 ★★★

학 · 습 · 포 · 인 · 트

보안 취약점과 서비스 공격기법 관련된 용어를 묻는 문제가 출제된 적이 있다. 서술형으로 출제되기보다는, 단답형으로 자주 출제되는 부분이다. 긴 해설이나 동작 과정의 그림이 나와도 알맞은 용어를 빠르게 작성할 수 있도록 핵심어 중심으로 암기해 두도록 한다.

대표 기출 유형

다음은 네트워크 공격에 대한 패킷 로그를 표현한 것이다. 아래의 패킷 로그와 같이 공격자가 패킷의 출발지 주소(Address) 또는 포트(Port)를 임의로 변경해 송신 측 IP 주소 또는 포트를 동일하게 함으로써 송신 IP 주소가 자신이므로 자신에게 응답을 수행하게 된다. 이처럼 자신에 대해 무한히 응답하는 패킷을 계속 전송하여 컴퓨터의 실행 속도를 느리게 하거나 동작을 마비시켜 서비스 거부 상태에 빠지도록 하는 네트워크 공격 유형이 무엇인지 쓰시오. **20년 5월**

```
source: 192.168.0.20
destination: 192.168.0.20
protocol: 6
src port: 25800
dsc prot: 25800
```

정답

랜드 어택(Land Attack)

필수 핵심 이론

보안 취약점 (1) 입력 데이터 검증 및 표현

보안 취약점	설명	대책
SQL 삽입 (SQL Injection)	웹 응용 프로그램에 SQL을 삽입하여 내부 데이터베이스(DB) 서버의 데이터를 유출 및 변조하고, 관리자 인증을 우회하는 보안 취약점	동적 쿼리에 사용되는 입력 데이터에 예약어 및 특수문자가 입력되지 않게 필터링 되도록 설정하여 방지
경로 조작 및 자원 삽입	데이터 입출력 경로를 조작하여 서버 자원을 수정·삭제할 수 있는 보안 취약점	사용자 입력값을 식별자로 사용하는 경우, 경로 순회 공격을 막는 필터를 사용하여 방지
크로스사이트 스크립팅 (XSS; Cross Site Scripting)	웹페이지에 악의적인 스크립트를 삽입하여 방문자들의 정보를 탈취하거나, 비정상적인 기능 수행을 유발하는 보안 취약점	• HTML 태그 사용 금지(특히, 〈 문자 사용 시 <로 변환처리 등) • 특수문자 등록을 방지하기 위해 특수 문자 필터링
메모리 버퍼 오버플로	연속된 메모리 공간을 사용하는 프로그램에서 할당된 메모리의 범위를 넘어선 위치에서 자료를 읽거나 쓰려고 할 때 발생하는 보안 취약점	메모리 버퍼를 사용할 경우 적절한 버퍼의 크기를 설정하고, 설정된 범위의 메모리 내에서 올바르게 읽거나 쓸 수 있도록 함으로써 방지
운영체제 명령어 삽입	외부 입력값을 통해 시스템 명령어의 실행을 유도함으로써 권한을 탈취하거나 시스템 장애를 유발하는 보안 취약점	웹 인터페이스를 통해 시스템 명령어가 전달되지 않도록 하고, 외부 입력값을 검증 없이 내부 명령어로 사용하지 않음으로써 방지
사이트 간 요청 위조 (CSRF; Cross-Site Request Forgery)	사용자가 자신의 의지와는 무관하게 공격자가 의도한 행위를 특정 웹사이트에 요청하게 하는 보안 취약점	• 입력화면 폼을 작성 시 GET 방식보다 POST 방식 사용 • 입력 폼과 입력처리 프로그램에서 세션별 CSRF 토큰을 사용하여 점검 • 중요 기능의 경우 재인증을 통해 안전하게 실제 요청 여부를 확인하도록 구현
위험한 형식 파일 업로드	악의적인 명령어가 포함된 스크립트 파일을 업로드함으로써 시스템에 손상을 주거나, 시스템을 제어할 수 있는 보안 취약점	업로드되는 파일의 확장자 제한, 파일명의 암호화, 웹사이트와 파일 서버의 경로 분리, 실행 속성을 제거하는 등의 방법으로 방지
신뢰되지 않은 URL 주소로 자동접속 연결	입력 값으로 사이트 주소를 받는 경우 이를 조작하여 방문자를 피싱 사이트로 유도하는 보안 취약점	연결되는 외부 사이트의 주소를 화이트 리스트로 관리함으로써 방지

보안 취약점 (2) 보안 기능

보안 취약점	설명	대책
적절한 인증 없이 중요 기능 허용	보안검사를 우회하여 인증과정 없이 중요 정보 또는 기능에 접근 및 변경 가능한 보안 취약점	중요 정보나 기능을 수행하는 페이지에서는 재인증 기능을 통해 방지
부적절한 인가	접근제어 기능이 없는 실행경로를 통해 정보 또는 권한 탈취가 가능한 보안 취약점	모든 실행경로에 대해 접근제어 검사를 수행하고, 사용자에게는 반드시 필요한 접근권한만 부여하여 방지
중요한 자원에 대한 잘못된 권한 설정	권한 설정이 잘못된 자원에 접근하여 해당 자원을 임의로 사용 가능한 보안 취약점	소프트웨어 관리자만 자원을 읽고 쓸 수 있도록 설정하고, 인가되지 않은 사용자의 중요 자원에 대한 접근 여부를 검사함으로써 방지
취약한 암호화 알고리즘 사용	암호화된 환경설정 파일을 해독하여 비밀번호 등의 중요 정보를 탈취할 수 있는 보안 취약점	안전한 암호화 알고리즘, 안정성이 인증된 암호 모듈을 이용하여 방지
중요 정보 평문 저장 및 전송	암호화되지 않은 평문 데이터를 탈취하여 중요한 정보를 획득할 수 있는 보안 취약점	중요 정보를 저장하거나 전송할 때는 반드시 암호화 과정을 거치도록 하고, HTTPS 또는 SSL/TLS 등의 보안 채널을 이용하여 방지
하드코드된 비밀번호	프로그램 코드 내부에 패스워드 포함 시 관리자 정보가 노출될 수 있는 보안 취약점	• 패스워드는 암호화하여 별도 파일에 저장 • 소프트웨어 설치 시 직접 패스워드나 키를 입력하도록 설계하여 방지
취약한 패스워드 요구조건	취약한 사용자 패스워드 조합 규칙에 따른 사용자 계정 보안 취약점	패스워드 생성 시 강한 조건 검증 필요

보안 취약점 (3) 에러 처리

보안 취약점	설명	대책
오류 메시지를 통한 정보 노출	프로그램이 실행환경, 사용자 정보, 디버깅 정보 등의 중요 정보를 포함하는 오류 메시지를 생성하여 공격자의 악성 행위를 도와주는 보완 취약점	오류 발생 시 가능한 한 내부에서만 처리되도록 하거나 메시지를 출력할 경우 최소한의 정보 또는 사전에 준비된 메시지만 출력되도록 함으로써 방지
오류 상황 대응 부재	오류가 발생할 수 있는 부분에 대해 예외 처리를 하지 않았거나 예외 처리 미비로 인해 발생할 수 있는 보안 취약점	오류가 발생할 수 있는 부분에 예외 처리 구문을 작성하고, 제어문을 활용하여 오류가 악용되지 않도록 코딩함으로써 방지
부적절한 예외 처리	프로그램 수행 중에 함수의 반환값 또는 오류들을 세분화하여 처리하지 않고 광범위하게 묶어 한 번에 처리하거나, 누락된 예외가 존재할 때 발생하는 보안 취약점	모든 함수의 반환값이 의도대로 출력되는지 확인하고, 광범위한 예외 처리 대신 구체적인 예외 처리를 통해 방지

보안 취약점 (4) 세션 통제(Session Control)

보안 취약점	설명	대책
불충분한 세션 관리	• 인증 시 일정한 규칙이 존재하는 세션ID가 발급되거나, 세션 타임아웃이 너무 길게 설정되어 있는 경우 발생할 수 있는 보안 취약점 • 세션 관리가 충분하지 않으면 침입자는 세션 하이재킹과 같은 공격을 통해 획득한 세션ID로 인가되지 않은 시스템의 기능을 이용하거나 중요한 정보에 접근 가능	• 세션 ID의 예측이 불가능하도록 안전한 난수 알고리즘 적용 • 로그인 시 로그인 전의 세션 ID를 삭제하고 재할당 • 장기간 접속하고 있는 세션ID는 주기적으로 재할당하도록 설계

보안 취약점 (5) 코드 오류

보안 취약점	설명	대책
널 포인터 (Null Pointer) 역참조	• 널 포인터가 가리키는 메모리에 어떠한 값을 저장할 때 발생하는 보안 취약점 • 많은 라이브러리 함수들이 오류가 발생할 경우 Null 값을 반환하는데, 이 반환값을 포인터로 참조하는 경우 발생 • 대부분 운영체제에서 널 포인터는 메모리의 첫 주소를 가리키며, 해당 주소를 참조할 경우 소프트웨어가 비정상적으로 종료될 수 있음 • 공격자가 의도적으로 널 포인터 역참조를 실행하는 경우, 그 결과 발생하는 예외사항을 추후에 공격자가 악용할 수 있음	• Null이 될 수 있는 포인터를 이용하기 전에 Null 값을 갖고 있는지 검사한 후 안전한 경우에만 사용 • 스택 가드(Stack Guard) 활용
부적절한 자원 해제	• 부적절한 자원 해제는 자원을 반환하는 코드를 누락하거나 프로그램 오류로 할당된 자원을 반환하지 못했을 때 발생하는 보안 취약점 • 힙 메모리(Heap Memory), 소켓(Socket) 등의 유한한 시스템 자원이 계속 점유하고 있으면 자원 부족으로 인해 새로운 입력을 처리하지 못할 수 있음	자원을 획득하여 사용한 다음에는 Finally 블록에서 반드시 자원이 반환되도록 코딩함으로써 방지
해제된 자원 사용	• 이미 사용이 종료되어 반환된 메모리를 참조하는 경우 발생하는 보안 취약점 • 반환된 메모리를 참조하는 경우 예상하지 못한 값 또는 코드를 수행하게 되어 의도하지 않은 결과가 발생할 수 있음	반환된 메모리에 접근할 수 없도록 주소를 저장하고 있는 포인터를 초기화함으로써 방지
초기화되지 않은 변수 사용	• 변수 선언 후 값이 부여되지 않은 변수를 사용할 때 발생할 수 있는 보안 취약점 • 변수가 선언되어 메모리가 할당되면 해당 메모리에 이전에 사용하던 내용이 계속 남아 있어 변수가 외부에 노출되는 경우 중요 정보가 악용될 수 있음	변수 선언 시 할당된 메모리를 초기화함으로써 방지
정수를 문자로 변환	정수를 문자로 변환하면서 표현할 수 없는 범위의 값이 잘려나가 문자에 대한 저장 값이 올바르지 않은 보안 취약점	정수를 문자로 변환할 경우, 변환 값의 크기가 변환 값이 저장되는 변수의 크기보다 크지 않도록 함

보안 취약점 (6) 캡슐화

보안 취약점	설명	대책
잘못된 세션에 의한 데이터 정보 노출	• 다중 스레드(Multi-Thread) 환경에서 멤버 변수에 정보를 저장할 때 발생하는 보안 취약점 • 싱글톤(Singleton) 패턴에서 발생하는 경쟁 조건(Race Condition)으로 인해 동기화 오류가 발생하거나, 멤버 변수의 정보가 노출될 수 있음	싱글톤 패턴을 사용할 경우 변수 범위(Scope)에 주의하고, 멤버 변수보다 지역 변수를 활용해 변수의 범위를 제한함으로써 방지
제거되지 않고 남은 디버그 코드	• 개발 중에 버그 수정이나 결과값 확인을 위해 남겨둔 코드들로 인해 발생하는 보안 취약점 • 소프트웨어 제어에 사용되는 중요한 정보가 디버그 코드로 인해 노출될 수 있음 • 디버그 코드에 인증 및 식별 절차를 생략하거나 우회하는 코드가 포함되어 있는 경우 공격자가 이를 악용할 수 있음	디버그 코드는 개발 완료 후 삭제 처리
Public 매서드로부터 반환된 Private 배열	• 선언된 클래스 내에서만 접근이 가능한 Private 배열을 모든 클래스에서 접근이 가능한 Public 매서드에서 반환할 때 발생하는 보안 취약점 • Public 매서드가 Private 배열을 반환하면 배열의 주소가 외부로 공개되어 외부에서 접근할 수 있게 됨	Private 배열을 별도의 매서드를 통해 조작하거나, 동일한 형태의 복제본으로 반환받은 후 값을 전달하는 방식으로 방지
민감한 데이터를 가진 내부 클래스 사용	권한이 없는 클래스를 사용하고자 할 때 발생하는 보안 취약점	내부 클래스 사용 시 외부 클래스의 접근 금지
시스템 데이터 정보 노출	시스템의 내부 정보를 시스템 메시지 등을 출력하도록 코딩했을 때 발생하는 보안 취약점	시스템 메시지를 통해 노출되는 메시지는 최소한의 정보만을 제공함으로써 방지

보안 취약점 (7) API 오용

보안 취약점	설명	대책
DNS lookup에 의존한 보안 결정	• 도메인명에 의존하여 인증이나 접근 통제 등의 보안 결정을 내리는 경우 발생하는 보안 취약점 • DNS 엔트리를 속여 동일한 도메인에 속한 서버인 것처럼 위장하거나, 사용자와 서버 간의 네트워크 트래픽을 유도하여 악성 사이트를 경유하도록 조작할 수 있음 • 공격자는 DNS lookup을 악용하여 인증이나 접근 통제를 우회하는 수법으로 권한을 탈취함	DNS 검색을 통해 도메인 이름을 비교하지 않고 IP 주소를 직접 입력하여 접근함으로써 방지
취약한 API 사용	• 보안 문제로 사용이 금지된 API를 사용하거나, 잘못된 방식으로 API를 사용했을 때 발생하는 보안 취약점 • 보안 문제로 금지된 대표적인 API에는 C언어의 문자열 함수 strcat(), strcpy(), sprintf() 등이 있음 • 보안 상 안전한 API라고 하더라도 자원에 대한 직접 연결이나, 네트워크 소켓을 통한 직접 호출과 같이 보안에 위협을 줄 수 있는 인터페이스를 사용하는 경우 보안 약점이 노출됨	보안 문제로 금지된 함수는 안전한 함수로 대체하고, API의 매뉴얼을 참고하여 보안이 보장되는 인터페이스를 사용함으로써 방지 (예) strcpy(): 글자 수 상관없이 문자열 복사 가능하여 위험 → strncpy(): 문자열 복사 시 글자 길이 지정

서비스 공격 유형과 공격도구/탐지 기법

구분	공격기법	설명
정보 보안 침해 공격	Buffer Overflow (버퍼 오버플로우)	메모리에 할당된 버퍼 크기를 초과하는 양의 데이터를 입력해 프로세스의 흐름을 변경시켜 악성코드를 실행시키는 공격 기법
	Backdoor (백도어)	• '뒷문(Backdoor)'이라는 단어의 어감에서 알 수 있듯, 어떤 제품이나 컴퓨터 시스템, 암호시스템 또는 알고리즘에서 정상적인 인증 절차를 우회하는 기법. 즉, 허가받지 않고 시스템에 접속하는 권리를 얻음 • 해커는 백도어를 통해서 이용자 몰래 컴퓨터에 접속하여 악의적인 행위를 하기도 함 • 백도어 탐지기법: 프로세스 및 열린 포트 확인, SetUid 파일 검사, 백신 및 백도어 탐지 툴 활용, 무결성 검사, 로그 분석
	Key Logger Attack (키로거 공격)	컴퓨터 사용자의 키보드 움직임을 탐지해서 저장하고, ID나 패스워드, 계좌 번호, 카드 번호 등과 같은 개인의 중요한 정보를 몰래 빼 가는 공격 기법
	Format String Attack (포맷 스트링 공격)	포맷 스트링을 인자로 하는 함수의 취약점을 이용한 공격으로 외부로부터 입력된 값을 검증하지 않고 입출력 함수의 포맷 스트링을 그대로 사용하는 경우 발생
	Race Condition Attack (레이스 컨디션 공격)	레이스 컨디션 공격은 실행되는 프로세스가 임시파일을 만드는 경우 악의적인 프로그램을 통해 그 프로세스의 실행 중에 끼어들어 임시파일을 심볼릭 링크하여 악의적인 행위를 수행하게 하는 공격 기법
	Rootkit (루트킷)	시스템 침입 후 침입 사실을 숨긴 채 차후의 침입을 위한 백도어, 트로이 목마 설치, 원격 접근, 내부 사용 흔적 삭제, 관리자 권한 획득 등 주로 불법적인 해킹에 사용되는 기능을 제공하는 프로그램의 모음
	Phishing (피싱)	소셜 네트워크에서 악의적인 사용자가 지인 또는 특정 유명인으로 가장해 불특정 다수의 정보를 탈취하는 공격 기법
	Spear Phishing (스피어피싱)	(공격) 사회 공학의 한 기법으로, 특정 대상을 선정한 후 그 대상에게 일반적인 이메일로 위장한 메일을 지속적으로 발송하여, 발송 메일의 본문 링크나 첨부된 파일을 클릭하도록 유도하여 사용자의 개인정보를 탈취하는 공격 기법(사이버 사기)
	Smishing (스미싱)	문자메시지를 이용해 신뢰할 수 있는 사람 또는 기업이 보낸 것처럼 가장해 개인 비밀정보를 요구하거나 휴대폰 소액 결제를 유도하는 피싱 공격(사이버 사기)
	Qshing (큐싱)	스마트폰을 이용하여 금융 업무를 처리하는 사용자에게 인증 등이 필요한 것처럼 속여 QR 코드를 통해 악성 앱을 내려받도록 유도, 금융 정보 등을 빼내는 피싱 공격(사이버 사기)
	Evil Twin Attack (이블 트윈 공격)	무선 Wifi 피싱 기법으로 공격자는 합법적인 Wifi 제공자처럼 행세하며 노트북이나 휴대 전화로 핫스팟에 연결한 무선 사용자들의 정보를 취하는 무선 네트워크 공격 기법
	Worm (웜)	다른 컴퓨터의 취약점을 이용해 스스로 전파하거나 메일로 전파되며 스스로를 증식하는 악성 소프트웨어 컴퓨터 프로그램 혹은 코드
	Malicious Bot (악성 봇)	• 스스로 실행되지 못하고, 해커의 명령에 의해 원격에서 제어 또는 실행이 가능한 프로그램 혹은 코드 • 주로 취약점이나 백도어 등을 이용하여 전파되며, 스팸 메일 전송이나 분산 서비스 거부 공격(DDoS) 등에 악용
	Zombie(좀비) PC	• 악성 봇에 의해 감염된 PC • C&C(Command & Control) 서버의 제어를 받아 주로 DDoS 공격 등에 이용

정보 보안 침해 공격	C&C 서버	해커가 원격지에서 감염된 좀비 PC에 명령을 내리고 악성코드를 제어하기 위한 용도로 사용하는 서버
	Botnet (봇넷)	악성 프로그램에 감염되어 악의적인 의도로 사용될 수 있는 다수의 컴퓨터들이 네트워크로 연결된 형태
	Ransomware (랜섬웨어)	인터넷 사용자의 컴퓨터에 침입해 내부 문서 파일 등을 암호화해 사용자가 열지 못하게 하는 공격 기법
	Logic Bomb (논리 폭탄)	특정 날짜나 시간 등 조건이 충족되었을 때 악의적인 기능(Function)을 유발할 수 있게 만든 코드의 일부분으로 소프트웨어 시스템에 의도적으로 삽입된 악성 코드
	Advanced Persistent Threat (APT 공격)	다양한 IT 기술과 방식들을 이용해 조직적으로 특정 기업이나 조직 네트워크에 침투해 활동 거점을 마련한 뒤 때를 기다리면서 보안을 무력화시키고 정보를 수집한 다음 외부로 빼돌리는 형태의 공격
	Supply Chain Attack (공급망 공격)	소프트웨어 개발사의 네트워크에 침투하여 소스 코드에 악의적인 코드를 삽입하거나 배포 서버에 접근해 악의적인 파일로 변경하는 방식을 통해 사용자 PC에 소프트웨어를 설치 또는 업데이트 시에 자동적으로 감염되도록 하는 공격
	Zero Day Attack (제로데이 공격)	보안 취약점이 발견되어 널리 공표되기 전에 해당 취약점을 악용하여 이루어지는 보안 공격
	Trojan Horse (트로이 목마)	악성 루틴이 숨어 있는 프로그램으로, 겉보기에는 정상적인 프로그램으로 보이지만 실행하면 악성 코드를 실행
네트워크 침해 공격	Switch Jamming (스위치 재밍)	위조된 매체 접근 제어(MAC) 주소를 지속적으로 네트워크로 흘려보내, 스위치 MAC 주소 테이블의 저장 기능을 혼란시켜 더미 허브(Dummy Hub)처럼 작동하게 하는 공격
	Sniffing (스니핑)	암호화되지 않은 패킷들을 수집하여 순서대로 재조합 후 ID, PW와 같은 중요한 정보를 유출하기 위한 수동적인 형태의 공격
	Network Scanner / Sniffer (네트워크 스캐너 / 스니퍼)	(도구) 네트워크 하드웨어 및 소프트웨어 구성의 취약점 파악을 위해 공격자가 사용하는 공격 도구
	Password Cracking (패스워드 크래킹)	패스워드를 '깨뜨리다(Crack)'는 말로, 공격자가 암호화된 사용자의 패스워드를 평문 형태로 알아내는 공격 (Dictionary Attack, Brute Force Attack, Password Hybrid Attack, Rainbow Table Attack)
	IP Spoofing (IP 스푸핑)	• 서버에 대한 인증되지 않은 액세스 권한을 입수하는 데 사용하는 기법 • 침입자가 패킷 헤더 수정을 통해 인증된 호스트의 IP 주소를 위조 • 타깃 서버로 메시지를 발송한 이후 패킷은 해당 포트에서 유입되는 것처럼 표시
	ARP Spoofing (ARP 스푸핑)	공격자가 특정 호스트에게 잘못된 MAC 주소가 담긴 ARP Reply를 보내, 호스트의 ARP 캐시를 조작하여 호스트로부터 정보를 빼내는 공격 기법
	ICMP Redirect 공격	ICMP Redirect 메시지를 공격자가 원하는 형태로 만들어서 특정 목적지로 가는 패킷을 공격자가 스니핑하는 기법
	Session Hijacking (세션 하이재킹)	• 서버에 접속하고 있는 클라이언트들의 세션 정보를 가로채는 공격 기법 • 세션 하이재킹의 탐지 방법: 비동기화 상태 탐지, ACK 패킷 비율 모니터링, 패킷의 유실 탐지, 예상치 못한 접속의 리셋 탐지

블루투스 관련 공격	BlueBug (블루버그)	블루투스 장비 사이의 취약한 연결 관리를 악용한 공격으로 휴대폰 원격 조정 또는 통화 감청
	BlueSnarf (블루스나프)	블루투스의 취약점을 활용하여 장비의 파일에 접근하는 공격으로 인증 없이 간편하게 정보를 교환할 수 있는 OPP(Object Push Profile)를 사용하여 정보 열람
	Blueprinting (블루프린팅)	공격 대상이 될 블루투스 장비를 검색하는 활동
	BlueJacking (블루재킹)	블루투스를 이용해 스팸처럼 메시지를 익명으로 퍼뜨리는 공격

연·습·문·제

01 20년 7월

보안 위협의 하나인 SQL Injection에 대해 간략히 서술하시오.

02 20년 5월

다음은 네트워크 공격에 대한 패킷 로그를 표현한 것이다. 아래의 패킷 로그와 같이 공격자가 패킷의 출발지 주소(Address) 또는 포트(Port)를 임의로 변경해 송신 측 IP 주소 또는 포트를 동일하게 함으로써 송신 IP 주소가 자신이므로 자신에게 응답을 수행하게 된다. 이처럼 자신에 대해 무한히 응답하는 패킷을 계속 전송하여 컴퓨터의 실행 속도를 느리게 하거나 동작을 마비시켜 서비스 거부 상태에 빠지도록 하는 네트워크 공격 유형이 무엇인지 쓰시오.

```
source: 192.168.0.20
destination: 192.168.0.20
protocol: 6
src port: 25800
dsc prot: 25800
```

해설 주요 네트워크 공격 유형은 다음과 같다.

서비스 거부 공격 (DOS – Denial of Service)	표적이 되는 서비스 자원을 고갈시킬 목적으로 다수의 공격자 또는 시스템에서 대량의 데이터를 한 곳의 서버에 집중적으로 전송함으로써 표적이 되는 서버의 정상적인 기능을 방해하는 공격 방법으로, DDoS와의 차이점은 Attacker가 직접 공격을 수행
분산 서비스 거부 (DDoS –Distributed Denial of Service)	Attacker가 여러 대의 컴퓨터를 감염시켜 동시에 한 타깃 시스템을 집중적으로 공격하는 방법으로써, 짧은 시간 안에 서버를 마비시킬 수 있으며 Dos보다 치명적임. Dos와의 차이점은 실질적인 Attacker가 아닌 Attacker가 감염시킨 좀비 PC가 공격을 수행한다는 점
Ping of Death	ping 명령을 전송할 때 패킷의 크기를 인터넷 프로토콜 허용 범위 이상으로 전송하여 네트워크를 마비시키는 공격 방법
Smurfing	IP또는 ICMP의 특성을 악용하여 엄청난 양의 데이터를 한 사이트에 집중적으로 보내냄으로써 네트워크 불능 상태로 만드는 공격
SYN Flooding	공격자가 가상의 클라이언트로 위장하여 3-way-handshake 과정을 의도적으로 중단 시킴으로써 공격 대상자인 서버가 대기 상태에 놓여 정상적으로 서비스를 수행하지 못하게 하는 공격 방법
TearDrop	데이터의 송·수신 과정에서 패킷의 크기가 여러 개로 분할되어 전송할 때 분할 순서를 변경시켜 수신 측에서 패킷을 재조립할 때 오류로 인한 과부하를 발생시킴으로써 시스템이 다운되도록 하는 공격 방법(Smurfing :IP 또는 ICMP의 특성을 악용하여 엄청난 양의 데이터를 한 사이트에 집중적으로 보냄으로써 네트워크 불능 상태로 만드는 공격)

03 22년 5월

보안 위협에 대한 다음 설명에 해당하는 용어를 [보기]에서 찾아 쓰시오.

APT 공격에 주로 쓰이는 공격으로, 공격 대상이 방문할 가능성이 있는 합법적인 웹 사이트를 미리 감염시킨 뒤, 잠복하고 있다가 공격 대상이 방문하면 공격 대상의 컴퓨터에 악성코드를 설치하는 방식이다. 이후에는 감염된 PC를 기반으로 조직의 중요 시스템에 접근하거나 불능으로 만드는 등의 영향력을 행사하는 웹 기반 공격이다.

[보기]

- Pharming
- Drive-by Download
- Watering Hole
- Business SCAM
- Phishing
- Cyber Kill Chain
- Ransomware
- Sniffing

04 20년 11월

네트워크 보안에서 스니핑(Sniffing)에 대한 개념을 간략히 서술하시오.

해설 네트워크 공격 기법: 스니핑 / 네트워크 스캐너, 스니퍼 / 패스워드 크래킹 / IP 스푸핑 / ARP 스푸핑 / ICMP Redirect 공격 / 트로이 목마

05 21년 4월

네트워크 및 인터넷 보안에 관련된 다음 설명에서 괄호에 공통으로 들어갈 알맞은 용어를 쓰시오.

- (　　)은/는 '세션을 가로채다'라는 의미로, 정상적 연결을 RST 패킷을 통해 종료시킨 후 재연결 시 희생자가 아닌 공격자에게 연결하는 공격 기법이다.
- TCP (　　)은/는 공격자가 TCP 3-Way-Handshaking 과정에 끼어듦으로써 서버와 상호 간의 동기화된 시퀀스 번호를 갖고 인가되지 않은 시스템의 기능을 이용하거나 중요한 정보에 접근할 수 있게 된다.

06 21년 4월

보안 위협에 관한 다음 설명에서 괄호 안에 들어갈 알맞은 용어를 쓰시오.

특정 호스트의 MAC 주소를 자신의 MAC 주소로 변경, 희생자로부터 특정 호스트로 나가는 패킷을 공격자로부터 가로채는 공격기법은 (　　) 스푸핑이다.

07 22년 10월

보안 및 보안 위협에 대한 다음 설명에서 괄호(①, ②)에 들어갈 알맞은 용어를 [보기]에서 찾아 쓰시오.

- (①)은/는 칩 설계회사인 ARM(Advanced RISC Machine)에서 개발한 기술로, 하나의 프로세서(Processor) 내에 일반 애플리케이션을 처리하는 일반 구역(Normal World)과 보안이 필요한 애플리케이션을 처리하는 보안 구역(Secure World)으로 분할하여 관리하는 하드웨어 기반의 보안 기술이다.
- (②)은/는 사용자들이 사이트에 접속할 때 주소를 잘못 입력하거나 철자를 빠뜨리는 실수를 이용하기 위해 유사한 유명 도메인을 미리 등록하는 것으로 URL 하이재킹(Hijacking)이라고도 한다. 유명 사이트들의 도메인을 입력할 때 발생할 수 있는 온갖 도메인 이름을 미리 선점해 놓고 이용자가 모르는 사이에 광고 사이트로 이동하게 만든다.

[보기]

• Pharming	• Tvishing	• Trustzone	• APT	• Typosquatting
• Hacktivism	• Watering Hole	• Smurfing	• CSRF	• Ransomware

①
②

08 22년 10월

다음 설명에서 괄호(①, ②)에 들어갈 알맞은 용어를 쓰시오.

- (①)은/는 컴퓨터 보안에 있어서, 인간 상호 작용의 깊은 신뢰를 바탕으로 사람들을 속여 정상 보안 절차를 깨트리기 위한 비기술적 시스템 침입 수단을 의미한다.
- (②)은/는 빅데이터(Big Data)와 비슷하면서도 구조화돼 있지 않고, 이후 활용되지 않고 저장만 되어 있는 '죽은' 데이터를 의미한다. 미래에 사용될 가능성을 고려하여 저장 공간에서 삭제되지 않고 보관되어 있으나, 이는 저장 공간의 낭비뿐만 아니라 보안 위험을 초래할 수도 있다.

①
②

정답

01 | SQL Injection은 **웹 응용 프로그램에 SQL 구문을 삽입**하여 **내부 데이터베이스(DB) 서버의 데이터를 유출 및 변조하고 관리자 인증을 우회**하는 공격 기법이다.

02 | 랜드 어택(Land Attack)

03 | Watering Hole

04 | 스니핑은 **네트워크의 중간에서 남의 패킷 정보를 도청하는 해킹 유형**의 하나로 수동적인 형태의 공격이다.

05 | 세션 하이재킹(Session Hijacking)

06 | ARP(Address Resolution Protocol)

07 | ① Trustzone
② Typosquatting

08 | ① 사회공학
② 다크 데이터

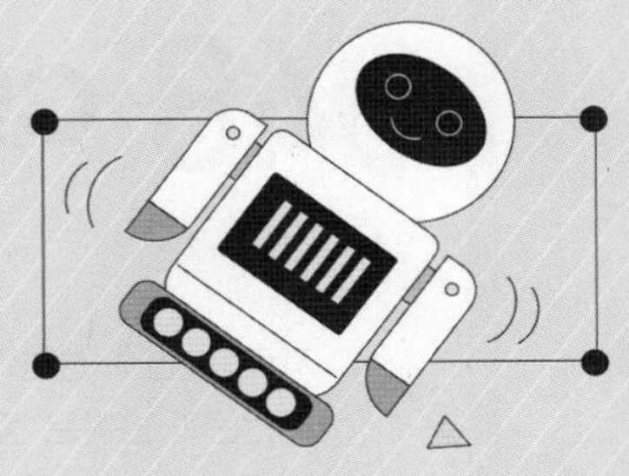

CHAPTER

09

프로그래밍 언어 활용

048 C언어 - 데이터 입·출력 ★

학·습·포·인·트

자료형, 변수 선언과 초기화, 연산자, 데이터 입·출력 등은 단독으로 출제되는 부분은 아니나, 조건문과 반복문 등 다른 부분과 혼합해 실기에 출제되는 부분이다. 단독으로 출제해 물어 보는 건 이미 필기에서 충분히 출제되었기 때문이다. 단독으로 출제되지 않지만 같이 물어봤을 때 틀리지 않도록 잘 공부해 두도록 한다.

대표 기출 유형

다음 C언어 프로그램이 실행되었을 때의 결과는? **필기 22년 4월**

```
#include <stdio.h>
int main(int argc, char *argv[]){
    int a = 5, b = 3, c = 12;
    int t1, t2, t3;
    t1 = a && b;
    t2 = a || b;
    t3 = !c;
    printf("%d", t1 + t2 + t3);
    return 0;
}
```

정답

2

해설

#include <stdio.h>	
int main(int argc, char *argv[]){	
int a = 5, b = 3, c = 12;	① 정수형 a = 5, b = 3, c = 12 저장
int t1, t2, t3;	② 정수형 t1, t2, t3 선언
t1 = a && b;	③ t1 = 1 a && b = 5 && 3은 둘 다 참인 경우 참을 반환하는 것으로 참(1)
t2 = a || b;	④ t2 = 1

	a || b = 5 || 3은 하나 이상이 참이면 참을 반환하는 것으로, 둘 다 참으로 참(1)
t3 = !c;	⑤ t3 = 0 !c = !12로 NOT 조건으로 0 이외의 수 앞에 ! 붙이면 거짓(0)
printf("%d", t1 + t2 + t3);	⑥ t1 + t2 + t3 = 1 + 1 + 0 = 2 2 출력
return 0;	
}	

필수 핵심 이론

C언어 기본 구조

- C언어의 기본 단위는 함수로, 함수에서 시작해 함수로 끝이 난다. C언어 프로그램을 작성한다는 것은 함수를 만들고, 만들어진 함수의 실행순서를 결정하는 것을 말한다. 이때, 제일 먼저 호출되는 함수가 main 함수이다.
- main 함수는 출력의 형태가 int이고, 입력의 형태가 void인 main이라는 이름의 함수를 말한다.

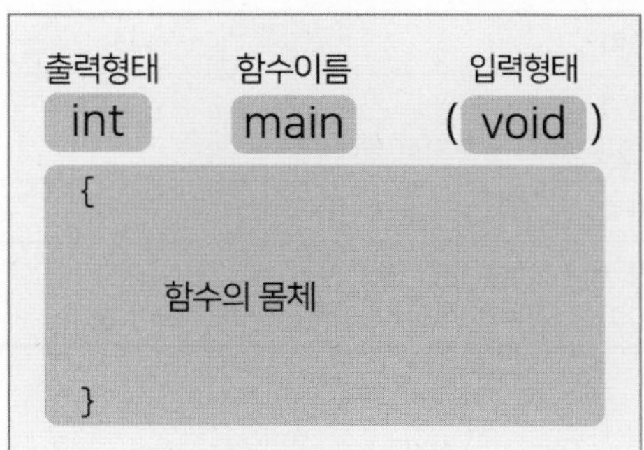

- 함수 내에 존재하는 문장의 끝에는 세미콜론 문자 ;을 붙여 준다.
- return은 현재 실행 중인 함수를 종료하고, 함수를 호출한 영역으로 값을 전달(반환)하라는 의미이다.

예제 C언어의 기본 코드

소스 코드

```
01 #include <stdio.h>
02 int main(void){
03    printf("내일은 정보처리기사\n");
04    printf("%d", 2);
05    printf("%d\n", 2);
06    printf("%d", 0);
07    return 0;
08 }
```

실행 결과

```
내일은 정보처리기사
22
0
```

코드 해설

01	• stdio.h 헤더 파일을 선언 • stdio.h 헤더 파일 안에 printf 함수가 포함됨. 즉, printf 함수 사용을 위해 stdio.h 헤더 파일 선언 필요
02	• main 함수의 시작 부분(프로그램이 제일 처음 실행되는 부분)
03	• '내일은 정보처리기사'라는 문자열을 printf라는 함수를 이용해 출력 • \n은 줄 바꿈 문자(개행 문자)가 있으므로, 줄 바꿈
04	• %d는 2를 10진수로 출력
05	• %d는 2를 10진수로 출력 • \n은 줄 바꿈 문자(개행 문자)가 있으므로, 줄 바꿈
06	• %d는 0을 10진수로 출력
07	• return 0이므로 함수가 끝나고 0을 반환 • main 함수가 int main()이기 때문에 return 값(반환 값)이 있어야 함

쌤의 Comment

한 줄에 여러 문장을 표시할 수 있나요? 또, 여러 줄에 걸쳐서 하나의 문장이 표시될 수도 있나요?

모두 맞아요! 하나의 문장이 둘 이상의 줄에 표시될 수도 있고, 한 줄에 둘 이상의 문장이 표시될 수도 있어요. 줄이 바뀌는 게 문장이 바뀌는 것을 의미하는 게 아니에요. Python과 다르게, C언어에서 문장의 끝을 표현할 때, 세미콜론 ;을 붙여야 해요. 아래 두 프로그램 모두 동일하나, 보기 편하게 한 줄에 한 문장을 표시하는 게 일반적이에요.

```
int main(void){
   printf("내일은 정보처리기사\n"); return 0;
}
```

```
int main(void){
   printf("내일은 정보처리기사\n");
   return 0;
}
```

C언어의 자료형 유형

자료형은 사용 가능한 자료의 종류를 말한다. C언어에서 지원하는 기본 자료형 유형은 정수형, 실수형, 문자형이 있다. 주로 사용하는 기본 자료형 유형은 int, float, double, char이다. 정수형에 한해서 unsigned 선언을 추가하면, 0 이상의 값만 표현하는 자료형이 되어서 같은 바이트여도 표현할 수 있는 값의 범위가 2배가 된다.

기본 자료형 유형	설명	언어별 사용 타입
		C
정수형 (Integer)	• 정수(소수점이 없는 숫자)를 저장할 때 사용 • 1, 2, –1	short, int, long, long long, unsigned short, unsigned int, unsigned long, unsigned long long
실수형 (Floating Point)	• 실수(소수점이 있는 숫자)를 저장할 때 사용 • 1.0, –3.14, 4.24e–10	**float, double**, long double
문자형 (Character)	• 문자 하나를 저장할 때 사용 • 작은 따옴표(' ') 안에 표기 • 'A', '1', '%'	**char**, unsigned char

쌤의 Comment

C언어에서 지원하는 자료형 유형을 더 알고 싶어요! 자료형 체계가 궁금해요.

배열, 구조체, 포인터 등 C언어에서 많은 개념들을 다루다 보니 각각이 어디에 속하는지 헷갈릴 텐데 이를 도식화하면 아래와 같아요. 실기 시험에 나오는 부분은 아니니 개념 이해를 위해 가볍게 보고 넘어가요. 기본 자료형에 각각 정수, 실수, 문자를 저장하는 정수형, 실수형, 문자형이 있고, 구조를 갖는 형에 배열형, 구조체 등이 있으며, 주소를 저장하기 위한 포인터형이 있다고 보면 돼요!

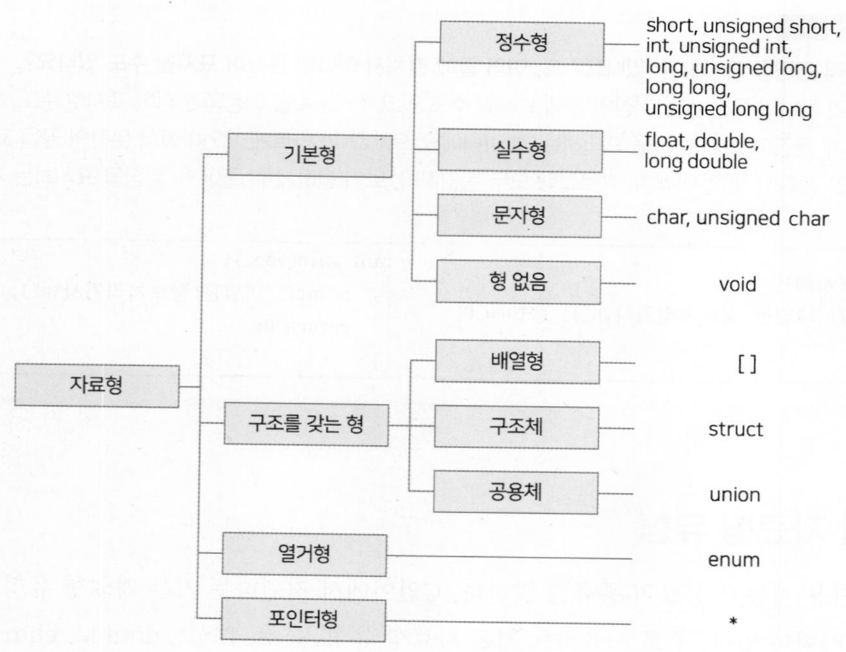

변수(Variable)

- 변수는 값을 저장할 수 있는 메모리 공간을 의미한다.

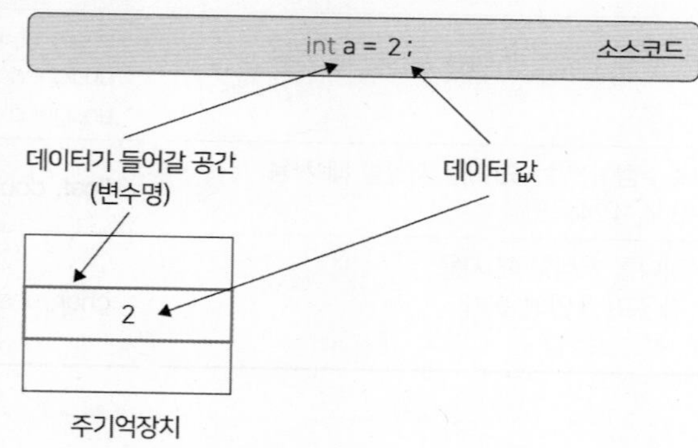

- 변수 선언은 어떤 자료형으로 변수를 사용할 것인지 선언하는 문장으로, 변수 선언과 동시에 초기화(initialization)할 수도 있고, 추후에 초기화할 수도 있다.
- 콤마를 이용하여 둘 이상의 변수를 동시에 선언하거나, 선언과 동시에 초기화할 수 있다.

구분		형식	예시
변수 1개	변수 선언	자료형 변수명;	int a;
	변수 선언+초기화	자료형 변수명 = 초깃값;	int a = 2;
변수 2개 이상	변수 선언	자료형 변수명, 변수명[, 변수명, ...];	int a, b;
	변수 선언+초기화	자료형 변수명 = 초깃값, 변수명 = 초깃값[, 변수명 = 초깃값, ...];	int a = 2, b = 3;

변수 작성 규칙

식별자 명명 규칙	사용 가능 예시	사용 불가능 예시
영문 대문자/소문자, 숫자, 밑줄(_) 사용	A, abc, a1004, _a	!a, ?a, %a
첫글자는 영문자, 밑줄(_) 사용, 숫자 사용 불가	ABC123, _a123	1, 1004, 3abc
변수의 중간에 공백이나 특수문자(밑줄 제외) 사용 불가	A_123	A/BC, H.ellow, A 123, text-color
예약어 변수 사용 불가		if, else, while, for, break, int, short, long

C언어의 표준 입·출력 함수

표준 입·출력 함수를 사용하기 전에 〈stdio.h〉 (Standard Input Output의 약자) 헤더를 선언해야 사용할 수 있다.

표준 출력 함수(printf)

printf 함수는 기본적으로 함수 안에 큰따옴표로 묶여 있는 문자열을 출력하는 함수이다. 그러나 줄바꿈을 하는 등 특수 문자를 출력하거나, '1990년도 출생자는 만 N살입니다' 등 출력 양식이 만들어진 상태에서 출력을 진행해야 할 때가 있다. 이를 위해 '특수문자(이스케이프 시퀀스(escape sequence))'와 '포맷 스트링(서식문자)'이 존재하며 이를 이용해 출력할 수 있다.

구분	형식	예시
문자열 출력	printf("문자열");	printf("내일은 정보처리기사");
특수 문자 출력	printf("문자열 특수문자 ...");	printf("내일은 정보처리기사\n");
포맷 스트링을 이용한 출력	printf("포맷 스트링이 포함된 문자열", 인자, ...);	printf("신년 %d월 %d일\n", 1, 1);

표준 입력 함수(scanf)

- scanf는 키보드로 입력받은 문자열에서 지정된 포맷 스트링으로 데이터를 읽는 함수이다.
- scanf의 포맷 스트링은 prinf의 포맷 스트링과 동일하다.

구분	형식	예시
포맷 스트링을 이용한 입력	("포맷 스트링이 포함된 문자열", 인자, ...);	scanf("신년 %d월 %일₩n", 1, 1);

① 특수 문자(Escape Sequence) 유형

특수 문자	설명
\n	**줄 바꿈(개 행)**
\t	**수평 탭(tab), 즉 커서를 일정 간격만큼 띄움**
\b	**백스페이스(backspace), 즉 커서를 왼쪽으로 한 칸 이동**
\'	작은 따옴표 출력
\"	큰 따옴표 출력
\\	\ 출력
\r	캐리지 리턴(carriage return)

② 포맷 스트링(Formatted String) 유형

구분	포맷 스트링	입·출력 대상(자료형)	입·출력 형태
정수형	**%d**	**char, short, int**	**부호 있는 10진수 정수** ***char의 경우 값에 대응하는 숫자**
	%ld	long	부호 있는 10진수 정수
	%lld	long long	부호 있는 10진수 정수
	%u	unsigned int	부호 없는 10진수 정수
	%o	unsigned int	부호 없는 8진수 정수
	%x, %X	unsigned int	부호 없는 16진수 정수 (%x는 문자 부분을 a~f, %X는 A~F로 표현)
실수형	**%f**	**float, double**	**10진수 방식의 부동소수점 실수**
	%Lf	long double	10진수 방식의 부동소수점 실수
	%e, %E	float, double	e 또는 E 방식의 부동소수점 실수
문자형	**%c**	**char, short, int**	**문자, 단, short, int의 경우 char형보다 큰 값이면 하위 1byte에 대응하는 문자 출력**
문자열	**%s**	**char ***	**문자열**
포인터	%p	void *	포인터의 주소 값

연산자

연산자는 프로그램 실행을 위해 연산을 표현하는 기호이다. 산술 연산자, 증감 연산자, 관계 연산자, 논리 연산자, 비트 연산자, 시프트 연산자, 대입 연산자, 삼항 연산자 등이 있다.

연산자 종류	기호	설명
증감 연산자	++, --	변수의 값을 증가하거나 감소시키는 연산자
산술 연산자	+, -, *, /, %	더하기, 빼기, 곱하기, 나누기, 나머지 연산자
시프트 연산자	<<, >>	비트 값을 왼쪽, 오른쪽으로 이동하여 연산하는 연산자
관계 연산자	>, <, >=, <=, ==, !=	두 변수의 관계를 비교하여 참(True), 거짓(False)을 반환하는 연산자
비트 연산자	&, |, ^, ~,	비트 단위(0, 1)로 연산하는 연산자
논리 연산자	!, &&, ||	두 개의 논리값을 연산하여 참(True), 거짓(False)을 반환하는 연산자
삼항 연산자 (조건 연산자)	(조건)?(참):(거짓);	조건이 참일 경우, (참) 부분을 반환하고, 조건이 거짓인 경우, (거짓) 부분을 반환하는 연산자
대입 연산자	=, +=, -=, *=, /=, %=, <<=, >>=	변수에 값을 대입하는 연산자

연산자 우선순위

연산자 우선순위는 단항 연산자 > 이항 연산자 > 삼항 연산자 순이다.

연산자 우선순위	연산기호	항의 개수	설명	결합방향
1	()	단항	함수호출	→
	[]	단항	인덱스	
	->	단항	간접지정	
	.	단항	직접지정	
	x++, x--	**단항**	**증감 연산 - postfix**	
2	**++x, --x**	**단항**	**증감 연산 - prefix**	←
	~	**단항**	**비트 연산(NOT)**	
	!	**단항**	**논리 연산(NOT)**	
	-2, +2	단항	부호 연산(음수와 양수의 표현)	
	&	**단항**	**주소 연산**	
	*	단항	간접지정 연산	
3	***, /, %**	**이항**	**산술 연산**	→
4	+, -	이항	산술 연산	

5	〈〈, 〉〉	이항	시프트 연산 – 비트 이동	
6	〈, 〉, 〈=, 〉=	이항	관계 연산 – 대소 비교	
7	==, !=	이항	관계 연산 – 동등 비교	
8	&	이항	비트 연산 – AND	
9	^	이항	비트 연산 – XOR	
10	|	이항	비트 연산 – OR	
11	&&	이항	논리 연산 – AND	
12	||	이항	논리 연산 – OR	
13	(조건식)?a:b	삼항	조건 연산(삼항 연산)	←
14	=, +=, −=, *=, /=, %=, 〈〈=, 〉〉=, &=, ^=, |=	대입	대입 연산	←
15	,		콤마 연산(구분 목적)	→

연산자 상세

연산자 종류	연산자	연산자의 기능
증감 연산자	변수의 값을 증가 또는 감소시키는 연산자	
	++x, −−x	전치 연산자로, 변수 x의 값을 1씩 증가(++x) 또는 감소(−−x)시킨 후 연산에 사용
	x++, x−−	후치 연산자로, 변수 x를 연산에 사용한 후, 1씩 증가(x++) 또는 감소(x−−)
산술 연산자	사칙연산과 동일한 연산자	
	*	곱하기
	/	나누기(나누기 후 몫)
	%	나머지(나누기 후 나머지 값)
	+	더하기
	−	빼기
시프트 연산자	비트를 이동할 때 사용	
	〈〈	비트를 왼쪽으로 이동, 빈칸은 0으로 채움
	〉〉	비트를 오른쪽으로 이동
관계 연산자	연산의 조건을 만족하면 참을 의미하는 1 반환, 만족하지 않으면 거짓을 의미하는 0 반환	
	〈	예) n1 〈 n2 n1이 n2보다 작은가?
	〉	예) n1 〉 n2 n1이 n2보다 큰가?

구분	연산자	설명
관계 연산자	<=	예) n1 <= n2 n1이 n2보다 작거나 같은가?
	>=	예) n1 >= n2 n1이 n2보다 크거나 같은가?
	==	예) n1 == n2 n1이 n2와 같은가?
	!=	예) n1 != n2 n1이 n2와 다른가?
비트 연산자	비트(bit) 단위(0, 1)로 논리 연산할 때 사용하는 연산자, 비트 연산을 수행할 때는 통상적으로 사용하는 10진수가 아닌 2진수로 변환해 비트 연산 수행	
	&	2진수 각 위치별 비트값이 서로 1일 때 1 반환, 아닌 경우 0 반환(비트 AND)
	|	2진수 각 위치별 비트값 하나라도 1인 경우 1 반환, 아닌 경우 0 반환(비트 OR)
	^	2진수 각 위치별 비트값이 서로 같으면 0 반환, 서로 다른 경우 1 반환(비트 XOR). 비트 연산 시 bit끼리 더하고 올림을 제거하면 됨
	~	비트의 값을 반대로 부정하는 연산
논리 연산자	연산되는 수식 결과의 논리 관계(논리값)을 정의하여 참, 거짓 반환	
	&&	예) A && B A와 B 모두 '참'이면 '참'을 반환하고, 그렇지 않으면 '거짓' 반환(논리 AND)
	||	예) A || B A와 B 둘 중 하나라도 '참'이면 '참'을 반환하고, 그렇지 않으면 '거짓' 반환(논리 OR)
	!	예) !A A가 '참'이면 '거짓', A가 '거짓'이면 '참'을 반환(논리 NOT) (주의) !0은 1, !1은 0을 의미
삼항 연산자	(조건식)?a:b	조건식이 참일 때 a를 반환하고 조건식이 거짓일 때 b를 반환
대입 연산자	변수에 값을 대입하는 연산자로 산술, 관계, 논리, 비트 연산자에 모두 적용 가능	
	=	a = b a에 b의 값을 대입
	+=	a += b는 a = a + b를 줄여서 표현
	-=	a -= b는 a = a - b를 줄여서 표현
	*=	a *= b는 a = a * b를 줄여서 표현
	%=	a %= b는 a = a % b를 줄여서 표현
	<<=	a << b는 a = a << b를 줄여서 표현
	>>=	a >> b는 a = a >> b를 줄여서 표현

쌤의 Comment

=과 ==의 차이가 헷갈려요!

C, Java, Python 언어 모두에서, =은 '대입 연산자'로 변수에 값을 할당할 때 사용하고, ==은 '관계 연산자'로 두 값이 같은지 비교할 때 사용해요. 프로그래밍 언어에서는 두 값이 같은지 비교할 때, '=='을 써야한다는 것을 꼭 기억해 두세요!

식별자(Indentifier) 표기법

표기법	설명	예시
카멜 표기법 (Camel Case)	첫 단어 시작만 소문자로 표시하고, 각 단어의 첫 글자는 대문자로 지정하는 표기법	inputFunction
파스칼 표기법 (Pascal Case)	각 단어의 첫 글자는 대문자로 지정하는 표기법	InputFunction
스네이크 표기법 (Snake Case)	단어 사이에 언더바를 넣는 표기법	input_function
헝가리안 표기법 (Hungarian Case)	• 두어에 자료형을 붙이는 표기법 • int형일 경우 n, char형일 경우 c, 문자형일 경우 sz를 붙임	nScore

기초 용어 정리

- 초기화(initialization): 변수를 선언함과 동시에 변수에 값을 지정해 주는 과정

쌤의 실전 Tip

연산자 우선 순위 쉽게 외우기 Tip!

증감 연산자 → 산술 연산자 → 시프트 연산자 → 관계 연산자 → 비트 연산자 → 논리 연산자 → 삼항 연산자 → 대입 연산자 → 증 산 시의 관계를 비트 논리를 통해 세(삼) 번 대입하자.

연·습·문·제

01 20년 10월

헝가리안 표기법(Hungarian Notation)에 대해 간략히 서술하시오.

해설 식별자 표기법

표기법	설명	예시
카멜 표기법 (Camel Case)	첫 단어 시작만 소문자로 표시하고, 각 단어의 첫 글자는 대문자로 지정하는 표기법	inputFunction
파스칼 표기법 (Pascal Case)	각 단어의 첫 글자는 대문자로 지정하는 표기법	InputFunction
스네이크 표기법 (Snake Case)	단어 사이에 언더바를 넣는 표기법	input_function
헝가리안 표기법 (Hungarian Case)	• 두어에 자료형을 붙이는 표기법 • int형일 경우 n, char형일 경우 c, 문자형일 경우 sz를 붙임	nScore

02 필기 23년 3월, 22년 8월

다음 C언어로 작성된 코드의 실행 결과를 쓰시오. (단, 출력문의 출력 서식을 준수하시오.)

```
#include <stdio.h>
main() {
    int a = 3, b = 4, c = 5;
    int r1, r2, r3;
    r1 = a < 4 && b <= 4;
    r2 = a > 3 || b <= 5;
    r3 = !c;
    printf("%d", r1 - r2 + r3);
}
```

해설

코드	설명
#include <stdio.h>	
main() {	
int a = 3, b = 4, c = 5;	① 정수형 a = 3, b = 4, c = 5 저장
int r1, r2, r3;	② 정수형 r1, r2, r3 선언
r1 = a < 4 && b <= 4;	③ r1 = 1 a < 4 && b <= 4; ⓐ 1 ⓑ 1 ⓒ 1 ⓐ 3 <= 4는 참(1) ⓑ 4 <= 4는 참(1) ⓒ ⓐ && ⓑ은 둘 다 참일 경우, 참(1)
r2 = a > 3 || b <= 5;	④ r2 = 1 a > 3 || b <= 5; ⓐ 0 ⓑ 1 ⓒ 1 ⓐ 3 > 3는 거짓(0) ⓑ 4 < 5는 참(1) ⓒ ⓐ || ⓑ은 둘 중 하나라도 참일 경우, 참(1)
r3 = !c;	⑤ r3 = 0 !c; 0 이외의 수는 참으로 결정되므로, 거짓(0) 반환
printf("%d", r1 − r2 + r3);	⑥ r1 − r2 + r3 = 1 − 1 + 0 0 출력
}	

외우기 Tip! 증감 연산자 → 산술 연산자 → 시프트 연산자 → 관계 연산자 → 비트 연산자 → 논리 연산자 → 삼항 연산자 → 대입 연산자 → 증 산 시의 관계를 비트 논리를 통해 세(삼) 번 대입하자.

03 필기 22년 4월

다음 C언어로 작성된 코드의 실행 결과를 쓰시오. (단, 출력문의 출력 서식을 준수하시오.)

```
#include <stdio.h>
int main(int argc, char *argv[]){
    int a = 5, b = 3, c = 12;
    int t1, t2, t3;
    t1 = a && b;
    t2 = a || b;
    t3 = !c;
    printf("%d", t1 + t2 + t3);
    return 0;
}
```

해설

#include <stdio.h>	
int main(int argc, char *argv[]){	
int a = 5, b = 3, c = 12;	① 정수형 a = 5, b = 3, c = 12 저장
int t1, t2, t3;	② 정수형 t1, t2, t3 선언
t1 = a && b;	③ t1 = 1 a && b = 5 && 3은 둘 다 참인 경우 참을 반환하는 것으로 참(1)
t2 = a || b;	④ t2 = 1 a || b = 5 || 3은 하나 이상이 참이면 참을 반환하는 것으로, 둘 다 참으로 참(1)
t3 = !c;	⑤ t3 = 0 !c = !12로 NOT 조건으로 0 이외의 수 앞에 ! 붙이면 거짓(0)
printf("%d", t1 + t2 + t3);	⑥ t1 + t2 + t3 = 1 + 1 + 0 = 2 2 출력
return 0;	
}	

04 필기 21년 8월

다음 C언어로 작성된 코드의 실행 결과를 쓰시오. (단, 출력문의 출력 서식을 준수하시오.)

```
#include <stdio.h>
int main(void) {
    int a = 3, b = 4, c = 2;
    int r1, r2, r3;

    r1 = b <= 4 || c == 2;
    r2 = (a > 0) && (b < 5);
    r3 = !c;

    printf("%d", r1 + r2 + r3);
    return 0;
}
```

해설

#include <stdio.h>	
int main(void) {	
int a = 3, b = 4, c = 2;	① 정수형 a = 3, b = 4, c = 2 저장
int r1, r2, r3;	② 정수형 r1, r2, r3 선언
r1 = b <= 4 || c == 2;	③ r1 = 1 b <= 4 || c == 2; ⓐ 1 ⓑ 1 ⓒ 1 ⓐ 4 <= 4는 참(1) ⓑ 2 == 2는 참(1) ⓒ ⓐ || ⓑ은 둘 중 하나라도 참일 경우, 참(1)
r2 = (a > 0) && (b < 5);	④ r2 = 1 (a > 0) && (b < 5); ⓐ 1 ⓑ 1 ⓒ 1 ⓐ 3 > 0는 참(1) ⓑ 4 < 5는 참(1) ⓒ ⓐ && ⓑ은 둘 다 참일 경우, 참(1)

r3 = !c;	⑤ r3 = 0 !c = !2로 NOT 조건으로 0 이외의 수 앞에 ! 붙이면 거짓(0)
printf("%d", r1 + r2 + r3);	⑥ r1 + r2 + r3 = 1 + 1 + 0 2 출력
return 0;	
}	

정답

01 | 헝가리안 표기법은 **변수명 작성 시** 변수의 자료형을 알 수 있도록 **자료형을 의미하는 문자를 포함하여 작성**하는 방법이다.

02 | 0

03 | 2

04 | 2

049 C언어 - 조건문과 반복문 ★★★

학 · 습 · 포 · 인 · 트

C언어에서 반드시 한 문제 이상 출제되는 부분이다. 조건문을 단독으로 물어 보는 경우는 거의 없고, 반복문과 조건문을 같이 물어 보는 경우가 많다. for문 + 조건문, while문 + 조건문, switch문 + break / continue 등을 묻는 문제가 출제되었다. for문과 while문, 이중 for문, 그리고 break / continue, switch문과 break / continue, do~while문이 출제 포인트이니 이를 중심으로 연습문제를 학습해 둔다.

대표 기출 유형

다음 C언어로 구현된 프로그램을 분석하여 그 실행 결과를 쓰시오. (단, 출력문의 출력 서식을 준수하시오.) **20년 10월**

```
#include <stdio.h>
void main() {
    int i = 0, c = 0;
    while (i < 10) {
        i++;
        c *= i;
    }
    printf("%d", c);
}
```

정답

0

while문에 대해 묻는 문제이다. c가 0이므로 어떤 수를 곱해도 0이 된다.

#include ⟨stdio.h⟩	
void main() {	
int i = 0, c = 0;	① 변수 i와 c를 0으로 초기화
while (i ⟨ 10) {	② i가 10 미만일 때까지 while 루프 실행
i++;	③ i를 1만큼 증가
c *= i;	④ c에 c*i의 값 대입, c가 0이므로 0*1=0으로 c에는 0이 대입됨. c가 0이므로 이후에 무엇을 곱하더라도 결과는 0이 됨
}	
printf("%d", c);	⑤ c의 값 0 출력
}	

필수 핵심 이론

명령문(Statement) 개념

- 명령문은 프로그램을 구성하는 문장으로, 지시사항을 처리하는 단위이다.
- 기본적인 문법들의 종류가 매우 많은 것은 아니며, 언어마다 유사한 문법 체계를 사용한다.
- 명령문은 조건문, 반복문으로 구성되어 있다.

조건문 개념

조건문은 조건의 참, 거짓 여부에 따라 실행 경로를 달리하는 if문과 여러 경로 중의 하나를 선택하는 switch문으로 구분한다.

if문

if문은 조건이 참인지 거짓인지에 따라 경로를 선택하는 명령문이다.

코드	설명
if (조건식){	if문의 조건식이 참일 경우 if 안에 있는 문장1 실행
문장1;	
}	
else if (조건문){	• if문의 조건이 거짓이면서 else if문의 조건이 참일 경우 else if 안에 있는 문장2 실행 • else if는 여러 개 사용 가능
문장2;	
}	
else {	else는 if문의 조건문이 거짓이고 여러 개의 else if 조건문이 모두 거짓일 때 else 안에 있는 문장3 실행(else는 사용하지 않거나 한 번만 사용)
문장3;	
}	

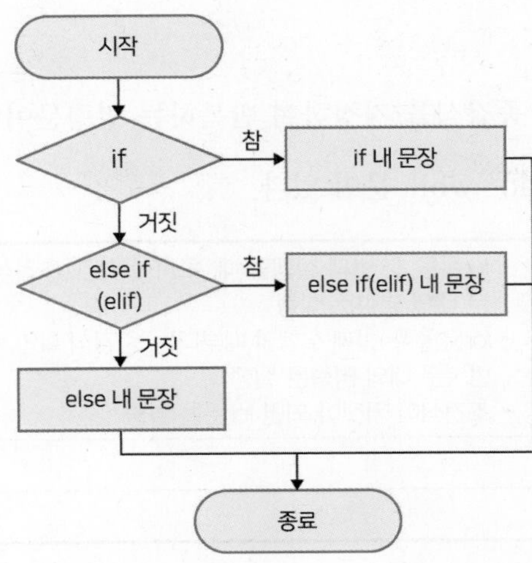

switch문

- switch문은 조건에 따라 여러 개의 선택 경로 중 하나를 취하고자 할 때 사용하는 명령문이다.
- switch문에서는 조건에 해당하는 case로 이동을 한다.
- 파이썬에는 switch문이 없다.

구문	설명
switch (식){	• switch문에 식을 계산해서 일치하는 값을 가진 case 문(문장1)을 실행 • break를 만나면 switch문 탈출
case 값:	
문장1;	
break;	
default;	switch문에 식이 어떠한 case의 값도 만족하지 않으면 default로 진입해 문장2 실행(default는 없어도 됨)
문장2;	
}	

반복문

- 반복문은 특정 부분을 조건이 만족할 때까지 실행하도록 하는 명령문이다.
- 반복문을 사용할 때 특별한 조건이 없으면 무한 처리를 반복(무한 루프)하게 된다.

for문

- for문은 초기식, 조건식, 증감식을 지정하여 반복하는 명령문이다.
- 반복문에는 for, while, do~while문이 있다.

for (초기식; 조건식; 증감식){	• for문을 첫 번째 실행할 때, 초기식 확인, 조건식 확인 후 조건식이 참이면 반복문 내의 명령문 실행 • for문을 두 번째 실행할 때부터는, 증감식 확인, 조건식 확인 후 조건식이 참이면 반복문 내의 명령문 실행 • 조건식이 거짓이 되면 for문을 탈출
문장;	
}	

while문

while문은 조건이 참인 동안에 해당 분기를 반복해서 실행하는 명령문이다.

while(조건문){	• 조건문이 참이면 해당 분기를 반복해서 실행 • 조건문이 거짓이 되면 while문을 탈출 • 자바의 경우 while의 조건문이 boolean 타입이 아닌 경우 오류 발생(즉, C의 경우 while(1) 등도 가능하지만 자바의 경우 불가)
문장;	
}	

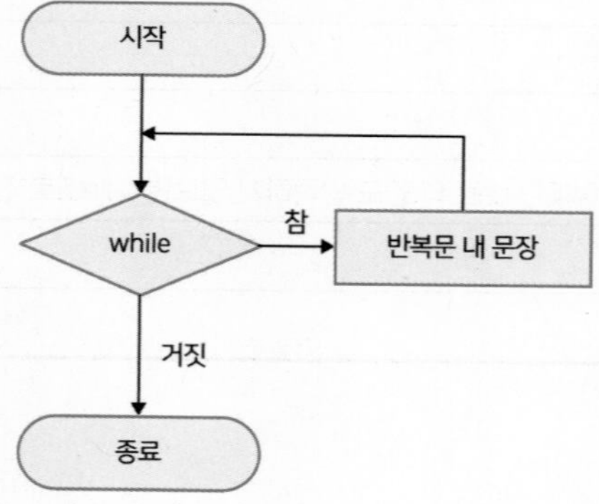

do~while문

- do~while문은 참, 거짓과 관련 없이 무조건 한 번은 실행하고, 그 다음부터는 조건이 참인 동안에 해당 분기를 반복해서 실행하는 명령문이다.
- 파이썬에는 do~while문이 없다.

do{	참, 거짓과 관련 없이 무조건 한 번은 실행
문장;	
} while(조건문);	조건문이 참이면 해당 분기를 반복해서 실행하고, 조건문이 거짓이 되면 do~while문을 탈출

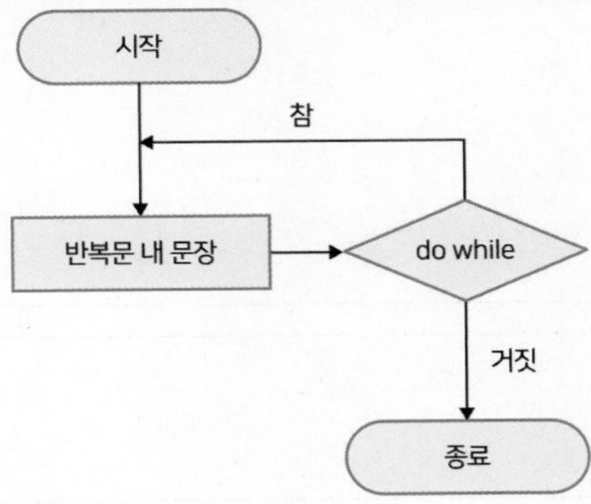

break, continue

C언어의 제어문에는 break문과 continue문이 있으며, break문은 '반복문(for, while, do~while)'이나 'switch 조건문'을 탈출할 때 사용되는 예약어이다. 한편, continue문은 잔여 코드를 건너뛰고 '반복문(for, while, do~while)'의 조건식 부분으로 돌아가는 데 사용되는 예약어이다.

연·습·문·제

01 20년 10월

다음 C언어로 구현된 프로그램을 분석하여 그 실행 결과를 쓰시오. (단, 출력문의 출력 서식을 준수하시오.)

```
#include <stdio.h>
void main() {
    int i = 0, c = 0;
    while (i < 10) {
        i++;
        c *= i;
    }
    printf("%d", c);
}
```


해설 while문에 대해 묻는 문제이다. c가 0이므로 어떤 수를 곱해도 0이 된다.

#include <stdio.h>	
void main() {	
int i = 0, c = 0;	① 변수 i와 c를 0으로 초기화
while (i < 10) {	② i가 10 미만일 때까지 while 루프 실행
i++;	③ i를 1만큼 증가
c *= i;	④ c에 c*i의 값 대입. c가 0이므로 0*1=0으로 c에는 0이 대입됨. c가 0이므로 이후에 무엇을 곱하더라도 결과는 0이 됨
}	
printf("%d", c);	⑤ c의 값 0 출력
}	

02 22년 5월

다음은 정수를 역순으로 출력하는 C언어 프로그램이다. 예를 들어, 1234의 역순은 4321이다. 단, 1230처럼 0으로 끝나는 정수는 고려하지 않는다. 다음 C코드에서 괄호(①~③)에 들어갈 알맞은 연산자를 쓰시오.

```
#include <stdio.h>
int main() {
  int num = 1234;
  int div = 10, res = 0;
  while (num (  ①  ) 0) {
    res = res * div;
    res = res + num (  ②  ) div;
    num = num (  ③  ) div;
  }
  printf("%d", res);
  return 0;
}
```

①
②
③

해설

#include <stdio.h>	
int main() {	
int num = 1234;	① 정수형 변수 num 선언 및 1234로 초기화
int div = 10, res = 0;	② 정수형 변수 div와 result를 선언하고 각각 10과 0으로 초기화
while (num (①) 0) {	③ 역순으로 출력하려면 num은 0이 아니거나 0보다 클 때까지 수행되어야 함
res = res * div;	④ 새로운 나머지를 더하기 전에 기존의 나머지가 저장된 res에 10(=div)을 곱함
res = res + num (②) div;	⑤ 기존의 나머지에, num % div을 통해 구한 새로운 나머지를 더한 후 이를 res에 다시 저장
num = num (③) div;	⑥ 다음 나머지를 구하기 위해 num을 10(=div)으로 나눔
}	
printf("%d", res);	⑦ res의 값인 4321을 출력
return 0;	⑧ 0을 반환하며 함수 종료
}	

while문의 실행에 따른 변수들의 변화는 다음과 같다.

num	div	res
1234 123	10	0 0 4
12		40 43
1		430 432
0		4320 4321

03 22년 10월

다음 C언어로 구현된 프로그램을 분석하여 그 실행 결과를 쓰시오. (단, 출력문의 출력 서식을 준수하시오.)

```
#include <stdio.h>
void main() {
    int i, j, s;
    int el = 0;
    for (i = 6; i <= 30; i++) {
        s = 0;
        int k = i / 2;
        for (j = 1; j <= k; j++)
            if (i % j == 0)
                s = s + j;
        if (s == i)
            el++;
    }
    printf("%d", el);
}
```

해설 이중 for문과 if문에 대해 묻는 문제이다. 어떤 정수의 약수 중 자신을 제외한 약수를 모두 합하면 자신과 같아지는 수가 있는데, 이를 완전수(Prime Number)라고 하며 위 코드는 이러한 완전수를 찾아 개수를 출력하는 코드이다. 가령 6이 완전수에 해당하는데, 6은 약수로 1, 2, 3, 6을 갖고, 자신을 제외한 약수 1, 2, 3을 모두 합하면 1 + 2 + 3 = 6 자기 자신이 되어 6은 완전수다. 위 프로그램은 6부터 30까지 정수 중 이러한 완전수를 찾아 출력하는 코드이다.

코드	설명
#include <stdio.h>	
void main() {	
int i, j, s;	① 정수형 변수 i, j, s 선언
int el = 0;	② 정수형 변수 el을 0으로 초기화
for (i = 6; i <= 30; i++) {	③ i는 6부터 30까지 ④~⑩을 반복 수행
s = 0;	④ 변수 s에 0 대입
int k = i / 2;	⑤ k에 i를 2로 나눈 값을 대입. i의 약수를 구할 때는 1~i까지 계산하지 않고 1~i/2까지만 계산해도 i의 약수를 구할 수 있음. i의 약수는 1, (2,)... (i/2), i의 형태일 것이기 때문
for (j = 1; j <= k; j++)	⑥ j를 1씩 증가시키면서 1부터 k(=i/2)까지 ⑥~⑧을 반복 수행
if (i % j == 0)	⑦ i를 j로 나눈 나머지가 0이면 ⑧ 실행, 아니면 현재 반복문의 처음인 ⑥으로 이동
s = s + j;	⑧ s에 s + j 대입. 구해진 약수를 더하는 과정에 해당
if (s == i)	⑨ s와 i의 값이 같으면 약수를 모두 더한 값과 자신이 같은 수를 찾은 것이므로 ⑩으로 이동, 아니면 현재 반복문의 처음인 ③으로 이동
el++;	⑩ 완전수 개수(=el)를 1 증가
}	
printf("%d", el);	⑪ el의 값 2를 출력
}	

이중 for문 실행에 따른 변수들의 변화는 다음과 같다.

i (약수)	j	s (구해진 약수의 합)	k	el (완전수 개수)
				0
6		0	3	
	1	1		
	2	3		
	3	6		
	4			1
7		0	3	
	1	1		
	2			
	3			
	4			
...	...	...	...	...

정답

01 | 0

02 | ① != 또는 >, ② %, ③ /

03 | 2

050 C언어 - 포인터와 배열 ★★★

학·습·포·인·트

C언어에서 한 문제 이상 출제되는 부분 중 하나이다. 포인터는 다른 언어에 없는 개념으로, 포인터 연산, 1차원 배열에서의 활용을 공부하고, 시간이 남는다면 최근에는 난이도를 높이기 위해 2차원 배열, 문자열까지 물어 보고 있으니 심화 학습을 해 두면 좋다.

대표 기출 유형

다음 C언어로 작성된 코드의 실행 결과를 쓰시오. (단, 출력문의 출력 서식을 준수하시오.)

21년 10월

```
#include <stdio.h>
int main(){
    int* arr[3];
    int num1 = 12, num2 = 24, num3 = 36;
    arr[0] = &num1;
    arr[1] = &num2;
    arr[2] = &num3;
    printf("%d", *arr[1] + **arr + 1);
}
```

정답

37

1차원 배열과 포인터에 대한 문제이다. 특히, 포인터를 자유자재로 활용할 수 있는지에 대한 문제이다. &는 주솟값, *는 주소에 해당하는 값을 나타내고, 이 둘은 서로 반대 기능이므로 *(&)와 같이 두 연산이 같이 쓰이면 서로 상쇄된다.

#include <stdio.h>	
int main(){	
int* arr[3];	① 크기가 3인 정수형 포인터 배열 선언
int num1 = 12, num2 = 24, num3 = 36;	② 정수형 변수 num1, num2, num3 선언 및 각각 12, 24, 36으로 초기화
// 정수형 배열 초기화	
arr[0] = &num1;	③ arr[0]에는 num1의 주소 저장

arr[1] = &num2;	④ arr[1]에는 num2의 주소 저장
arr[2] = &num3;	⑤ arr[2]에는 num3의 주소 저장
// 포인터 연산	
printf("%d", *arr[1] + **arr + 1);	⑥ *arr[1]은 *(&num2)로 *과 &는 반대 연산으로 서로 상쇄돼어 num2만 남게 되고, 따라서 *arr[1]은 b인 24가 됨 • **arr은 *arr[0]이고 이 역시 *(&num1)로 *와 &는 반대 연산이 되어 상쇄되어 *arr[0]은 num1인 12가 됨 • 따라서 *arr[1] + **arr + 1은 24 + 12 + 1이므로 37이 출력됨
}	

필수 핵심 이론

배열 개념 및 선언 방법

- 배열은 같은 타입의 변수들로 이루어진 집합이다.
- 배열은 여러 자료를 묶어서 하나의 단위로 처리할 수 있게 하는 구조적 자료형이다.
- 배열 요소 개수에 정의된 숫자만큼 같은 타입의 데이터 공간이 할당된다.
- 초깃값을 선언하지 않을 경우 쓰레기 값이 저장된다.
- 배열을 선언할 때 배열의 크기를 생략하는 경우에는 반드시 초깃값을 지정해야 초기값을 지정한 개수만큼의 배열이 선언된다.
- 배열 요소 개수보다 적은 개수만큼 초기화할 경우 초깃값이 명시되지 않은 값들은 자동으로 0으로 초기화된다.

1차원 배열 선언 방법

자료형 변수명[개수];	• 초깃값이 없는 경우 • 자료형: 배열에 저장할 자료의 형 지정 • 변수명: 사용할 배열의 이름으로 사용자가 임의로 지정 • 개수: 배열의 크기를 지정하는 것으로 생략 가능
자료형 변수명[개수] = {초깃값};	초깃값이 있는 경우

2차원 배열 선언 방법

2차원 배열은 변수들을 평면, 즉 행과 열로 조합한 배열이다.

자료형 변수명[행개수][열개수];	• 자료형: 배열에 저장할 자료의 형 지정 • 변수명: 사용할 배열의 이름으로 사용자가 임의로 지정 • 행 개수: 배열의 행 크기 지정 • 열 개수: 배열의 열 크기 지정
자료형 변수명[행개수][열개수] = {{초깃값},{초깃값}};	초깃값이 있는 경우

배열 형태의 문자열 변수

- C언어에서는 큰따옴표(" ")로 묶인 글자는 글자 수에 관계없이 문자열로 처리된다.
- C언어에는 문자열을 저장하는 자료형이 없기 때문에 배열, 또는 포인터를 이용하여 처리한다.
- 배열 형태의 문자열을 선언하고 초기화하는 방식은 다음과 같다.

```
char 배열이름[크기] = "문자열"
```

- 배열에 문자열을 저장하면 문자열의 끝을 알리기 위한 널 문자('\0')가 문자열 끝에 자동으로 삽입된다.
- 배열에 문자열을 저장할 때는 배열 선언 시 초깃값으로 지정해야 하며, 이미 선언된 배열에는 문자열을 저장할 수 없다.
- 문자열 끝에 자동으로 널 문자('\0')가 삽입되므로, 널 문자까지 고려하여 배열 크기를 지정해야 한다.

포인터 개념 및 선언 방법

- 포인터는 변수의 주소값을 저장하는 공간이다. C언어에서는 주소를 제어할 수 있는 기능을 제공한다. 자바나 파이썬에는 없는 기능이다.
- 포인터변수의 선언과 초기화 방법은 다음과 같다.

```
자료형 * 포인터변수명 = &변수명
```

- 자료형 뒤에 *를 붙이면 주소를 저장하는 포인터 변수라는 의미이고, 일반 변수명에 &를 붙이면 해당 변수명은 주소값이다.

- 변수의 주소를 알아내기 위해서는 포인터 변수 앞에 번지 연산자 &를 붙이고(a=&b;), 변수의 값을 알아내기 위해서는 포인터 변수 앞에 간접 연산자 *를 붙인다(c=*a;).
- 포인터 변수는 필요에 의해 동적으로 할당되는 메모리 영역인 힙 영역에 접근하는 동적 변수이다.
- 포인터 변수의 용도: 연결된 자료 구조 구성 목적, 동적으로 할당된 자료 구조 구성 목적, 배열을 인수로 전달하기 위한 목적, 문자열 표현 목적, 커다란 배열에서 요소를 효율적으로 저장하기 위한 목적, 메모리에 직접 접근하기 위한 목적 등으로 사용된다.

포인터와 배열

배열을 포인터 변수에 저장한 후 포인터를 이용해 배열의 요소에 접근할 수 있다.

int a[3], *b;	
b = a;	배열의 대표명을 적었으므로 a 배열의 시작 주소인 a[0]의 주소를 b에 저장
b = &a[0];	a 배열의 첫 번째 요소인 a[0]의 주소(&)를 b에 저장

배열의 주소	배열 표기법	배열의 값
&a[0] == a == b	a[0]	*(a+0)
&a[1] == (a+1)	a[1]	*(a+1)
&a[2] == (a+2)	a[2]	*(a+2)

쌤의 Comment

언어별 배열 초기화 방식이 헷갈려요!

① Python은 배열을 선언만 하면 빈 배열로 초기화된다.

② C는 배열을 선언만 하면 메모리에 있는 쓰레기값으로 초기화된다.

③ JAVA에서는 배열을 선언만 해도 데이터 타입의 default값으로 초기화된다. 가령 int형 배열은 0으로 초기화된다.

	배열 초기화 방법	예시				
C	int result[5];	-858993460	-858993460	-858993460	-858993460	-858993460
	int result[5] = {5};	5	0	0	0	0
JAVA	int result[] = new int[5];	0	0	0	0	0
	int[] result = {5};	5				
Python	result = [5]	5				

쌤의 실전 Tip

언어별 배열 초기화 방식

- C에서는 배열 선언하고 값 채우다가 말면 나머지는 0으로 자동으로 초기화
- JAVA는 값 안 채워도 선언만 해도 0(또는 default값)으로 자동으로 초기화

기초 용어 정리

- 힙(heap) 영역: 프로그래머의 필요에 의해 할당과 소멸이 이루어지는 기억공간 영역. 메모리 동적 할당에 사용되는 영역
- 메모리 동적 할당: 프로그램이 실행되는 중에 입력되는 자료에 따라 기억공간의 크기를 결정할 수 있는 기억공간 확보 방법

연·습·문·제

01 22년 10월

다음 C언어로 작성된 코드의 실행 결과를 쓰시오. (단, 출력문의 출력 서식을 준수하시오.)

```
#include <stdio.h>
void main() {
  int i, j, k;
  int result[5] = {5};
  int arr[] = {77, 32, 10, 99, 50};
  printf("%d", result[3]);

  for(i = 0; i < 5; i++) {
    result[i] = 1;
    for(j = 0; j < 5; j++) {
      if(arr[i] < arr[j])
        result[i]++;
    }
  }

  for(k = 0; k < 5; k++) {
    printf("%d", result[k]);
  }
}
```

해설 배열과 반복문에 대한 문제다. 위 코드는 정수형 배열 arr 안에서 각 원소의 상대적인 순위를 결정하는 알고리즘이다. 1차원 배열을 순회하며 각 원소가 배열 안에서 갖는 상대적인 순위를 계산해 출력하면 된다. 참고로, C에서 배열을 선언하고 초기화하지 않으면 기본적으로 가비지값이 들어가나, 하나의 값 이상만 초기화했을 경우 초기화하지 않은 나머지 값은 0으로 초기화된다는 것을 기억해 둔다. 한편, JAVA에서는 배열을 선언하고 초기화하지 않아도 모든 원소가 자동으로 0으로 초기화된다.

코드	설명
#include <stdio.h>	
void main() {	
int i, j, k;	① 정수형 변수 i, j, k 선언
int result[5] = {5};	② 정수형 배열 result의 크기가 5이고, 배열의 첫 번째 원소는 5로 초기화. 나머지는 초깃값이 지정되지 않았으므로 0으로 초기화 result: [0] 5, [1] 0, [2] 0, [3] 0, [4] 0
int arr[] = {77, 32, 10, 99, 50};	③ 5개의 원소를 갖는 정수형 배열 arr 선언하고 초기화 arr: [0] 77, [1] 32, [2] 10, [3] 99, [4] 50
printf("%d", result[3]);	④ result[3]은 0이므로 0 출력
for(i = 0; i < 5; i++) {	⑤ i가 0부터 5 미만인 동안 i를 1씩 증가하면서 ⑥~⑨ 반복 수행
result[i] = 1;	⑥ result[i]에 1 대입. 다른 원소와 순위 빅 전에는 자기 자신이 1순위일 것이기 때문에 1 대입
for(j = 0; j < 5; j++) {	⑦ j가 0부터 5 미만인 동안 j를 1씩 증가하면서 ⑧~⑨ 반복 수행
if(arr[i] < arr[j])	⑧ arr[i]가 arr[j]면 ⑨ 수행, 아니면 반복문의 시작인 ⑦로 이동
result[i]++;	⑨ result[i]를 1만큼 증가
}	
}	
for(k = 0; k < 5; k++) {	⑩ k는 0부터 5 미만이면 아래 수행
printf("%d", result[k]);	⑪ result[k] 출력
}	
}	

for문 실행에 따른 변수들의 변화는 다음과 같다.

i	j	arr[i]	arr[j]	result (배열의 각 원소의 순위 저장) [0]	[1]	[2]	[3]	[4]
				5	0	0	0	0
0				1	0	0	0	0
	0	77	77					
	1		32					
	2		10					
	3		99	2	0	0	0	0
	4		50					
	5							
1				2	1	0	0	0
	0	32	77	2	2	0	0	0
	1		32					
	2		10					
	3		99	2	3	0	0	0

	4		50	2	4	0	0	0
	5							
2				2	4	1	0	0
	0	10	77	2	4	2	0	0
	1		32	2	4	3	0	0
	2		10					
	3		99	2	4	4	0	0
	4		50	2	4	5	0	0
	5							
3				2	4	5	1	0
	0	99	77					
	1		32					
	2		10					
	3		99					
	4		50					
	5							
4				2	4	5	1	1
	0	50	77	2	4	5	1	2
	1		32					
	2		10					
	3		99	2	4	5	1	3
	4		50					
	5							
5								

외우기 Tip! C에서는 배열 선언하고 값 채우다가 말면 나머지는 0으로 자동으로 초기화. JAVA는 값 안 채워도 선언만 해도 0(또는 default값)으로 자동으로 초기화

02 20년 11월

다음 C언어로 작성된 코드의 실행 결과를 쓰시오. (단, 출력문의 출력 서식을 준수하시오.)

```
#include <stdio.h>
int main() {
    char* p = "KOREA";
    printf("%s\n", p);
    printf("%s\n", p + 3);
    printf("%c\n", *p);
    printf("%c\n", *(p + 3));
    printf("%c\n", *p + 2);
    return 0;
}
```

해설 포인터와 printf문 활용에 대한 문제이다. %s는 문자열을 출력하는 데에 사용되고, %c는 단일 문자를 출력하는 데 사용되는 포맷 스트링이다.

#include <stdio.h>	
int main() {	
char* p = "KOREA";	문자형 포인터 변수 p를 선언하고 문자열 "KOREA"가 저장된 곳의 주소를 저장
printf("%s\n", p);	"KOREA"를 출력 – %s는 문자열을 출력하는 포맷 스트링
printf("%s\n", p + 3);	포인터를 3만큼 이동하여 "EA"를 출력
printf("%c\n", *p);	포인터가 가리키는 위치의 문자 'K'를 출력 – %c는 단일 문자를 출력하는 포맷 스트링
printf("%c\n", *(p + 3));	포인터가 가리키는 위치의 문자 'E'를 출력
printf("%c\n", *p + 2);	포인터가 가리키는 위치의 문자 'K'에 2를 더하여 ASCII 코드에 따라 문자를 출력
return 0;	
}	

주의할 점은 %s와 %c 모두 문자열 포인터 변수 p를 출력 대상으로 받을 수 있다는 점이다. %s는 문자열 포인터 변수 p를 출력 대상으로 받으면, 해당 포인터가 가리키는 문자열을 출력한다. 즉, "KOREA"를 출력한다. 그러므로 단일 문자를 출력하고 싶다면 *p와 같이 해당 주소가 가리키는 값을 출력 대상으로 받아와야 한다. 따라서, 세 번째 printf문에서 *p를 사용해 포인터가 가리키는 'K'를 출력하고 있다.

포맷 스트링(Formatted String) 유형

포맷 스트링	입·출력 대상(자료형)	설명
%d	**char, short, int**	**부호 있는 10진수 정수 출력** ***char의 경우 값에 대응하는 숫자**
%u	**unsigned int**	**부호 없는 10진수 정수**
%o	unsigned int	부호 없는 8진수 정수
%x, %X	unsigned int	부호 없는 16진수 정수
%f	**float, double**	**10진수 실수 출력**
%c	**char, short, int**	**단일 문자 출력** ***short, int의 경우 값에 대응하는 문자**
%s	**char ***	**문자열 출력**
%p	void *	포인터의 주소 출력

03 21년 7월

다음 C언어로 작성된 코드의 실행 결과를 쓰시오. (단, 출력문의 출력 서식을 준수하시오.)

```
#include <stdio.h>
int main() {
    int arr[3];
    int s = 0;
    *(arr + 0) = 1;
    arr[1] = *(arr + 0) + 2;
    arr[2] = *arr + 3;
    for(int i = 0; i < 3; i++){
        s = s + arr[i];
    }
    printf("%d", s);
}
```

해설 배열과 포인터의 활용과 관련된 문제이다. 배열 arr를 선언하고 초기화한 후, 배열의 각 요소의 합을 구하는 코드이다.

#include <stdio.h>	
int main() {	
// 배열 arr 선언	
int arr[3];	① 배열의 크기가 3인 arr 선언
int s = 0;	② 정수형 변수 s 선언 및 0으로 초기화
// 배열 초기화	
*(arr + 0) = 1;	③ *(arr+0)은 배열의 첫 번째 요소를 가리키므로 배열의 첫 번째 요소에 1을 할당
arr[1] = *(arr + 0) + 2;	④ *(arr+0)는 1이므로 1 + 2 = 3을 arr[1]에 할당
arr[2] = *arr + 3;	⑤ *arr 역시 *(arr+0)과 같은 의미로 배열의 첫 번째 요소를 의미하며, *arr + 3은arr[0] + 3으로 1 + 3 = 4를 arr[2]에 할당
// 배열의 합 계산 부분	
for(int i = 0; i < 3; i++){	⑥ i가 0부터 3 미만인 동안 i를 1씩 증가면서 ⑦을 반복 수행
s = s + arr[i];	⑦ s에 각 요소의 값을 더함. 즉, 배열의 각 요소의 합을 계산하는 부분
}	
printf("%d", s);	⑧ 변수 s의 값인 8을 출력
}	

04 **21년 10월**

다음 C언어로 작성된 코드의 실행 결과를 쓰시오. (단, 출력문의 출력 서식을 준수하시오.)

```
#include <stdio.h>
int main(){
    int* arr[3];
    int num1 = 12, num2 = 24, num3 = 36;
    arr[0] = &num1;
    arr[1] = &num2;
    arr[2] = &num3;
    printf("%d", *arr[1] + **arr + 1);
}
```

해설 1차원 배열과 포인터에 대한 문제이다. 특히, 포인터를 자유자재로 활용할 수 있는지에 대한 문제이다. &는 주솟값, *는 주소에 해당하는 값을 나타내고, 이 둘은 서로 반대 기능이므로 *(&)와 같이 두 연산이 같이 쓰이면 서로 상쇄된다.

#include 〈stdio.h〉	
int main(){	
int* arr[3];	① 크기가 3인 정수형 배열 선언
int num1 = 12, num2 = 24, num3 = 36;	② 정수형 변수 num1, num2, num3 선언 및 각각 12, 24, 36으로 초기화
// 정수형 배열 초기화	
arr[0] = &num1;	③ arr[0]에는 num1의 주소 저장
arr[1] = &num2;	④ arr[1]에는 num2의 주소 저장
arr[2] = &num3;	⑤ arr[2]에는 num3의 주소 저장
// 포인터 연산	
printf("%d", *arr[1] + **arr + 1);	⑥ *arr[1]은 *(&num2)로 *과 &는 반대 연산으로 서로 상쇄되어 num2만 남게 되고, 따라서 *arr[1]은 b인 24가 됨. • **arr은 *arr[0]이고 이 역시 *(&num1)로 *와 &는 반대 연산이 되어 상쇄되어 *arr[0]은 num1인 12가 됨. • 따라서 *arr[1] + **arr + 1은 24 + 12 + 1이므로 37이 출력됨
}	

05 22년 7월

다음 C언어로 작성된 코드의 실행 결과를 쓰시오. (단, 출력문의 출력 서식을 준수하시오.)

```
#include <stdio.h>
int main(int argc, char *argv[]) {
    int a[4] = {0, 2, 4, 8};
    int b[3] = {};
    int i = 1;
    int sum = 0;
    int* p;
    for (i; i < 4; i++) {
        p = a + i;
        b[i - 1] = *p - a[i - 1];
        sum = sum + b[i - 1] + a[i];
    }

    printf("%d", sum);
    return 0;
}
```

해설 반복문과 포인터의 활용에 대한 문제이다. 정수형 배열 a와 b를 선언하고 포인터 연산을 하는 코드이다. 정수형 포인터 변수 p를 선언하고 for문에서 i 가 1부터 4보다 작을 때까지 1씩 증가하면서 a와 i 값을 더한 값이 p에 대입된다. 이후 p가 가리키는 값과 a[i – 1]의 값이 b[i – 1]에 대입된다. 그리고 sum에 b[i – 1] + a[i]만큼 더해 준다. 이 과정을 i가 1부터 4보다 작을 때까지 반복 수행한 후 sum을 출력하면 22가 출력된다.

정답

01 | 024513

02 | KOREA
EA
K
E
M

03 | 8

04 | 37

05 | 22

051 C언어 - 사용자 정의 함수 ★★★

학 · 습 · 포 · 인 · 트

사용자 정의 함수를 구현해 놓은 후 이를 연산할 수 있는지 물어 보는 문제가 출제된다. 보통 재귀함수를 물어 보거나 swap, 거듭제곱, 버블정렬 등 정렬 알고리즘, n!, 지뢰찾기 알고리즘, 스택 구현 등을 묻는 문제가 출제된다. 즉, 시험 문제뿐인 함수를 구현하고 물어보지는 않는데, 만약 어떤 함수가 너무 어렵다면 필기 때 이론으로만 공부했던 알고리즘 중 하나를 구현해 놓은 것이라 생각해 풀어 보면 쉽게 풀 수 있을 것이다.

대표 기출 유형

다음 C언어로 구현된 프로그램을 분석하여 그 실행 결과를 쓰시오. (단, 출력문의 출력 서식을 준수하시오.) **20년 5월**

```
#include <stdio.h>
void solve(int a[]) {
    int temp;
    for (int i = 0; i < 4; i++)
        for (int j = 0; j < 4 - i; j++)
            if (a[j] > a[j+1]) {
                temp = a[j];
                a[j] = a[j+1];
                a[j+1] = temp;
            }
}
int main() {
    int a[] = { 85, 75, 50, 100, 95 };
    solve(a);
    for (int i = 0; i < 5; i++)
        printf ("%d ", a[i]);
    return 0;
}
```

정답

50 75 85 95 100

반복문, 1차원 배열, 사용자 지정 함수 사용에 대한 문제이다. 위 코드에서 solve() 함수는 버블 정렬 알고리즘을 구현한 함수이다.

#include <stdio.h>	
void solve(int a[]) {	
int temp;	③ 정수형 변수 temp 선언
for (int i = 0; i < 4; i++)	④ i가 0부터 4 미만인 동안 i를 1씩 증가하면서 ⑤~⑨ 수행
for (int j = 0; j < 4 − i; j++)	⑤ j가 0부터 4 − i 미만인 동안 j를 1씩 증가하면서 ⑥~⑨ 수행
if (a[j] > a[j+1]) {	⑥ a[j]가 a[j+1]보다 크다면 뒤쪽(오른쪽)이 정렬되어 있지 않다는 것을 의미하므로 ⑦~⑨ 수행, 아니라면 ⑤로 이동
// swap	
temp = a[j];	⑦ a[j]의 값을 temp에 저장
a[j] = a[j+1];	⑧ a[j]에 a[j+1]의 값 대입
a[j+1] = temp;	⑨ a[j+1]에 temp 값 저장
}	
}	
int main() {	
int a[] = { 85, 75, 50, 100, 95 };	① 정수형 배열 a 선언 및 초기화
// 버블정렬 함수 호출	
solve(a);	② solve() 함수에 정수형 배열 a를 인자로 해 호출 ⑩ solve() 함수가 종료되어 리턴되었다면, a는 정렬된 상태
// 배열 각 요소 출력	
for (int i = 0; i < 5; i++)	⑪ i는 0부터 5 미만인 동안 i를 1씩 증가하면서 ⑫ 수행
printf ("%d ", a[i]);	⑫ a[i]를 출력
return 0;	⑬ main 함수 종료
}	

필수 핵심 이론

사용자 정의 함수(UDF; user-defined function)

사용자 정의 함수는 사용자가 직접 정의하여 반복해서 실행하거나 특별한 목적을 위해 설계된 함수이다. 함수를 사용하면 재사용으로 반복 코드가 줄고 프로그램이 간결해진다.

사용자 정의 함수 사용법

언어	코드	설명
C	#include <stdio.h>	
	int add(int, int);	**함수 프로토타입 선언** • add라는 이름의 함수가 있으며, 두 개의 int 타입 매개변수를 받고 int 타입의 결과를 반환한다는 것을 선언 • 함수 프로토타입 선언을 통해, 함수가 실제로 정의되기 전에 컴파일러에게 함수의 존재를 알림 • 함수 정의가 main 함수보다 뒤에 있을 경우 반드시 함수 프로토타입 선언을 해야 함

	main() {
	    int a = 3, b = 4;
	    printf("%d", add(a, b));
	    return 0;
	}
		main 함수
		• main 함수는 프로그램의 진입점
		• a와 b라는 두 변수 선언 및 각각 3과 4로 초기화
		• add(a, b)를 호출해 두 변수의 합을 계산
		• printf문에 따라 결과값 7을 출력

	int add(int a, int b) {
	    int sum;
	    sum = a + b;
	    return sum;
	}
		add 함수 정의
		• 함수의 앞 부분에 반환할 자료형을 명시, 반환할 값이 없는 경우 void
		• 함수 이름과 입력받을 매개변수(파라미터) 정의
		• add 함수는 두 개의 int 타입 매개변수 a, b를 받으며, a와 b의 합을 계산해 sum이라는 변수에 저장한 후 그 값을 반환하는 역할을 하고 있음

연·습·문·제

01 20년 10월

다음 C언어로 작성된 코드의 실행 결과를 쓰시오. (단, 출력문의 출력 서식을 준수하시오.)

```
#include <stdio.h>
int m1() {
    return 4;
}
int m10() {
    return (30 + m1());
}
int m100() {
    return (200 + m10());
}
int main() {
    printf("%d\n", m100());
    return 0;
}
```

해설 사용자 정의 함수에 대한 문제이다. 사용자 정의 함수 호출 후, 해당 함수가 종료되면 해당 함수를 호출했던 위치로 가면 된다. 이 부분만 주의해서 main() 함수에서 시작해 따라가면서 문제를 풀면 쉽게 풀 수 있다. C언어는 main() 함수가 항상 프로그램의 실행을 시작하니, main() 함수를 시작으로 프로그램 실행을 따라가면 된다.

#include <stdio.h>	
int m1() {	
return 4;	④ m1() 함수는 4를 반환
}	
int m10() {	
return (30 + m1());	③ m10() 함수에서 m1() 함수 호출 ⑤ 호출한 m1() 함수에서 4를 받아와 30 + 4 = 34를 반환
}	
int m100() {	
return (200 + m10());	② m100() 함수에서 m10() 함수 호출 ⑥ 호출한 m10() 함수에서 34를 받아와 200 + 34 = 234를 반환
}	
int main() {	
printf("%d\n", m100());	① m100() 함수를 호출 ② 호출한 m100() 함수에서 234를 받아와 반환값인 234를 출력
return 0;	⑦ main 함수 종료
}	

02 21년 07월

다음 C언어로 작성된 코드의 실행 결과를 쓰시오. (단, 출력문의 출력 서식을 준수하시오.)

```
#include <stdio.h>
int func(int base, int exp);
int main(){
    int res = func(2, 10);
    printf("%d", res);
    return 0;
}
int func(int base, int exp) {
    int res = 1;
    for(int i = 0; i < exp; i++){
        res = res * base;
    }
    return res;
}
```

해설 반복문과 사용자 정의함수를 묻는 문제이다. func() 함수는 거듭제곱 함수를 구현한 함수로, 거듭제곱을 계산하는 프로그램이다. main 함수에서 func() 함수를 호출한다. 이때, 인자로 base는 2, exp는 10을 전달한다. func() 함수의 for문은 i가 0부터 exp 미만인 동안 9까지 10번 반복하고, for문 안에서는 res에 base의 값인 2를 곱해 주므로 반복문을 10번 반복하면 2를 10번 곱한 1024가 된다. 따라서 func(2, 10) 함수는 1024를 반환하고 res에는 1024가 저장돼, 최종적으로 1024가 출력된다.

03 22년 5월

다음 C언어로 작성된 코드를 실행 후 5를 입력했을 때 출력되는 결과를 쓰시오. (단, 출력문의 출력 서식을 준수하시오.)

```
#include <stdio.h>
int func(int num) {
    if (num <= 1) return 1;
    return num * func(num - 1);
}

int main() {
    int num;
    scanf("%d", &num);
    printf("%d", func(num));
}
```

해설 C언어로 작성된 재귀함수를 사용하여 팩토리얼을 계산하는 프로그램이다. 팩토리얼은 주어진 수에서 1까지의 모든 정수를 곱하는 것으로, 예를 들어 5의 팩토리얼은 5*4*3*2*1=120이다. main 함수부터 보면 main 함수는 프로그램의 시작점으로 사용자로부터 정수 입력을 받기 위해 scanf를 사용한다. 입력받은 수를 func 함수에 전달하고, 그 결과를 printf를 통해 출력하는데, 현재 사용자가 5를 입력했으므로 func(5)를 호출해 그 결과를 출력하게 된다. func(5)의 결과를 알기 위해 func 함수를 살펴보면, func 함수는 하나의 정수 매개변수 num을 받으며, num이 1 이하일 때 1을 반환하며 이 경우가 곧 재귀 호출의 종료 조건이 된다. 한편 num이 1보다 크면 func 함수는 자기 자신을 호출하면서 num에 (num−1)을 전달한다. 즉, 각 재귀 단계에서 func(num−1)이 호출되고 1이면 재귀가 종료되므로, func(num) = num * (num−1) * ... * 1이 되어 func(5) = 5*4*3*2*1=120이 된다.

04 20년 5월

다음 C언어로 구현된 프로그램을 분석하여 그 실행 결과를 쓰시오. (단, 출력문의 출력 서식을 준수하시오.)

```
#include <stdio.h>
void solve(int a[]) {
    int temp;
    for (int i = 0; i < 4; i++)
        for (int j = 0; j < 4 - i; j++)
            if (a[j] > a[j+1]) {
                temp = a[j];
                a[j] = a[j+1];
                a[j+1] = temp;
            }
}
int main() {
    int a[] = { 85, 75, 50, 100, 95 };
    solve(a);
    for (int i = 0; i < 5; i++)
        printf ("%d ", a[i]);
    return 0;
}
```

해설 반복문, 1차원 배열, 사용자 지정 함수 사용에 대한 문제이다. 위 코드에서 solve() 함수는 버블 정렬 알고리즘을 구현한 함수이다.

#include <stdio.h>	
void solve(int a[]) {	
int temp;	③ 정수형 변수 temp 선언
for (int i = 0; i < 4; i++)	④ i가 0부터 4 미만인 동안 i를 1씩 증가하면서 ⑤~⑨ 수행
for (int j = 0; j < 4 - i; j++)	⑤ j가 0부터 4 - i 미만인 동안 j를 1씩 증가하면서 ⑥~⑨ 수행
if (a[j] > a[j+1]) {	⑥ a[j]가 a[j+1]보다 크다면 뒤쪽(오른쪽)이 정렬되어 있지 않다는 것을 의미하므로 ⑦~⑨ 수행, 아니라면 ⑤로 이동
// swap	
temp = a[j];	⑦ a[j]의 값을 temp에 저장
a[j] = a[j+1];	⑧ a[j]에 a[j+1]의 값 대입
a[j+1] = temp;	⑨ a[j+1]에 temp 값 저장
}	
}	
int main() {	
int a[] = { 85, 75, 50, 100, 95 };	① 정수형 배열 a 선언 및 초기화
// 버블정렬 함수 호출	
solve(a);	② solve() 함수에 정수형 배열 a를 인자로 해 호출 ⑩ solve() 함수가 종료되어 리턴되었다면, a는 정렬된 상태
// 배열 각 요소 출력	
for (int i = 0; i < 5; i++)	⑪ i는 0부터 5 미만인 동안 i를 1씩 증가하면서 ⑫ 수행
printf ("%d ", a[i]);	⑫ a[i]를 출력
return 0;	⑬ main 함수 종료
}	

05 22년 10월

다음 C언어로 작성된 코드의 실행 결과를 쓰시오. (단, 출력문의 출력 서식을 준수하시오.)

```c
#include <stdio.h>
int chkover(int width, int height, int r, int c);
int main() {
    int field[4][4] = { {0,1,0,1}, {0,0,0,1}, {1,1,1,0}, {0,1,1,1} };
    int mines[4][4] = { {0,0,0,0}, {0,0,0,0}, {0,0,0,0}, {0,0,0,0} };
    int width = 4, height = 4;
    int r, c, x, y;
    for (r = 0; r < height; r++) {
        for (c = 0; c < width; c++) {
            if (field[r][c] == 0)
                continue;
            for (y = r - 1; y <= r + 1; y++) {
                for (x = c - 1; x <= c + 1; x++) {
                    if (chkover(width, height, y, x) == 1)
                        mines[y][x] += 1;
                }
            }
        }
    }

    for (r = 0; r < height; r++) {
        for (c = 0; c < width; c++) {
            printf("%d ", mines[r][c]);
        }
        printf("\n");
    }
    return 0;
}
int chkover(int width, int height, int r, int c) {
    if (c >= 0 && c < width && r >= 0 && r < height)
        return 1;
    return 0;
}
```

배열 <field>

0	1	0	1
0	0	0	1
1	1	1	0
0	1	1	1

배열 <mines>

해설 2차원 배열과 for문, 사용자 정의 함수 등의 활용에 대한 문제로, 현재까지 출제된 C언어 코드 문제 중 가장 난이도가 있는 문제에 속한다. '지뢰 찾기(Minesweeper)' 알고리즘을 구현한 코드로, 4*4 크기의 지뢰 field에서 각 칸 주변의 지뢰 개수를 계산하는 프로그램이다.

#include 〈stdio.h〉	
int chkover(int width, int height, int r, int c);	chkover 함수 선언. chkover 함수는 배열의 범위를 벗어나지 않는지 확인하는 역할
int main() {	
int field[4][4] = { {0,1,0,1}, {0,0,0,1}, {1,1,1,0}, {0,1,1,1} };	① 4*4 크기의 정수형 배열 field 선언 및 초기화
int mines[4][4] = { {0,0,0,0}, {0,0,0,0}, {0,0,0,0}, {0,0,0,0} };	② 4*4 크기의 정수형 배열 mines 선언 및 0으로 초기화
int width = 4, height = 4;	③ 정수형 변수 width와 height 선언 및 4로 초기화
int r, c, x, y;	④ 정수형 변수 r, c, x, y 선언
for (r = 0; r 〈 height; r++) {	⑤ r을 0으로 초기화 및 height보다 작을 때까지 1씩 증가하면서 아래 반복
if (field[r][c] == 0)	⑦ field[r][c] 값이 0이면 continue를 수행하여 ⑧를 수행하여 ⑥으로 이동. 만약 0이 아니라면 width까지 반복
continue;	⑧ ⑥으로 이동해 반복문 계속 수행
for (y = r – 1; y 〈= r + 1; y++) {	⑨ y에 r–1을 대입하고 r+1 이하일 때까지 1씩 증가하며 아래 반복
for (x = c – 1; x 〈= c + 1; x++) {	⑩ x에 c–1을 대입하고 c+1 이하일 때까지 1씩 증가하며 아래 반복
if (chkover(width, height, y, x) == 1)	⑪ chkover 함수를 호출하여 리턴 값이 1과 같으면 ⑫ 수행
mines[y][x] += 1;	⑫ mines[y][x]에 1만큼 더해서 저장
}	
}	
}	
}	
for (r = 0; r 〈 height; r++) {	r에 0을 대입하고 height보다 작을 때까지 1씩 증가하며 반복
for (c = 0; c 〈 width; c++)	c에 0을 대입하고 width보다 작을 때까지 1씩 증가하며 반복
printf("%d ", mines[r][c]);	mines[r][c]를 출력
}	
printf("\n");	줄 바꿈 출력
}	
return 0;	main 함수 종료

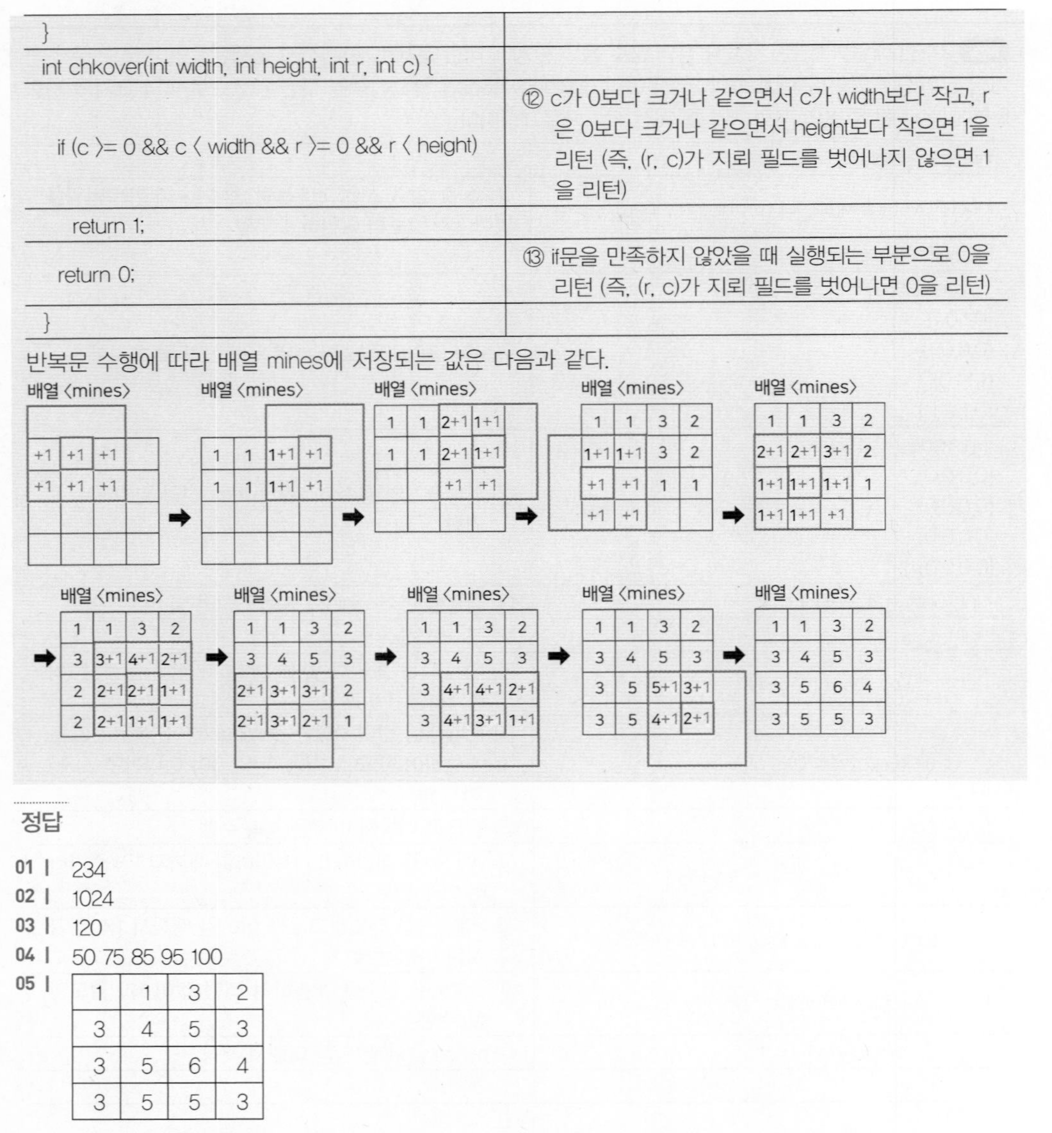

}	
int chkover(int width, int height, int r, int c) {	
if (c 〉= 0 && c 〈 width && r 〉= 0 && r 〈 height)	⑫ c가 0보다 크거나 같으면서 c가 width보다 작고, r은 0보다 크거나 같으면서 height보다 작으면 1을 리턴 (즉, (r, c)가 지뢰 필드를 벗어나지 않으면 1을 리턴)
return 1;	
return 0;	⑬ if문을 만족하지 않았을 때 실행되는 부분으로 0을 리턴 (즉, (r, c)가 지뢰 필드를 벗어나면 0을 리턴)
}	

반복문 수행에 따라 배열 mines에 저장되는 값은 다음과 같다.

정답

01 | 234

02 | 1024

03 | 120

04 | 50 75 85 95 100

05 |

1	1	3	2
3	4	5	3
3	5	6	4
3	5	5	3

052 C언어 - 구조체와 함수 포인터 ★★

학·습·포·인·트

구조체는 C언어에서만 존재하는 자료형으로 1년에 한 번 이상 출제되는 부분이다. 포인터를 잘 이해했다면 쉽게 이해하고 넘어갈 수 있는 부분이다. 반드시 학습하고 넘어가도록 한다.

대표 기출 유형

다음 C언어로 작성된 코드의 실행 결과를 쓰시오. (단, 출력문의 출력 서식을 준수하시오.)

21년 4월

```
#include <stdio.h>
struct student {
    char name[10];
    int age;
};
int main(){
    struct student a[] = {"Kim", 28, "Lee", 38, "Song", 45, "Park", 36};
    struct student *p;
    p = a;
    p++;
    printf("%s\n", p -> name);
    printf("%d\n", p -> age);
}
```

정답

Lee

38

p++로 인해 a[1]을 가리키게 되면서 Lee와 38이 출력이 된다. 개행 문자가 있으므로 줄 나눔을 꼭 해야 한다.

include <stdio.h>	
struct student {	
char name[10];	
int age;	
};	

<table>
<tr><td>int main(void){</td><td></td></tr>
<tr><td>struct student a[] = {"Kim", 28, "Lee", 38, "Song", 45, "Park", 36};</td><td>① 구조체 배열 a를 선언 및 필드 초기화
Kim | a[0].name
28 | a[0].age
Lee | a[1].name
38 | a[1].age
Song | a[2].name
45 | a[2].age
Park | a[3].name
36 | a[3].age</td></tr>
<tr><td>struct student *p;</td><td></td></tr>
<tr><td>p = a;</td><td>② 구조체 배열 a 주소(=&a[0])를 p라는 포인터에 저장</td></tr>
<tr><td>p++;</td><td>③ p의 값을 1 증가시켰으므로, p는 구조체 배열 a+1의 주소를 가리키고 &a[1]을 저장</td></tr>
<tr><td>printf("%s\n", p -> name);</td><td>④ p->name은 a[1]이 가리키는 name 값이므로 Lee 출력</td></tr>
<tr><td>printf("%d\n", p -> age);</td><td>⑤ p->age는 a[1]이 가리키는 age 값이므로 38 출력</td></tr>
<tr><td>}</td><td></td></tr>
</table>

필수 핵심 이론

구조체

구조체는 일반 구조체 변수로 접근할 때는 .으로 접근하고, 구조체 포인터로 접근할 때는 ->로 접근한다.

1차원 구조체 배열과 1차원 구조체 포인터

1차원 구조체 배열에서 배열명과 단독으로 사용할 경우 1차원 구조체 포인터와 동일하다.

구분	형식	예시
1차원 구조체 배열	배열명[요소].변수명	s[0].gender
	(*(배열명+요소)).변수명.변수명	(*(s+0)).gender
	(배열명+요소)->변수명 형태	(s+0)->gender
1차원 구조체 포인터	포인터[요소].변수명 형태	p[0].gender
	(*(포인터+요소)).변수명.포인터명	(*(p+0)).gender
	(포인터명+요소)->포인터명	(p+0)->gender

함수 포인터

함수 포인터는 함수의 주소를 저장하고, 해당 주소의 함수를 호출하는 데 사용하는 포인터이다.

```
리턴타입 (*함수포인터)(함수파라미터);
```

연·습·문·제

01 21년 10월

다음 C언어로 작성된 코드의 실행 결과를 쓰시오. (단, 출력문의 출력 서식을 준수하시오.)

```c
#include <stdio.h>
struct item {
    char name[12];
    int os, db, hab, hhab;
};
int main(void){
    struct item st[3] = {{"데이터1", 95, 88}, {"데이터2", 84, 91}, {"데이터3", 86, 75}};
    struct item* p;
    p = &st[0];
    (p + 1)->hab = (p + 1)->os + (p + 2)->db;
    (p + 1)->hhab = (p + 1)->hab + p->os + p->db;
    printf("%d", (p + 1)->hab + (p + 1)->hhab);
}
```

해설

#include <stdio.h>	
struct item {	
char name[12];	
int os, db, hab, hhab;	
};	
int main(void){	

struct item st[3] = {{"데이터1", 95, 88}, {"데이터2", 84, 91}, {"데이터3", 86, 75}};	① 구조체 배열 st를 선언 및 필드 초기화
struct item* p;	
p = &st[0];	② 포인터 p에 &st[0] 대입, 즉 포인터 p에 배열 st의 주소 저장
(p + 1)->hab = (p + 1)->os + (p + 2)->db;	③ p+1은 st+1과 같으므로 st[1].os는 84, p+2는 st+2와 같으므로 st[2].db는 75, 따라서 st[1].hab은 84 + 75 = 159
(p + 1)->hhab = (p + 1)->hab + p->os + p->db;	④ p+1은 st+1과 같으므로 st[1].hab은 159, p는 st와 같으므로 st[0].os는 95, p는 st와 같으므로 st[0].db는 88, 따라서 st[1].hhab은 159 + 95 + 88 = 342
printf("%d", (p + 1)->hab + (p + 1)->hhab);	⑤ (p+1)->hab1인 159와 + (p+1)->hab2인 342의 합인 501 출력
}	

02 21년 4월

다음 C언어로 작성된 코드의 실행 결과를 쓰시오. (단, 출력문의 출력 서식을 준수하시오.)

```
#include <stdio.h>
struct student {
    char name[10];
    int age;
};
int main(){
    struct student a[] = {"Kim", 28, "Lee", 38, "Song", 45, "Park", 36};
    struct student *p;
    p = a;
    p++;
    printf("%s\n", p -> name);
    printf("%d\n", p -> age);
}
```

해설 p++로 인해 a[1]을 가리키게 되면서 Lee와 38이 출력이 된다. 개행 문자가 있으므로 줄 나눔을 꼭 해야 한다.

include <stdio.h>	
struct student {	
char name[10];	
int age;	
};	
int main(void){	
struct student a[] = {"Kim", 28, "Lee", 38, "Song", 45, "Park", 36};	① 구조체 배열 a를 선언 및 필드 초기화 Kim: a[0].name 28: a[0].age Lee: a[1].name 38: a[1].age Song: a[2].name 45: a[2].age Park: a[3].name 36: a[3].age
struct student *p;	
p = a;	② 구조체 배열 a 주소(=&a[0])를 p라는 포인터에 저장
p++;	③ p의 값을 1 증가시켰으므로, p는 구조체 배열 a+1의 주소를 가리키고 &a[1]을 저장
printf("%s\n", p -> name);	④ p->name은 a[1]이 가리키는 name 값이므로 Lee 출력
printf("%d\n", p -> age);	⑤ p->age는 a[1]이 가리키는 age 값이므로 38 출력
}	

정답

01 | 501

02 | Lee
38

053 JAVA - 기본 구조와 자료형 ★

학·습·포·인·트

데이터 타입으로 사용되는 유형을 구분할 수 있어야 한다. 변수 작성 규칙을 이해하고, 생성된 변수가 규칙에 맞게 생성되었는지를 구분하는 문제가 출제된다.

대표 기출 유형

다음은 자바 코드다. 실행결과를 쓰시오. (단, 출력문의 출력 서식을 준수하시오.) **21년 4월**

```
public class good{
    public static void main(String[] args){
        int[][] arr = new int[][]{{45,50,75},{89}};
        System.out.println(arr[0].length);
        System.out.println(arr[1].length);
        System.out.println(arr[0][0]);
        System.out.println(arr[0][1]);
        System.out.println(arr[1][0]);
    }
}
```

정답

3
1
45
50
89

3번 라인에서 2차원 배열인 arr를 선언하고 arr[0]의 길이와 arr[1] 길이를 출력 후 arr[0][0], arr[0][1], arr[1][0] 값을 출력한다. 선언된 arr은 아래의 표와 같다.

Index	0	1	2
0	45	50	75
1	89		

arr[0]의 길이는 0, 1, 2로 3이고 arr[1]의 길이는 0으로 1이다.
arr[0][0], arr[0][1], arr[1][0] 값은 45, 50, 89이다.

필수 핵심 이론

JAVA의 기본 구조

- JAVA에서 모든 코드는 Class 단위로 구성되며 한 개 이상의 클래스로 구성된다.
- 클래스는 한 개 이상의 필드(field)와 메서드(method)로 구성된다.
- JAVA 프로그램은 "public static void main(String[] args)"에서 시작된다.

기본 구조

코드	설명
public class Tomorrow {	• "Tomorrow" 클래스를 생성 • 클래스명은 대문자로 시작(cf. 필드명과 메서드명은 소문자로 시작)
public static void main(String[] args) {	• main 메서드 정의 • JAVA 프로그램이 시작되는 메서드
System.out.println("내일은 정보처리기사");	"내일은 정보처리기사" 문자열 출력
} }	
실행 결과	
내일은 정보처리기사	

자료형

자료형은 프로그래밍 언어에서 변수(Variable)에 저장될 실수형, 정수형, 문자형과 같은 데이터의 형식을 나타내는 것이다.

데이터 타입의 유형

데이터 타입 유형	설명	언어별 사용 타입
		JAVA
정수형 (Integer)	• 정수(소수점이 없는 숫자)를 저장할 때 사용 • 1, 2, -1	byte, short, int, long
부동 소수형 (Float Point)	• 실수(소수점이 있는 숫자)를 저장할 때 사용 • 1.0, -3.14, 4.24e-10	float, double
문자형 (Character)	• 문자 하나를 저장할 때 사용 • 작은 따옴표(' ') 안에 표기 • 'A', '1', '%'	char
문자열 (String)	• 여러 개의 문자를 저장할 때 사용 • 큰 따옴표(" ") 안에 표기 • "ABC", "안녕하세요", "A+B"	String
논리형 (Boolean)	• 조건의 참(True), 거짓(False) 여부를 판단하고자 할 때 사용	boolean

변수

- 변수(Variable)는 '어떤 변하는 값을 담는 공간'을 의미하며 주기억장치에 저장된다. 변수는 언제든지 변할 수 있으며, 저장하는 값의 데이터 유형 또한 바뀔 수 있다. 변수를 작성할 때는 변수 작성 규칙을 따라서 작성해야 한다.
- 변수 작성 규칙(변수 선언 시, 문장 끝에 반드시 세미콜론(;)을 붙여야 한다)

변수 작성 규칙	사용 가능 예시	사용 불가능 예시
영문 대문자/소문자, 숫자, 밑줄(_) 사용	A, abc, a1004, _a	!a, ?a, %a
첫글자는 영문자, 밑줄(_) 사용, 숫자 사용 불가(특수문자는 '_'와 '$'만을 허용)	ABC123, _a123	1, 1004, 3abc
변수의 중간에 공백이나 특수문자 (밑줄 제외) 사용 불가	A_123	A/BC, H.ellow, A 123, text-color
예약어 변수 사용 불가		if, else, while, for, break, int, short, long

변수의 선언과 초기화

변수 선언 예시	변수 선언 및 초기화 예시
int a;	int a = 100;
double b;	double b = 1.23;

변수의 유효범위(Variable Scope)

변수를 선언하는 위치에 따라 사용할 수 있는 변수가 달라진다.

변수 종류	설명
지역 변수 (Local Variable)	• 메서드 블록 안에서만 사용할 수 있는 변수 • 메서드가 호출될 때 생성되고, 반환되면 변수가 소멸됨
멤버 변수 (Class Variable)	• 클래스 블록 전역에 접근할 수 있는 변수 • 클래스가 new로 생성되면 변수도 같이 생성되고, 클래스가 종료되면 변수도 같이 소멸됨
static 변수 (Static Variable)	• 변수 선언 시 static 키워드를 붙여 줌 • 프로그램 전역에서 접근할 수 있는 변수 • 프로그램이 시작되면 변수가 생성되고, 프로그램이 종료되면 변수가 소멸됨 • 클래스를 new로 생성하지 않아도 '클래스명.변수'로 접근하여 사용 가능하고 new로 생성해도 해당 변수는 하나만 존재함

코드	설명
`class Information{`	
`static int static_variable = 32;` `}`	static 변수 static_variable를 선언 및 32로 초기화
`public class Tomorrow {`	
`int class_variable = 3232;`	멤버 변수 class_variable를 선언 및 3232로 초기화

`public void method(){`
`System.out.println(class_variable);`
`}`
	변수 class_variable를 출력

`public static void main(String []args){` `int local_variable = 323232;`	지역 변수 local_variable를 선언 및 323232로 초기화
`System.out.println(local_variable);`	변수 local_variable를 출력
`Tomorrow tm = new Tomorrow();` `tm.method();`	Tomorrow 의 사용자정의함수 method를 호출

`Information info = new Information();`
`System.out.println(info.static_variable);`
`}`
`}`
	Information의 static_variable 출력

실행 결과

```
323232
3232
32
```

상수

- 변하지 않는 값을 의미한다.
- 변수 선언 시 final 키워드를 붙여 주어 상수로 선언한다.

상수 선언 예시	변수 선언 및 초기화 예시
final int a; a = 3; // 초기화 이후 변경 불가	final int a = 3;

배열

- 배열은 같은 타입의 변수들로 이루어진 집합이다.
- 배열은 여러 자료를 묶어서 하나의 단위로 처리할 수 있게 하는 구조적 자료형이다.
- 배열 요소 개수에 정의된 숫자만큼 같은 타입의 데이터 공간이 할당된다.
- 초깃값을 선언하지 않을 경우 쓰레기 값이 저장된다.
- 배열을 선언할 때 배열의 크기를 생략하는 경우에는 반드시 초깃값을 지정해야 초깃값을 지정한 개수만큼의 배열이 선언된다.
- 배열 요소 개수보다 적은 개수만큼 초기화할 경우 초깃값이 명시되지 않은 값들은 자동으로 0으로 초기화된다.

배열 선언 방법

종류	코드	예시
1차원 배열	자료형 []변수명; 자료형 []변수명 = new 자료형[개수]; 자료형 []변수명 = new 자료형[]{값};	int []a; int []b = new int[10]; int []c = new int[]{1,2,3};
2차원 배열	자료형 [][]변수명; 자료형 [][]변수명 = new 자료형[개수][개수]; 자료형 [][]변수명 = new 자료형[][]{ {값}, ...};	int [][]a; int [][]b = new int[2][2]; int [][]c = new int[][]{{1,2},{3,4}};

2차원 배열

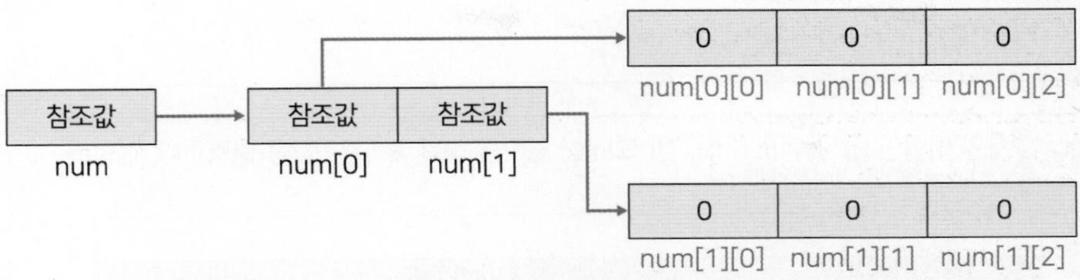

코드	설명
public class Tomorrow{ public static void main(String []args){	
int []c = new int[]{1,2,3}; System.out.println(c.length); System.out.println(c[0]); System.out.println(c[1]);	int형 1차원 배열 선언 c 배열의 길이 출력 c 배열의 0번째 값 출력 c 배열의 1번째 값 출력
int [][]f = new int[][]{{1,2,3},{3,4,2}}; System.out.println(f.length); System.out.println(f[0].length); System.out.println(f[0][0]); System.out.println(f[1][2]);	int형 2차원 배열 선언 f 배열의 길이 출력 f[0]의 길이 출력 f[0][0]번째 값 출력 f[1][2]번째 값 출력
} }	

실행 결과
323232 3232 32

연·습·문·제

01 출제 예상

다음 JAVA 코드의 실행결과를 쓰시오. (단, 출력문의 출력 서식을 준수하시오.)

```
public class Tomorrow{
    public static void main(String []args){
        int [][]f = new int[][]{{1,2,3},{3,4,2}};
        System.out.println(f.length);
        System.out.println(f[0].length);
        System.out.println(f[1][2]);
    }
}
```

해설 3번 라인에서 2차원 배열인 f를 선언하고 f의 길이와 f[0] 길이를 출력 후 f[1][2]값을 출력한다. 선언된 f는 아래의 표와 같다.

Index	0	1	2
0	1	2	3
1	3	4	2

f의 길이는 0, 1로 2이고, f[0]의 길이는 0, 1, 2, 3으로 3이다. f[1][2] 값은 2이다.

02 출제 예상

다음 JAVA 코드의 실행결과를 쓰시오. (단, 출력문의 출력 서식을 준수하시오.)

```
class Information{
  public void main(String []args){
    System.out.println(2);
  }
}
public class Tomorrow{
  public static void main(String []args){
    System.out.println(1);
  }
}
```

해설 JAVA 프로그램은 클래스명 앞에 public이 있는 클래스의 "public static void main(String[] args)"에서 시작된다.

03 21년 4월

다음 JAVA 코드의 실행결과를 쓰시오. (단, 출력문의 출력 서식을 준수하시오.)

```
public class good{
    public static void main(String[] args){
        int[][] arr = new int[][]{{45,50,75},{89}};
        System.out.println(arr[0].length);
        System.out.println(arr[1].length);
        System.out.println(arr[0][0]);
        System.out.println(arr[0][1]);
        System.out.println(arr[1][0]);
    }
}
```

해설 3번 라인에서 2차원 배열인 arr를 선언하고 arr[0]의 길이와 arr[1]의 길이를 출력 후 arr[0][0], arr[0][1], arr[1][0] 값을 출력한다. 선언된 arr은 아래의 표와 같다.

Index	0	1	2
0	45	50	75
1	89		

arr[0]의 길이는 0, 1, 2로 3이고 arr[1]의 길이는 0으로 1이다.
arr[0][0], arr[0][1], arr[1][0] 값은 45, 50, 89이다.

정답

01 | 2
3
2

02 | 1

03 | 3
1
45
50
89

054 JAVA - 표준입출력함수와 연산자

학 · 습 · 포 · 인 · 트

데이터 출력 시, 함수에 따른 데이터의 출력값을 묻는 문제로 자주 출제된다. 기출문제를 풀 때 헷갈리는 것이 없도록 꼭 학습하고 넘어가도록 한다.

필수 핵심 이론

import

- JAVA에서 미리 구현된 클래스를 제공하는데 이를 사용하려면 import문을 이용해 선언한다.
- import를 통해 컴파일러에서 사용할 클래스의 패키지에 대한 정보를 미리 제공한다.

JAVA의 표준 입·출력 함수

표준 입출력(Standard Input Output) 함수를 사용하여 데이터를 입력함으로써 화면상에 출력할 때 사용한다.

표준 출력 함수

출력 함수	설명
System.out.printf(서식 문자열, 변수)	C언어 출력처럼 서식 문자열을 사용하여 출력
System.out.print( )	변수의 값을 형식 없이 출력
System.out.println( )	변수의 값을 형식 없이 출력 후 자동 개행

표준 입력 함수

출력 함수	설명
System.in.readLine()	입력장치(키보드)로부터 라인 전체를 읽음

코드	설명
import java.util.Scanner;	Scanner 클래스 사용

public class Tomorrow{
  public static void main(String []args){
    Scanner sc = new Scanner(System.in);
	Scanner 클래스를 이용해 입력장치(키보드)로부터 값을 입력받는 객체 변수를 생성함

String name = sc.nextLine(); int grad = sc.nextInt();	• String형 변수 name을 선언하고 키보드로부터 문자열을 입력받아 대입 • int형 변수 grad를 선언하고 키보드로부터 정수값을 입력받아 대입
System.out.print(name + " 만족도는 "); System.out.println(grad + "입니다."); System.out.println("감사합니다.");	• print 함수로 변수 name과 "만족도는"을 개행 없이 출력 • println 함수로 변수 grad와 "입니다."를 출력 후 개행 • "감사합니다."를 출력 후 개행
} }	

입력

```
내일은정보처리기사
100
```

실행 결과

```
내일은정보처리기사 만족도는 100입니다.
감사합니다.
```

연산자

연산자는 프로그램 실행 시, 연산을 표현하는 기호이다. 산술 연산자, 증감 연산자, 관계 연산자, 비트 연산자, 논리 연산자, 대입 연산자, 조건 연산자 등이 있다.

연산자 종류

연산자 종류	기호	설명
증감 연산자	++, --	변수의 값을 증가하거나 감소시키는 연산자
산술 연산자	+, -, *, /, %	더하기, 빼기, 곱하기, 나누기, 나머지 연산자
시프트 연산자	<<, >>	비트 값을 왼쪽, 오른쪽으로 이동하여 연산하는 연산자
관계 연산자	>, <, >=, <=, ==, !=	두 변수의 관계를 비교하여 참(True), 거짓(False)을 반환하는 연산자
비트 연산자	&, |, ^, ~,	비트 단위(0, 1)로 연산하는 연산자
논리 연산자	!, &&, ||	두 개의 논리값을 연산하여 참(True), 거짓(False)을 반환하는 연산자
삼항 연산자 (조건 연산자)	(조건)?(참):(거짓);	조건이 참일 경우 (참) 부분을 반환하고, 조건이 거짓인 경우 (거짓) 부분을 반환하는 연산자
대입 연산자	=, +=, -=, *=, /=, %=	변수에 값을 대입하는 연산자

산술 연산자

사칙연산과 동일하게 계산하는 연산자이다. 하나의 수식에 여러 개의 산술 연산자가 나오는 경우, 곱하기(*), 나누기(/), 나머지(%)를 먼저 계산하고 더하기(+), 빼기(−)를 계산한다.

연산자 종류	기호	설명
산술 연산자	+	더하기
	−	빼기
	*	곱하기
	/	나누기(나누기 후 몫)
	%	나머지(나누기 후 나머지 값)

예제 제시된 연산식을 계산하여 result 변수의 값을 적으시오.

연산식	결과	정답 및 해설
result = 1 + 2		정답: 3
result = 10 − 5		정답: 5
result = 10 * 5		• 정답: 50 • 해설: 10 × 5 = 50
result = 10 / 5		• 정답: 2 • 해설: 10÷5 = 몫: 2, 나머지: 0
result = 10 % 3		• 정답: 1 • 해설: 10÷3 연산 시, 몫: 3, 나머지: 1
result = 20 / (2 * 1 + 8 % 3)		• 정답: 5 • 해설: 20 / (2 * 1 + 8 % 3) ① 2 ② 2 ③ 4 ④ 5

증감 연산자

변수의 값을 증가 또는 감소시키는 연산자로 증감 연산자의 위치에 따라 계산 순서가 다르다.

연산자 종류	기호	설명
증감 연산자	++A, − −A	전치 연산자로, 변수 A의 값을 1씩 증가 또는 감소시킨 후 연산에 사용
	A++, A− −	후치 연산자로, 변수 A를 연산에 사용한 후 1씩 증가 또는 감소

관계 연산자

두 변수의 크기를 비교하여 참(true), 거짓(false)를 반환하는 연산자이다.

연산자 종류	기호	설명
관계 연산자	〉	두 값 중 왼쪽의 값이 오른쪽의 값보다 크면 참
	〈	두 값 중 왼쪽의 값이 오른쪽의 값보다 작으면 참
	〉=	두 값 중 왼쪽의 값이 오른쪽의 값보다 크거나 같으면 참
	〈=	두 값 중 왼쪽의 값이 오른쪽의 값보다 작거나 같으면 참
	==	두 값이 같으면 참
	!=	두 값이 다르면 참

예제 제시된 연산식의 결과를 적으시오.

연산식	결과	정답 및 해설
1 〉= 2		• 정답: false • 해설: 1은 2보다 같거나 크지 않으므로, 이는 거짓(false)이다.
a = 10 a != 5		• 정답: true • 해설: a는 10이므로, 10과 5는 같지 않으므로 이는 참(true)이다.

논리 연산자

연산되는 수식 결과의 논리 관계(논리값)를 정의하여 참(true), 거짓(false)을 반환하는 연산자이다.

연산자 종류	기호	설명
논리 연산자	&&	논리값이 모두 참이면 참을 반환하고, 그렇지 않은 경우 거짓 반환(AND 조건)
	||	논리값 중 하나 이상이 참이면 참을 반환하고, 그렇지 않으면 거짓 반환(OR 조건)
	!	• 한 개의 논리값이 참이면 거짓을 반환하고, 거짓이면 참을 반환 • 자바는 c언어와 다르게 ! 뒤에는 논리값 결과로 true, false만 가능하고 숫자 값은 올 수 없음

비트 연산자와 시프트 연산자

- 비트 연산자는 비트(bit) 단위(0, 1)로 논리 연산할 때 사용하는 연산자이다. 비트 연산을 수행할 때는 통상적으로 사용하는 10진수가 아닌 n진수로 변환하여 비트 연산을 한다.

● 시프트 연산자는 비트를 이동할 때 사용하는 연산자이다.

연산자 종류	기호	설명
비트 연산자	&	모든 비트값이 1일 때 1을 반환, 아닌 경우 0 반환(AND 조건)
	|	비트값 중 하나 이상이 1인 경우 1을 반환, 아닌 경우 0 반환(OR 조건)
	^	모든 비트값이 같으면 0을 반환, 하나라도 다른 경우 1 반환(XOR 조건으로 bit끼리 더하고 올림을 제거함)
	~	비트의 값을 반대로 부정하는 연산
시프트 연산자	〈〈	비트를 왼쪽으로 이동, 빈칸에는 0을 채움
	〉〉	비트를 오른쪽으로 이동

대입 연산자

연산자 종류	기호	설명
대입 연산자	=	왼쪽의 변수에 오른쪽 값을 대입
	+=	왼쪽 변수 값에 오른쪽 값을 더하고 왼쪽 변수로 대입
	-=	왼쪽 변수 값에 오른쪽 값을 빼고 왼쪽 변수로 대입
	*=	왼쪽 변수 값에 오른쪽 값을 곱하여 왼쪽 변수로 대입
	/=	왼쪽 변수 값에 오른쪽 값을 나누어 왼쪽 변수로 대입
	%=	왼쪽 변수 값에 오른쪽 값의 나머지를 구한 후, 왼쪽 변수로 대입
	〈〈=	왼쪽 변수 값에 오른쪽 값만큼 왼쪽으로 비트 이동 후, 왼쪽 변수로 대입
	〉〉=	왼쪽 변수 값에 오른쪽 값만큼 오른쪽으로 비트 이동 후, 왼쪽 변수로 대입

삼항 연산자(조건 연산자)

연산자 종류	기호	설명
삼항 연산자	(조건) ? (참) : (거짓);	• 조건이 참인 경우, (참)의 수식 실행, 변수 반환 • 조건이 거짓인 경우, (거짓)의 수식 실행, 변수 반환

연산자 우선순위

● 연산자가 하나의 수식에 여러 개가 사용되는 경우, 우선순위에 따라 계산해야 한다.

● 우선순위 높음 → 낮음으로 나열 시, 괄호( ) 〉 증감 연산자 〉 산술 연산자 〉 시프트 연산자 〉 관계 연산자 〉 비트 연산자 〉 논리 연산자 〉 조건 연산자 〉 대입 연산자이다. 동일 연산자 수준에서는 대소비교 〉 동일비교 순으로 나열된다.

연·습·문·제

01 출제 예상

다음 JAVA 프로그램이 실행되었을 때의 결과를 쓰시오. (단, 출력문의 출력 서식을 준수하시오.)

```
public class Operator {
    public static void main(String[] args) {
        int x = 5, y = 0, z = 0;
        y = x++;
        z = --x;
        System.out.print(x + ", " + y + ", " + z);
    }
}
```

①
②
③

해설

public class Operator {	
public static void main(String[] args) {	
int x = 5, y = 0, z = 0;	① 정수형 x = 5, y = 0, z = 0 저장
y = x++;	② 후치 증감 연산자로 변수 y에 x = 5를 먼저 대입, 변수 x을 1 증가 시킨 후 저장 x = 6, y = 5, z = 0
z = --x;	③ 전치 증감 연산자로 변수 x를 1 감소 시킨 후, 저장, 변수 z에 x = 5 대입 x = 5, y = 5, z = 5
System.out.print(x + ", " + y + ", " + z);	④ x = 5, y = 5, z = 5 5, 5, 5 출력
}	
}	

02 출제 예상

선점 스케줄링 기법이다. [보기]를 참조하여 괄호(①, ②) 안에 알맞은 용어를 찾아 쓰시오.

기법	설명
(①)	우선순위가 높은 순서로 처리함 우선순위 $= \dfrac{\text{대기한 시간} + \text{서비스를 받을 시간}}{\text{서비스를 받을 시간}}$
(②)	처리시간이 짧은 프로세스부터 처리함
(③)	먼저 들어온 프로세스를 먼저 처리함

[보기]

FCFS, SRT, MLQ, MLFQ, HRN, SJF

①

②

③

정답

01 | 5, 5, 5

02 | ① HRN

② SJF

③ FCFS

055 JAVA - 조건문과 반복문 ★★★

학·습·포·인·트

조건문에는 if문과·switch문이 있는데, 특정 언어의 코드를 보고 실행 결과를 묻는 문제가 출제된다. 각각의 조건문이 어떻게 실행되는지 알아 두고 연습문제를 풀면서 반드시 연습하고 넘어가도록 한다.

대표 기출 유형

다음 JAVA로 구현된 프로그램을 분석하여 그 실행 결과를 쓰시오. (단, 출력문의 출력 서식을 준수하시오.) **22년 10월**

```
public class Test {
    public static void main(String[] args) {
        int a = 0;
        for (int i = 1; i < 999; i++) {
            if (i % 3 == 0 && i % 2 != 0)
                a = i;
        }
        System.out.print(a);
    }
}
```

정답

993

변수 i가 1부터 998까지 1씩 증가하며 3의 배수이고 홀수면 변수 a에 변수 i의 값을 저장한다. 1부터 998까지 값 중 3의 배수이고 홀수인 가장 큰 값은 993이다.

코드	설명
public class Test { public static void main(String[] args) {	
int a = 0;	정수형 변수 a를 선언하고 0을 저장
for (int i = 1; i < 999; i++) {	정수형 변수 i는 1부터 998까지 1씩 증가하며 반복
if (i % 3 == 0 && i % 2 != 0) a = i;	i가 3의 배수이고(i%3==0) 홀수일 때(i%2!=0) 변수 a에 변수 i의 값을 저장
} System.out.print(a); } }	변수 a의 값을 출력

필수 핵심 이론

명령문(Statement) 개념

- 명령문은 프로그램을 구성하는 문장으로, 지시사항을 처리하는 단위이다.
- 기본적인 문법들의 종류가 매우 많은 것은 아니며, 언어마다 유사한 문법 체계를 사용한다.
- 명령문은 조건문, 반복문으로 구성되어 있다.

조건문 개념

조건문은 조건의 참, 거짓 여부에 따라 실행 경로를 달리하는 if문과 여러 경로 중의 하나를 선택하는 switch문으로 구분한다.

if문

- if문은 조건이 참인지 거짓인지에 따라 경로를 선택하는 명령문이다.

코드	설명
if (조건식){	if문의 조건식이 참일 경우 if 안에 있는 문장1 실행
문장1;	
}	
else if (조건문){	• if문의 조건이 거짓이면서 else if문의 조건이 참일 경우 else if 안에 있는 문장2 실행 • else if는 여러 개 사용 가능
문장2;	
}	
else {	else는 if문의 조건문이 거짓이고 여러 개의 else if 조건문이 모두 거짓일 때 else 안에 있는 문장3 실행(else는 사용하지 않거나 한 번만 사용)
문장3;	
}	

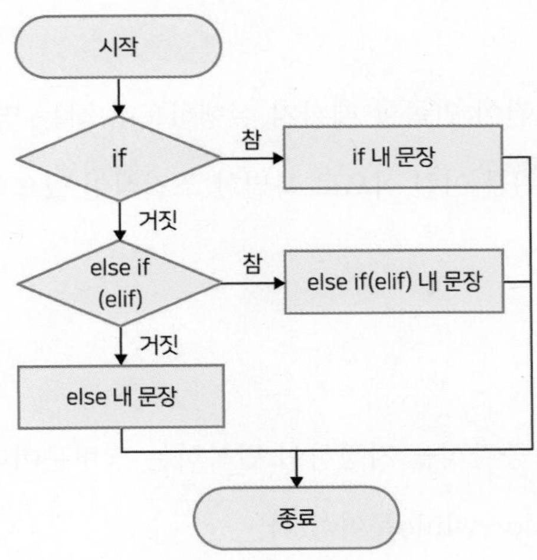

- if문은 삼항 연산자로 바꿔 표현할 수도 있다. if문을 삼항 연산자로 바꿔 표기하는 방법은 아래와 같다.

if문 사용	삼항 연산자 사용

if (조건식){
문장1;
}
else {
문장2;
}
	(조건식)? 문장1 : 문장2

switch문

- switch문은 조건에 따라 여러 개의 선택 경로 중 하나를 취하고자 할 때 사용하는 명령문이다.
- switch문에서는 조건에 해당하는 case로 이동을 한다.

switch (식){	• switch문의 식을 계산해서 일치하는 값을 가진 case 문장을 실행하고, 없으면 default 문장을 실행 • break를 만나면 switch문 탈출
case 값:	'switch(식)' 식을 계산한 값과 'case 값'이 같으면 진입하여 문장1 실행
문장1;	
break;	break를 만나면 switch문 탈출(break가 없으면 밑에 문장2도 실행)
default:	switch문에 식이 어떠한 case의 값도 만족하지 않으면 default로 진입해 문장2 실행(default는 없어도 됨)
문장2;	
}	

반복문

- 반복문은 특정 부분을 조건이 만족할 때까지 실행하도록 하는 명령문이다.
- 반복문을 사용할 때 for(;;)를 이런 식으로 특별한 조건식이 없으면 무한 처리를 반복(무한 루프)하게 된다.

for문

- for문은 초기식, 조건식, 증감식을 지정하여 반복하는 명령문이다.
- 반복문에는 for, while, do~while문이 있다.

구문	설명
for (초기식; 조건식; 증감식){	• for 문을 첫 번째 실행할 때, 초기식 확인, 조건식 확인 후 조건식이 참이면 반복문 내의 명령문 실행 • for 문을 두 번째 실행할 때부터는, 증감식 확인, 조건식 확인 후 조건식이 참이면 반복문 내의 명령문 실행 • 조건식이 거짓이 되면 for 문을 탈출
문장;	
}	

for each문

for each문은 배열에서 항목을 순차적으로 변수에 대입하여 반복하는 명령문이다.

구문	설명
for (제어변수 : 배열){	• 배열에서 0번 인덱스부터 배열의 길이만큼 순차적으로 값을 제어변수에 입력 • 배열의 길이만큼 제어변수에 입력되어 반복 수행되고 반복문 종료
문장;	
}	

while문

while문은 조건이 참인 동안에 해당 분기를 반복해서 실행하는 명령문이다.

구문	설명
while(조건문){	• 조건문이 참이면 해당 분기를 반복해서 실행 • 조건문이 거짓이 되면 while 문을 탈출 • while의 조건문이 boolean 타입이 아닌 경우 오류 발생(C언어의 경우 while(1) 등도 가능하지만 JAVA의 경우 불가)
문장;	
}	

do~while문

do~while문은 참, 거짓과 관련 없이 무조건 한 번은 실행하고, 그 다음부터는 조건이 참인 동안에 해당 분기를 반복해서 실행하는 명령문이다.

do{	참, 거짓과 관련 없이 무조건 한 번은 실행
문장;	
} while(조건문);	조건문이 참이면 해당 분기를 반복해서 실행하고, 조건문이 거짓이 되면 do~while문을 탈출

break, continue

Java의 제어문에는 break문과 continue문이 있으며, break문은 '반복문(for, while, do~while 등)'이나 'switch 조건문'을 탈출할 때 사용되는 예약어이다. 한편, continue문은 잔여 코드를 건너뛰고 '반복문(for, while, do~while)'의 조건식 부분으로 돌아가는 데 사용되는 예약어이다.

연·습·문·제

01 22년 10월

다음 JAVA로 구현된 프로그램을 분석하여 그 실행결과를 쓰시오. (단, 출력문의 출력 서식을 준수하시오.)

```
public class Test {
    public static void main(String[] args) {
        int a = 0;
        for (int i = 1; i < 999; i++) {
            if (i % 3 == 0 && i % 2 != 0)
                a = i;
        }
        System.out.print(a);
    }
}
```

해설 변수 i가 1부터 998까지 1씩 증가하며 3의 배수이고 홀수면 변수 a에 변수 i의 값을 저장한다. 1부터 998까지 값 중 3의 배수이고 홀수인 가장 큰 값은 993이다.

코드	설명
public class Test { public static void main(String[] args) {	
int a = 0;	정수형 변수 a를 선언하고 0을 저장
for (int i = 1; i < 999; i++) {	정수형 변수 i는 1부터 998까지 1씩 증가하며 반복
if (i % 3 == 0 && i % 2 != 0) a = i;	i가 3의 배수이고(i%3==0) 홀수일 때(i%2!=0) 변수 a에 변수 i의 값을 저장
} System.out.print(a); } }	변수 a의 값을 출력

02 22년 7월, 20년 5월

다음 JAVA 코드의 실행결과를 쓰시오. (단, 출력문의 출력 서식을 준수하시오.)

```
public class Test {
    public static void main(String args[]) {
        int i = 3, k = 1;
        switch(i) {
            case 1: k++;
            case 2: k -= 3;
            case 3: k = 0;
            case 4: k += 3;
            case 5: k -= 10;
            default: k--;
        }
        System.out.print(k);
    }
}
```

해설

public class Test {
  public static void main(String args[]) {
    int i = 3, k = 1;
	• 정수형 변수 i를 선언하고 3을 저장
	• 정수형 변수 k를 선언하고 1을 저장

switch(i) {	switch문(숫자나 문자 비교와 c언어와 다르게 자바는 문자열도 비교 가능)
case 1: k++; case 2: k -= 3;	
case 3: k = 0;	• 입력값이 case 조건문과 같은 3 일치 • 변수 k에 0을 저장

case 4: k += 3;
case 5: k -= 10;
default: k--;
}
	• break문이 없어 아래 case 계속 실행
	• 변수 k의 값에 3을 더함(k의 값 3)
	• 변수 k의 값에 10을 뺌(k의 값 -7)
	• 변수 k의 값에 1을 뺌(k의 값 -8)

System.out.print(k); } }	변수 k의 값인 -8을 출력

03 20년 10월

다음 JAVA 코드의 실행결과를 쓰시오. (단, 출력문의 출력 서식을 준수하시오.)

```
public class Test {
    public static void main(String[] args) {
        int k = 0;
        int sum = 0;
        while (k < 10) {
            k++;
            if(k % 2 == 1)
                continue;
            sum += k;
        }
        System.out.println(sum);
    }
}
```

해설 k의 값이 10이 될 때까지 1씩 증가하며 k가 홀수이면 continue하고 짝수일 때 sum 값에 k의 값을 대입한다. sum은 2 + 4 + 6 + 8 + 10 = 30이 된다.

04 20년 11월

다음은 변수 n에 저장된 10진수를 2진수로 변환하여 출력하는 JAVA 프로그램이다. 프로그램을 분석하여 괄호(가, 나)에 들어갈 알맞은 답을 쓰시오.

```
public class Test {
    public static void main(String[] args) {
        int[] a = new int[8];
        int i = 0;
        int n = 10;
        while ( 가 ) {
            a[i++] = ( 나 );
            n /= 2;
        }
        for (i = 7; i >= 0; i--) {
            System.out.print(a[i]);
        }
    }
}
```

[출력]
00001010

해설 변수 n의 값을 이진수로 변환하기 위해 2로 나눈 나머지를 구하고 2로 나누고 있다. 더 이상 나눠질 값이 없는 (가)는 n이 0보다 클 때이므로 n 〉 0 또는 n 〉= 1이다. 2로 나눈 나머지를 a 배열에 대입하기 위해서 (나)는 나머지 연산자인 n % 2이다.

05 20년 11월

다음은 JAVA로 구현된 프로그램을 분석하여 괄호(①, ②)에 들어갈 알맞은 답을 쓰시오.

```
public class Test {
    public static void main(String[] args) {
        int a[][] = new int[( ① )][( ② )];
        int n = 1;
        for(int i = 0; i < 3; i++) {
            for(int j = 0; j < 5; j++) {
                a[i][j] = j * 3 + i + 1;
                System.out.print(a[i][j] + " ");
            }
            System.out.println();
        }
    }
}
```

[출력결과]

1 4 7 10 13
2 5 8 11 14
3 6 9 12 15

①
②

해설 이차원 배열 a를 선언하고 반복문에서 a[i][j]의 값에 i는 0, 1, 2, j는 0, 1, 2, 3, 4에 값을 입력 및 출력을 하고 있다. 즉, 배열 a의 크기는 3(0~2), 5(0~4)만큼의 공간이 필요하다.
따라서 "int a[][] = new int[3][5];"이다.

06 21년 4월

다음은 JAVA 프로그램이다. 실행결과를 쓰시오. (단, 출력문의 출력 서식을 준수하시오.)

```
public class good {
   public static void main(String[] args){
      int i, j;
      for(j=0, i=0; i<=5; i++){
         j += i;
         System.out.print(i);
         if(i==5){
            System.out.print("=");
            System.out.print(j);
         } else {
            System.out.print("+");
         }
      }
   }
}
```

해설 i의 값을 1부터 5까지 "+"와 함께 출력 후 i의 값이 i가 되면 반복문을 돌며 전부 더한 j의 값을 "="와 함께 출력한다.

public class good {
  public static void main(String[] args){
    int i, j;	

for(j=0, i=0; i<=5; i++){	• i와 j를 0으로 초기화 • i를 0부터 5까지 1씩 증가시키며 반복
j += i;	• j에 j와 i를 더한 값을 대입 (1+2+3+4+5)
System.out.print(i);	i 값을 0부터 5까지 차례로 출력

if(i==5){
  System.out.print("=");
  System.out.print(j);
	i의 값이 5인 경우 "=" 변수 j 값을 출력

} else { System.out.print("+");	i의 값이 5가 아닌 경우 "+"를 출력
} } } }	

07 **21년 10월**

다음은 JAVA 코드이다. 실행결과를 쓰시오. (단, 출력문의 출력 서식을 준수하시오.)

```
public class Test {
    public static void main(String[] args) {
        int a = 3, b = 4, c = 3, d = 5;
        if((a == 2 | a == c) & !(c > d) & (1 == b ^ c != d)) {
            a = b + c;
            if(7 == b ^ c != a)
                System.out.println(a);
            else
                System.out.println(b);
        } else {
            a = c + d;
            if(7 == c ^ d != a)
                System.out.println(a);
            else
                System.out.println(d);
        }
    }
}
```

해설 비트 연산자로 같은 자리를 비교했을 때 "&"는 둘 다 true면 true, "|"는 하나라도 true면 true, "^"는 두 값이 다르면 true이다.

if((a == 2 | a == c) & !(c 〉 d) & (1 == b ^ c != d))	• 첫 조건 연산자에서 "(a == 2 | a == c)" 관계연산자가 비트연산자보다 우선함. a는 2가 아니지만, a의 값과 c의 값이 3으로 true이므로 'false | ture' 비트 연산하면 true • "!(c 〉 d)"는 "c〈=d"와 같다. c의 값 3은 d의 값 5보다 작아 true • "(1 == b ^ c != d))" b의 값은 4이므로 false, c의 값은 d의 값과 다르므로 true. 따라서 true와 false는 "^"연산자에 의해 true가 됨 • 모든 조건이 true이므로 조건문은 true가 됨
if(7 == b ^ c != a)	• b의 값은 4이므로 false • c의 값은 3, a의 값은 7이므로 true • false와 true는 "^"연산자에 의해 true가 됨
System.out.println(a);	a의 값인 7을 출력

08 22년 10월

다음 JAVA로 구현된 프로그램을 분석하여 그 실행결과를 쓰시오. (단, 출력문의 출력 서식을 준수하시오.)

```
public class Test {
    static int[] makeArray( ) {
        int[] tmpArr = new int[4];
        for (int i = 0; i < tmpArr.length; i++)
            tmpArr[i] = i;
        return tmpArr;
    }
    public static void main(String[] args) {
        int[] arr;
        arr = makeArray( );
        for (int i = 0; i < arr.length; i++)
            System.out.print(arr[i]);
    }
}
```

해설

코드	설명

public class Test {
static int[] makeArray( ) {
int[] tmpArr = new int[4];
	• 길이가 4인 int 배열 선언

for (int i = 0; i < tmpArr.length; i++)
tmpArr[i] = i;
return tmpArr;
}
	• i는 0부터 3까지 1씩 증가하며 반복문 실행
	• tmpArr 변수의 배열에 [0, 1, 2, 3] 입력
	• tmpArr 변수를 반환

public static void main(String[] args) {
int[] arr;
arr = makeArray( );
for (int i = 0; i < arr.length; i++)
System.out.print(arr[i]);
}
}
	• makeArray 메서드를 실행하고 배열을 반환받아 변수 a에 입력
	• i는 0부터 배열 arr의 길이만큼 1씩 증가하며 반복문 실행
	• arr 변수의 배열 [0, 1, 2, 3]를 띄어쓰기 단위로 실행해 0 1 2 3을 출력

정답

01 | 993
02 | –8
03 | 30
04 | 가. n > 0 또는 n >= 1 또는 i < 8 또는 i <= 7　　나. n % 2 또는 n & 1
05 | ① 3 ② 5
06 | 0 + 1 + 2 + 3 + 4 + 5 = 15
07 | 7
08 | 0 1 2 3

056 JAVA - 메서드와 클래스 ★★★

학 · 습 · 포 · 인 · 트

메서드와 클래스는 변수의 메모리 저장공간과 클래스와 함수의 호출 결과를 계산하는 문제를 풀면서 반드시 연습하고 넘어가야 한다.

대표 기출 유형

다음 JAVA 코드의 실행결과를 쓰시오. (단, 출력문의 출력 서식을 준수하시오.) **20년 5월**

```
public class Test {
    static int[] arr() {
        int a[] = new int[4];
        int b = a.length;
        for(int i = 0; i < b; i++)
            a[i] = i;
        return a;
    }

    public static void main(String[] args) {
        int a[] = arr();
        for(int i = 0; i < a.length; i++)
            System.out.print(a[i] + " ");
    }
}
```

정답

0 1 2 3

코드	설명

public class Test {
  static int[] arr() {
    int a[] = new int[4];
    int b = a.length;
	• 반환 자료형이 int형 배열인 arr함수 선언
	• 길이가 4인 int형 배열 선언
	• 정수형 변수 b를 선언하고 a 변수의 길이인 4를 입력

for(int i = 0; i < b; i++)
  a[i] = i;
return a;
}
	• i는 0부터 3까지 1씩 증가하며 반복문 실행
	• a 변수의 배열에 [0, 1, 2, 3] 입력
	• a 변수를 반환

public static void main(String[] args) {
  int a[] = arr();
  for(int i = 0; i < a.length; i++)
    System.out.print(a[i] + " ");
  }
}
	• arr 메서드를 실행하고 배열을 반환받아 변수 a에 입력
	• i는 0부터 배열 a의 길이만큼 1씩 증가하며 반복문 실행
	• a 변수의 배열 [0, 1, 2, 3]를 띄어쓰기 단위로 실행해 "0 1 2 3"을 출력

필수 핵심 이론

메서드(사용자 정의 함수(UDF; user-defined function))

사용자 정의 함수는 사용자가 직접 정의하여 반복해서 실행하거나 특별한 목적을 위해 설계된 함수이다. 함수를 사용하면 재사용으로 반복 코드가 줄고 프로그램이 간결해진다.

사용자 정의 함수 사용법

매서드	설명

자료형 함수명(자료형 변수명, ...) {
  ... 코드 ...
  return 반환값;
}
	• 시작 부분 자료형은 반환값 자료형 명시
	• "함수명"으로 메서드를 만듦
	• 반환할 변수형과 입력받을 파라미터값을 명시

static 자료형 함수명(자료형 변수명, ...) {
  ... 코드 ...
  return 반환값;
}
	static은 선언 시 메모리에 자동으로 올려 객체를 생성하지 않고 호출 가능

매서드 예시	설명

public class Operator{
  public static void main(String[] args) {
    int a = 3, b = 4;
    System.out.print(add(a, b));
  }
	• JAVA의 main 함수 부분
	• a와 b의 변수에 3과 4를 할당
	• add 함수에 int형 파라미터 a, b를 할당해 호출

public static int add(int a, int b) {
    int sum;
    sum = a + b;
    return sum;
  }
}
	• 함수명(자바는 매서드) 앞에 static 선언 시 메모리에 자동으로 올라가서 Operator 클래스 객체를 생성하지 않고 호출 가능
	• 입력받은 파라미터 a와 b를 더한 값을 반환

접근제어자

프로그래밍 언어에서 특정 개체를 선언할 때, 외부로부터 접근을 제한하기 위해 사용되는 예약어이다.

접근 제어자	설명
public	모든 접근을 허용함
protected	같은 패키지(같은 폴더)에 있는 객체와 상속관계 객체들만 허용
default	• 같은 패키지(같은 폴더)에 있는 객체들만 허용 • 접근제어자가 없을 경우, 즉 default 접근제어자는 생략 가능
private	객체 내에서만 허용

오버로딩(Overloading)

- 오버로딩은 동일한 이름의 메서드를 매개변수만 다르게 하여 정의하는 기능이다.
- 메서드 오버로딩 예시

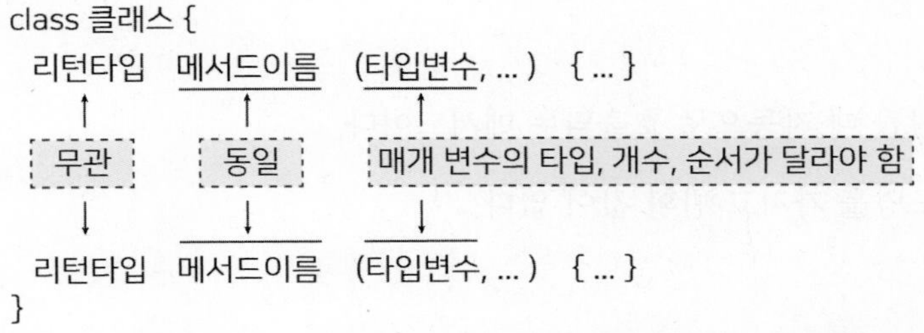

```
class 클래스 {
  리턴타입   메서드이름   (타입변수, ... )  { ... }
     ↑          ↑            ↑
   무관        동일        매개 변수의 타입, 개수, 순서가 달라야 함
     ↓          ↓            ↓
  리턴타입   메서드이름   (타입변수, ... )  { ... }
}
```

메서드 오버로딩 예시	설명

class Calculator {
int add(int a, int b) {
return a + b;
}
	정수 두 개를 더하는 메서드

int add(int a, int b, int c) {
return a + b + c;
}
	정수 세 개를 더하는 메서드 (메서드 오버로딩)

double add(double a, double b) {
return a + b;
}
	실수 두 개를 더하는 메서드 (메서드 오버로딩)

}	
public class CalculatorExample{	

public static void main(String[] args) {
    Calculator cal = new Calculator();
    System.out.println(cal.add(1, 2));
    System.out.println(cal.add(1, 2, 3));
    System.out.println(cal.add(2.5, 3.1));
  }
}
	• Calculator 클래스의 객체 cal 생성
	• cal의 add(1, 2) 호출해 출력
	• cal의 add(1, 2, 3) 호출해 출력
	• cal의 add(2.5, 3.1) 호출해 출력

실행결과

```
3
6
5.6
```

클래스

클래스는 객체지향 프로그래밍에서 특정 객체를 생성하기 위해 변수와 함수를 정의하는 일종의 틀이다. 객체를 정의하기 위한 매서드와 변수로 구성된다.

생성자(Constructor)

- 생성자는 클래스 객체가 생성될 때 자동으로 호출되는 메서드이다.
- 클래스 이름과 동일한 메서드명을 가지고 반환 값이 없다.

클래스

클래스	설명

접근제어자 class 클래스명 {
  접근제어자 자료형 변수명;
  접근제어자 자료형 메서드명(자료형 변수명,...){
    ... 코드 ...
    클래스명 변수명 = new 클래스명(파라미터);
    this.변수명;
    this.함수(매개변수);
    super.메서드명();
    return 반환값;
  }
}
	• 접근 제어자는 지정된 클래스, 변수, 메서드를 접근할 수 있는 권한을 설정함
	• 객체를 생성하기 위해 new 키워드를 사용함
	• this 키워드를 이용해 현재 객체의 내부 변수와 메서드를 호출할 수 있음
	• super 키워드를 이용해 상위 클래스의 변수나 메서드에 접근할 수 있음

사용법 예시	설명

public class Client {
  public int age;
  public String name;
	• Client의 클래스를 정의(클래스명 대문자로 시작)
	• 클래스 내부에 선언한 변수를 필드(Field)라고 하며 객체의 데이터를 저장
	• age와 name의 필드형과 필드명 정의 (필드명 소문자로 시작)

Client(String name, int age){
    this.name = name;
    this.age = age
  }
	• 생성자(Constructor)로 클래스 인스턴스 생성 시 초기화하여 실행
	• this는 인수나 변수가 필드와 같은 이름일 경우 필드를 구분하기 위해 사용
	• this를 사용하면 필드를 의미

public void clientInfo() {
    System.out.println("이름:"+name)
    System.out.println("나이:"+age)
  }
}
	• 객체 내의 메서드(Method)
	• 객체의 동작을 정의

public class Main {
  public static void main(String[] args) {
    Client client = new Client("홍길동", 50);
    client.clientInfo()
  }
}
	• Client 클래스의 객체 client를 생성
	• 생성자가 있는 경우 파라미터를 함께 전달
	• 생성과 동시에 생성자 함수가 호출됨
	• 생성자가 없는 경우 Client()로 생성
	• client의 clientInfo 매서드 실행

상속(Inheritance)

- 상속은 하위(자식) 클래스가 상위(부모) 클래스의 특성(변수와 메서드)을 그대로 물려받는다.
- 부모 클래스의 기능을 일부 변경할 경우 이를 오버라이딩(overriding)이라 한다.

오버라이딩(Overriding)

- 오버라이딩은 상위 클래스의 메서드를 하위 클래스에서 재정의한다.
- 상위 클래스의 메서드명, 매개변수 개수, 데이터 타입과 반환형이 같아야 한다.

상속	설명

class 클래스명_1 {
}
 	
class 클래스명_2 extends 클래스명_1 {
}
	• 클래스명_2는 클래스명_1을 상속
	• 부모 클래스는 클래스명_1 자식 클래스는 클래스명_2
	• 클래스명_2는 클래스명_1의 변수와 매서드에 접근 가능함

상속 예시	설명

class Calculator {
  double areaCircle(double r) {
    return 3.14 * r * r;
  }
}
	• Calculator 클래스를 정의(클래스명 대문자로 시작)
	• areaCircle 메서드를 정의(필드명 및 메서드명은 소문자로 시작)

class DetailCalculator extends Calculator {
  @Override
  double areaCircle(double r){
    return Math.PI * r * r;
  }
}
	• DetailCalculator 클래스는 Calculator 클래스를 상속 받아 상세 계산을 수행
	• 상위 클래스 Calculator의 메서드를 오버라이딩하여 Math.PI를 사용해 좀 더 정밀한 계산을 수행

public class CalculatorExample {
  public static void main(String[] args){
    int r = 5;
    Calculator cal = new Calculator();
    System.out.println(cal.areaCircle(r));
    DetailCalculator dcal = new DetailCalculator();
    System.out.println(dcal.areaCircle(r));
  }
}
	• public class 함수의 public static void main ~ 부분은 프로그램의 시작 부분
	• Calculator 클래스의 객체 cal 생성
	• cal의 areaCircle 메서드 호출 및 출력
	• DetailCalculator 클래스의 객체 dcal 생성
	• dcal의 areaCircle 메서드 호출 및 출력

실행결과
78.5 78.53981633974483

추상 클래스(Abstract Class)와 인터페이스(Interface)

추상 클래스(Abstract Class)

- '추상적인'이라는 의미인 abstract 키워드를 붙여 미구현된 추상 메서드를 한 개 이상 가진다.
- 추상 클래스를 상속한 자식 클래스에서는 반드시 추상 메서드로 구현해야 한다.

인터페이스(Interface)

- 인터페이스는 추상 클래스에서 더 나아가 구현된 메서드와 멤버변수를 가질 수 없다.
- interface 키워드를 붙여 사용하며 다형성(Polymorphism)을 극대화한다.
- 다형성이란 한 요소에 다양한 자료형에 속하는 것이 허가되는 것이다.
- 인터페이스는 상속받을 때 구현이라고 표현하는데 extends 대신 implements로 사용하고

추상클래스와 다르게 2개이상의 인터페이스명을 받아서 정의할 수 있다.
예) class 구현체클래스명 implements 인터페이스명1, 인터페이스명2

구분	예시 코드

추상 클래스
(Abstract Class)
	abstract class 클래스명{
	abstract 자료형 메서드명();
	// 자식 클래스에서 메서드를 상속받아 내부를 정의해야 함
	}

인터페이스
(Interface)
	interface 인터페이스명{
	자료형 메서드명();
	// 자식 클래스에서 메서드를 상속받아 내부를 정의해야 함
	}

01 20년 5월

다음 JAVA 코드의 실행결과를 쓰시오. (단, 출력문의 출력 서식을 준수하시오.)

```
public class Test {
    static int[] arr() {
        int a[] = new int[4];
        int b = a.length;
        for(int i = 0; i < b; i++)
            a[i] = i;
        return a;
    }

    public static void main(String[] args) {
        int a[] = arr();
        for(int i = 0; i < a.length; i++)
            System.out.print(a[i] + " ");
    }
}
```

해설

코드	설명

public class Test {
static int[] arr() {
int a[] = new int[4];
int b = a.length;
	• 반환 자료형이 int형 배열인 arr함수 선언
	• 길이가 4인 int형 배열 선언
	• 정수형 변수 b를 선언하고 a 변수의 길이인 4를 입력

for(int i = 0; i 〈 b; i++)
a[i] = i;
return a;
}
	• i는 0부터 3까지 1씩 증가하며 반복문 실행
	• a 변수의 배열에 [0, 1, 2, 3] 입력
	• a 변수를 반환

public static void main(String[] args) {
int a[] = arr();
for(int i = 0; i 〈 a.length; i++)
System.out.print(a[i] + " ");
}
}
	• arr 메서드를 실행하고 배열을 반환 받아 변수 a에 입력
	• i는 0부터 배열 a의 길이만큼 1씩 증가하며 반복문 실행
	• a 변수의 배열 [0, 1, 2, 3]를 띄어쓰기 단위로 실행해 "0 1 2 3"을 출력

02 20년 7월

다음 JAVA 코드의 실행 결과를 쓰시오. (단, 출력문의 출력 서식을 준수하시오.)

```
class A {
    private int a;
    public A(int a) {
        this.a = a;
    }
    public void display() {
        System.out.println("a=" + a);
    }
}
class B extends A {
    public B(int a) {
        super(a);
        super.display();
    }
}
public class Test {
    public static void main(String[] args) {
        B obj = new B(10);
    }
}
```

해설

class A {	
private int a;	

public A(int a) {
this.a = a;
}
	③ 클래스 A의 멤버 변수 a에 파라미터로 받은 값이 10인 변수 a를 입력

public void display() {
System.out.println("a=" + a);
}
	⑥ 멤버 변수 a의 값이 10이므로 "a=10" 출력

}	
class B extends A {	

public B(int a) {
    super(a);
    super.display();
  }
	② 선언과 동시에 생성자 B 함수가 호출됨
	④ 파라미터 값이 10인 a 변수와 함께 부모 클래스의 생성자 실행
	⑤ 부모 클래스의 display 함수 실행

}	

public class Test {
  public static void main(String[] args) {
    B obj = new B(10);
  }
}
	① B 클래스 객체 파라미터 10과 함께 obj 생성

03 20년 7월

다음 JAVA 코드에서 괄호(①)에 들어갈 키워드를 쓰시오.

```
class Parent {
    void show() { System.out.println("parent"); }
}
class Child extends Parent {
    void show() { System.out.println("child"); }
}
public class Test {
    public static void main(String[] args) {
        Parent pa = (  ①  ) Child();
        pa.show();
    }
}
```

①

해설 객체를 생성하기 위해 new 키워드를 사용한다.

04 20년 10월

다음 JAVA 코드의 실행결과를 쓰시오. (단, 출력문의 출력 서식을 준수하시오.)

```
abstract class Vehicle {
    private String name;
    abstract public String getName(String val);
    public String getName() {
      return "Vehicle name : " + name;
    }
    public void setName(String val) {
       name = val;
    }
}
class Car extends Vehicle {
    private String name;
    public Car(String val) {
       setName(val);
    }
    public String getName(String val) {
        return "Car name : " + val;
    }
    public String getName(byte val[]) {
        return "Car name : " + val;
    }
}
public class Test {
    public static void main(String[] args) {
        Vehicle obj = new Car("Spark");
        System.out.print(obj.getName());
    }
}
```

해설 Car 클래스의 getName 메서드는 상위 클래스인 Vehicle의 getName 메서드와 파라미터가 달라 오버로딩이다.

abstract class Vehicle { private String name;	
private int a;	
abstract public String getName(String val);	

public String getName() {
    return "Vehicle name : " + name;
  }
	⑤ "Spark"값을 가지고 있는 멤버 변수와 함께 "Vehicle name : Spark" 반환

}	

public void setName(String val) {
    name = val;
  }
}
	③ 클래스 Vehicle의 멤버 변수 name에 파라미터로 받은 값이 "Spark"인 변수 val을 입력

class Car extends Vehicle { private String name;	

public Car(String val) {
    setName(val);
  }
	② Car 클래스 객체가 생성되어 생성자 실행, 파라미터 "Spark"와 함께 setName 실행

public String getName(String val) {
    return "Car name : " + val;
  }	

public String getName(byte val[]) {
    return "Car name : " + val;
  }
}	

public class Test {
  public Static void main(String[] args) {
    Vehicle obj = new Car("Spark");
    System.out.print(obj.getName());
  }
}
	① Car 클래스 객체 파라미터 "Spark"와 함께 obj 생성 Vehicle 클래스는 Car 클래를 상속받기 때문에 선언 가능함(다형성)
	④ Car 클래스의 getName 메서드 실행
	⑥ 반환받은 "Vehicle name : Spark" 출력

05 출제 예상

다음 JAVA로 구현된 프로그램을 분석하여 괄호에 들어갈 알맞은 예약어를 쓰시오.

```
public class Test {
   public static void main(String[] args){
      System.out.print(Test.check(1));
   }
   (     )  String check (int num) {
      return (num >= 0) ? "positive" : "negative";
   }
}
```

[출력결과]

positive

해설 static 키워드를 붙여 static 변수를 선언할 수 있다. static 변수 선언 시 프로그램 전역에서 접근할 수 있다.

06 21년 10월

다음 JAVA 코드에 대한 알맞은 출력값을 쓰시오.

```
class Connection {
   private static Connection _inst = null;
   private int count = 0;
   static public Connection get() {
      if(_inst == null) {
         _inst = new Connection();
         return _inst;
      }
      return _inst;
   }
   public void count() { count ++; }
   public int getCount() { return count; }
}

public class Test {
   public static void main(String[] args) {
      Connection conn1 = Connection.get();
      conn1.count();
      Connection conn2 = Connection.get();
      conn2.count();
      Connection conn3 = Connection.get();
      conn3.count();
      System.out.print(conn1.getCount());
   }
}
```

해설 static 변수는 선언 시 프로그램 전역에서 접근할 수 있으며, 프로그램이 시작되면 변수가 생성되고, 프로그램이 종료되면 변수가 소멸된다. static 자료형 count를 선언하고 0을 대입 후 count() 메서드를 3번 호출하여 1씩 더해 주어 count의 값인 3일 출력된다.

07 22년 7월

다음 JAVA 코드의 실행결과를 쓰시오. (단, 출력문의 출력 서식을 준수하시오.)

```
class Conv {
    int a;
    public Conv(int a) {
        this.a = a;
    }
    public int func( ) {
        int b = 1;
        for (int i = 1; i < a; i++) {
                b += a * i;
        }
        return a + b;
    }
}
class Test {
    public static void main(String[] args) {
        Conv obj = new Conv(3);
        obj.a = 5;
        int b = obj.func( );
        System.out.print(obj.a + b);
    }
}
```

해설

class Conv { int a;	

public Conv(int a) {
this.a = a;
}
	② Conv 클래스 객체가 생성되어 생성자 실행, 파라미터 3을 멤버 변수 a에 대입

public int func(int a) {
int b = 1;
for (int i = 1; i < a; i++) {
b += a * i;
}
return a + b;
}
}
	⑥ 자료형이 int인 변수 b를 선언하고 1을 대입
	⑦ i는 1부터 변수 a의 값인 5보다 작은 4까지 반복하며 a*i를 저장
	b = 1 + 5 + 5*2 + 5*3 + 5*4 = 51
	⑧ b의 값 51과 a의 값 5를 더한 56 반환

public void setName(String val) {
name = val;
}
}
	③ 클래스 Vehicle의 멤버 변수 name에 파라미터로 받은 값이 "Spark"인 변수 val을 입력

class Test {
public static void main(String[] args) {
Conv obj = new Conv(3);
	① Conv 클래스 객체 파라미터 3과 함께 obj 생성

obj.a = 5;	④ obj.a에 5 대입
int b = obj.func(obj.a);	⑤ Conv 클래스의 func 메서드 실행 ⑨ 반환받은 56을 정수형 변수 b에 대입
System.out.print(obj.a + b); } }	⑩ obj.a의 값 5와 b의 값 56을 더한 61을 출력

08 21년 7월

다음은 JAVA 관한 문제이다. 알맞은 출력값을 작성하시오. (단, 출력문의 출력 서식을 준수하시오.)

```
public class Over1 {
   public static void main(String[] args){
      Over1 a1 = new Over1();
      Over2 a2 = new Over2();
      System.out.println(a1.sum(3,2) + a2.sum(3,2));
   }
   int sum(int x, int y){
      return x + y;
   }
}
class Over2 extends Over1 {
   int sum(int x, int y){
      return x - y + super.sum(x,y);
   }
}
```

해설 오버라이딩의 개념을 물어 보는 문제이다. a1.sum(3, 2)은 Over1 클래스의 sum 메서드를 호출해 3 + 2 = 5를 반환한다. a2.sum(3, 2)은 Over2 클래스의 sum 메서드를 호출한다. super.sum(x, y)는 Over2의 상위 클래스인 Over1 클래스의 sum 메서드로 5를 반환한다. 즉, Over2 클래스의 sum 메서드는 3 − 2 + super.sum(x,y) = 3 − 2 + 5 = 6을 반환한다. a1.sum(3, 2)의 결괏값 5와 a2.sum(3, 2)의 결괏값 6을 더한 11을 출력한다.

09 20년 11월

다음 JAVA 코드의 실행결과를 쓰시오. (단, 출력문의 출력 서식을 준수하시오.)

```
class Parent {
    int compute(int num) {
        if(num <= 1) return num;
        return compute(num - 1) + compute(num - 2);
    }
}
class Child extends Parent {
    int compute(int num) {
        if(num <= 1) return num;
        return compute(num - 1) + compute(num - 3);
    }
}
public class Test {
    public static void main (String[] args) {
        Parent obj = new Child();
        System.out.print(obj.compute(4));
    }
}
```

해설 오버라이딩의 개념을 물어 보는 문제이다. obj.compute(4)는 Child 클래스의 compute 메서드를 호출한다. Child 클래스의 compute 메서드는 파라미터의 값이 1보다 작거나 같으면 파라미터를 반환하고, 1보다 큰 경우 Child 클래스의 compute 메서드를 다시 호출하는 재귀함수이다. 아래 그림에서 반환되는 결괏값의 합인 1 + 0 + 1 + (−1) = 1이다.

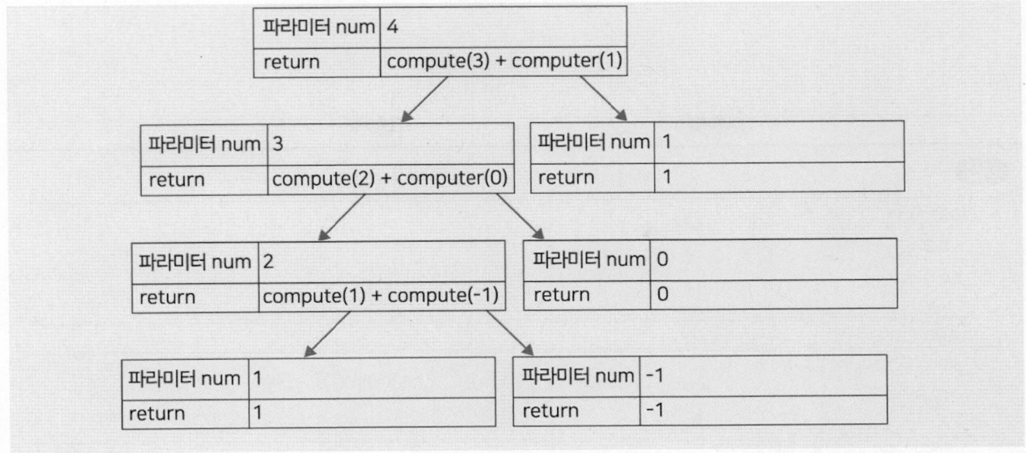

10 22년 5월

다음 JAVA 코드의 실행결과를 쓰시오. (단, 출력문의 출력 서식을 준수하시오.)

```
class A {
    int a;
    int b;
}
public class Test {
    static void func1(A m) {
        m.a *= 10;
    }
    static void func2(A m) {
        m.a += m.b;
    }
    public static void main(String args[]) {
        A m = new A();
        m.a = 100;
        func1(m);
        m.b = m.a;
        func2(m);
        System.out.printf("%d", m.a);
    }
}
```

해설

코드	설명

class A {
  int a;
  int b;
}	

public class Test {	

static void func1(A m) {
    m.a *= 10;
  }
	④ m.a의 값 100에 10을 곱함

static void func2(A m) {
    m.a += m.b;
  }
	⑦ m.a의 값 1000에 m.b의 값 1000을 더함

public static void main(String args[]) {	
A m = new A();	① A 클래스 객체 m 생성
m.a = 100;	② m.a에 100을 대입
func1(m);	③ 파라미터 m과 함께 func1 메서드 실행
m.b = m.a;	⑤ m.b에 m.a의 값 1000을 대입
func2(m);	⑥ 파라미터 m과 함께 func2 메서드 실행
System.out.printf("%d", m.a); } }	⑧ m.a의 값 2000을 출력

정답

01 | 0 1 2 3
02 | a=10
03 | ① new
04 | Vehicle name : Spark
05 | static
06 | 3
07 | 61
08 | 11
09 | 1
10 | 2000

057 JAVA - 예외처리와 스레드 ★

학·습·포·인·트

예외처리의 사용 이유와 방법 그리고 개념을 학습해야 한다.

대표 기출 유형

다음 JAVA 코드 중에서 (가)에 들어갈 알맞은 코드를 작성하시오. **22년 5월**

```
class Car implements Runnable {
    int a;
    public void run() {
        try {
            while(++a < 100) {
                System.out.println("mlies passed : " + a);
                Thread.sleep(100);
            }
        } catch(Exception e) {
            System.out.println(e.getMessage());
        }
    }
}
public class Test {
    public static void main(String args[]) {
        Thread t1 = new Thread(new ( 가 )());
        t1.start();
    }
}
```

정답

Car

Thread를 상속받은 클래스를 선언해 Thread 클래스를 선언한다. 선언한 t1.start()를 통해 Car 클래스의 run 메서드가 실행된다.

필수 핵심 이론

예외처리(Exception)

실행 중에 감지되는 에러들을 예외라고 한다. 예외처리는 오류가 발생했을 때 오류를 그대로 실행시키지 않고 오류에 대응하는 방법으로 처리하는 기법이다.

사용 방법

```
try{
    실행 코드;
}
catch (예외 객체 매개변수){
    예외 발생 시 실행하는 코드;
}
... (catch 여러 번 가능)
finally {
    예외가 발생 여부에 상관없이 처리하는 코드
}
```

예외 객체 종류

예외 객체	설명
Exception	• 모든 시스템 종료 외의 내장 예외 • 다른 예외는 해당 예외에서 파생됨
ArithmeticException	• 예외적인 산술 조건이 발생한 경우 • 0으로 나눈 경우
BufferOverflowException	버퍼의 제한에 도달한 경우
IndexOutOfBoundsException	배열, 문자열 등에서 인덱스 범위를 넘어간 경우
NullPointerException	존재하지 않는 객체를 참조하려고 하는 경우
RuntimeException	정상 작동 중에 발생할 수 있는 예외의 상위 클래스
FileNotFoundException	존재하지 않는 파일을 읽으려고 하는 경우

스레드(Tread)

- 스레드란 프로세스에서 실질적으로 작업을 하는 단위이다.
- 프로세스에는 한 개 이상의 스레드가 있으며 독립적으로 수행되는 실행 단위이다.

● 스레드를 만들기 위해서 Thread 클래스를 상속받거나, Runnable 인터페이스를 상속받아야 한다.

<table>
<tr><th>스레드</th><th>설명</th></tr>
<tr><td><pre>class Information extends Thread {
  public void run(){
    System.out.println("내일은정보처리기사");
  }
}
public class Tomorrow{
  public static void main(String []args){
    Thread info = new Information();
    info.start();
    System.out.println("오늘은정보처리기사");
  }
}</pre></td><td>• Thread.start 메서드 실행 시 스레드의 run 메서드 실행됨
• 실행결과
오늘은정보처리기사
내일은정보처리기사</td></tr>
</table>

쌤의 Comment

예외 객체의 종류를 모두 외우기는 쉽지 않아요. 다만, 예외 객체에 쓰이는 영어 단어와 설명을 쌍을 지어 이해하는 방법을 추천해요.

연·습·문·제

01 출제 예상

다음 JAVA 코드의 실행결과를 쓰시오. (단, 출력문의 출력 서식을 준수하시오.)

```
public class Test {
    public static void main(String args[]) {
        try{
           int a = 1/0;
        }
        catch (Exception e){
            System.out.println("에러발생");
        }
        finally {
            System.out.println("코드종료");
        }
    }
}
```

해설 try 블록 안에서 1/0으로 에러가 발생해 catch 블록 안의 "에러발생"을 출력한다. finally는 예외 발생과 상관없이 실행하므로 "코드종료"를 출력한다.

02 22년 5월

다음 JAVA 코드 중에서 (가) 들어갈 알맞은 코드를 작성하시오.

```
class Car implements Runnable {
    int a;
    public void run() {
        try {
            while(++a < 100) {
                System.out.println("mlies passed : " + a);
                Thread.sleep(100);
            }
        } catch(Exception e) {
            System.out.println(e.getMessage());
        }
    }
}
public class Test {
    public static void main(String args[]) {
        Thread t1 = new Thread(new ( 가 )());
        t1.start();
    }
}
```

해설 Thread를 상속받은 클래스를 선언해 Thread 클래스를 선언한다. 선언한 t1.start()를 통해 Car 클래스의 run 메서드가 실행된다.

03 출제 예상

다음 JAVA 코드 중에서 괄호 (①, ②) 들어갈 알맞은 코드를 작성하시오.

```
public class Test {
    public static void main(String args[]) {
        try{
           int a = 1/0;
        }
        ( ① ) (Exception e){
            System.out.print("내일은");
        }
        ( ② ) {
            System.out.println("정보처리기사");
        }
    }
}
```

[출력결과]

내일은정보처리기사

①

②

정답

01 | 에러발생
코드종료

02 | Car

03 | ① catch
② finally

058 Python - 자료형과 데이터 입출력 ★★★

학·습·포·인·트

리스트형, 문자형의 index, slice에 대한 문제가 종종 출제된다. 각 자료형마다 사용되는 함수들이 다르므로, 어떤 값이 반환되는지 이해하는 것이 중요하다. 또, Python에서 연산자는 C 언어와 JAVA에서 사용하는 연산자와 거의 유사하지만, 증감 연산자(++, --)는 지원하지 않는다. 이렇게 일부 다른 부분을 기억하는 것이 중요하다.

대표 기출 유형

다음 Python으로 구현된 프로그램을 분석하여 그 실행 결과를 쓰시오. **22년 10월**

```
a = "REMEMBER NOVEMBER"
b = a[:3] + a[12:16]
c = "R AND %s" % "STR"
print(b+c)
```

정답

REMEMBER AND STR

<table>
<tr><td>a = "REMEMBER NOVEMBER"</td><td>① 변수 a에 문자열 "REMEMBER NOVEMBER" 저장

a[0]	a[1]	a[2]	a[3]	a[4]	a[5]	a[6]	a[7]	a[8]	a[9]	a[10]	a[11]	a[12]	a[13]	a[14]	a[15]	a[16]
R	E	M	E	M	B	E	R		N	O	V	E	M	B	E	R

</td></tr>
<tr><td>b = a[:3] + a[12:16]</td><td>② 변수 a에 저장된 문자열을 슬라이싱하여 변수 b에 "REMEMBE" 저장
b = a[:3] + a[12:16]
ⓐ "REM" + ⓑ "EMBE"
ⓒ "REMEMBE"
ⓐ a[:3]은 a[0]부터 a[2]까지의 문자열로 "REM"
ⓑ a[12:16]은 a[12]부터 a[16]까지의 문자열로 "EMBE"
ⓒ 같은 문자열을 더해서 "REMEMBE"</td></tr>
<tr><td>c = "R AND %s" % "STR"</td><td>③ 변수 c에 "R AND STR" 저장
%s는 서식 문자열로 % 뒤에 있는 "STR"를 의미</td></tr>
<tr><td>print(b+c)</td><td>④ 변수 b와 변수 c에 저장된 문자열 더해서 출력
b+c = "REMEMBE"+"R AND STR"
따라서 REMEMBER AND STR 출력</td></tr>
</table>

필수 핵심 이론

Python 기본 구조

- 파이썬은 사용자 정의 함수, 클래스가 먼저 정의되고, 그 다음에 실행 코드가 나온다.
- 파이썬은 들여쓰기가 강제되어 있다. C, Java와 다르게 들여쓰기를 하지 않으면 코드 블록 구분을 하지 못하므로 들여쓰기를 반드시 해야 한다.

예제 Python 기본 코드

소스 코드

```
01 def cs(n):
02     print("Hello")
03 print("내일은 정보처리기사")
04 print("%d", 2)
```

실행 결과

```
내일은 정보처리기사
2
```

코드 해설

01	def 키워드로 시작되는 명령어는 사용자 정의 함수. cs라는 이름으로 사용자 정의 함수를 만들었으나, 호출하는 곳이 없으므로 실행되지 않음
02	'내일은 정보처리기사'라는 문자열을 print라는 함수를 이용해 출력
03	%d는 2를 10진수로 출력

자료형 유형

자료형은 프로그래밍 언어에서 숫자, 문자열 등과 같은 여러 종류의 데이터를 식별하는 형태이다.

유형	설명	세부 유형
기본 자료형 (Primitive Data Type)	직접 자료를 표현하는 자료형	• 숫자형(Number) • 논리형(Logical; Boolean)

컬렉션 자료형 (Collection Data Type)	다수의 데이터를 효과적으로 처리할 수 있는 자료형	시퀀스 자료형	• 문자열형(String) • 리스트형(List) • 튜플형(Tuple)
		비시퀀스 자료형	• 딕셔너리형(Dictionary) • 집합형(Set)

기본 자료형(Primitive Data Type)

기본 자료형은 직접 자료를 표현하는 자료형으로, 숫자형, 논리형이 있다.

종류	설명	예시
숫자형(Number)	• 숫자를 저장할 때 사용하는 자료형 • 정수형(int), 실수형(float)이 있음	print(123) print(–123) print(0) print(0.123) print(–0.123)
논리형(Logical; Boolean)	• 변수의 참(True), 거짓(False)를 나타내는 자료형 • **True**(참) / **False**(거짓)를 저장 • 조건문의 반환값으로도 사용	print(True) print(False)

컬렉션 자료형(Collection Data Type)

- 컬렉션 자료형은 시퀀스 자료형과 비시퀀스 자료형이 있다.
- 시퀀스 자료형은 순서가 존재하는 자료형으로 순서가 중요하며, 문자열형(String), 리스트형(List), 튜플형(Tuple)이 있다.
- 비시퀀스 자료형은 순서가 존재하지 않는 자료형으로 순서가 중요하지 않으며, 집합형(Set), 딕셔너리형(Dictionary)이 있다.

시퀀스 자료형 종류

문자열형(String)

- 문자열형(String)은 문자를 한 개 또는 여러 개 저장하고자 할 때 사용하는 자료형이다. Python에서 문자와 문자열은 작은따옴표(' '), 큰따옴표(" "), 3개의 작은따옴표(''' '''), 3개의 큰따옴표(""" """)를 사용해 나타낼 수 있다.

```
a = "Hello World"
b = '안녕하세요'
c = '''A'''
```

● 또한 Python에서 두 문자열을 더하면 두 문자열이 합쳐져 출력되며, 문자열에 곱하기를 하게 되면 문자열을 곱한 수만큼 출력한다.

print("Hello" + "World")	HelloWorld
print("Hello" * 2)	HelloHello

● 문자열과 관련된 주요 함수들은 다음과 같다.

함수	설명
"삽입할 문자".join(문자열 or 리스트)	**"문자열"의 각각의 문자 사이에 "삽입할 문자"를 삽입하는 함수**
upper()	소문자를 대문자로 바꾸는 함수
lower()	대문자를 소문자로 바꾸는 함수
replace(기존문자열, 변경할 문자열, 변경횟수)	**변경 횟수만큼 기존 문자열을 변경할 문자열로 대체하는 함수**
split(구분자)	**문자열을 '구분자' 기준으로 나누어 리스트로 변환하는 함수**
count(찾을값)	문자열 내에서 찾은 값의 개수를 리턴하는 함수
find(찾을 값, 시작인덱스, 종료인덱스)	문자열 시작~종료 인덱스 사이에서 찾을 값이 처음 나타나는 위치를 리턴하는 함수
index(찾을 값, 시작인덱스, 종료인덱스)	문자열 시작~종료 인덱스 사이에서 찾을 값이 처음 나타나는 위치를 리턴하는 함수
strip(제거할 값)	양쪽 끝에서 특정 값을 제거하는 함수
lstrip(제거할 값)	왼쪽(left) 끝에서 특정 값을 제거하는 함수
rstrip(제거할 값)	오른쪽(right) 끝에서 특정 값을 제거하는 함수
isupper()	문자열 전체가 대문자이면 True, 아니면 False를 리턴하는 함수
islower()	문자열 전체가 소문자이면 True, 아니면 False를 리턴하는 함수
isalnum()	문자열이 알파벳 또는 숫자로만 구성되어 있으면 True, 아니면 False를 리턴하는 함수
isalpha()	문자열이 알파벳으로만 구성되어 있으면 True, 아니면 False를 리턴하는 함수
isdecimal()	문자열이 정수이면 True, 아니면 False를 리턴하는 함수
isdigit()	문자열이 숫자이면 True, 아니면 False를 리턴하는 함수

리스트형(List)

- 리스트형(List)은 다양한 자료형 집합을 저장할 때 사용하는 자료형으로 크기가 가변적으로 변하며 요소의 생성, 삭제, 수정이 자유롭다.
- 리스트형은 대괄호([])로 감싸주며, 각 요소는 쉼표(,)로 구분한다.

리스트명 = [요소1, 요소2, 요소3, ...]

- 리스트를 2차원으로 만들 수 있고, 2차원 리스트는 [와] 사이에 [와]를 중첩하여 사용한다.

리스트명 = [[요소1, 요소2, ...],[요소1, 요소2, ...], ...]

a = [1, 2, 3, 4, 5]	리스트 선언 후 1, 2, 3, 4, 5로 초기화
b = []	빈 리스트 선언
c = ['가나다', 1, 'A']	C, Java와 달리 Python 리스트에는 다양한 자료형을 같이 저장할 수 있음
d = [[1, 2, 3], [4, 5, 6]]	이차원 리스트 생성

- 리스트형 함수를 사용하여 요소를 추가(append, insert, extend), 삭제(remove, pop, clear), 정렬(sort) 등을 할 수 있다.

함수	설명
append(x)	**리스트의 마지막 요소 뒤에 값 x를 추가하는 함수**
clear()	리스트의 모든 항목을 삭제하는 함수
copy()	**리스트를 복사하는 함수**
count(x)	리스트에서 x 항목의 개수를 알려주는 함수
extend(i)	**리스트 마지막에 컬렉션 자료형 i를 추가한 함수**
index(x)	리스트에 x 값이 있으면 x의 인덱스 값(위치값)을 리턴하는 함수, 리스트에 x 값이 존재하지 않는다면 오류가 발생
insert(i, x)	**리스트 i 번째 위치에 값 x를 삽입하는 함수**
remove(x)	**리스트에서 첫 번째로 나오는 x를 제거하는 함수**
pop()	리스트의 맨 마지막 요소를 리턴하고, 리스트에서 그 요소를 삭제하는 함수
sort()	**리스트의 요소를 순서대로 정렬하는 함수**
reverse()	**리스트의 요소를 정렬하지 않고 그대로 역순으로 바꾸는 함수**

튜플형(Tuple)

- 튜플형(Tuple)은 리스트와 거의 유사하나, 요소의 생성, 삭제, 수정이 불가능하다.
- 튜플형은 괄호(())로 감싸주며, 각 요소는 쉼표(,)로 구분한다.

튜플명 = (요소1, 요소2, 요소3, …)

a = (1, 2, 3, 4, 5)	튜플 선언 후 1, 2, 3, 4, 5로 초기화
b = ()	빈 튜플 선언
c = ('가나다', 1, 'A')	C, Java와 달리 Python 튜플에서는 다양한 자료형을 같이 저장할 수 있음
d = ((1, 2, 3), (4, 5, 6))	이차원 튜플 생성

시퀀스 자료형 요소 접근법

인덱싱(Indexing)

- 인덱싱(Indexing)를 사용하여 요소의 배열에 대한 순서로 요소를 특정하여 접근할 수 있다.
- Python은 앞에서부터 시작하면 0부터 시작하며, 뒤에서부터 시작할 때는 -1부터 시작한다.
- 인덱싱은 문자열, 리스트, 튜플과 같은 자료구조에서 사용한다.

예제 Python의 리스트 인덱싱(List Indexing)

a = [2, 1, 3, 4, 5, [10,20]]

index (앞)	0	1	2	3	4	5
index (뒤)	−6	−5	−4	−3	−2	−1
값	2	1	3	4	5	[10,20]

print(a[0])	2 리스트 a의 0번째 요소인 2 출력
print(a[1])	1 리스트 a의 첫 번째 요소인 1 출력
print(a[−1])	[10,20] 리스트 a의 뒤에서 첫 번째 요소인 [10,20] 출력
print(a[−3])	4 리스트 a의 뒤에서 세 번째 요소인 4 출력
print(a[5][0])	10 리스트 a의 다섯 번째 요소인 [10,20]의 0번째 요소인 10 출력

예제 Python의 튜플 인덱싱(Tuple Indexing)

t = ('s', 'j', 'b')	튜플 변수 t에 's', 'j', 'b'로 초기화
print(t[0])	t의 0번째 값을 화면에 출력

슬라이싱(Slicing)

슬라이싱(Slicing)을 사용하여 시퀀스 자료형에서 여러 개의 데이터에 동시에 접근할 수 있다. 스텝은 생략이 가능하며, 기본값은 1로 설정되어 있다.

시퀀스변수명[시작 : 종료 : 스텝]

형태	설명
시작	• 슬라이싱을 시작할 인덱스 • 생략할 경우 '시퀀스변수명[:종료인덱스]' 또는 '시퀀스변수명[:종료인덱스:스텝]' 형태가 됨 • 생략할 경우 처음부터 슬라이싱
종료	• 슬라이싱을 종료할 인덱스 • **종료 인덱스에 있는 인덱스 전까지만 슬라이싱** • 생략할 경우 마지막까지 슬라이싱
스텝	• 몇 개씩 끊어서 슬라이싱할지 결정하는 값 • 생략할 경우 '시퀀스변수명[시작:종료]' 또는 '시퀀스변수명[시작:종료:]' 형태가 됨 • **생략할 경우 1이 기본값**

예제 Python의 리스트 슬라이싱(List Slicing)

a = ['A', 'B', 'C', 'D', 'E']

index (앞)	0	1	2	3	4
index (뒤)	–5	–4	–3	–2	–1
값	A	B	C	D	E

print(a[1:])	['B', 'C', 'D', 'E'] 변수 a의 두 번째 요소인 B부터 끝까지 슬라이싱하여 출력
print(a[:–3]	['A', 'B'] 변수 a의 첫 번째 요소인 A부터 뒤에서 세 번째 요소인 C 직전까지 슬라이싱하여 출력
print(a[1::3])	['B', 'E'] 변수 a의 두 번째 요소인 B부터 끝까지 3개씩 끊어 슬라이싱하여 출력
print(a[0:4:2])	['A', 'C'] 변수 a의 첫 번째 요소인 A부터 다섯 번째 요소인 E까지 2개씩 끊어 슬라이싱하여 출력

비시퀀스 자료형 종류

집합형(Set)

- 집합형(Set)은 중복된 원소를 허용하지 않고, 순서가 없는(unordered) 집합의 특성을 갖는 자료형이다.
- set이라는 키워드나 중괄호({})를 이용하여 집합형을 선언한다. 각 요소는 쉼표(,)로 구분한다.

집합명 = {요소1, 요소2, 요소3, ...} 집합명 = set([요소1, 요소2, ...])

코드	결과
print({1, 2, 3, 1, 2, 3}) print(set("Hello"))	{1, 2, 3} {'e', 'H', 'l', 'o'}

- 집합형을 유용하게 사용하는 경우는 교집합, 합집합, 차집합을 구할 때이다.

함수	설명
&	교집합 연산자(intersection)
|	합집합 연산자(union)
–	차집합 연산자(difference)
^	대칭차집합 연산자(합집합 – 교집합, symmetric_difference)

예제 **a = {1, 2, 3, 4, 5}, b = {3, 4, 5, 6, 9} 일 때, 다음 연산 수행 후 c, d, e, f 각각에 저장되는 값은?**

코드	결과
a = {1, 2, 3, 4, 5}	
b = {3, 4, 5, 6, 9}	
c = a | b	{1, 2, 3, 4, 5, 6, 9} c는 a와 b의 합집합
d = a & b	{3, 4, 5} d는 a와 b의 교집합
e = a – b	{1, 2} e는 a에서 b를 뺀 차집합
f = a ^ b	{1, 2, 6, 9} f는 a와 b의 합집합에서 교집합을 뺀 것

예제정답 c = {1, 2, 3, 4, 5, 6, 9}, d = {3, 4, 5}, e = {1, 2}, f = {1, 2, 6, 9}

● 집합형 관련 함수에는 add(), update(), remove() 함수가 있다.

함수	설명
add(x)	집합형에 1개 값을 추가할 때 사용하는 함수
update(리스트)	집합형에 여러 개의 값을 추가할 때 사용하는 함수
remove(x)	집합형에 특정 값을 제거할 때 사용하는 함수

딕셔너리형(Dictionary)

● 딕셔너리형(Dictionary)은 키(Key)와 값(Value)을 한 쌍으로 갖는 자료형이다.

● 딕셔너리형은 중괄호({})로 감싸주며, Key와 Value는 콜론(:)으로 구분하며, 각 요소는 쉼표(,)로 구분한다.

```
딕셔너리명 = {Key1: Value1, Key2: Value2, Key3: Value3, ...}
```

```
d = {'가': [1, 2, 3], '나': [4, 5, 6]}
print(d['가'])
```

[1, 2, 3]
딕셔너리 d에 저장된 Key('가')에 대응하는Value([1, 2, 3]) 출력

key	value
가	[1, 2, 3]
나	[4, 5, 6]

● 딕셔너리에 요소를 추가하거나 삭제하는 방법은 다음과 같다. '딕셔너리명[키] = 값'에서 기존 딕셔너리의 해당 키에 해당하는 값이 있었으면 값을 변경하고, 없었다면 해당 키와 값을 새로 추가한다.

딕셔너리형 요소 변경(추가)	딕셔너리명[키] = 값
딕셔너리형 요소 삭제	del 딕셔너리명[키]

● 딕셔너리 관련 함수에는 Key 리스트를 만드는 keys(), Value 리스트를 만드는 values(), Key, Value 쌍을 얻는 items() 등이 있다.

함수	설명
keys()	딕셔너리의 **Key**만을 모아 리턴하는 함수
values()	딕셔너리의 **Value**만을 모아 리턴하는 함수
items()	**Key와 Value의 쌍**을 튜플로 묶은 값을 리턴하는 함수
clear()	딕셔너리 안의 모든 요소를 삭제하는 함수
get(x)	딕셔너리 안에 x라는 Key에 대응되는 Value를 찾아 리턴하는 함수. 존재하지 않는 키로 값을 가져오라고 할 경우 None을 리턴

예제 Python 딕셔너리형

소스 코드

```
01 d = {'A': 90, 'B': 80}
02 print(d)
03 d['A'] = 65
04 print(d.get('A'), d['A'])
05 d['C'] = 100
06 print(d)
07 del d['B']
08 print(d)
09 print(d.keys())
10 print(d.values())
11 print(d.items())
12 print(d.get('H'))
13 print(d['H'])
```

실행 결과

```
{'A': 90, 'B': 80}
65, 65
{'A': 90, 'B': 80, 'C': 100}
{'A': 65, 'C': 100}
['A', 'C']
[65, 100]
[('A', 65), ('C', 100)]
None
```

코드 해설

01	d라는 변수에 키가 'A'일 때 값을 90으로, 'B'일 때 값을 80으로 초기화
02	d 출력 ... {'A': 90, 'B': 80}
03	Key 'A'의 값을 65로 변경 ... 65, 65
04	Key 'A'에 대응되는 Value를 출력. 따라서 65 65 출력
05	d라는 변수에 키 'C'를 추가하고 값 100을 할당
06	d 출력 ... {'A': 65, 'B': 80, 'C': 100}
07	Key 'B' 삭제
08	d 출력 ... {'A': 65, 'C': 100}
09	d의 Key 리스트 출력 ... ['A', 'C']

10	d의 Value 리스트 출력 ... [65, 100]
11	d의 Key, Value 리스트 출력 ... [('A', 65), ('C', 100)]
12	Key 'H'에 대응되는 값 출력. 'H'라는 키가 딕셔너리에 존재하지 않으므로 None 출력 ... None
13	Key 'H'에 대응되는 값 출력. d['H']에 대한 접근은 딕셔너리에 키 'H'가 존재하지 않으므로 KeyError 발생

함수

자료형 함수

- type 함수는 자료형을 확인하는 함수이다.

유형	세부 유형	출력
기본 자료형 (Primitive Data Type)	정수형(Integer)	〈class 'int'〉
	실수형(Floating Point)	〈class 'float'〉
	논리형(Logical)	〈class 'bool'〉
컬렉션 자료형 (Collection Data Type)	문자열형(String)	〈class 'str'〉
	리스트형(List)	〈class 'list'〉
	튜플형(Tuple)	〈class 'tuple'〉
	딕셔너리형(Dictionary)	〈class 'dict'〉
	세트형(Set)	〈class 'set'〉

- len 함수는 컬렉션 자료형의 크기를 계산하는 함수이다.

표준 입출력 함수(input/print)

- 표준 입력 함수 input()를 사용하여 문자열 또는 숫자를 입력 받을 수 있다.
- 파이썬에서 정수형이나 실수형과 같은 숫자를 입력받을 때는 문자열로 저장한 후 eval() 함수를 사용해 숫자로 변환해야 한다. 이때 eval 안의 매개변수를 숫자로 변환할 수 없는 경우 에러가 발생한다.

문자열 입력	변수명 = input()
숫자 입력	변수명 = input() 변수명 = eval(변수명)

- 표준 출력 함수 print()를 사용하여 화면에 데이터를 출력할 수 있다. print 함수를 쓰면 함수가 종료된 후에 기본으로 줄바꿈(개행)이 된다.

단순 출력	print(문자열 or 변수명)
개행(줄바꿈) 없는 출력	print(문자열 or 변수명, end='')
% 포맷스트링을 이용해 출력	print('%포맷스트링, %포맷스트링' %(값0, 값1))
format 함수 이용해 출력	print('{인덱스0}, {인덱스1}'.format(값0, 값1))
f-string 이용해 출력	print(f'{값0}, {값1}')

● 아래와 같이 포맷 스트링(Format String)을 이용해 특정 위치에 값을 대입해 원하는 출력 형식으로 출력할 수 있다.

구분	포맷 스트링	입·출력 형태
정수	%d	정수(Integer)
실수	%f	실수(Float)
문자열	%s	문자열
8진수	%o	8진수 정수
16진수	%x	16진수 정수

a = "Hello"	
hour = 12	
print("%s World" % a)	Hello World
print("현재 시간은 %d시이다." % hour)	현재 시간은 12시이다.
print("%s %d", % (a, hour))	Hello 12
print("{}! 현재 시간은 {}시이다.".format(a, hour))	Hello! 현재 시간은 12시이다.
print(f"{a} {hour}야!")	Hello 12야!

연산자(Operators)

연산자는 프로그램 실행을 위해 연산을 표현하는 기호이다. 산술 연산자, 증감 연산자, 관계 연산자, 논리 연산자, 비트 연산자, 시프트 연산자, 멤버십 연산자, 객체 비교 연산자, 삼항 연산자, 대입 연산자 등이 있다.

산술 연산자(Arithmetic Operators)

산술연산자에는 사칙연산자 +, −, *, /, 나머지를 산출하는 % (Modulus), 나눈 후 소숫점 이하를 버리는 //(Floor Division), 제곱을 나타내는 ** 연산자 등이 있다.

연산자	설명
+	더하기
−	빼기
*	곱하기
/	**나누기**
%	나누고 나머지 반환
//	**나눈 후 소숫점 이하를 버림. 즉, 정수 몫 반환**
**	**지수 연산** ($a ** b = a^b$)

예제 Python 산술 연산자

print(5 / 2)	2.5 5/2한 결과인 2.5를 출력
print(5 // 2)	2 5/2한 결과에서 몫인 2를 출력
print(5 % 2)	1 5를 2로 나눈 나머지인 1을 출력
print(5 ** 2)	5의 거듭제곱인 25를 출력

관계 연산자(Relational Operators; 비교 연산자)

두 변수의 대소 관계나 상등 관계를 비교해 True(참), False(거짓)를 반환하는 연산자이다.

연산자	예시	설명
<	a < b	a가 b보다 작은가?
>	a > b	a가 b보다 큰가?
<=	a <= b	a가 b보다 작거나 같은가?
>=	a >= b	a가 b보다 크거나 같은가?
==	a == b	a가 b와 같은가?
!=	a != b	a가 b와 다른가?

예제 Python 관계 연산자

print(2==2)	True 관계 연산 결과가 참일 때 True 출력
print(5==2)	False 관계 연산 결과가 거짓일 때 False 출력
print(5!=2)	True 관계 연산 결과가 참일 때 True 출력

논리 연산자(Logical Operators)

두 변수의 논리 관계(논리 값)을 판단해 True(참), False(거짓)를 반환하는 연산자이다.

연산자	예시	설명
and	a and b	a와 b 모두 '참'이면 '참'을 반환하고, 그렇지 않으면 '거짓' 반환(논리 AND)
or	a or b	a와 b 둘 중 하나라도 '참'이면 '참'을 반환하고, 그렇지 않으면 '거짓' 반환(논리 OR)
not	not a	a가 '참'이면 '거짓', a가 '거짓'이면 '참'을 반환(논리 NOT)

비트 연산자(Bitwise Operators)

비트(bit) 단위(0, 1)로 연산을 할 때 사용하는 연산자로, 10진수가 아닌 2진수로 변환해 각 비트별로 연산을 수행한다.

연산자	예시	설명
&	a & b	각 비트별로 서로 1이면 1, 아닌 경우 0으로 연산
|	a | b	각 비트별로 비트 값이 하나라도 1인 경우 1, 아닌 경우 0으로 연산
^	a ^ b	각 비트별로 서로 다르면 1, 같으면 0으로 연산(Binary XOR, bit끼리 더하고 올림을 제거함)
~	~a	비트 단위로 not 연산을 수행(1의 보수, Binary NOT)

시프트 연산자(Shift Operators)

비트를 이동할 때 사용하는 연산자이다.

연산자	예시	설명
<<	a << b	a를 비트 단위로 b번 왼쪽으로 이동. 왼쪽으로 1비트 밀 때마다 a는 2배씩 증가. 빈칸은 0으로 채움 ($a \ll b = a * 2^b$)
>>	a >> b	a를 비트 단위로 b번 오른쪽으로 이동. 오른쪽으로 1비트 밀 때마다 a는 1/2배씩 감소. 빈칸은 0으로 채움 ($a \gg b = a / 2^b$)

멤버십 연산자(Membership Operators; 포함 연산자)

주어진 시퀀스(리스트, 튜플, 문자열 등) 내에서 특정 값의 존재 여부를 확인하는 데 사용하는 연산자로, in과 not in 연산자가 있다.

연산자	예시	설명
in	a in 시퀀스	a가 시퀀스 내에 존재하는지를 검사해, 시퀀스 내에 존재하면 '참'을 반환, 존재하지 않으면 '거짓'을 반환
not in	a not in 시퀀스	in 연산자의 반대로, a가 시퀀스 내에 존재하지 않는지 여부를 검사해, 존재하지 않으면 '참'을 반환, 존재하면 '거짓'을 반환

객체 비교 연산자(Indentity Operators)

동일한 객체인지를 판별하는 연산자로 is와 is not 연산자가 있다. 두 변수가 같은 인스턴스를 참조하는지 확인하거나, 특정 객체가 'None'인지 확인할 때 자주 사용된다.

연산자	예시	설명
is	a is b	두 객체가 동일한 객체(즉, 메모리상 같은 위치에 있는 객체)인지 여부를 검사해, 같은 객체일 경우 '참'을 반환, 다른 객체일 경우 '거짓'을 반환
is not	a is not b	is 연산자의 반대로, 두 객체가 서로 다른 객체인지 여부를 검사해, 다른 객체일 경우 '참'을 반환, 같은 객체일 경우 '거짓'을 반환

삼항 연산자(Ternary Operators)

연산자	설명
a if 조건식 else b	조건식이 '참'이면 a를 반환, 그렇지 않으면 b를 반환. a, b일 때 수식 또는 반환될 변수가 모두 표현되어야 함

대입 연산자(Assignment Operators)

변수에 값을 대입하는 연산자로 산술, 관계, 논리, 비트 연산자에 모두 적용 가능하다.

연산자	예시	설명
=	a = b	a에 b를 대입
+=	a += b	a와 b를 더하고 a에 대입 (a = a + b)
−=	a −= b	a에서 b를 빼고 a에 대입 (a = a − b)
*=	a *= b	a에 b를 곱하고 a에 대입 (a = a * b)
/=	a /= b	a를 b로 나누고 a에 대입 (a = a / b)
%=	a %= b	a를 b로 나눈 나머지를 a에 대입 (a = a % b)
**=	a **= b	a를 b번 곱한 후 a에 대입 (a = a ** b)
//=	a //= b	a에 b를 나눈 후 내림한 값을 a에 대입 (a = a // b)
&=	a &= b	a와 b에 대해 비트 단위 AND 연산 수행 후 그 값을 a에 대입 (a = a & b)
|=	a |= b	a와 b에 대해 비트 단위 OR 연산 수행 후 그 값을 a에 대입 (a = a | b)

^=	a ^= b	a와 b에 대해 비트 단위 XOR 연산 수행 후 그 값을 a에 대입 (a = a ^ b)
<<=	a <<= b	a를 비트 단위로 b번 왼쪽으로 이동시킨 후 그 결과를 a에 대입 (a = a << b)
>>=	a >>= b	a를 비트 단위로 b번 오른쪽으로 이동시킨 후 그 결과를 a에 대입 (a = a >> b)

Swap 연산자

- Swap 연산자는 두 변수의 값을 교환하는 연산자이다.
- 콤마를 기준으로 두 값을 교환한다.
- C, Java에서는 Swap 연산자를 지원하지 않아 두 변수의 값을 교환할 때 바로 교환하지 못하고 값을 temp에 저장하고 교환해야 하지만, Python의 경우 a, b = b, a와 같이 표기하면 두 변수의 값이 교환된다.

예제 Python Swap 연산자

소스 코드

```
01 a, b = 15, 30
02 print(a)
03 print(b)
04 a, b = b, a
05 print(a)
06 print(b)
```

실행 결과

```
15
30
30
15
```

코드 해설

01	a에 15를 대입, b에 30을 대입
02	a의 값 15를 출력
03	b의 값 30을 출력
04	a의 값과 b의 값을 교환
05	a의 값인 30을 출력
06	b의 값인 15를 출력

쌤의 Comment

파이썬 연산자와 C언어, Java 연산자 간 차이점이 궁금해요!

Python 연산자는 C, Java와 다르게 증감 연산자(++, --)를 지원하지 않으며, '/' 수행 시 부동소수점 나눗셈을 수행한다는 점(즉, 소수점 이하를 버리지 않음), ** 연산, // 연산이 존재한다는 점이 주된 차이점입니다. 또, 조건식이 참/거짓일 때 출력되는 값이 Python의 경우 True/False인데, Java와 다르게 True, False에서 앞글자가 대문자로 출력됩니다. 실기 시험에 출제된 적이 있으므로 꼭 주요 차이점을 짚고 넘어가도록 합니다.

구분	C	Java	Python
증감 연산 지원 (++x, --x, x++, x--)	O	O	X
/ 연산 결과 (2 / 5 = ?)	0 (소수점 이하 버림)	0 (소수점 이하 버림)	0.4 (부동소수점 나눗셈 수행)
지수(**) 연산 지원	X	X	O
// 연산 지원	X	X	O (나눈 후 소수점 이하 버림, 즉 몫 반환)
in, not in 연산 지원	X	X	O
is, is not 연산 지원	X	X	O
조건식이 참/거짓일 때 출력값	1/0	true/false	True/False
논리 연산	&&, ||, !	&&, ||, !	and, or, not
삼항 연산	조건식?a:b;	조건식?a:b;	a if 조건식 else b
Swap 연산 지원	X	X	O

예제 C Swap 연산

소스 코드

```
#include <stdio.h>
int main() {
    int a = 15;
    int b = 30;
    // 초기 값 출력
    printf("Initial values: a = %d, b = %d\n", a, b);
    // a와 b의 값을 교환
    int temp = a;
    a = b;
    b = temp;
    // 교환 후 값 출력
    printf("After swap: a = %d, b = %d\n", a, b);
    return 0;
}
```

실행 결과

```
15
30
30
15
```

코드 해설

01	a에 15를 대입, b에 30을 대입
02	a의 값 15를 출력
03	b의 값 30을 출력
04	a의 값과 b의 값을 교환
05	a의 값인 30을 출력
06	b의 값인 15를 출력

예제 Java Swap 연산

소스 코드

```
public class SwapExample {
    public static void main(String[] args) {
        int a = 15;
        int b = 30;
        // 초기 값 출력
        System.out.println(a);
        System.out.println(b);
        // a와 b의 값을 교환
        int temp = a;
        a = b;
        b = temp;
        // 교환 후 값 출력
        System.out.println(a);
        System.out.println(b);
    }
}
```

실행 결과

```
15
30
30
15
```

코드 해설

01	a에 15를 대입, b에 30을 대입
02	a의 값 15를 출력
03	b의 값 30을 출력
04	a의 값과 b의 값을 교환
05	a의 값인 30을 출력
06	b의 값인 15를 출력

예제 Python Swap 연산

소스 코드

```
01 a, b = 15, 30
02 print(a)
03 print(b)
04 a, b = b, a
05 print(a)
06 print(b)
```

실행 결과

```
15
30
30
15
```

코드 해설

01	a에 15를 대입, b에 30을 대입
02	a의 값 15를 출력
03	b의 값 30을 출력
04	a의 값과 b의 값을 교환
05	a의 값인 30을 출력
06	b의 값인 15를 출력

연산자 우선순위

연산자 우선순위는 단항 연산자 〉 이항 연산자 〉 삼항 연산자 순이다. 산술 연산, 비트 연산 등을 우선 수행하고, 대소 관계, 상등 관계 비교 후 논리 관계를 비교한다고 보면 된다. 그리고 가장 마지막에 대입 연산이 이루어진다.

연산자 우선순위	연산자	항의 개수	설명	결합방향
1	(값...), [값...], {키: 값...}, {값...}		Tuple, Set, List, Dictionary	→
2	a[index]		리스트(튜플) 첨자	→
	a[index1, index2]		슬라이싱	→
	function(arguments ...)		함수 호출	→
	obj1.attribute		객체의 속성	→
3	**		거듭제곱	→
4	~	단항	비트 연산 – NOT	→
	–2, +2	단항	부호 연산(음수와 양수의 표현)	→
5	*, /, %, //	이항	산술 연산	→
6	+, –	이항	산술 연산	→
7	〈〈, 〉〉	이항	시프트 연산 – 비트 이동	→
8	&	이항	비트 연산 – AND	→
9	^	이항	비트 연산 – XOR	→
	|	이항	비트 연산 – OR	→
10	〈, 〉, 〈=, 〉=, ==, !=	이항	관계 연산(비교 연산)	→
	in, not in		포함 연산(멤버십 연산)	→
	is, is not	이항	객체 비교 연산	→
11	not x	단항	논리 NOT	→
12	and	이항	논리 AND	→
13	or	이항	논리 OR	→
14	a if 조건식 else b	삼항	삼항 연산(조건부 표현식)	→
15	lambda		람다	→
16	=, +=, –=, *=, /=, %=, 〈〈=, 〉〉=, &=, ^=, |=, **=, //=	이항	대입 연산	←

기초 용어 정리

- 논리 연산: 참, 거짓 두 가지 원소만 존재하는 집합에서의 연산으로 논리합, 논리곱, 논리부정 등의 연산이 존재

a	b	a and b (논리곱)	a or b (논리합)	not a (논리부정)
T	T	T	T	F
T	F	F	T	F
F	T	F	T	T
F	F	F	F	T

01 20년 7월

다음 파이썬(Python) 프로그램이 실행되었을 때의 결과는?

```
a={'일본','중국','한국'}
a.add('베트남')
a.add('중국')
a.remove('일본')
a.update({'홍콩','한국','태국'})
print(a)
```

해설 set 타입은 중복을 허용하지 않으며, 순서가 없는 집합형 자료형이다.

a={'일본','중국','한국'}	① 변수 a에 set 타입, {'일본','중국','한국'} 저장
a.add('베트남')	② 변수 a에 '베트남' 추가 {'일본','중국','한국','베트남'}
a.add('중국')	③ 변수 a에 '중국' 추가, 그러나 이미 '중국'이 있으므로 추가하지 않음 {'일본','중국','한국','베트남'}
a.remove('일본')	④ 변수 a에 '일본' 삭제 {'중국','한국','베트남'}
a.update({'홍콩','한국','태국'})	⑤ 변수 a에 '홍콩','한국','태국' 업데이트, 이미 '한국'은 있으므로, '홍콩',' 태국' 저장 {'중국','한국','베트남','홍콩','태국'}
print(a)	⑥ 변수 a 출력 {'중국','한국','베트남','홍콩','태국'}

02 22년 5월

다음 파이썬(Python) 프로그램이 실행되었을 때의 결과는?

```
def test(num1, num2=2):
  print('a=', num1, 'b= ', num2)
test(20)
```

해설 프로그램의 실행결과는 부분 점수가 없으므로 정확하게 작성해야 한다. 예를 들어, 출력값 사이에 쉼표를 넣어 a=20, b= 2로 썼을 경우 부분 점수 없이 오답이다.

def test(num1, num2=2):	① num1, num2=2을 인수로 갖는 test라는 이름을 가진 함수 선언
print('a=', num1, 'b= ', num2)	② 출력 시, ',' 단위로 띄어쓰기하여 출력 a=num1 b= 2
test(20)	③ 첫 번째 인수인 num1이 20인 test() 매서드를 호출하고 결과 출력 a=20 b= 2

03 22년 5월

다음 설명과 관련된 답을 [보기]에서 골라 작성하시오.

1. 리스트에 요소를 추가하여 확장한다는 의미를 가지고 있으며, 여러 값을 한 번에 추가
2. 리스트 내부 요소를 꺼내주는 함수로서, 그 요소는 리스트 안에서 삭제한 후 값을 반환
3. 리스트 내부의 요소의 순서를 뒤집어 저장하는 역할

[보기]

sort()	pop()	index()	insert()
reverse()	extend()	add()	remove()

1.
2.
3.

04 22년 10월

다음 Python으로 구현된 프로그램을 분석하여 그 실행결과를 쓰시오. (단, 출력문의 출력 서식을 준수하시오.)

```
a = "REMEMBER NOVEMBER"
b = a[:3] + a[12:16]
c = "R AND %s" % "STR"
print(b+c)
```

해설

a = "REMEMBER NOVEMBER"	① 변수 a에 문자열 "REMEMBER NOVEMBER" 저장

a[0]	a[1]	a[2]	a[3]	a[4]	a[5]	a[6]	a[7]	a[8]	a[9]	a[10]	a[11]	a[12]	a[13]	a[14]	a[15]	a[16]
R	E	M	E	M	B	E	R		N	O	V	E	M	B	E	R

b = a[:3] + a[10:13]	② 변수 a에 저장된 문자열을 슬라이싱하여 변수 b에 "REMEMBE" 저장 b = a[:3] + a[12:16] ⓐ "REM" + ⓑ "EMBE" ⓒ "REMEMBE" ⓐ a[:3]은 a[0]부터 a[2]까지의 문자열로 "REM" ⓑ a[10:13]은 a[10]부터 a[13]까지의 문자열로 "EMBE" ⓒ 같은 문자열을 더해서 "REMEMBE"
c = "R AND %s" % "STR"	③ 변수 c에 "R AND STR" 저장 %s는 서식 문자열로 % 뒤에 있는 "STR"를 의미
print(b+c)	④ 변수 b와 변수 c에 저장된 문자열 더해서 출력 b+c = "REMEMBE" + "R AND STR" 따라서 REMEMBER AND STR 출력

05 출제 예상

다음 Python 프로그램이 실행되었을 때, 실행결과는?

```
a = 100
list_data = ['a', 'b', 'c']
dict_data = {'a':90, 'b':95}
print(list_data[0])
print(dict_data['a'])
```

해설 list_data[0]이 가리키는 값은 a이고, dict_data['a']가 가리키는 값은 90이다.

06 21년 10월

다음 Python 코드의 실행 결과를 쓰시오.

```
a, b = 100, 200
print(a==b)
```

해설 Python에서는 논리형 자료형의 첫 글자는 대문자로 표기한다.

07 출제 예상

다음 Python 코드의 실행 결과를 쓰시오.

```
a, b, c = 3, 5, 10
d = c ** a
e = d // b
d += e
print(d, e)
```

해설 코드 순서에 따라 연산자를 계산하여 문제를 풀 수 있다.

a, b, c = 3, 5, 10	① a = 3, b = 5, c = 10을 저장
d = c ** a	② d = c ** a = 10^3 = 1000
e = d // b	③ e = d // b = 1000 // 5 = 200
d += e	④ d = d + e = 1000 + 200 = 1200
print(d, e)	⑤ d = 1200, e = 200으로 1200 200 출력

정답

01 | {'중국', '한국', '베트남', '홍콩', '태국'}
02 | a= 20 b= 2
03 | 1. extend()
2. pop()
3. reverse()
04 | REMEMBER AND STR
05 | a
90
06 | False
07 | 1200 200

059 Python - 조건문 및 반복문 ★★★

학 · 습 · 포 · 인 · 트

조건문에는 if문(C, JAVA, Python), 반복문에는 for문과 while문이 사용된다. 코드를 보고 실행결과를 묻는 문제가 출제된다. 조건문과 반복문이 어떻게 실행되는지 알아 두고 연습문제를 풀면서 반드시 연습하고 넘어가도록 한다.

대표 기출 유형

다음 Python 코드의 실행 결과를 쓰시오. **20년 11월**

```
lol = [[1,2,3],[4,5],[6,7,8,9]]
print(lol[0])
print(lol[2][1])
for sub in lol:
    for item in sub:
        print(item, end = ' ')
    print()
```

정답

[1,2,3]

7

1 2 3

4 5

6 7 8 9

리스트형의 인덱스와 반복문, print의 개행 유무를 모두 고려해야 한다.

<table>
<tr><td>lol = [[1,2,3],[4,5],[6,7,8,9]]</td><td>① 변수 lol에 값 저장
<table><tr><td>lol[0]</td><td>lol[1]</td><td>lol[2]</td></tr><tr><td>[1,2,3]</td><td>[4,5]</td><td>[6,7,8,9]</td></tr></table></td></tr>
<tr><td>print(lol[0])</td><td>② lol[0]인 [1,2,3] 출력</td></tr>
<tr><td>print(lol[2][1])</td><td>③ lol[2]는 [6,7,8,9]이며, lol[2][1]인 7 출력
<table><tr><td>lol[2][0]</td><td>lol[2][1]</td><td>lol[2][2]</td><td>lol[2][3]</td></tr><tr><td>6</td><td>7</td><td>8</td><td>9</td></tr></table></td></tr>
</table>

for sub in lol:	④ lol의 각 요소를 일시적으로 sub에 저장하여 아래의 명령어를 반복
for item in sub:	⑤ sub의 각 요소를 일시적으로 item에 넣어 아래의 명령어를 반복
print(item, end = ' ')	⑥ item에 있는 요소를 출력, end = ' ' 개행하지 않고 공백을 한 칸 띄움
print()	⑦ sub의 요소가 바뀔 때, 개행

sub	item	출력
[1,2,3]	1	1
	2	1 2
	3	1 2 3
[4,5]	4	1 2 3 4
	5	1 2 3 4 5
[6,7,8,9]	6	1 2 3 4 5 6
	7	1 2 3 4 5 6 7
	8	1 2 3 4 5 6 7 8
	9	1 2 3 4 5 6 7 8 9

필수 핵심 이론

조건문(if문)

조건문은 조건이 참인지 거짓인지에 따라 경로를 선택하는 명령문으로 Python에서는 if문을 사용하며 if~, elif~, else~를 사용한다.

if 조건식: 문장1	if의 조건식이 참이면 문장1 실행
elif 조건식: 문장2	if 조건식은 거짓이고, elif의 조건식이 참이면 문장2 실행
else: 문장3	if, elif 조건식이 모두 거짓이면 문장3 실행(else는 사용하지 않거나 한 번만 사용)

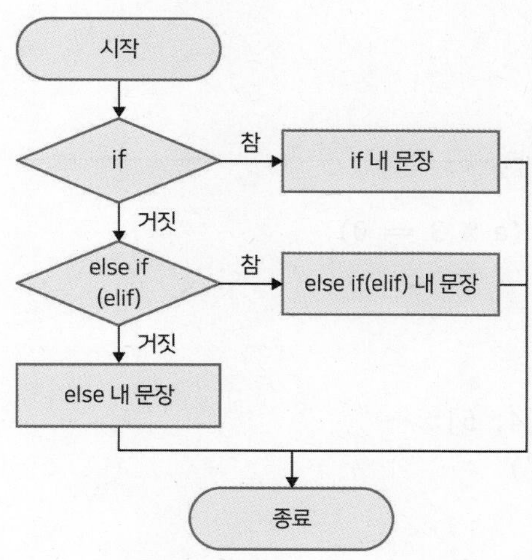

예제 Python if 문

소스 코드

```
01 score = 72
02 if score >= 90:
03     print("A")
04 elif score >= 80:
05     print("B")
06 elif score >= 70:
07     print("C")
08 else:
09     print("D")
```

실행 결과

```
C
```

코드 해설

01	변수 score에 72 할당
02	score >= 90은 거짓이므로 04 조건문 실행
04	score >= 80은 거짓이므로 06 조건문 실행
06	score >= 70은 참이므로 07 조건문 실행
07	C 출력

예제 Python if 문 응용

소스 코드

```
01 a = 5
02 if (a % 2 == 0) and (a % 3 == 0):
03     print(a / 2)
04 elif (a // 5 == 1):
05     print(a % 5)
06 elif a in [1, 2, 3, 4, 5]:
07     print("존재한다")
08 else:
09     print(a ** 2)
```

실행 결과

```
0
```

코드 해설

01	변수 a에 5 할당
02	a는 2로 나누어 떨어지지 않으므로 if (a % 2 == 0) and (a % 3 == 0)은 거짓
04	a가 5이므로 a // 5는 1이므로, elif (a // 5 == 1)은 참. 따라서 05번 문장 실행
05	a % 5는 5 % 5로 0 이므로 0을 출력
06	elif a in [1, 2, 3, 4, 5]는 참이나, 위의 if, elif문이 모두 거짓이어야 실행되는 elif문이므로 실행되지 않음
08	else문은 위의 if, elif문이 모두 거짓이어야 실행되는 명령문으로 실행되지 않음

반복문(for문/while문)

- 반복문은 특정 부분을 조건이 만족할 때까지 실행하도록 하는 명령문으로, Python에는 for문과 while문이 있다. 특별한 조건이 없으면 무한 처리를 반복(무한 루프)하게 된다. C, Java와 다르게 Python에는 do-while문, Switch문이 없다.
- 한편, C, Java에서와 마찬가지로 break문을 이용해서 반복문을 빠져나가거나, continue문을 이용해서 반복문의 맨 처음으로 돌아갈 수 있다.

for문

- for문에서는 in 연산자 뒤에 range 함수를 사용하여 반복의 범위를 지정하거나 리스트의 개수만큼 반복을 수행하도록 한다.

for 변수 in range(시작, 종료, 스텝): 문장	• (시작) 값부터 for문을 반복할 때마다 (스텝) 수만큼 값을 증가시키고 변수값이 (종료) 값 이상이면 반복문 종료 • range 함수에서 시작을 생략하면 0, 스텝 값을 생략하면 1이 자동으로 들어감 • range 함수에 값이 하나일 경우 시작 = 0, 스텝 = 1이 자동으로 들어감

● 시퀀스자료형의 각 요소들을 차례대로 변수에 대입하면서 반복하려면 for each 문을 사용하면 된다.

for 변수 in 시퀀스자료형: 문장	시퀀스 자료형에서 하나씩 변수에 대입한 후 문장 실행, 이를 반복

for 변수1 in 시퀀스자료형1:
  for 변수2 in 시퀀스자료형2:
    문장
	이중 for each 문

예제 Python for문

소스 코드

```
01  sum = 0
02  for i in range(1, 11):
03      sum += i
04  print(sum)
```

실행 결과

```
55
```

코드 해설

02~03	i가 1이상 11보다 작을 때까지 i를 1만큼씩 증가하면서 sum에 i를 더함
04	sum의 값 출력

예제 Python for문, continue문, break문

소스 코드

```
sum = 0
for i in range(11):
    sum += i
    if i % 2 == 0:
        continue
    if i == 9:
        break
print(sum)
```

실행 결과

```
55
```

코드 해설

02~03	i를 0부터 1만큼씩 증가하면서 sum에 i를 더함. 이를 10번 반복 수행
04~05	i를 2로 나눈 나머지가 0인 경우 for문의 맨 처음으로 이동해 반복
06~07	i가 9인 경우 for문을 빠져 나감
08	sum의 값 출력

while문

- while문은 조건문이 참인 동안에 해당 분기를 반복해서 실행하는 명령문이다.
- 조건문 뒤에는 반드시 콜론(':')을 붙인다.

while 조건문: 　문장	• 조건문이 참이면 해당 분기를 반복해서 실행 • 조건문이 거짓이 되면 while문을 탈출

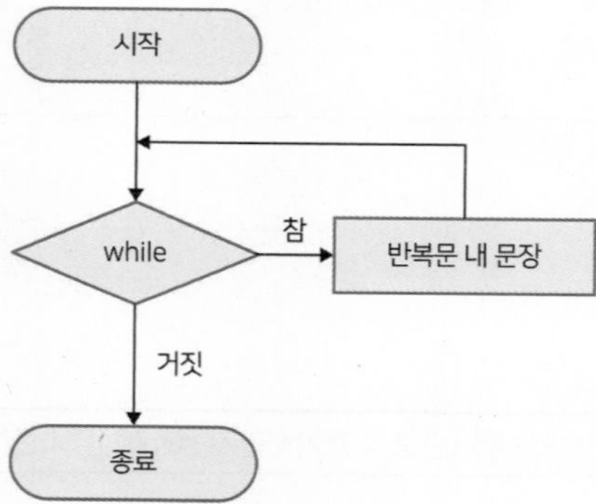

예제 Python while문

소스 코드

```
i = 0
sum = 0
while i < 10:
    i = i + 1
    sum = sum + i
print(sum)
```

실행 결과

```
55
```

코드 해설

03~05	i가 10보다 작은 동안 i를 1만큼씩 증가하면서 sum에 i를 더함
04	sum의 값 출력

예제 Python while문, continue문, break문

소스 코드

```
01 i = 0
02 sum = 0
03 while i < 10:
04     i = i + 1
05     sum = sum + i
06     if i % 2 == 0:
07         continue
08     if i == 9:
09         break
10 print(sum)
```

실행 결과

```
45
```

코드 해설

03~05	i가 10보다 작은 동안 i를 1만큼씩 증가하면서 sum에 i를 더함
06~07	i를 2로 나눈 나머지가 0인 경우 while문의 맨 처음으로 이동해 반복
08~09	i가 9인 경우 while문을 빠져 나감
10	sum의 값 출력

01 20년 11월

다음 Python 코드의 실행 결과를 쓰시오.

```
lol = [[1,2,3],[4,5],[6,7,8,9]]
print(lol[0])
print(lol[2][1])
for sub in lol:
    for item in sub:
        print(item, end = ' ')
    print()
```

해설 리스트형의 인덱스와 반복문, print의 개행 유무를 모두 고려해야 한다.

코드	설명
lol = [[1,2,3],[4,5],[6,7,8,9]]	① 변수 lol에 값 저장
print(lol[0])	② lol[0]인 [1,2,3] 출력
print(lol[2][1])	③ lol[2]는 [6,7,8,9]이며, lol[2][1]인 7 출력
for sub in lol:	④ lol의 각 요소를 일시적으로 sub에 저장하여 아래의 명령어를 반복
for item in sub:	⑤ sub의 각 요소를 일시적으로 item에 넣어 아래의 명령어를 반복
print(item, end = ' ')	⑥ item에 있는 요소를 출력, end = ' ' 개행하지 않고 공백을 한 칸 띄움
print()	⑦ sub의 요소가 바뀔 때, 개행

①

lol[0]	lol[1]	lol[2]
[1,2,3]	[4,5]	[6,7,8,9]

③

lol[2][0]	lol[2][1]	lol[2][2]	lol[2][3]
6	7	8	9

⑦

sub	item	출력
[1,2,3]	1	1
	2	1 2
	3	1 2 3
[4,5]	4	1 2 3 4
	5	1 2 3 4 5

[6,7,8,9]	6	1 2 3 4 5 6
	7	1 2 3 4 5 6 7
	8	1 2 3 4 5 6 7 8
	9	1 2 3 4 5 6 7 8 9

02 21년 4월

다음 Python 코드의 실행 결과를 쓰시오.

```
class City:
    a = ["Seoul","Paju","Incheon","Daejeon","Daegu","Busan"]
myCity = City()
str01 = '  '
for i in myCity.a:
    str01 = str01 + i[0]
print(str01)
```


해설 각 단어들의 0번째(첫번째 글자) 요소를 출력하는 코드다.

class City: a = ["Seoul","Paju","Incheon", "Daejeon","Daegu","Busan"]	① 클래스 City를 정의하고, 클래스의 변수인 a에 6개의 문자열을 리스트로 저장
myCity = City()	② City의 객체 변수 myCity를 선언 myCity.a[0] / myCity.a[1] / myCity.a[2] / myCity.a[3] / myCity.a[4] / myCity.a[5] Seoul / Paju / Incheon / Daejeon / Daegu / Busan
str01 = ' '	③ str01에 ' ' 공백 한 칸을 저장
for i in myCity.a:	④ myCity.a의 각 요소를 일시적으로 i에 저장하여 아래의 명령문 반복

str01 = str01 + i[0]	⑤ str01에 저장된 단어와 i에 저장된 단어의 첫 번째 요소를 합쳐 str01에 다시 저장 <table><tr><th>i</th><th>i[0]</th><th>str01</th></tr><tr><td>Seoul</td><td>S</td><td>S</td></tr><tr><td>Paju</td><td>P</td><td>SP</td></tr><tr><td>Incheon</td><td>I</td><td>SPI</td></tr><tr><td>Daejeon</td><td>D</td><td>SPID</td></tr><tr><td>Daegu</td><td>D</td><td>SPIDD</td></tr><tr><td>Busan</td><td>B</td><td>SPIDDB</td></tr></table>
print(str01)	⑥ str01을 출력

03 21년 7월

다음은 Python 코드이다. 실행 결과를 쓰시오.

```
a = 100
result = 0
for i in range(1, 3):
    result = a >> i
    result = result + 1
print(result)
```

해설 반복문과 시프트 연산자에 대한 문제이다.

a = 100	① 변수 a에 100 저장
result = 0	② 변수 result에 0 저장
for i in range(1, 3):	③ 변수 i에 1부터 1씩 증가, 3보다 작을 때까지 저장하여 아래의 명령문 반복
result = a 〉〉 i	④ a에 저장된 값을 오른쪽으로 i 비트 이동시킨 후, result에 저장 <table><tr><th>i</th><th>a</th><th>result</th></tr><tr><td>1</td><td>1100100</td><td>110010</td></tr><tr><td>2</td><td>1100100</td><td>11001</td></tr></table>
result = result + 1	⑤ result에 저장된 값에 1을 더한 후 result 저장 <table><tr><th>i</th><th>result</th><th>result+1</th></tr><tr><td>1</td><td>50</td><td>51</td></tr><tr><td>2</td><td>25</td><td>26</td></tr></table>
print(result)	⑥ result 출력

04 **출제 예상**

다음 Python 프로그램의 실행 결과를 쓰시오.

```
x = 20
if x == 10:
    print('10')
elif x == 20:
    print('20')
else:
    print('other')
```

해설 조건문이 참일 때의 출력문을 고른다.

x = 20	① x에 20을 대입
if x == 10:	② 조건 x가 10하고 같으면 참
print('10')	③ if문이 참이면 10 출력
elif x == 20:	④ else if 조건문 파이썬 elif 조건으로 20하고 같으면 참
print('20')	⑤ elif 참이면 20 출력
else:	⑥ 위에 모든 조건이 거짓이면 else 실행
print('other')	⑦ else이면 other 출력

정답

01 | [1,2,3]
7
1 2 3
4 5
6 7 8 9

02 | SPIDDB

03 | 26

04 | 20

060 Python - 함수 및 예외처리 ★

학 · 습 · 포 · 인 · 트

사용자 정의 함수를 구현하고, 호출하고 코드가 실행되는 순서에 대해서 이해하는 것이 중요하다. 또한 오류에 대응하기 위해 발생하는 예외처리를 모두 암기하기보다는 예외처리 문구의 영어 뜻을 이해하는 것이 중요하다.

대표 기출 유형

다음 Python 코드의 실행 결과를 쓰시오. **22년 10월**

```
TestList = [1, 2, 3, 4, 5]
TestList = list(map(lambda num : num + 100, TestList))
print(TestList)
```

정답

[101, 102, 103, 104, 105]

TestList = [1, 2, 3, 4, 5]	① 변수 TestList에 [1, 2, 3, 4, 5] 저장
TestList = list(map(lambda num : num + 100, TestList))	② 변수 TestList의 각 요소에 100을 더하는 람다 식을 적용한 후, 다시 리스트로 변수 TestList에 저장 [1+100, 2+100, 3+100, 4+100, 5+100]
print(TestList)	③ 변수 TestList 출력

필수 핵심 이론

사용자 정의 함수

- 사용자 정의 함수는 사용자가 직접 정의하여 반복해서 실행하거나 특별한 목적을 위해 설계된 함수이다.

```
def 함수명(매개변수):
    명령문
    return 결괏값
```

- 사용자 정의 함수에서 매개변수나 생성된 변수는 사용자 정의 함수가 종료되면 없어진다.
- 사용자 정의 함수에서 매개변수에 디폴트 값을 설정할 수 있다. 함수를 호출할 때, 매개변수가 명시되어 있지 않으면 디폴트 매개변수 값이 전달된다.

코드	설명
def add(a, b):	① 매개변수 a, b를 명시하여 add의 함수를 선언
sum = a + b	② 변수 sum은 a + b를 저장
return sum	③ sum을 반환
a, b = 1, 2	④ 매개변수 a = 1, b = 2를 저장
print(add(a, b))	⑤ add 함수에 a, b를 매개변수로 넣어 결괏값인 3 출력

람다 함수(Lambda Function)

람다(lambda)는 함수를 생성하는 예약어로 함수를 한 줄로 간결하게 만들 때 사용한다.

```
함수명 = lambda 매개변수1, 매개변수2, ... : 표현식
```

코드	설명
add = lambda a, b: a + b	① 매개변수 a, b를 명시하여, a + b를 구하는 add의 함수를 선언
print(add(1, 2))	② add 함수에 1, 2를 매개변수로 넣어 결괏값인 3 출력

예외처리

- 예외처리는 오류가 발생했을 때 오류를 그대로 실행시키지 않고 오류에 대응하는 방법으로 처리하는 기법이다.

● try, except, finally를 이용하여 예외 처리한다.

```
try:
    실행 코드
except 예외객체 as 매개변수
    예외 발생 시 실행하는 코드
... except 여러 번 가능)
finally:
    예외가 발생 여부에 상관없이 처리하는 코드
```

예외객체 종류

예외객체	설명
Exception	• 모든 시스템 종료 외의 내장 예외 • 다른 예외는 해당 예외에서 파생됨
ImportError	import 문이 모듈을 로드하는데 문제가 있는 경우
IndexError	시퀀스가 인덱스 범위를 벗어난 경우
KeyError	딕셔너리의 키가 존재하지 않는 경우
KeyboardInterrupt	사용자가 인터럽트 키(Control-c나 delete 등)를 누른 경우
MemoryError	메모리가 부족한 경우
NameError	지역 또는 전역 이름을 찾을 수 없는 경우
ZeroDivisionError	0으로 나눈 경우

연·습·문·제

01 **22년 10월**

다음 Python 코드의 실행 결과를 쓰시오. (단, 출력문의 출력 서식을 준수하시오.)

```
TestList = [1, 2, 3, 4, 5]
TestList = list(map(lambda num : num + 100, TestList))
print(TestList)
```

해설

TestList = [1, 2, 3, 4, 5]	① 변수 TestList에 [1, 2, 3, 4, 5] 저장
TestList = list(map(lambda num : num + 100, TestList))	② 변수 TestList의 각 요소에 100을 더하는 람다 식을 적용한 후, 다시 리스트로 변수 TestList에 저장 [1+100, 2+100, 3+100, 4+100, 5+100]
print(TestList)	③ 변수 TestList 출력

02 출제 예상

다음 파이썬(Python) 프로그램이 실행되었을 때의 결과를 쓰시오.

```
def cs(n):
    s = 0
    for num in range(n+1):
        s += num
    return s

print(cs(11))
```

해설

def cs(n):	① cs라는 이름의 함수 선언, cs 함수는 한 개의 매개변수 n을 인자로 받음
s = 0	② 함수 내에 s라는 변수 생성 및 0으로 초기화
for num in range(n+1):	③ 0부터 n까지 모든 정수를 순회하는 반복문 시작, range(n+1)함수는 0부터 n까지의 숫자를 생성하므로 range(12)인 경우 0부터 11까지 숫자 생성 – range함수는 range([시작=0], 끝, [간격=1]) 형식으로 사용될 수 있으며, range 함수 안에 인자가 한 개면 해당 값까지 숫자를 생성한다고 보면 됨
s += num	④ 반복문을 통해 생성된 각 숫자 num을 s에 더함. 즉, 0부터 n까지 숫자를 생성하며 s에 더하므로 반복문 수행 완료 시, s에는 0부터 n까지의 합이 저장됨
return s	⑤ 변수 s에 저장된 값을 반환
print(cs(11))	⑥ cs(11) 함수를 호출하고 그 결과를 출력, 함수는 0부터 10까지의 합, 즉 0 + 1 + 2 + 3 + 4 + 5 + 6 + 7 + 8 + 9 + 10 = 66 출력

정답

01 | [101,102,103,104,105]
02 | 66

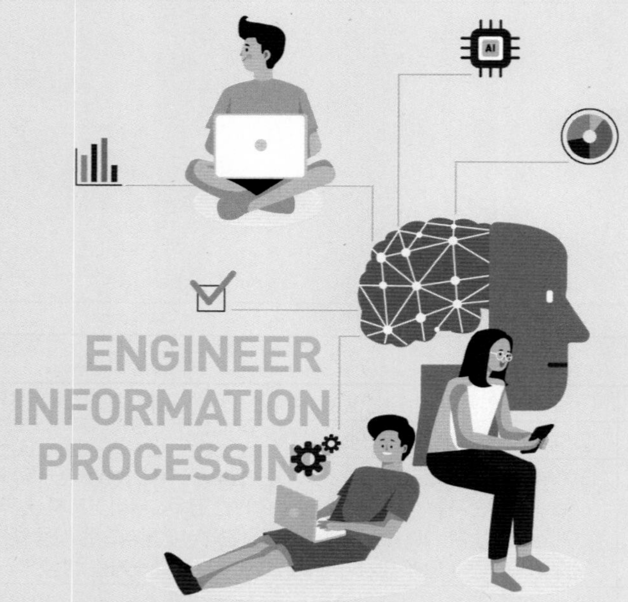

더 멋진 내일(Tomorrow)을 위한 내일(My Career)

내 일 은 정 보 처 리 기 사 실 기

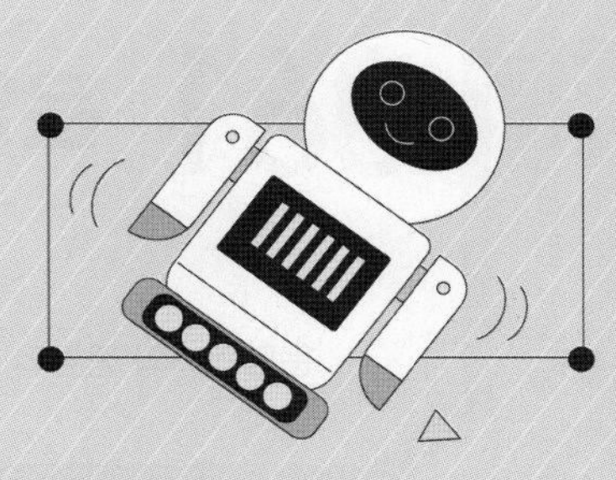

CHAPTER

10

응용 SW 기초 기술 활용

061 운영체제 종류 ★★★

학 · 습 · 포 · 인 · 트

운영체제의 종류와 커널의 개념을 완벽하게 이해해야 한다.

대표 기출 유형

다음 설명에 대한 알맞은 답을 영문 약어로 작성하시오. **21년 10월**

( )는 사용자가 그래픽을 통해 컴퓨터와 정보를 교환하는 환경을 말한다. 이전까지 사용자 인터페이스는 키보드를 통해 명령어로 작업을 수행시켰지만 ( )에서는 키보드뿐만 아니라 마우스 등을 이용하여 화면의 메뉴 중 하나를 선택하여 작업을 수행한다. 화면에 아이콘을 띄어 마우스를 이용하여 화면에 있는 아이콘을 클릭하여 작업을 수행하는 방식이다. 대표적으로는 마이크로소프트의 Windows, 애플의 Mac 운영체제 등이 있다.

정답

GUI(Graphical User Interface)

GUI는 사용자가 마우스와 키보드 등의 입력장치를 사용하여 소프트웨어 조작한다.

필수 핵심 이론

운영체제(OS: Operating System)

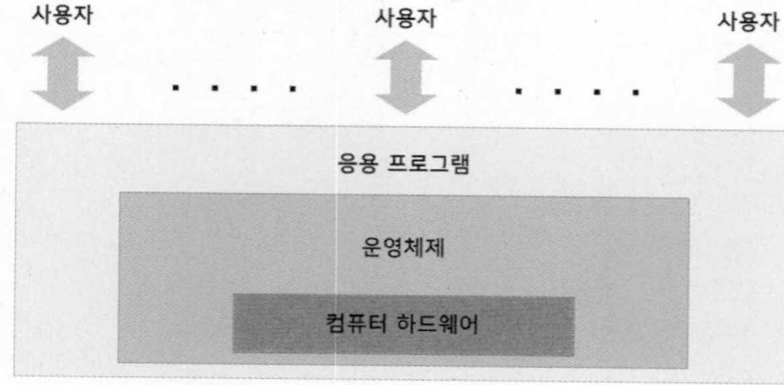

- 운영체제는 컴퓨터의 CPU, 메모리 공간, 기억 장치, 입출력 장치와 사용자 프로그램 등을 제어하고 시스템과 사용자 간의 인터페이스를 제공해 주는 소프트웨어이다.
- 다중 사용자와 다중 응용 프로그램 환경에서 자원의 현재 상태를 파악하고 사용자들 간의 데이터를 공유할 수 있도록 하며 자원 분배를 위한 스케줄링을 담당한다.

운영체제 기능

<table>
<tr><th>운영체제 기능</th><th>내용</th></tr>
<tr><td>제어 프로그램
(Control Program)</td><td><table>
<tr><th>종류</th><th>설명</th></tr>
<tr><td>감시 프로그램</td><td>• 운영체제를 제어하고 동작을 감독함
• 커널이라고도 함</td></tr>
<tr><td>작업 제어 프로그램</td><td>• 작업의 연속 처리를 위한 스케줄 및 시스템 자원을 할당
• 운영체제의 각종 제어 루틴의 수행 순서를 관리</td></tr>
<tr><td>데이터 관리 프로그램</td><td>주기억장치와 보조기억장치 간 자료 전송과 논리적인 연결, 파일 조작 및 처리</td></tr>
</table></td></tr>
<tr><td>처리 프로그램
(Processing Program)</td><td><table>
<tr><th>종류</th><th>설명</th></tr>
<tr><td>언어 번역 프로그램</td><td>프로그램 언어를 기계로 번역</td></tr>
<tr><td>서비스 프로그램</td><td>사용 빈도가 높은 프로그램을 시스템 제공자가 미리 작성해 사용자에게 제공</td></tr>
<tr><td>문제 프로그램</td><td>시스템의 문제 해결을 위한 프로그램</td></tr>
</table></td></tr>
</table>

UI 유형

<table>
<tr><th>유형</th><th>설명</th></tr>
<tr><td>CLI
(Command Line Interface)</td><td>• 텍스트 기반 인터페이스
• 사용자가 명령어를 입력하여 소프트웨어 조작
예) 윈도우 운영체제 제공 Command Prompt</td></tr>
<tr><td>GUI
(Graphical User Interface)</td><td>• 그래픽 기반 인터페이스
• 사용자가 마우스와 키보드 등의 입력장치를 사용하여 소프트웨어 조작
예) 윈도우 운영체제 제공 탐색기</td></tr>
<tr><td>NUI
(Natural User Interface)</td><td>• 사용자 반응 기반 인터페이스
• 인간의 자연스러운 동작(손짓, 음성, 시선) 등을 인식하여 소프트웨어 조작
예) 모바일 제스처(Mobile Gesture): 사용자의 터치 입력을 기반으로 하는 인터페이스<table>
<tr><th>모바일 제스처 종류</th><th>상세 행위</th></tr>
<tr><td>Tap</td><td>손가락으로 화면을 한 번 두드리는 동작</td></tr>
<tr><td>Double Tap</td><td>손가락으로 화면을 빠르게 연속해서 두 번 두드리는 동작</td></tr>
</table></td></tr>
</table>

	Drag	손가락으로 화면을 누른 상태에서 정해진 방향으로 이동하는 동작
	Pan	화면에 손가락을 댄 후, 손가락을 떼지 않고 계속 움직이는 동작
	Press	화면의 특정 위치를 손가락으로 오랫동안 누르는 동작
	Flick	화면에서 빠르게 손가락을 상하 또는 좌우로 스와이프하는 동작
	Pinch	두 손가락으로 화면에서 축소 및 확대 제스처를 취하는 동작
OUI (Organic User Interface)	• 유기적 상호작용 기반 인터페이스 • 자연 그대로의 상태 특성을 반영한 장치 제어로 사물의 변형 없이 자연 형태 그대로 인터페이스 장치가 되어 소프트웨어 조작	

운영체제의 종류

운영체제	특징
윈도우 (Windows)	• 마이크로소프트(Microsoft)에서 개발한 운영체제로 Windows 95, 98, ME, XP, Vista, 7, 8, 10 등으로 버전이 계속 출시 • GUI(Graphic User Interface)를 지원 • 한 사람이 한 대를 독점하는 방식인 Single-User 시스템 • 운영체제가 작업의 CPU 시간을 제어하는 선점형 멀티태스킹 제공 • Multi-Tasking을 지원함 • 하드웨어 설치 시 자동으로 감지하는 PnP(Plug and Play) 기능을 제공함 • 프로그램 간의 작성 중인 개체를 연결 또는 삽입하여 편집할 수 있는 기능을 제공함
리눅스/유닉스 (Linux/Unix)	• 리눅스는 소스가 공개된 개방형(Open) 시스템으로 대부분 무료로 지원하며 유료도 존재 • Multi-Tasking 및 Multi-User를 지원함 • 계층적 파일 시스템으로 트리 구조를 가짐 • 이식성이 높으며 장치 간 호환성이 높음 • 하나 이상의 작업을 백그라운드에서 수행할 수 있어 여러 개의 작업을 병행처리 할 수 있음 • 파일 시스템은 디렉터리와 파일을 쉽게 찾고 유지관리 하며 디스크 블록을 가짐

블록	설명
부트 블록(boot block)	파일 시스템으로부터 UNIX 커널을 적재시키기 위한 코드를 저장하고 있는 영역
슈퍼 블록(Super Block)	파일 시스템을 기술하는 블록의 수, 블록 크기 등의 정보를 저장
아이노드 블록(i-node block)	파일, 디렉터리에 대한 저장공간 등 모든 정보를 가짐
데이터 블록(Data Block)	실제 데이터가 저장됨

쉘(Shell)과 커널(Kernel)

종류	설명
쉘 (Shell)	• 자체의 내장 명령어 제공 • 보조기억장치에 상주 • 사용자의 명령을 해석하고 커널로 전달하는 기능을 제공 • 반복적인 명령 프로그램을 만드는 프로그래밍 기능을 제공 • 초기화 파일을 이용해 사용자 환경을 설정하는 기능을 제공 • 파이프라인 기능을 제공 • 사용자 인터페이스를 제공 • 입출력 방향 지정 • 여러 종류의 쉘이 존재
커널 (Kernel)	• 프로세스와 메모리를 관리 • 기억장치, 파일, 입출력 장치를 관리 • 프로세스 간 통신 및 데이터 전송 및 변환 등을 수행

사용자 인터페이스 기본 원칙

원칙	설명
직관성	누구나 쉽게 이해하고 사용할 수 있어야 함
유효성	사용자의 목적을 정확하게 달성해야 함
학습성	누구나 쉽게 배우고 익힐 수 있어야 함
유연성	사용자의 요구사항을 최대한 수용하며, 오류를 최소화해야 함

연·습·문·제

01 21년 10월

다음 설명에 대한 알맞는 답을 영문 약어로 작성하시오.

( )는 사용자가 그래픽을 통해 컴퓨터와 정보를 교환하는 환경을 말한다. 이전까지 사용자 인터페이스는 키보드를 통해 명령어로 작업을 수행시켰지만 ( )에서는 키보드뿐만 아니라 마우스 등을 이용하여 화면의 메뉴 중 하나를 선택하여 작업을 수행한다. 화면에 아이콘을 띄워 마우스를 이용하여 화면에 있는 아이콘을 클릭하여 작업을 수행하는 방식이다. 대표적으로는 마이크로소프트의 Windows, 애플의 Mac 운영체제 등이 있다.

해설 GUI는 사용자가 마우스와 키보드 등의 입력장치를 사용하여 소프트웨어를 조작한다.

02 20년 7월

UI(User Interface) 설계 원칙 중 직관성에 대해 간략히 서술하시오.

03 20년 10월

사용자 인터페이스에 대한 다음 설명에서 괄호에 들어갈 알맞은 답을 쓰시오.

직관성 – 누구나 쉽게 이해하고 사용할 수 있어야 한다.
( ) – 사용자의 목적을 정확하고 완벽하게 달성하여야 한다.
학습성 – 누구나 쉽게 배우고 익힐 수 있어야 한다.
유연성 – 사용자의 요구사항을 최대한 수용하며 오류를 최소화해야 한다.

04 출제 예상

운영체제에서 커널의 기능을 2가지 기술하시오

정답

01 | GUI(Graphical User Interface)
02 | 직관성은 **누구나 쉽게 이해하고 사용할 수 있어야 한다**는 설계 원칙이다.
03 | 유효성
04 | 1. 프로세스와 메모리를 관리
2. 기억장치, 파일, 입출력 장치를 관리
3. 프로세스 간 통신 및 데이터 전송 및 변환 등을 수행

062 메모리 관리 기법과 페이지 교체 알고리즘

학 · 습 · 포 · 인 · 트

메모리의 개념과 메모리 관리 기법별 할당 방법에 대한 개념을 이해해야 한다. 페이지 교체 알고리즘은 페이징(Paging) 기법과 세그멘테이션 기법의 개념을 묻는 문제와 페이지 부재, 할당된 페이지를 계산하는 문제가 주로 출제된다. 페이징 기법에 따라 할당되는 페이지를 계산할 수 있도록 학습해야 한다.

필수 핵심 이론

메모리 배치 전략

기법	설명
최초 적합 (First fit)	• 할당할 수 있는 가장 처음 만나는 빈 메모리 공간에 프로세스를 할당 • 할당이 빠른 장점이 있음
최적 적합 (Best fit)	할당할 수 있는 메모리 공간 중 자원 낭비가 가장 적은 공간에 할당
최악 적합 (Worst fit)	• 할당할 수 있는 메모리 공간 중 자원 낭비가 가장 많은 공간에 할당 • 남은 메모리 공간에 다른 프로세스를 할당할 수 있는 장점이 있음

페이지 크기에 따른 현상

페이지 크기	설명
작을 경우	• 더 많은 페이징 사상 테이블이 필요 • 내부 단편화가 감소 • 페이지의 집합을 효율적으로 운영 가능 • 기억장소 이용 효율이 향상 • 입·출력 시간이 증가
클 경우	• 페이지 사상 테이블의 크기가 작아져 주기억장치 공간을 절약하고 매핑 속도가 빨라짐 • 페이지의 단편화가 증가함

페이지 교체 알고리즘

기법	설명
FIFO(First In First Out)	선입 선출로 가장 오래 있었던 페이지를 교체
OPT(OPTimal replacement)	최적 교체로 앞으로 가장 오랫동안 사용하지 않을 페이지를 교체
LRU(Least Recently Used)	가장 오랫동안 사용되지 않은 페이지를 교체
LFU(Least Frequently Used)	참조 횟수가 가장 작은 페이지를 교체
MFU(Most Frequently Used)	참조 횟수가 가장 많은 페이지를 교체
NUR(Not Used Recently)	최근에 사용하지 않은 페이지를 교체
SRC(Second Chance Replacement)	가장 오랫동안 주기억장치에 있던 페이지 중 자주 사용되는 페이지를 교체

페이지 교체 관련 개념

<table>
<tr><th>개념</th><th colspan="2">설명</th></tr>
<tr><td rowspan="5">지역성
(Locaity)</td><td colspan="2">기억장치로부터 정보가 참조될 때 시간적, 공간적, 순차적으로 분포가 집중되는 성질</td></tr>
<tr><td>지역성</td><td>설명</td></tr>
<tr><td>공간 지역성
(Spatial Locality)</td><td>• 기억 장소들에 대해 참조가 집중적으로 이루어지는 경향을 보임
• 참조된 메모리 근처 메모리를 참조</td></tr>
<tr><td>시간 지역성
(Temporal Locality)</td><td>• 최근 사용되었던 기억 장소들이 집중적으로 액세스 되는 현상
• 참조했던 메모리는 빠른 시간에 다시 참조될 확률이 높음</td></tr>
<tr><td>순차 지역성
(Sequential Locality)</td><td>• 데이터가 순차적으로 액세스 되는 현상
• 프로그램 내의 명령어가 순차적인 구성에 기인함</td></tr>
<tr><td>워킹 셋
(Working Set)</td><td colspan="2">운영체제의 가상기억장치 관리에서 프로세스가 일정 시간 동안 자주 참조하는 페이지들의 집합</td></tr>
<tr><td>스레싱 현상
(Thrashing)</td><td colspan="2">• 페이지 수행 시간보다 교환시간이 커질 때 발생함
• 프로세스 처리 도중, 참조할 페이지가 주기억장치에 없어 프로세스 처리시간보다 페이지 교체에 소요되는 시간이 더 많아지는 현상</td></tr>
</table>

세그멘테이션 주소 변환

주소	설명
물리 주소	(세그먼트 번호, 변위 값)으로 표기함
논리 주소	세그먼트 시작 주소 + 변위 값으로 계산함

연·습·문·제

01 출제 예상

메모리 관리 기법 중 Worst fit 방법을 사용할 경우 10K 크기의 프로그램 실행을 위해서는 어느 영역에 할당되는지 영역번호를 쓰시오.

영역번호	메모리 크기	사용 여부
NO. 1	8K	FREE
NO. 2	12K	FREE
NO. 3	10K	IN USE
NO. 4	20K	IN USE
NO. 5	16K	FREE

영역번호 :

해설 Worst fit은 최악 적합으로 자원 낭비가 가장 심한 영역에 할당하는 방법이다. 사용 여부가 FREE인 영역 중 자원 낭비가 가장 큰 NO. 5에 할당된다.

02 출제 예상

기억공간이 15K, 23K, 22K, 21K 순으로 빈 공간이 있을 때 기억장치 배치 전력으로 "First Fit"을 사용하여 17K의 프로그램을 적재할 경우 내부단편화의 크기는 얼마인지 쓰시오.

해설 First Fit은 들어갈 수 있는 공간 중 처음에 만나는 공간에 할당하는 기법이다. 17K가 할당할 수 있는 기억공간은 23K, 22K, 21K로 23K에 할당된다. 23K에 17K가 할당되면 남은 내부 단편화의 크기는 6K이다.

03 출제 예상

빈 기억공간의 크기가 20KB, 16KB, 8KB, 40KB일 때 기억장치 배치 전략으로 "Best Fit"을 사용하여 17KB의 프로그램을 적재할 경우 내부단편화의 크기는 얼마인지 쓰시오.

해설 Best Fit은 자원 낭비가 가장 적은 영역에 할당하는 방법이다. 17KB가 적재할 수 있는 기억공간은 20KB, 40KB이다. 낭비가 가장 적은 영역은 20KB에 배치로 3KB의 자원 낭비가 발생한다.

04 출제 예상

다음의 페이지 참조 열(Page reference string)에 대해 페이지 교체 기법으로 선입선출 알고리즘을 사용할 경우 페이지 부재(Page Fault) 횟수를 쓰시오. (단, 할당된 페이지 프레임 수는 3이고, 처음에는 모든 프레임이 비어 있다.)

7, 0, 1, 2, 0, 3, 0, 4, 2, 3, 0, 3, 2, 1, 2, 0, 1, 7, 0

해설 FIFO는 가장 오래 있는 자리 교체로 아래 예시와 같이 보면 편하게 계산할 수 있다.

페이지	입력	페이지 부재	오래된 페이지
7, –, –	7	1	7
7, 0, –	0	2	7
7, 0, 1	1	3	7
2, 0, 1	2	4	0
2, 0, 1	0	4	0
2, 3, 1	3	5	1
2, 3, 0	0	6	2
4, 3, 0	4	7	3
4, 2, 0	2	8	0
4, 2, 3	3	9	4
0, 2, 3	0	10	2
0, 2, 3	3	10	2
0, 2, 3	2	10	2
0, 1, 3	1	11	3
0, 1, 2	2	12	0
0, 1, 2	0	12	0
0, 1, 2	1	12	0
7, 1, 2	7	13	1
7, 0, 2	0	14	2

05 출제 예상

4개의 페이지를 수용할 수 있는 주기억장치가 있으며, 초기에는 모두 비어 있다고 가정한다. 다음의 순서로 페이지 참조가 발생할 때, FIFO 페이지 교체 알고리즘을 사용할 경우 페이지 결함의 발생 횟수를 쓰시오.

페이지 참조 순서 : 1, 2, 3, 1, 2, 4, 5, 1

해설 FIFO는 가장 오래 있는 자리 교체로 아래 예시와 같이 보면 편하게 계산할 수 있다.

페이지	입력	페이지 결함 횟수
1, –, –, –	1	1
1, 2, –, –	2	2
1, 2, 3, –	3	3
1, 2, 3, –	1	3
1, 2, 3, –	2	3
1, 2, 3, 4	4	4
5, 2, 3, 4	5	5
5, 1, 3, 4	1	6

06 출제 예상

3개의 페이지 프레임을 갖는 시스템에서 페이지 참조 순서가 1, 2, 1, 0, 4, 1, 3일 때, FIFO 알고리즘에 의한 페이지 교체의 경우 프레임의 최종 상태를 쓰시오.

해설 FIFO는 가장 오래 있는 자리 교체로 아래 예시와 같이 보면 편하게 계산할 수 있다.

페이지	입력
1, _, _	1
1, 2, _	2
1, 2, _	1
1, 2, 0	0
4, 2, 0	4
4, 1, 0	1
4, 1, 3	3

07 **출제 예상**

다음과 같은 세그먼트 테이블을 가지는 시스템에서 논리 주소(2, 176)에 대한 물리 주소를 쓰시오.

세그먼트 번호	시작 주소	길이(바이트)
0	670	248
1	1752	422
2	222	198
3	996	604

해설 논리 주소는 (세그먼트번호, 변위 값), 물리 주소는 세그먼트 시작 주소와 변위 값으로 한다. 논리 주소 (2, 176), 세그먼트번호 2의 시작 주소 222와 변위 값 176을 더한 398이다.

정답

01 | 영역번호: NO. 5
02 | 6K
03 | 3KB
04 | 14
05 | 6
06 | 4, 1, 3
07 | 398

063 프로세스/스레드 ★

학·습·포·인·트

페이지 교체 알고리즘은 페이징(Paging) 기법과 세그멘테이션 기법의 개념을 묻는 문제와 페이지 부재, 할당된 페이지를 계산하는 문제가 출제된다.

대표 기출 유형

다음은 프로세스 상태 전이도이다. 괄호(①~③)에 알맞은 상태를 쓰시오. **20년 11월**

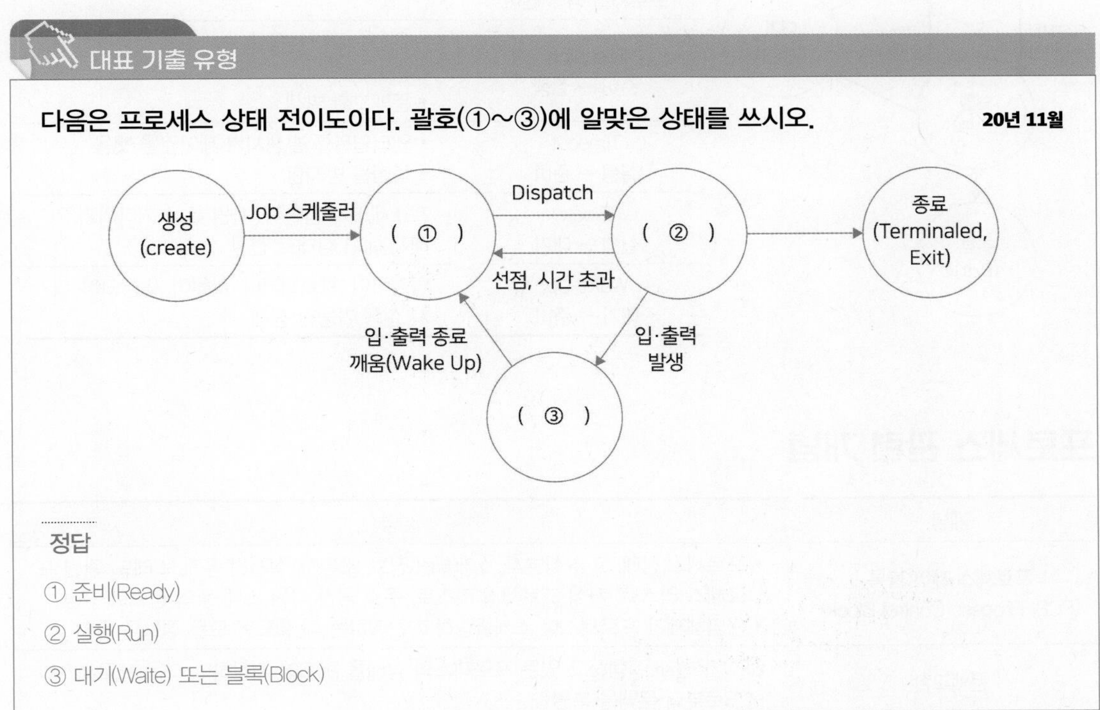

정답

① 준비(Ready)

② 실행(Run)

③ 대기(Waite) 또는 블록(Block)

필수 핵심 이론

프로세스(Process)

프로세스는 실행 중에 있는 프로그램으로 스케줄링 대상이 되는 작업과 같은 의미로 쓰이며, 작업(Job) 또는 태스크(Task)라고도 한다.

프로세스 상태

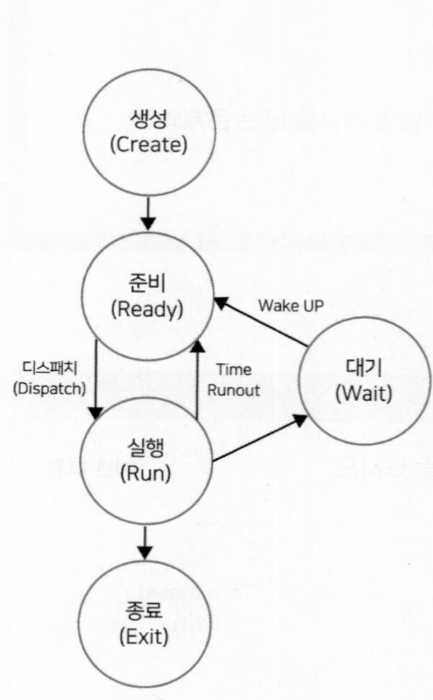

프로세스 상태	설명
생성(Create)	프로세스가 막 실행된 상태
준비(Ready)	프로세스가 실행되기 위해 대기하는 상태
실행(Running)	프로세스에 포함된 명령어가 실행되고 있는 상태
대기(Wating)	프로세스가 특정 자원이나 이벤트를 기다리는 상태
종료(Terminate, Exit)	프로세스가 실행을 완료한 상태
프로세스 상태 전이	**설명**
Dispatch 준비 → 실행	• 우선순위가 높은 프로세스를 선정하여 명령어 실행 • 문맥교환 발생
Timeout 실행 → 준비	• 인터럽트를 발생시켜 제어권을 뺏음 • 독점을 방지함
Block 실행 → 대기	프로세스가 입출력, 자원 등을 기다리기 위해서 대기 상태로 전환
Wake Up 대기 → 준비	입출력이 완료되거나 자원이 할당되어 다시 실행 가능한 상태

프로세스 관련 개념

개념	설명
프로세스 제어 블록 (PCB; Process Control Block)	• 프로세스 상태, 고유 식별자, 스케줄링 정보, 소유자, 실시간 통계, 스레드, 관련 프로세스 리스트, 자식 프로세스 리스트, 주소 공간 자원 스택 등의 정보로 구성 • 운영체제가 프로세스를 스케줄링하고 관리하는 데 필요한 모든 정보를 유지
문맥교환	CPU가 현재 실행하고 있는 프로세스의 상태를 PCB에 저장하고 다음 프로세스의 PCB로부터 문맥을 복원

스레드(Thread)

- 스레드는 프로세스의 실행단위로 경량 프로세스라고도 부른다.
- 한 개의 프로세스에는 하나 이상의 스레드가 존재한다.
- 스레드는 그들이 속한 프로세스의 자원과 메모리를 공유한다.
- 스레드를 사용함으로써 하드웨어, 운영체제의 성능과 응용 프로그램의 처리율을 향상할 수 있다.

스레드의 분류

스레드의 종류	설명
커널 수준 스레드	• 운영체제 커널에 의해 스레드를 운영 • 구현이 쉬우나 속도가 느림 • 여러 스레드가 커널에 동시에 접근 가능
사용자 수준 스레드	• 사용자가 만든 라이브러리를 사용해 스레드를 운용 • 속도가 빠르나 구현이 어려움 • 커널 모드로 전환이 없어 오버헤드가 줄어듦

연·습·문·제

01 **20년 11월**

다음은 프로세스 상태 전이도이다. 괄호(①~③)에 알맞은 상태를 쓰시오.

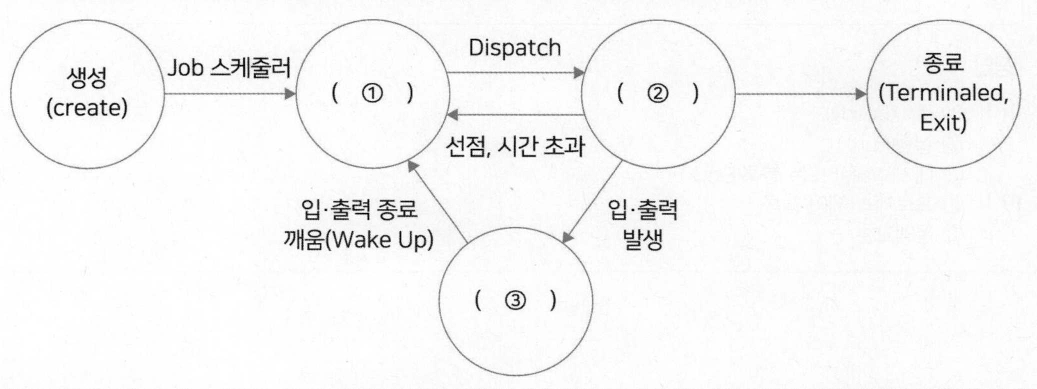

①
②
③

02 **출제 예상**

프로세스에 관한 개념이다. [보기]를 참조하여 괄호(①, ②) 안에 알맞은 용어를 찾아 쓰시오.

개념	설명
(①)	• 프로세스 상태, 고유 식별자, 스케줄링 정보, 소유자, 실시간 통계, 스레드, 관련 프로세스 리스트, 자식 프로세스 리스트, 주소 공간 자원 스택 등의 정보로 구성 • 운영체제가 프로세스를 스케줄링하고 관리하는 데 필요한 모든 정보를 유지
(②)	CPU가 현재 실행하고 있는 프로세스의 상태를 PCB에 저장하고 다음 프로세스의 PCB로부터 문맥을 복원

[보기]

문맥교환, 프로세스, 스레드, 프로세스 제어 블록

①

②

정답

01 | ① 준비(Ready)
② 실행(Run)
③ 대기(Waite) 또는 블록(Block)

02 | ① 프로세스 제어 블록
② 문맥교환

064 프로세스 스케줄링과 교착상태 ★★

학·습·포·인·트

스케줄링이 어떤 식으로 작동하는지 스케줄링 선정 기법에 따라 계산할 수 있도록 숙지하는 게 중요하다.

대표 기출 유형

HRN(Highest Response ratio Next) 비선점형 스케줄링의 우선순위를 구하는 계산식을 쓰시오.

20년 5월

정답

(대기 시간 + 서비스 시간) / 서비스 시간

HRN 스케줄링 기법은 SJF 스케줄링 기법의 약점인 긴 작업과 짧은 작업 사이의 불평등을 보완하기 위한 방법으로, 위에 우선순위 계산식은 시스템 응답시간이 커질수록 우선순위가 높아진다는 의미이다.

필수 핵심 이론

프로세스 스케줄링(Scheduling)

- 프로세스 스케줄링은 한정된 CPU 자원을 효율적으로 사용하기 위해 여러 프로세스에 CPU 자원을 분배하기 위한 기법이다.
- 스케줄링 기법으로 비선점 스케줄링과 선점 스케줄링이 있다.

스케줄링	개념
선점 스케줄링	• 우선순위가 높은 프로세스 위주로 빠르게 처리 • 빠른 응답시간을 요구하는 대화식 시분할 시스템을 주로 사용 • 선점 시간 배당을 위한 타이머 클럭이 필요하며, 선점으로 인한 오버헤드가 발생
비선점 스케줄링	• 모든 프로세스에 대한 요구를 공정하게 처리할 수 있음 • 일괄처리방식에 적합함 • 중요한 짧은 작업이 긴 작업을 기다리는 비효율이 발생할 수 있음 • 응답 시간 예측이 용이함

<table>
<tr><th>구분</th><th>기법</th><th>설명</th></tr>
<tr><td rowspan="3">선점
스케줄링</td><td>FCFS(First Come First Service)</td><td>먼저 들어온 프로세스를 먼저 처리함</td></tr>
<tr><td>SJF(Shortest Job First)</td><td>처리시간이 짧은 프로세스부터 처리함</td></tr>
<tr><td>HRN(Hightest Response–ratio Next)</td><td>우선순위가 높은 순서로 처리함
$\text{우선순위} = \frac{\text{대기한 시간} + \text{서비스를 받을 시간}}{\text{서비스를 받을 시간}}$</td></tr>
<tr><td rowspan="4">비선점
스케줄링</td><td>라운드 로빈(Round Robin)</td><td>• 먼저 들어온 순서대로 일정 시간만큼 처리함
• 시간 할당이 커지면 FCFS 스케줄링과 같아짐</td></tr>
<tr><td>SRT(Shortest Remaining Time First)</td><td>• 남은 시간이 짧은 프로세스부터 처리함
• 실행시간을 추적해야 하므로 오버헤드 발생</td></tr>
<tr><td>MLQ(Multi Level Queue)</td><td>우선순위별로 큐를 분리하여 다양한 스케줄링을 적용함</td></tr>
<tr><td>MLFQ(Multi Level Feedback Queue)</td><td>MLQ에서 큐 간 이동하여 우선순위 조정</td></tr>
</table>

교착상태(Deadlock)

교착상태는 두 개 이상의 프로세스가 서로 작업이 끝나기만을 기다리고 있어 둘 다 영원히 끝나지 않는 상황을 말한다.

교착상태 필요 충분 조건

<table>
<tr><th>필요 충분 조건</th><th colspan="2">설명</th></tr>
<tr><td rowspan="6">상호 배제
(Mutual Exclusion)</td><td colspan="2">한 리소스는 한 번에 한 프로세스만 사용할 수 있음</td></tr>
<tr><td>알고리즘</td><td>설명</td></tr>
<tr><td>Dekker Algorithm</td><td>프로세스가 두 개일 때 Flag와 Turn 변수를 조정해 상호 배제를 보장</td></tr>
<tr><td>Lamport Algorithm</td><td>프로세스에게 고유한 번호를 부여하고, 번호를 기준으로 우선순위를 정해 높은 프로세스가 먼저 임계 구역에 진입하도록 구현</td></tr>
<tr><td>Peterson Algorithm</td><td>프로세스가 두 개일 때 상대방에게 진입 기회를 양보해 상호 배제를 보장</td></tr>
<tr><td>Semaphore Algorithm</td><td>공유된 자원의 데이터 혹은 임계영역 등에 따라 여러 Process 혹은 Thread가 접근하는 것을 막아 줌</td></tr>
<tr><td>점유와 대기
(Hold and Wait)</td><td colspan="2">• 리소스를 점유하고 있는 프로세스가 있으면 다른 프로세스는 해당 리소스를 사용하기 위해 기다림
• 프로세스가 수행되기 전 모든 자원을 할당함
• 자원이 점유되지 않은 상태에서만 자원을 요구함</td></tr>
<tr><td>비선점
(Non Preemption)</td><td colspan="2">프로세스의 자원 사용을 마친 후 리소스를 자발적으로 반환할 때까지 기다림</td></tr>
<tr><td>환형 대기
(Circular Wait)</td><td colspan="2">두 개 이상의 프로세스 간 자원의 점유와 대기가 원형을 구사해 대기 중인 상태로 Hold and Wait 관계의 프로세스가 서로를 기다림</td></tr>
</table>

교착상태의 해결 방법

해결 방법	설명
예방 (Prevention)	• 교착상태의 필요 조건을 부정함으로써 교착상태가 발생하지 않도록 미리 예방 • 점유 및 대기, 비선점, 환형 대기를 부정함 • 모든 자원을 미리 선점해 두기 때문에 자원 낭비가 심함
회피 (Avoidance)	• 교착상태가 발생할 가능성이 있는 자원을 할당하지 않음 • 대표적으로 은행원 알고리즘, 자원 할당 그래프가 있음
발견 (Detectin)	• 시스템에서 교착상태가 발생했는지 감시 • 교착상태 발생을 허용하고 발생 시 해결
복구 (Recovery)	• 교착상태 발견 후 프로세스를 하나씩 종료해 자원을 회복 • 프로세스 종료(중지) 시 희생자를 선택해야 해 기아 상태 발생

쌤의 실전 Tip

교착상태의 필요 충분 조건 외우기

환형 대기, 상호 배제, 점유와 대기, 비선점 → 환상의 프로세스관리 비점(비전)

연·습·문·제

01 **20년 5월**

HRN(Highest Response ratio Next) 비선점형 스케줄링의 우선순위를 구하는 계산식을 쓰시오.

해설 HRN 스케줄링 기법은 SJF 스케줄링 기법의 약점인 긴 작업과 짧은 작업 사이의 불평등을 보완하기 위한 방법으로, 위에 우선순위 계산식은 시스템 응답시간이 커질수록 우선순위가 높아진다는 의미이다.

02 출제 예상

HRN 방식으로 스케줄링 할 경우, 입력된 작업이 다음과 같을 때 처리되는 작업 순서를 쓰시오.

작업	대기시간	서비스(실행)시간
A	5	20
B	40	20
C	15	45
D	20	2

①
②
③
④

해설 HRN 우선순위 = (대기시간 + 서비스시간) / 서비스시간
이므로 우선순위를 계산하면
A = (5+20)/20 = 1.25
B = (40+20)/20 = 3
C = (15+45)/45 = 1.333333
D = (20+2)/2 = 11
로 D B C A 순서다.

03 출제 예상

다음에서 설명하는 프로세스 스케줄링을 쓰시오.

최소 작업 우선(SJF) 기법의 약점을 보완한 비선점 스케줄링 기법으로 다음과 같은 식을 이용해 우선순위를 판별한다.

$$우선순위 = \frac{대기한\ 시간 + 서비스를\ 받을\ 시간}{서비스를\ 받을\ 시간}$$

해설 HRN 스케줄링은 SJF을 보완해 긴 작업과 짧은 작업 간의 불평등을 해소한다.

04 **출제 예상**

다음과 같은 프로세스가 차례로 큐에 도착하였을 때, SJF(Shortest Job First) 정책을 사용할 경우 가장 먼저 처리되는 작업의 프로세스 번호를 쓰시오.

프로세스 번호	실행 시간
P1	6
P2	8
P3	4
P4	3

해설 SJF는 실행 시간 추정치가 가장 작은 작업을 먼저 실행시키는 방식으로 실행시간이 가장 작은 P4를 가장 먼저 처리한다.

05 **출제 예상**

다음과 같은 형태로 임계 구역의 접근을 제어하는 상호 배제 기법은 무엇인지 쓰시오.

```
P(S) : while S <= 0 do skip;
S := S - 1;
V(S) : S := S + 1;
```

해설 임계 구역의 접근을 제어하는 상호 배제 기법은 Semaphore이다.

Dekker Algorithm	프로세스가 두 개일 때 flag와 turn 변수를 조정해 상호 배제를 보장하는 알고리즘
Lamport Algorithm	프로세스에 고유한 번호를 부여하고, 번호를 기준으로 우선순위를 정해 높은 프로세스가 먼저 임계 구역에 진입하도록 구현한 알고리즘
Peterson Algorithm	프로세스가 두 개일 때 상대방에게 진입 기회를 양보해 상호 배제를 보장하는 알고리즘
Semaphore	공유된 자원의 데이터 혹은 임계영역 등에 따라 여러 Process 혹은 Thread가 접근하는 것을 막아주는 알고리즘

06 **22년 10월**

다음은 스케줄링에 관한 내용이다. [보기]를 참조하여 괄호(①~③) 안에 알맞은 용어를 찾아 쓰시오.

- (①)은/는 준비상태 큐에서 기다리고 있는 프로세스들 중에서 실행 시간이 가장 짧은 프로세스에게 먼저 CPU를 할당하는 기법이다. 가장 적은 평균 대기 시간을 제공하는 최적 알고리즘이지만, 실행 시간이 긴 프로세스는 실행 시간이 짧은 프로세스에게 할당 순위가 밀려 무한 연기 상태가 발생될 수 있다.
- (②)은/는 시분할 시스템을 위해 고안된 방식으로, 준비상태 큐에 먼저 들어온 프로세스가 먼저 CPU를 할당받지만 각 프로세스는 시간 할당량 동안만 실행한 후 실행이 완료되지 않으면 다음 프로세스에게 CPU를 넘겨주고 준비상태 큐의 가장 뒤로 배치된다. 할당되는 시간이 작을 경우 문맥 교환 및 오버헤드가 자주 발생되어 요청된 작업을 신속히 처리할 수 없다.
- (③)은/는 현재 실행 중인 프로세스의 남은 시간과 준비상태 큐에 새로 도착한 프로세스의 실행 시간을 비교하여 가장 짧은 실행 시간을 요구하는 프로세스에게 CPU를 할당하는 기법으로, 시분할 시스템에 유용하다. 준비상태 큐에 있는 각 프로세스의 실행 시간을 추적하여 보유하고 있어야 하므로 오버헤드가 증가한다.

[보기]

SRT / MLQ / RR / MLFQ / SJF

①

②

③

정답

01 | (대기 시간 + 서비스 시간) / 서비스 시간

02 | ① D
② B
③ C
④ A

03 | HRN

04 | P4

05 | Semaphore

06 | ① SJF
② RR
③ SRT

065 환경변수 / 쉘 스크립트(Shell Script)

학·습·포·인·트

Linux, Unix, Windows에서 사용하는 환경 변수와 쉘의 명령어에 대해 이해하는 것이 중요하다.

필수 핵심 이론

환경 변수(Environment Variable)

환경 변수는 프로세스가 컴퓨터에서 동작하는 방식에 영향을 미치는 동적인 값들의 모임이다.

LINUX/UNIX 환경 변수

환경 변수	설명
$PATH	• 명령을 입력하면 이 목록을 확인하여 해당 명령어가 경로에 속한지 확인 • 실행파일 디렉터리 경로의 목록
$HOME	사용자 홈 디렉터리
$PS1	• UNIX에서만 사용 가능 • 프롬프트가 어떻게 표시될지를 지정
$TEMP	프로세스가 임시 파일을 저장하는 위치
$USER	사용자의 이름을 출력

환경 변수 명령어

- 윈도우에서는 "echo %PATH%" 명령어를 통해 환경변수를 볼 수 있다.
- UNIX/LINUX의 환경 변수를 볼 수 있는 명령어는 다음과 같다.

명령어	설명
printenv	변수 이름을 명령어에 단일 변수로 주면 하나의 단일 변수를 반환
env	환경 변수들을 출력하거나, 환경 변수를 설정하고 적용된 내용을 출력
set	• 환경 변수, 옵션을 확인 • 위치 파라미터를 조작
setenv	환경 변수를 추가 또는 업데이트
export	• 사용자 환경 변수를 export 시키면 전역(Global) 변수로 변경 • 사용자가 생성한 변수는 export 명령어에 표시하지 않으면 현재 쉘에 국한됨

쉘 스크립트(Shell Script)

- 쉘 스크립트는 쉘이나 명령줄 인터프리터에서 돌아가도록 작성되었거나 한 운영체제를 위해 쓰인 스크립트이다.
- 쉘 스크립트는 유닉스 쉘을 위해 쓰인 스크립트를 말하고, COMMAND.COM(도스)과 CMD.EXE(윈도우) 명령줄 스크립트는 보통 배치 파일이라고 부른다.

명령어

운영체제	명령어	설명
Windows	dir	현재 디렉터리의 파일 목록을 표시
	copy	파일을 복사
	del	파일을 삭제
	ren	파일 이름을 변경
	md	디렉터리를 생성
	cd	디렉터리의 위치를 변경
	attrib	파일의 속성을 변경
	find	파일에서 문자열을 찾음
	chkdsk	디스크의 상태를 점검
	format	디스크 표면을 트랙과 섹터로 나누어 초기화
	move	파일을 이동

Linux/Unix	alias	별칭을 정의
	awk	패턴 검사 및 문자열을 처리
	batch	명령어를 배치 대기열에서 실행하도록 스케줄링
	bg	프로세스를 백그라운드에서 실행하도록 함
	fg	프로세스를 포그라운드에서 실행하도록 함
	cat	파일을 연결하거나 출력
	cd	디렉터리의 위치를 변경
	chmod	파일 모드, 특성, 권한을 변경
	chown	파일 소유자를 변경
	cksum	파일 체크섬 및 크기 기록
	cmp	두 파일을 비교
	cp	파일을 복사
	crontab	백그라운드 작업을 주기적으로 스케줄링
	date	날짜 및 시간을 표시
	df	남아 있는 디스크 공간을 보여 줌
	du	파일 공간 사용량을 측정해 줌
	echo	인수를 표준 출력에 기록
	grep	패턴에 따른 문자열을 검색
	kill	프로세스 종료 또는 신호 전송
	ls	디렉터리 및 내용을 확인
	man	시스템 문서를 표시
	mkdir	디렉터리를 생성
	mv	파일을 이동함
	ps	프로세스 상태를 보고
	pwd	현재 디렉터리를 출력
	rm	파일을 제거
	rmdir	디렉터리를 제거
	fork	새로운 프로세스를 생성
	who	시스템에 누가 있는지를 표시
	tar	여러 개의 파일을 하나로 묶거나 풀 때 사용

chmod

- chmod는 파일 모드, 특성, 권한을 변경하는 명령어이다.
- 8진법을 사용하여 사용자, 그룹, 기타 사용자에게 권한을 주며 4는 읽기, 2는 쓰기, 1은 실행 권한을 가진다.
- 예시

명령어: chmod 753 textbook.txt		
• 사용자에게 읽기, 쓰기, 실행 권한을 부여한다. • 그룹에게 읽기, 실행 권한을 부여한다. • 기타 사용자에게 쓰기, 실행 권한을 부여한다. • 8진법을 사용해 작성하며, 한 줄로 작성한다.		
사용자	그룹	기타
읽기(4) + 쓰기(2) + 실행(1) = 7	읽기(4) + 실행(1) = 5	쓰기(2) + 실행(1) = 3

파일 디스크립터(File Descriptor)

- 파일 디스크립터는 파일 제어 블록(File Control Block)이라고도 불리며 파일 관리를 위해 시스템이 필요로 하는 정보를 가지고 있다.
- 보조기억장치에 저장되어 있다가 파일이 개방(Open)될 때 주기억장치로 이동된다.
- 파일 시스템에서 관리하므로 사용자는 직접 참조할 수 없다.
- 파일 디스크립터는 파일의 이름, 위치, 크기, 파일 구조, 보조기억장치 유형, 파일 유형, 시간, 엑세스 정보를 담고 있다.

연·습·문·제

01 **출제 예상**

다음은 LINUX/UNIX의 환경 변수 명령어이다. 다음 빈칸에 들어갈 알맞은 용어를 쓰시오.

명령어	설명
①	• 사용자 환경 변수를 export 시키면 전역(Global) 변수로 변경 • 사용자가 생성한 변수는 export 명령어에 표시하지 않으면 현재 쉘에 국한됨
②	환경 변수들을 출력하거나, 환경 변수를 설정하고 적용된 내용을 출력
③	변수 이름을 명령어에 단일 변수로 주면 하나의 단일 변수를 반환

①
②
③

02 **출제 예상**

아래 내용을 확인하여 알맞는 답을 작성하시오.

( ) 파일 제어 블록(File Control Block)이라고도 불리며 파일 관리를 위해 시스템이 필요로 하는 정보를 가지고 있다. 보조기억장치에 저장되어 있다가 파일이 개방(Open)될 때 주기억장치로 이동된다. 파일 시스템에서 관리하므로 사용자는 직접 참조할 수 없다. 파일 ( ) 은/는 파일의 이름, 위치, 크기, 파일구조, 보조기억장치 유형, 파일 유형, 시간, 엑세스 정보를 담고 있다.

03 **출제 예상**

UNIX SHELL 환경 변수를 출력하는 명령어를 작성하시오.

해설 printenv는 환경 변수의 값을 출력한다. env, setenv는 환경 변수의 변경 및 출력한다.

정답

01 | ① export
② env
③ printenv
02 | 파일 디스크립터
03 | printenv 또는 env 또는 setenv

066 인터넷 구성과 네트워크 ★★★

학·습·포·인·트

프로토콜에 대한 문제와 네트워크 7계층에 대한 네트워크 계층별 특징과 프로토콜에 대해 숙지하는 것이 중요하다.

대표 기출 유형

다음은 OSI 7 Layer에 대한 설명이다. 각 항목(①~③)에 해당하는 계층(Layer)을 쓰시오.

21년 7월

(①): 직접적으로 연결된 두 개의 노드 사이에 데이터 전송을 가능하게 하고, 오류를 수정
(②): 단말기 간 데이터 전송을 위한 최적화된 경로 제공
(③): 데이터의 압축과 형식 설정, 암·복호화를 담당

정답

① 데이터 링크 계층(Data Link Layer)

② 네트워크 계층(Network Layer)

③ 표현 계층(Presentation Layer)

OSI 7 Layer는 네트워크에서 통신이 일어나는 과정을 단계별로 파악하기 위해 7단계로 나눈 것을 말한다.

필수 핵심 이론

인터넷(Internet)

인터넷은 인터넷 프로토콜을 기반으로 하여 전 세계적으로 연결되어 있는 컴퓨터 네트워크 통신망이다.

IEEE 802 표준 규약

미국 전기 전자학회(IEEE) 산하에서 근거리 통신망(LAN: Local Area Network)과 도시권 통신망(MAN: Metropolitan Area Network) 표준을 담당하는 IEEE 802 위원회가 제정한 일련의 표준이다.

IEEE 표준	접속제어 방식
802.3	Ethernet(CSMA/CD)
802.4	Token Bus
802.5	Token RING
802.8	Fiber optic LANS
802.9	Integrated Service LAN
802.11	Wireless LAN & Wi-Fi(음성/데이터 통합 LAN)
802.11a	5GHz 대역의 전파를 사용
802.11d	지역 간 로밍용 확장
802.11e	QoS 강화를 위해 MAC 지원 기능 채택
802.11h	장비와의 간섭 문제를 해결하는 방식 지원

무선랜 데이터 전송

- CSMA/CA는 충돌 방지로 데이터 전송 시 매체가 비어 있음을 확인 후 데이터를 전송한다.
- CSMA/CD는 충돌 감지로 데이터 전송 후 충돌 조건이 감지되면 임의의 시간 간격 동안 대기하다 다시 전송한다.

프로토콜(Protocol)

심리학자 톰 마릴은 컴퓨터가 메시지를 전달하고, 메시지가 제대로 도착했는지 확인하며, 도착하지 않았을 경우 메시지를 재전송하는 일련의 방법을 '기술적 은어'를 뜻하는 프로토콜(Protocol)이라는 용어로 정의하였다.

프로토콜의 기본 요소

요소	설명
구문(Syntax)	정보를 전송을 위한 데이터 형식, 부호화, 코딩, 신호 레벨들을 규정
의미(Semantics)	효율적이고 정확한 정보 전송을 위한 제어 정보로 오류 관리를 위한 제어
시간(Timing)	통신 속도와 순서 제어 등을 규정

네트워크 7계층(OSI; Open System Interconnection)-7 Layer

계층	설명
응용 계층 (Application Layer) 7계층	• 단위(PDU): 데이터(Data) • 사용자와 밀접한 계층으로 인터페이스 역할을 함 • 응용 프로세스 간의 정보 교환을 담당함 • TELNET, FTP, SMTP, HTTP, POP3, IMAP, SSH, SMNP, DNS 등의 프로토콜이 있음
표현 계층 (Presentation Layer) 6계층	• 단위(PDU): 데이터(Data) • 응용계층으로부터 전달받거나 전송하는 데이터의 인코딩(언어처리) 및 디코딩이 이루어짐 • 상이한 부호체계 간의 변화에 대해 규정 • 인코딩과 디코딩, 압축과 해제, 암호화와 복호화 등의 역할을 수행
세션 계층 (Session Layer) 5계층	• 단위(PDU): 데이터(Data), 메시지(Message) • 네트워크의 양쪽 연결을 관리하고 지속적 연결을 시킴 • 응용 프로그램 간의 논리적인 연결 생성 및 제어를 담당
전송 계층 (Transport Layer) 4계층	• 단위(PDU): 세그먼트(Segment) • 데이터를 전송하고 전송 속도를 조절하며 오류가 발생된 부분은 다시 맞추는 기능 • 종단 간 신뢰성 있는 전송을 담당 • 구체적인 목적지까지 데이터가 도달할 수 있도록 함 • process를 특정하기 위한 주소로 port number를 사용함 • 주요 장비: L4 Switch • 프로토콜은 TCP와 UDP가 있다.
네트워크 계층 (Network Layer) 3계층	• 단위(PDU): 패킷(Packet) • 데이터 전송을 위해 목적지까지 경로를 찾아 전송하는 기능 • 종단간 전송을 위한 경로 설정을 담당(End-to-End) • 호스트로 도달하기 위한 최적의 경로를 라우팅 알고리즘을 통해 선택하고 제어함 • 주요 장비: 라우터(Router), L3 Switch

프로토콜	설명
IP (Internet Protocol)	인터넷이 통하는 네트워크에서 어떤 정보를 수신하고 송신하는 통신에 대한 규약
ARP (Address Resolution Protocol)	• IP address를 이용해 mac address를 알아냄 • MAC address를 통해 IP를 알아내는 RARP(Reverse Address Resolution Protocol)도 있음 • MAC address를 통해 IP를 알아내는 RARP(Reverse Address Resolution Protocol)도 있음
ICMP (Internet Control Message Protocol)	• 오류처리와 전송 경로의 변경 • IP의 동작 과정에서의 전송 오류가 발생하는 때에 대비해 오류 정보를 전송하는 목적으로 사용함
IGMP (Internet Group Management Protocol)	호스트 컴퓨터가 멀티캐스트 그룹을 주위의 라우터에 알림
RIP (Routing Information Protocol)	IP address를 이용해 mac address를 알아냄

<table>
<tr><td>OSPF
(Open Shortest Path First)</td><td>• 대규모 네트워크에 적합
• Area 개념을 사용해 전체 OSFP 네트워크를 작은 영역으로 나누어 관리
• 다익스트라 알고리즘 사용하고 라우팅 매트릭을 지정함</td></tr>
<tr><td>IGP
(Internal Gateway Protocol)</td><td>• 라우터로 상호 접속이 되어 있는 여러 개의 네트워크 집합
• 도메인 혹은 자율시스템(AS; Autonomous System)이라고 함</td></tr>
<tr><td>EGP
(External Gateway Protocol)</td><td>• 시스템 사이에 경로 설정 정보 등을 교환하기 위해 사용
• 다른 도메인 사이에 라우팅 시 도메인이 많은 경우에 신용도가 매우 낮음
• 빠른 수행보다는 보안과 제어 목적</td></tr>
<tr><td>BGP
(Border Gateway Protocol)</td><td>• 서로 다른 자율 시스템(AS)의 라우터 간에 라우팅 정보를 교환하는 데 사용되는 외부 게이트웨이 프로토콜(EGP)
• 각 목적지에 대한 전체 경로가 포함됨
• 다른 시스템과 교환하는 네트워크 도달 가능성 정보의 데이터베이스를 유지함
• AS 연결 그래프를 구성하며, 이를 통해 라우팅 루프를 제거하고 AS 수준에서 정책 결정을 실행할 수 있음</td></tr>
</table>

데이터 링크 계층 (Data Link Layer) 2계층

- 단위(PDU): 프레임(Frame)
- 물리계층을 통해 송수신되는 정보의 오류와 흐름을 관리하여 안전한 정보의 전달을 수행하는 기능
- 인접한 노드 간의 신뢰성 있는 데이터 전송을 제어함
- 네트워크 카드 MAC(Media Access Control) 주소를 통해 목적지를 찾음
- 신뢰성 있는 전송을 위해 흐름 제어(Flow Control), 오류 제어(Error Control), 회선 제어(Line Control)를 수행
- 주요 장비: 브리지(Bridge), L2 Switch

프로토콜	설명
HDLC (High-level Data Link Control)	• 점대점 링크 및 멀티포인트 링크를 위해 개발됨 • 에어 제어를 위해 Go-Back-N ARQ를 사용 • 슬라이딩 윈도우 방식에 의해 흐름 제어를 제공
PPP (Point-to-Point Protocol)	네트워크 분야에서 두 통신 노드 간의 직접적인 연결을 위해 일반적으로 사용되는 프로토콜
LLC (Logical link control)	다양한 매체접속제어 방식 간의 차이를 보완함
X.25	DTE(Data Terminal Equipment)와 DCE(Data Circuit-terminating Equipment) 간의 인터페이스 제공
L2TP (Layer 2 Tunneling Protocol)	터널링 프로토콜인 PPTP(Point-to_Point Tunneling Protocol)와 VPN의 구현에 사용하는 L2F(Layer 2 Forwarding Protocol)를 결합하여 만든 프로토콜

물리 계층 (Physical Layer) 1계층	• 단위(PDU): 비트(Bit) • 주요 장비: 허브(HUB), 리피터(Repeater) 네트워크 카드(NIC) • 단순 데이터를 전기적인 신호로 변환(on/off)해서 주고받는 기능 • 물리적인 장치의 전기적, 전자적 연결에 대한 정의 • 디지털 데이터를 아날로그적인 전지적 신호로 변환해 물리적인 전송을 가능하게 함

연·습·문·제

01 21년 7월

다음은 OSI 7 Layer에 대한 설명이다. 각 항목(①~③)에 해당하는 계층(Layer)을 쓰시오.

(①): 직접적으로 연결된 두 개의 노드 사이에 데이터 전송을 가능하게 하고, 오류를 수정
(②): 단말기 간 데이터 전송을 위한 최적화된 경로 제공
(③): 데이터의 압축과 형식 설정, 암·복호화를 담당

①
②
③

해설 OSI 7 Layer는 네트워크에서 통신이 일어나는 과정을 단계별로 파악하기 위해 7단계로 나눈 것을 말한다.

02 21년 4월

이것은 인터넷 환경에서의 호스트 상호 간 통신에서 연결된 네트워크 접속 장치의 물리적 주소인 MAC 주소를 이용하여 IP 주소를 찾는 인터넷 계층의 프로토콜로, 역순 주소 결정 프로토콜이라 불린다. 이것에 해당하는 용어를 쓰시오.

해설

OSI 계층	프로토콜/장치
(1계층) 물리 계층	전선, 전파, 광섬유, 동축케이블, 도피관, PSTN, DSU, CSU, Modem
(2계층) 데이터 링크 계층	Ethernet, ToKen Ring, PPP, HDLC, ISDN, ATM
(3계층) 네트워크 계층	IP, ARP, RARP, ICMP, IGMP, 라우팅 프로토콜
(4계층) 전송 계층	TCP, UDP, RTP, SCTP, SPX
(5계층) 세션 계층	TLS, SSH, ISO 8327 / CCITTX225, RPC, NetBIOS
(6계층) 표현 계층	JPEG, MPEG, XDR, ASN1, SMB, AFP
(7계층) 응용 계층	HTTP, SMTP, SNMP, FTP, Telnet, SSH&SCP, NFS, RTSP

03 20년 5월

OSI 계층 중 비트를 전송하는 계층이 무엇인지 쓰시오.

04 20년 10월

다음 설명에서 괄호에 들어갈 알맞은 용어를 쓰시오.

심리학자 톰 마릴은 컴퓨터가 메시지를 전달하고, 메시지가 제대로 도착했는지 확인하며, 도착하지 않았을 경우 메시지를 재전송하는 일련의 방법을 '기술적 은어'를 뜻하는 (　　)이라는 용어로 정의하였다.

해설 프로토콜은 서로 다른 시스템이나 기기들 간의 데이터 교환을 원활히 하기 위한 표준된 통신 규약이다. 프로토콜의 기능에는 데이터 처리 기능, 제어 기능, 관리 기능이 있다.

05 20년 10월

다음 네트워크 관련 설명에서 괄호에 들어갈 알맞은 용어를 쓰시오.

(　　)은/는 TCP/IP 기반의 인터넷 통신 서비스에서 IP 패킷 전송 중 오류 발생 시 오류 발생 원인을 알려 주거나 네트워크 상태를 진단해 주는 프로토콜로, OSI 기본 참조 모델에서 네트워크 계층에 속한다.

해설 ICMP는 IP 패킷을 처리할 때 발생하는 문제를 알려 주는 프로토콜로, 메시지 형식은 8바이트의 헤더와 가변 길이의 데이터 영역으로 분리되어 있다.

06 22년 7월

다음의 각 설명에 대한 용어를 [보기]에서 찾아 쓰시오.

① 라우터로 상호 접속이 되어 있는 여러 개의 네트워크 집합으로 도메인 혹은 자율시스템(Autonomous System, AS)이라고 한다. 같은 도메인 내에 존재하는 라우터는 도메인 내부 라우터가 되고 도메인 외부에 존재하는 라우터는 도메인 외부 라우터가 되는데, 여기서 도메인 내부 경로 설정을 가리킨다.

② 시스템 사이에 경로 설정 정보 등을 교환하기 위해 사용하는 프로토콜로서, 다른 도메인 사이에 라우팅 시 정리된 관리가 거의 없고 많은 경우에 신용도가 매우 낮아 빠른 수행보다는 보안과 제어가 본래의 목적이다.

③ IP 라우팅 프로토콜의 한 종류로서 RIP(routing information protocol)보다 규모가 큰 네트워크에서도 사용할 수 있다. 규모가 크고 복잡한 TCP/IP 네트워크에서 RIP의 단점을 개선한 라우팅 프로토콜로서 RIP에 비해 자세한 제어가 가능하고, 관리 정보의 트래픽도 줄일 수 있다.

④ 서로 다른 자율 시스템(AS)의 라우터 간에 라우팅 정보를 교환하는 데 사용되는 외부 게이트웨이 프로토콜(EGP)이다. 각 목적지에 대한 전체 경로가 포함되며, 다른 시스템과 교환하는 네트워크 도달 가능성 정보의 데이터베이스를 유지한다. 네트워크 도달 가능성 정보를 사용하여 AS 연결 그래프를 구성하며, 이를 통해 라우팅 루프를 제거하고 AS 수준에서 정책 결정을 실행할 수 있다.

[보기]

EGP, OSPF, BGP, IGP, ARP, IP

①
②
③
④

07 20년 10월

다음 설명에 해당하는 라우팅 프로토콜(Routing Protocol)을 쓰시오.

(　　)은/는 가장 대표적인 링크 상태 프로토콜로, 인터넷 망에서 이용자가 최단 경로를 선정할 수 있도록 다익스트라 알고리즘을 사용하여 최단 경로를 탐색하며 대규모 네트워크에서 많이 사용된다. (　　)은/는 최단 거리 우선 알고리즘을 통해 라우팅 테이블을 생성하며, Area 개념을 사용하여 전체 네트워크를 작은 영역으로 나눠 효율적으로 관리한다. RIP이 30초마다 업데이트되어 정보를 전송시키는 반면, (　　)은/는 라우팅 정보에 변화가 생길 경우 변화된 정보만 네트워크 내의 모든 라우터에 알리기 때문에 컨버전스 타임(convergence time)*이 매우 빠르다.

*컨버전스 타임(convergence time): 네트워크 내에 변화가 일어나고, 이러한 변화가 반영된 새로운 라우팅 테이블을 만드는 데까지 걸리는 시간

해설 라우팅은 어떤 네트워크 안에서 통신 데이터를 보낼 때 최적의 경로를 선택하는 과정을 의미한다. OSPF(Open Shortest Path First)의 특징은 다음과 같다.

- 대규모 네트워크에 적합
- Area 개념을 사용해 전체 OSFP 네트워크를 작은 영역으로 나누어 관리
- 다익스트라 알고리즘 사용하고 라우팅 매트릭을 지정함

08 20년 5월

프로토콜은 서로 다른 기기들 간의 데이터 교환을 원활하게 수행할 수 있도록 표준화시켜 놓은 통신 규약이다. 프로토콜의 기본 요소 3가지를 쓰시오.

정답

01 | ① 데이터 링크 계층(Data Link Layer)
② 네트워크 계층(Network Layer)
③ 표현 계층(Presentation Layer)
02 | RARP(Reverse Address Resolution Protocol)
03 | 물리 계층(Physical Layer)
04 | 프로토콜(Protocal)
05 | ICMP(Internet Control Message Protocol)
06 | ① IGP
② EGP
③ OSPF
④ BGP
07 | OSPF(Open Shortest Path First)
08 | 구문(Syntax), 의미(Semantics), 시간(Timing)

067 TCP/IP와 서브네팅 ★★★

학·습·포·인·트

IP(Internet Protocol)에 대한 개념과 IP의 서브네팅의 개념을 이해하는 것이 중요하다.

대표 기출 유형

다음 설명에 해당하는 용어를 영문(Full name 또는 약어)으로 쓰시오. **20년 11월**

- 현재 사용하고 있는 IP 주소 체계인 IPv4의 주소 부족 문제를 해결하기 위해 개발되었다.
- 16비트씩 8부분, 총 128비트로 구성되어 있다.
- 각 부분을 16진수로 표현하고, 콜론(:)으로 구분한다.
- 인증성, 기밀성, 데이터 무결성의 지원으로 보안 문제를 해결할 수 있다.
- 주소의 확장성, 융통성, 연동성이 뛰어나며, 실시간 흐름 제어로 향상된 멀티미디어 기능을 지원한다.

정답

IPv6(Internet Protocol version 6)

필수 핵심 이론

IP(Internet Protocol)

- 인터넷 프로토콜(Internet Protocol)의 약자로, 인터넷이 통하는 네트워크에서 어떤 정보를 수신하고 송신하는 통신규약을 의미한다.
- 패킷을 분할, 병합하는 기능을 수행한다.
- 비연결형, 비신뢰성 서비스를 제공한다.
- 데이터그램 전송 서비스를 제공한다.
- IP 주소는 논리적 주소이며 MAC(Media Access Control) 주소는 인터넷 가능한 장비가 가지고 있는 물리적 주소이다.

- Bert Effort 원칙에 따른 전송 기능을 제공한다.
- 연결형 통신에서 주로 사용되는 방식으로 출발지와 목적지의 경로를 미리 연결하여 논리적으로 고정한 후 통신하는 방식인 가상 회선 방식이 있다.
- 비연결형 통신에서 주로 사용되는 방식으로, 사전에 접속 절차를 수행하지 않고 헤더에 출발지에서 목적지까지의 경로 지정을 위한 충분한 정보를 붙여서 개별적으로 전달하는 방식인 데이터그램 방식이 있다.

IPv4(Internet Protocol version 4)

- 32비트로 값으로 8비트씩 끊어 이를 0~255의 10진수 숫자로 나타내며, 각 숫자는 점(.)으로 구분한다.
- 멀티캐스트, 유니캐스트, 브로드캐스트를 지원한다.

IPv4의 헤더 필드

필드	설명
Version	• 4비트 • IPv4의 버전4를 사용
Header Length	• 4비트 • 헤더의 길이를 워드 단위로 표시
Type of Service	• 8비트 • 요구되는 서비스 품질
Total Packet Length	• 16비트 • IP 패킷 전체 길이를 바이트 단위로 표시
Fragment Identifier	• 16비트 • 각 조각이 동일한 데이터그램에 속하면 같은 일련번호 공유
Fragmentation Flag	• 3비트 • 분열의 특성을 나타냄
Fragmentation Offset	• 13비트 • 조각나기 전 원래의 데이터그램의 8바이트 단위의 위치
Time To Live	• 8비트 • IP 패킷의 수명
Protocol Identifier	• 8비트 • 어느 상위계층 프로토콜이 데이터 내에 포함되었는지 나타냄
Header Checksum	• 8비트 • 헤더 오류검출

Source Address	• 32비트 • 출발지 IP 주소
Destination Address	• 32비트 • 목적지 IP 주소

IPv4의 Class

CLASS	설명	중요 사설 IP 주소
A Class	• 앞 비트 0으로 시작 • 0.0.0.0 ~ 127.255.255.255	• Zero 주소 0.0.0.0~0.255.255.255 • 사설망 10.0.0.0~10.255.255.255 • 로컬호스트 127.0.0.0~127.255.255.255
B Class	• 앞 비트 10으로 시작 • 128.0.0.0~191.255.255.255	사설망 127.16.0.0~127.31.255.255
C Class	• 앞 비트 110으로 시작 • 192.0.0.0~223.255.255.255	• IPv4에서 IPv6로 애니캐스트 릴레이 192.88.99.0~192.88.99.255 • 사설망 192.168.0.0~192.168.255.255
D Class	• 앞 비트 1110으로 시작 • 224.0.0.0~239.255.255.255	멀티캐스트 224.0.0.0~239.255.255.255
E Class	• 앞 비트 1111로 시작 • 240.0.0.0~255.255.255.255	예약됨 240.0.0.0~255.255.255

IPv6

- IPv6(Internet Protocol version 6)는 인터넷 프로토콜 스택 중 네트워크 계층의 프로토콜로서 버전 6 인터넷 프로토콜(version 6 Internet Protocol)로 제정된 차세대 인터넷 프로토콜을 말한다.
- 멀티캐스트, 유니캐스트, 애니 캐스트를 지원한다.
- 멀티미디어의 실시간 처리가 가능하다. 16비트씩 8부분을 16진수로 표시한다.
- 등급별, 서비스별로 패킷을 구분할 수 있어 품질보장이 용이하다.

IPv6의 기본 및 확장 헤더 필드

IPv6의 확장 헤더는 IPv4의 옵션 필드를 구현한다.

필드	설명
Version	• 4비트 • IPv4의 버전 4를 사용

Traffic	• 8비트 • IPv4의 TOS와 유사하며 요구되는 서비스 품질
Flow Label	• 20비트 • 연결 지향적 프로토콜을 사용할 수 있게 우선권을 주기 위해 특정 트래픽에 대한 라벨링
Payload Length	• 16비트 • IPv4의 Total Packet Length와 유사함 • 확장헤더와 상위계층 데이터의 길이로 최대 65536을 가짐
Next Header	• 16비트 • 기본 헤더 다음에 오는 확장 헤더의 종류를 나타냄
Hop Limit	• 8비트 • IPv4의 TTL과 같이 패킷의 수명
Source Address	• 32비트 • 출발지 IP 주소
Destination Address	• 32비트 • 목적지 IP 주소
IP Header Option	선택적 옵션으로 가변길이

IPv6와의 차이점

차이점	설명
IP 주소 확장	IPv4의 32비트에서 128비트로 확장
호스트 주소 자동설정	IPv6 네트워크에 접속하는 순간 자동으로 네트워크 주소를 부여받음
패킷 크기 확장	IPv4에서 패킷 크기는 64킬로바이트로 제한에서 제한이 사라짐
라우팅	• IP 패킷의 처리를 신속하게 할 수 있도록 고정 크기의 단순한 헤더를 사용 • 네트워크 기능에 대한 확장 및 옵션기능의 확장이 용이
플로 레이블링 (Flow Labeling)	특정 트래픽은 별도의 특별한 처리(실시간 통신 등)를 통해 높은 품질의 서비스를 제공할 수 있도록 함
인증 및 보안	패킷 출처 인증과 데이터 무결성 및 비밀 보장 기능을 IP 프로토콜 체계에 반영
이동성	네트워크의 물리적 위치에 제한받지 않고 같은 주소를 유지하면서도 자유롭게 이동할 수 있음

데이터 전송 방법

네트워크에서 데이터를 전송할 때 사용한다.

데이터 전송 방법	설명
유니캐스트 (Unicast)	• IPv4, IPv6 둘 다 사용 • 출발지와 목적지가 하나로 정해져 있는 1대1 통신
멀티캐스트 (Multicast)	• IPv4, IPv6 둘 다 사용 • 여러 명에게 보내야 할 경우에 사용하는 방식 • 특정 그룹을 지정해 그룹원에게 보내는 방식

브로드캐스트 (Broadcast)	• IPv4에서만 사용 • 같은 네트워크에 있는 모든 장비에게 보내는 통신 • 상대 IP는 알지만, MAC 정보를 모르는 경우 주로 사용 • 목적지가 전체이기 때문에 과도하게 사용 시 네트워크 성능이 저하될 수 있음
애니캐스트 (Anycast)	• IPv6에서만 사용 • 네트워크에 연결된 수신 가능한 노드 중 한 노드에만 데이터 전송 • 트래픽을 분산하고 네트워크를 이중화함

TCP와 UDP

프로토콜	설명
TCP (Transmission Control Protocol)	• 인접한 노드 사이의 프레임 전송 및 오류를 제어 • 흐름 제어(Flow Control)의 기능을 수행 • 전이 중(Full Duplex) 방식의 **양방향 가상회선을 제공** • 패킷의 전송 및 오류를 제어해 신뢰성 있는 연결을 지향
UDP (User Datagram Protocol)	• 송신자가 수신자에게 일방적으로 데이터그램을 전송하는 통신 방식으로, 비연결형 프로토콜 • 흐름 제어나 순서제어가 없어 속도가 빠름 • 비연결형 및 비신뢰성 전송 서비스를 제공 • 복구 기능을 제공하지 않음 • 신뢰성보다는 속도가 중요한 실시간 전송에 유리함

TCP의 헤더

필드	설명
Source Port	출발지 포트 번호
Destination Port	목적지 포트 번호
Sequence Number	• 바이트 단위의 순서번호 지정하여 데이터의 순위를 유지 • 신뢰성 및 흐름제어 기능 제공
Acknowledgment Number	수신하기를 기대하는 다음 바이트 번호
Offset	헤더 길이
Reserved	예약된 필드로 사용하지 않음
Window	• 수신 버퍼 여유 용량 크기를 통보해 데이터를 얼마나 받을 수 있는지 상대방에게 알려 줌 • 흐름제어를 수행하게 되는 필드
TCP 제어 플래그	• U(Urgent) 긴급 비트, A(Ack) 승인 비트, P(Push) 밀어 넣기 비트, R(Reset) 초기화 비트, S(Syn) 동기화 비트, F(Fin) 종료 비트가 있음
Urgent Pointer	• 어디서부터 긴급 값인지 알려 줌 • TCP 제어 플래그의 U(Urgent) 긴급 비트와 같이 사용

UDP의 헤더

필드	설명
Source Port	출발지 포트 번호
Destination Port	목적지 포트 번호
Total Length	8 Byte ~ 65507 Byte 사이의 값으로 헤더와 데이터를 합한 전체 길이를 정의
Checksum	오류를 탐지하기 위해 사용

TCP의 흐름제어 기법

흐름제어 기법	설명
Stop and Wait	• 프레임이 손실되었을 때, 손실된 프레임 1개를 전송하고 수신자의 응답을 기다림 • 한 번에 프레임 1개만 전송
Slow Start	패킷을 하나씩 보내고 문제없이 도착하면 윈도우 크기를 패킷마다 1씩 증가시킴
Sliding Window	• 확인받지 않고도 여러 패킷을 보낼 수 있어 Stop and Wait보다 효율적 • 윈도우에 포함되는 모든 패킷을 전송하고, 패킷들의 전달이 확인되면 윈도우를 옮겨 (Slide) 다음 패킷을 전송
Congestion Avoidance	패킷의 흐름을 제어해 네트워크가 혼잡해지지 않게 조절

서브네팅(Subnetting)

- IP주소 고갈문제를 해결하기 위해 작은 단위의 논리적인 망으로 구분하여 관리하는 기법이다.
- 하나의 클래스 네트워크를 더 작은 네트워크 단위로 나눈다.

FLSM(Fixed Length Subnet Mask)

- 서브넷의 길이를 고정적으로 사용한다.
- 한 대역을 동일한 크기로 나눈다.

VLSM(Variable – Length Subnet Mask)

- 서브넷의 길이를 가변적으로 나누어 사용한다.
- 사용하지 않는 IP를 최소화한다.

서브넷 마스크(Subnet Mask) 표현

- IP주소 중 네트워크 ID와 호스트 ID를 구분하기 위해 사용한다.

● 네트워크 아이디만큼을 1로 표현하거나 네트워크 아이디의 개수를 표시한다.

예시	설명
A Class	255.0.0.0 혹은 IP주소/8로 표현
B Class	255.255.0.0 혹은 IP주소/16으로 표현
C Class	255.255.255.0 혹은 IP주소/24로 표현

서브네팅 방법 예시

200.1.1.0/24 네트워크를 FLSM 방식을 이용하여 10개의 Subnet으로 나누고 3번째 네트워크를 구한다.

그림	설명
200.1.1.0/24 IP: 11001000.00000001.00000001.00000000 Subnet Mask: 11111111.11111111.11111111.00000000	• 200.1.1.0/24 네트워크로 10개의 subnet으로 나누기 위해서는 24로 4개의 비트를 네트워크 아이디로 구성 • 23은 8개의 네트워크 아이디로 10개의 Subnet을 나누지 못함
200.1.1.0/28 IP: 11001000.00000001.00000001.00000000 Subnet Mask: 11111111.11111111.11111111.11110000	200.1.1.0/28으로 네트워크 아이디의 비트를 1씩 증가시킴

서브넷 순서	네트워크 ID	IP 주소 범위
1번째	11001000.00000001.00000001.00000000	200.1.1.0~200.1.1.15
2번째	11001000.00000001.00000001.00010000	200.1.1.16~200.1.1.31
3번째	11001000.00000001.00000001.00020000	200.1.1.32~200.1.1.47

...

200.1.1.32/28		
	200.1.1.32	Network Address
	200.1.1.33~2001.1.46	Host IP
	200.1.1.47	Broadcast Address

• Network Address는 서브넷의 첫 번째 주소로 호스트 IP주소로 사용됨
• Broadcast Adress는 서브넷의 마지막 주소

NAT(Network Address Transformation)

● NAT은 IP 부족 문제를 해결하기 위해 한 개의 정식 IP 주소에 대량의 가상 사설 IP 주소를 할당하는 기능이다.

● 내부 네트워크에서 외부로 나가는 패킷들의 주소를 외부 네트워크의 주소로 변환하고 또한 그 패킷에 대한 응답 패킷의 목적지 주소를 다시 패킷이 발생된 내부 네트워크 주소로 변환해 주는 기술이다.

● 인터넷 공인 IP 주소를 절약할 수 있다는 점과 내부 네트워크를 보호할 수 있다는 장점이 있다.

연·습·문·제

01 20년 11월

다음 설명에 해당하는 용어를 영문(Full name 또는 약어)으로 쓰시오.

- 현재 사용하고 있는 IP 주소 체계인 IPv4의 주소 부족 문제를 해결하기 위해 개발되었다.
- 16비트씩 8부분, 총 128비트로 구성되어 있다.
- 각 부분을 16진수로 표현하고, 콜론(:)으로 구분한다.
- 인증성, 기밀성, 데이터 무결성의 지원으로 보안 문제를 해결할 수 있다.
- 주소의 확장성, 융통성, 연동성이 뛰어나며, 실시간 흐름 제어로 향상된 멀티미디어 기능을 지원한다.

02 22년 7월

서브네팅(Subnetting)에 대한 다음 설명에서 괄호(①, ②)에 들어갈 알맞은 답을 쓰시오.

현재 IP 주소가 192.10.20.132이고, 서브넷 마스크가 255.255.255.192일 때, 해당 네트워크 주소는 192.10.20.(①)이고, 해당 네트워크에서 네트워크 주소와 브로드캐스트 주소를 제외한 사용 가능 호스트의 수는 (②)개이다.

①
②

해설 서브넷 마스크가 255.255.255.192로 11111111.11111111.11111111.11000000이다.

순서	네트워크 ID	IP 주소 범위
1번째	11000000.00000010.00010100.00000000	192.10.20.0~192.10.20.63
2번째	11000000.00000010.00010100.01000000	192.10.20.64~192.10.20.127
3번째	11000000.00000010.00010100.10000000	192.10.20.128~192.10.20.191
4번째	11000000.00000010.00010100.11000000	192.10.20.192~192.10.20.255

네트워크 주소는 서브넷의 첫 번째 주소로 192.10.20.128이고, 호스트 수는 네트워크 주소와 브로드캐스트 주소를 제외한 64-2=62개다.

03 출제 예상

192.168.1.0/24 네트워크를 FLSM 방식을 이용하여 4개의 Subnet으로 나누고 IP Subnet-zero를 적용했다. 이때 Subnetting 된 네트워크 중 4번째 네트워크의 4번째 사용 가능한 IP를 쓰시오.

해설 192.168.1.0/24를 4개의 서브넷으로 나누면 상위 비트 2개를 나누면 된다.
192.168.1.(00)000000 (0)
192.168.1.(01)000000 (64)
192.168.1.(10)000000 (128)
192.168.1.(11)000000 (192)
이므로 4번째 네트워크의 4번째 사용 가능한 IP는 192.168.1.198이다.

04 출제 예상

IPv6의 데이터 전송 방법을 모두 골라 쓰시오.

[보기]
유니캐스트 / 멀티캐스트 / 브로드캐스트 / 애니캐스트

05 출제 예상

200.1.1.0/24 네트워크를 FLSM 방식을 이용하여 10개의 Subnet으로 나누고 ip subnet-zero를 적용했다. 이때 서브네팅된 네트워크 중 10번째 네트워크의 broadcast IP 주소는?

해설 10개의 서브넷이 필요하면 16개인 24, 즉 상위 비트 4개를 나누면 된다.
200.1.1.(0000)0000 -> 200.1.1.0 ~ 31
...
200.1.1.(1001)0000 -> 200.1.1.144 ~ 159 -> 10번째 네트워크
200.1.1.(1010)0000 -> 200.1.1.160 ~ 175

06 출제 예상

CIDR(Classless Inter-Domain Routing) 표기로 203.241.132.82/27과 같이 사용되었다면, 해당 주소의 서브넷 마스크(subnet mask)를 쓰시오.

해설 ip 주소는 8bit*4로 이루어져 있다. 마스크값이 27이므로 앞에서부터 순서대로 27개를 1로, 나머지를 0으로 채우면 된다.
11111111.11111111.11111111.11100000=255.255.255.224이다.

07 22년 10월

10.10.1.0/26 네트워크를 FLSM 방식을 이용하여 3개의 subnet으로 나누었을 때, 두 번째 subnet의 브로드캐스트 IP주소를 10진수 방식으로 쓰시오.

해설 서브넷 마스크가 26에서 3개의 subnet으로 나누기 위한 최소값인 4개로 나누기 위해 11111111.11111111.11111111.11000000으로 나눈다.

순서	네트워크 ID	IP 주소 범위
1번째	00000010.00000010.00000001.00000000	10.10.1.0~10.10.1.63
2번째	00000010.00000010.00000001.01000000	10.10.1.63~192.10.20.127
3번째	00000010.00000010.00000001.10000000	10.10.1.128~10.10.1.191
4번째	00000010.00000010.00000001.11000000	10.10.1.192~10.10.1.255

두 번째 서브넷의 브로드캐스트 IP 주소는 마지막 주소로 10.10.1.127이다.

08 21년 4월

인터넷에 대한 다음 설명에서 괄호(①, ②)에 들어갈 알맞은 용어를 쓰시오.

- IPv6는 (①) 비트의 주소를 가지며, 인증성, 기밀성, 데이터 무결성의 지원으로 보안 문제를 해결할 수 있고, 주소의 확장성, 융통성, 연동성이 뛰어나다.
- IPv4는 32 비트의 주소를 가지며 (②) 비트씩 4부분, 총 32 비트로 구성되어 있다. IPv4는 네트워크 부분의 길이에 따라 A 클래스에서 E 클래스까지 총 5단계로 구성되어 있다.

①

②

09 20년 11월

네트워크에 대한 다음 설명에 해당하는 용어를 영문(Full name 또는 약어)으로 쓰시오.

- IP 주소 혹은 IP 패킷의 TCP/UDP Port 숫자를 변환 및 재기록하여 네트워크 트래픽을 주고 받는 기술을 말한다.
- 내부 네트워크에서 외부로 나가는 패킷들의 주소를 외부 네트워크의 주소로 변환하고 또한 그 패킷에 대한 응답 패킷의 목적지 주소를 다시 패킷이 발생된 내부 네트워크 주소로 변환해 주는 기술이다.
- 인터넷 공인 IP 주소를 절약할 수 있다는 점과 내부 네트워크를 보호할 수 있다는 장점이 있다.

10 21년 7월

네트워크에 관련된 다음 설명에서 괄호(①, ②)에 들어갈 알맞은 용어를 쓰시오.

- (①): 연결형 통신에서 주로 사용되는 방식으로, 출발지와 목적지의 전송 경로를 미리 연결하여 논리적으로 고정한 후 통신하는 방식
- (②): 비연결형 통신에서 주로 사용되는 방식으로, 사전에 접속 절차를 수행하지 않고 헤더에 출발지에서 목적지까지의 경로 지정을 위한 충분한 정보를 붙여서 개별적으로 전달하는 방식

[보기]

• 가상 회선 방식 • 회선 교환 방식 • 메시지 교환 방식 • 데이터그램 방식

①

②

정답

01 | IPv6 (Internet Protocol version 6)
02 | ① 128
② 62
03 | 192.168.1.198
04 | 유니캐스트, 멀티캐스트, 애니캐스트
05 | 200.1.1.159
06 | 255.255.255.224
07 | 10.10.1.127
08 | ① 128
② 8
09 | NAT(Network Address Transformation)
10 | ① 가상 회선 방식
② 데이터그램 방식

068 소프트웨어 관련 신기술

학 · 습 · 포 · 인 · 트

소프트웨어 관련 신기술에 대한 용어의 의미를 전부 암기하기보다 이해하는 것이 중요하다.

분산 컴퓨팅 기술 기반의 데이터 위변조 방지 기술로 P2P 네트워크를 이용하여 온라인 금융 거래 정보를 온라인 네트워크 참여자(Peer)의 디지털 장비에 분산 저장함으로써 누구도 임의로 수정할 수 없고 누구나 변경의 결과를 열람할 수 있도록 하는 기술을 쓰시오. **20년 11월**

정답

블록체인(Blockchain)

필수 핵심 이론

소프트웨어 관련 신기술

기술	설명
인공지능 (AI; Artificial Intelligence)	• 인간의 두뇌와 같이 컴퓨터가 인간의 지능적 작업을 수행하는 시스템 • 신경망, 자연어 처리, 컴퓨터 비전 등에서 응용
기계학습 (Machine Learning)	• 인간이 학습을 하듯 컴퓨터에 데이터를 입력하여 학습시키고, 답을 예측하게 만드는 것 • 알고리즘 개발이 어려운 문제의 해결에 유용하며, 학습 문제에 따라 지도학습, 비지도 학습, 강화학습으로 나누어짐
텐서플로 (TenserFlow)	구글 브레인 팀이 제작하여 공개한 기계 학습을 위한 오픈소스 소프트웨어 라이브러리
증강현실 (AR; Augmented Reality)	실제와 유사하지만 실제가 아닌 환경이나 상황을 구현하는 기술
그레이웨어 (Grayware)	• 바이러스인지, 평범한 소프트웨어인지 구분하기 어려운 프로그램 • 사용자가 원하지 않는 애드웨어, 트랙웨어, 기타 악성코드 등

매시업 (Mashup)	웹에서 제공하는 정보 및 서비스를 융합하여 새로운 소프트웨어, 서비스, 데이터베이스 등을 만드는 기술
디지털 트윈	물리적인 사물과 컴퓨터에 동일하게 표현되는 가상의 모델로 실제 물리적인 자산 대신 소프트웨어로 가상화함으로써 실제 자산의 특성에 대한 정확한 정보를 얻을 수 있고, 자산 최적화, 돌발사고 최소화, 생산성 증가 등 설계부터 제조, 서비스에 이르는 모든 과정의 효율성을 향상시킬 수 있는 모델

클라우드 관련 신기술

기술	설명
IaaS(Infrastructure as a Service)	Infrastructure 레벨을 제공하는 서비스, 사용자는 OS를 직접 올리고 그 상위계층을 구성하는 형태
PaaS(Platform as a Service)	개발자가 애플리케이션(응용 프로그램)을 작성할 수 있도록 플랫폼 및 환경이 제공되는 서비스
SaaS(Software as a Service)	설치할 필요도 없이 클라우드를 통해 모든 것이 제공되는 서비스
BaaS(Blockchain as a Service)	• 블록체인(Blockchain) 개발환경을 클라우드로 서비스 • 블록체인의 기본 인프라를 추상화하여 블록체인 응용 프로그램을 만들 수 있는 클라우드 컴퓨팅 플랫폼 • 블록체인 네트워크에 노드의 추가 및 제거가 용이

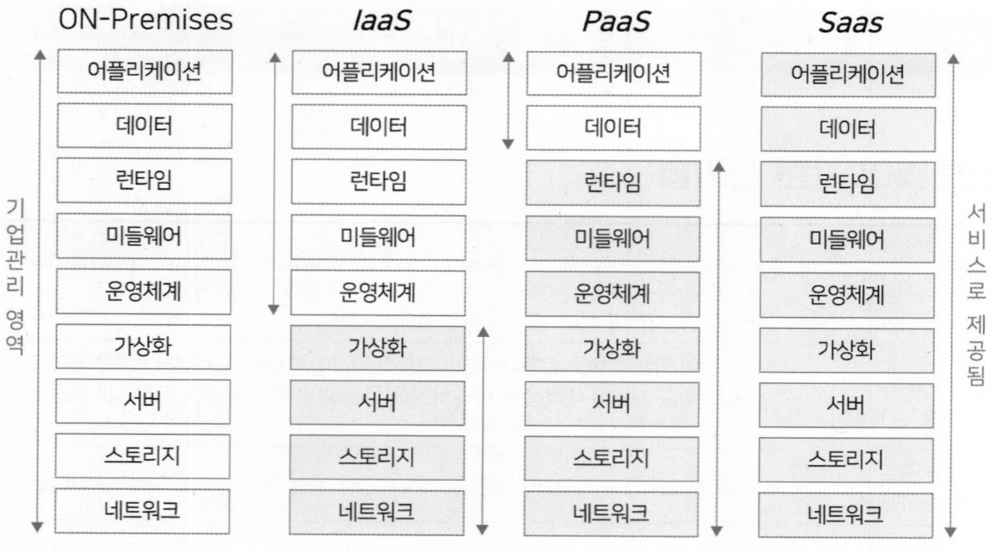

* 온프레미스(On-Premise): 기업의 서버를 클라우드 같은 원격환경이 아닌 자체 보유한 전산실 서버에 직접 설치해 운영하는 방식

01 출제 예상

다음 빈칸에 알맞은 기술 용어를 쓰시오.

( )은/는 웹에서 제공하는 정보 및 서비스를 이용하여 새로운 소프트웨어나 서비스, 데이터베이스 등을 만드는 기술이다.

해설 기존에 있던 정보나 서비스를 섞어서 새로운 소프트웨어나 서비스, 데이터베이스를 만드는 것은 매시업(Mashup)이다.

02 출제 예상

다음의 설명으로 알맞은 기술 용어를 쓰시오.

- 인간이 학습을 하듯 컴퓨터에 데이터를 입력하여 학습시키고, 답을 예측하게 만드는 것
- 알고리즘 개발이 어려운 문제의 해결에 유용
- 학습 문제에 따라 지도학습, 비지도학습, 강화학습으로 나누어짐

해설 기계가 학습하는 것으로 Machine Learning이다.

03 출제 예상

다음의 설명으로 알맞은 기술 용어를 쓰시오.

- 블록체인(Blockchain) 개발환경을 클라우드로 서비스하는 개념
- 블록체인 네트워크에 노드의 추가 및 제거가 용이
- 블록체인의 기본 인프라를 추상화하여 블록체인 응용프로그램을 만들 수 있는 클라우드 컴퓨팅 플랫폼

정답

01 | 매시업(Mashup)
02 | 머신러닝(Machine Learning)
03 | BaaS

069 하드웨어 관련 신기술

학·습·포·인·트

하드웨어 관련 신기술에 대한 용어의 의미를 묻는 문제들이 항상 출제된다. 관련 용어를 전부 암기하기보다 이해하는 것이 중요하다.

필수 핵심 이론

하드웨어 관련 신기술

기술	설명
클라우드 컴퓨팅 (Cloud Computing)	인터넷을 통해 가상화된 컴퓨터 시스템 자원을 제공하고, 정보를 클라우드에 연결된 컴퓨터로 처리하는 기술
도커 (Docker)	• 컨테이너 응용프로그램의 배포를 자동화하는 오픈소스 엔진 • 소프트웨어 컨테이너 안에 응용프로그램들을 배치시키는 일을 자동화해 주는 오픈소스 프로젝트이자 소프트웨어
쿠버네스티스 (Kubernetes)	리눅스 재단에 의해 관리되는 컨테이너화된 애플리케이션의 배포 자동화, 스케일링을 제공하는 오픈소스 기반의 관리 시스템
고가용성 솔루션 (HACMP; High Availability Clustering Multi Processing)	두 개 이상의 시스템을 클러스터로 구성하여, 하나의 시스템에 장애 발생 시, 즉시 다른 시스템으로 대체 작동(Fail Over)하는 기술
N-Screen	• N개의 서로 다른 단말기에서 동일한 콘텐츠를 자유롭게 이용할 수 있는 기술 • PC, TV, 휴대폰에서 원하는 콘텐츠를 끊김없이 자유롭게 이용할 수 있는 서비스

01 출제 예상

정보시스템과 관련한 다음 설명에 해당하는 기술 용어를 영문 약자로 쓰시오.

- 각 시스템 간에 공유 디스크를 중심으로 클러스터링으로 엮어 다수의 시스템을 동시에 연결할 수 있다.
- 조직, 기업의 기간 업무 서버 안정성을 높이기 위해 사용될 수 있다.
- 여러 가지 방식으로 구현되며 2개의 서버를 연결하는 것으로 2개의 시스템이 각각 업무를 수행하도록 구현하는 방식이 널리 사용된다.

해설 두 개 이상의 시스템을 클러스터로 구성하여, 하나의 시스템에 장애 발생 시, 즉시 다른 시스템으로 대체 작동(Fail Over)하는 기술은 고가용성 솔루션(HACMP; High Availability Clustering Multi Processing)이다.

02 출제 예상

다음에서 설명하는 IT 기술의 용어를 영어로 쓰시오.

- 컨테이너 응용프로그램의 배포를 자동화하는 오픈소스 엔진이다.
- 소프트웨어 컨테이너 안에 응용프로그램들을 배치시키는 일을 자동화해 주는 오픈 소스 프로젝트이자 소프트웨어로 볼 수 있다.

정답

01 | HACMP
02 | Docker

070 데이터베이스 관련 신기술 및 데이터베이스 관리 기능 ★★

학·습·포·인·트

데이터베이스 관련 신기술에 대한 용어의 의미를 묻는 문제가 출제된다. 관련 용어를 전부 암기하기보다 이해하는 것이 중요하다.

대표 기출 유형

데이터 마이닝(Data Mining)의 개념에 대해 간략히 쓰시오. **20년 5월**

정답

데이터 마이닝은 대량의 데이터를 분석하여 **데이터에 내재된 변수 사이의 상호관계를 규명하여 일정한 패턴을 찾아내는 기법**이다.

필수 핵심 이론

데이터베이스 관련 신기술

기술	설명
빅데이터 (Big Data)	• 기존의 관리 방법이나 분석 체계로 처리하기 어려운 많은 양의 데이터 • 빅데이터의 특성으로 데이터의 양(Volume), 데이터의 다양성(Variety), 데이터의 속도(Velocity)를 3V라 함
데이터 웨어하우스 (DW; Data Warehouse)	사용자의 의사 결정에 도움을 주기 위하여 기간 시스템의 데이터베이스에 축적된 데이터를 공통의 형식으로 변환해서 관리하는 데이터베이스
하둡 (Hadoop)	• 오픈 소스를 기반으로 한 분산 컴퓨팅 플랫폼 • 일반 PC급 컴퓨터들로 가상화된 대형 스토리지 형성 • 거대한 데이터 세트를 병렬로 처리할 수 있도록 개발된 자바 소프트웨어 프레임워크로 구글, 야후 등에서 적용

맵리듀스 (MapReduce)	• 구글에서 대용량 데이터를 분산 병렬 컴퓨팅에서 처리하기 위한 목적으로 제작 • 연관성 있는 데이터를 묶어 쪼개는 Map, 중복된 데이터 제거 및 추출을 하는 Reduce 작업을 함
하이브 (Hive)	• 하둡 기반의 데이터 웨어하우스 솔루션으로 SQL과 유사한 HiveQL이라는 쿼리 제공
타조 (Tajo)	• 하둡 기반의 분산 데이터 웨어하우스 프로젝트로 우리나라에서 주도하여 개발 • 맵리듀스를 사용하지 않고, SQL을 사용하여 하두 분산 파일 시스템 파일을 읽음
데이터 마이닝 (Data Mining)	데이터 웨어하우스에 저장된 데이터 집합에서 사용자의 요구에 따라 유용하고 가능성 있는 정보를 도출하는 기법
OLAP (Online Analytical Processing)	다차원으로 이루어진 데이터로부터 통계적인 요약 정보를 분석, 의사 결정에 활용
스크래파이 (Scrapy)	웹 사이트를 크롤링하여 구조화된 데이터를 수집하는 Python 기반의 애플리케이션 프레임워크

연·습·문·제

01 20년 5월

데이터 마이닝(Data Mining)의 개념에 대해 간략히 쓰시오.

02 20년 11월

분산 컴퓨팅에 대한 다음 설명에 해당하는 용어를 쓰시오.

- 오픈 소스 기반 분산 컴퓨팅 플랫폼이다.
- 분산 환경에서 빅데이터를 저장하고 병렬 처리할 수 있도록 개발되었다.
- 더그 커팅과 마이크 캐퍼렐라가 개발했으며, 구글의 맵리듀스(MapReduce) 엔진을 사용하고 있다.
- 자바 기반 소프트웨어 프레임워크로 구글, 야후 등에 적용되었다.

03 출제 예상

다음이 설명하는 IT 기술 용어를 영어로 쓰시오.

- 대용량 데이터 분산 처리하기 위한 목적으로 개발된 프로그래밍 모델이다.
- Google에 의해 고안된 기술로서 대표적인 대용량 데이터 처리를 위한 병렬 처리 기법을 제공한다.
- 임의의 순서로 정렬된 데이터를 분산 처리하고 이를 다시 합치는 과정을 거친다.

정답

01 | 데이터 마이닝은 대량의 데이터를 분석하여 **데이터에 내재된 변수 사이의 상호관계를 규명하여 일정한 패턴을 찾아내는 기법**이다.

02 | 하둡(Hadoop)

03 | MapReduce

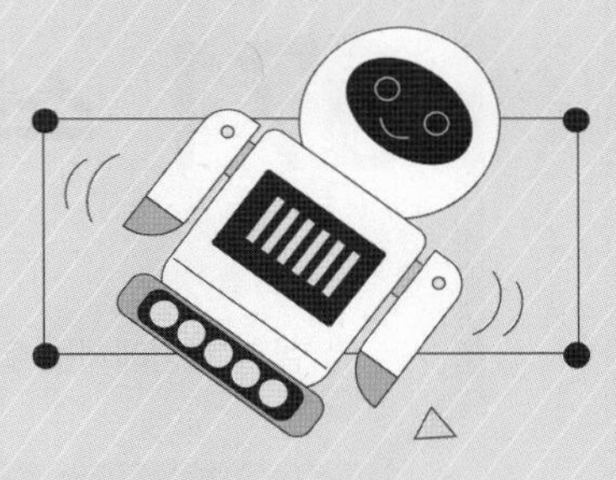

CHAPTER

11

소프트웨어 패키징

071 소프트웨어 패키징과 매뉴얼 작성 ★

학·습·포·인·트

실기 시험에서는 잘 출제되지 않는 부분이다. 가볍게 학습하고 넘어가도록 한다.

대표 기출 유형

릴리즈 노트는 개발 과정에서 정리된 릴리즈 정보를 소프트웨어의 최종 사용자인 고객과 공유하기 위한 문서이다. 릴리즈 노트는 정확하고 완전한 정보를 기반으로 개발팀에서 직접 현재 시제로 작성해야 한다. 릴리즈 노트 작성 시 릴리즈 노트 이름, 소프트웨어 이름, 릴리즈 버전, 릴리즈 날짜, 릴리즈 노트 날짜, 릴리즈 노트 버전 등이 포함된 항목을 쓰시오. **20년 3월**

정답

머릿말/헤더(header)

릴리즈 노트	개발 과정에서 정리된 릴리즈 정보를 소프트웨어의 최종 사용자인 고객과 공유하기 위한 문서
릴리즈 노트 항목	헤더, 개요, 목적, 문제요약, 재현항목, 수정/개선 내용, 사용자 영향도, SW지원 영향도, 노트, 면책조항, 연락처
릴리즈 노트 작성 순서	모듈 식별 〉 릴리즈 정보 확인 〉 릴리즈 노트 개요 작성 〉 영향도 체크 〉 정식 릴리즈 노트 작성 〉 추가 개선 항목 식별

필수 핵심 이론

소프트웨어 패키징

개발이 완료된 소프트웨어를 고객에게 전달하기 위한 형태로 제작하고, 설치와 사용에 필요한 매뉴얼을 만드는 것이다.

소프트웨어 패키징 시 고려사항

- 개발자가 아니라 **사용자를 중심**으로 진행한다.

- **내부 콘텐츠에 대한 보안**을 고려한다.
- **다른 여러 이기종 콘텐츠 및 단말기 간 DRM(디지털 저작권 관리) 연동을 고려한**다.
- 사용자의 편의성을 위한 **복잡성 및 비효율성 문제를 고려**한다.
- 제품 소프트웨어 종류에 **적합한 암호화 알고리즘을 적용**한다.

제품 소프트웨어 매뉴얼

제품 소프트웨어 개발 단계부터 적용한 기준이나 패키징 이후 설치 및 사용 측면의 주요 내용에 대해 **사용자 기준**으로 작성한 문서이다.

	설치 매뉴얼	사용자 매뉴얼
개념 정의	• 사용자가 제품을 구매한 후 최초 **설치** 시 참조하는 매뉴얼 • 설치 과정에서 표시될 수 있는 예외상황에 관련 내용을 별도로 구분하여 설명 • 설치 시작부터 완료할 때까지의 전 과정을 빠짐없이 순서대로 설명	개발이 완료된 제품 소프트웨어를 고객에게 전달하기 위한 형태로 패키징하고, **설치**와 **사용**에 필요한 제반 절차 및 환경 등 전체 내용을 포함하는 문서
구성 요소	• **제품 소프트웨어 개요** • **설치 관련 파일** • **설치 아이콘** • **프로그램 삭제** • 설치 절차, 설치 버전 및 작성자 등	• 제품 소프트웨어 개요(주요 기능 및 사용자 화면 UI 설명) • 소프트웨어 사용 환경(소프트웨어 사용을 위한 최소 사양 등) • 소프트웨어 관리 • 모델/버전별 특징 • 기능/인터페이스의 특징
작성 순서	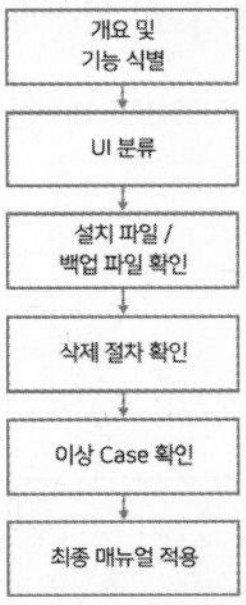 개요 및 기능 식별 → UI 분류 → 설치 파일 / 백업 파일 확인 → 삭제 절차 확인 → 이상 Case 확인 → 최종 매뉴얼 적용	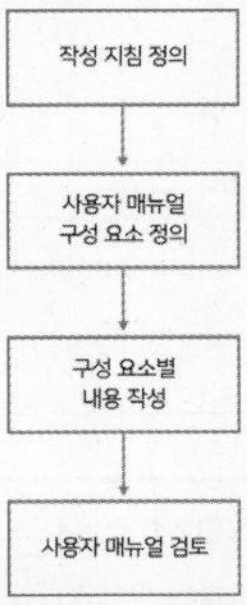 작성 지침 정의 → 사용자 매뉴얼 구성 요소 정의 → 구성 요소별 내용 작성 → 사용자 매뉴얼 검토

쌤의 실전 Tip

설치 매뉴얼 작성 순서 외우기

설치 매뉴얼은 기능부터 우선 식별하고, 어떻게 UI 화면 캡처할지 생각했으면, 설치하고, 삭제도 해 보고, 이상 없으면, 최종 매뉴얼 적용!

사용자 매뉴얼 작성 순서 외우기

사용자 매뉴얼은 이렇게 작성하자. 지침 정하고, 구성 요소 정의하고, 작성한 다음, 매뉴얼 검토하면 끝!

연·습·문·제

01 20년 3월

릴리즈 노트는 개발 과정에서 정리된 릴리즈 정보를 소프트웨어의 최종 사용자인 고객과 공유하기 위한 문서이다. 릴리즈 노트는 정확하고 완전한 정보를 기반으로 개발팀에서 직접 현재 시제로 작성해야 한다. 릴리즈 노트 작성 시 릴리즈 노트 이름, 소프트웨어 이름, 릴리즈 버전, 릴리즈 날짜, 릴리즈 노트 날짜, 릴리즈 노트 버전 등이 포함된 항목을 쓰시오.

해설

릴리즈 노트	개발 과정에서 정리된 릴리즈 정보를 소프트웨어의 최종 사용자인 고객과 공유하기 위한 문서
릴리즈 노트 항목	헤더, 개요, 목적, 문제요약, 재현항목, 수정/개선 내용, 사용자 영향도, SW지원 영향도, 노트, 면책조항, 연락처
릴리즈 노트 작성 순서	모듈 식별 〉 릴리즈 정보 확인 〉 릴리즈 노트 개요 작성 〉 영향도 체크 〉 정식 릴리즈 노트 작성 〉 추가 개선 항목 식별

02 출제 예상

다음은 소프트웨어 설치 매뉴얼에 관련된 작업들이다. 작성 순서에 맞게 기호(㉠~㉥)로 나열하시오.

㉠ 기능 식별	㉡ 이상 Case 확인	㉢ 설치 파일/백업 파일 확인
㉣ UI 분류	㉤ 최종 매뉴얼 적용	㉥ Uninstall 절차 확인

해설 설치 매뉴얼 작성 순서는 기능 식별→UI 분류→설치 파일/백업 파일 확인→Uninstall 절차 확인→이상 Case 확인→최종 매뉴얼 적용 순이다.

외우기 Tip! 설치 매뉴얼은 **기능**부터 우선 **식별**하고, 어떻게 **UI** 화면 캡처할지 생각했으면, **설치**하고, **삭제**도 해보고, **이상** 없으면, **최종 매뉴얼 적용**!

정답

01 | 머릿말/헤더(header)
02 | ㉠, ㉣, ㉢, ㉥, ㉡, ㉤

● 더 멋진 내일 Tomorrow 을 위한 내일 My Career ●

내일은 2024

임소현, 조수현,
천지은 지음

정보처리기사

실기

비전공자도 2주 만에 초단기 합격!

2023
기출복원 3회
·
모의고사 3회

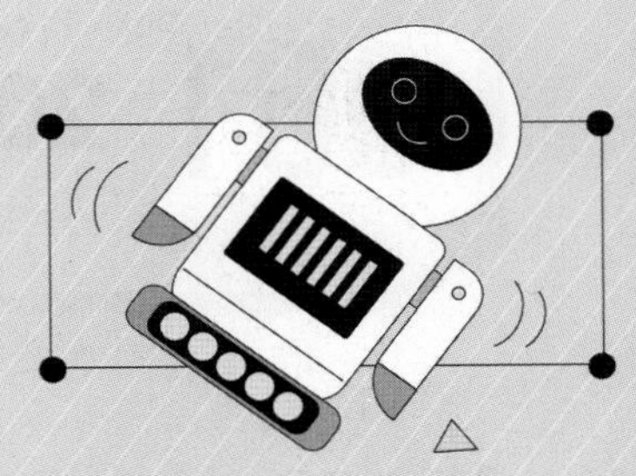

부록 01

2023 최신 기출

2023 1회 기출

2023 2회 기출

2023 3회 기출

001 2023년 1회 기출

해설 p.74

01 다음은 JAVA 코드이다. 실행 결과를 쓰시오. (단, 출력문의 출력 서식을 준수하시오.)

```
class Static {
  public int a = 20;
  static int b = 0;
}
public class Main{
  public static void main(String[] args){
    int a;
    a = 10;
    Static.b = a;
    Static st = new Static();
    System.out.println(Static.b++);
    System.out.println(st.b);
    System.out.println(a);
    System.out.print(st.a);
  }
}
```

답

02 다음은 C 코드이다. 실행 결과를 쓰시오. (단, 출력문의 출력 서식을 준수하시오.)

```
#include <stdio.h>

int main(){
  char a[] = "Art";
  char* p = NULL;

  p = a;
  printf("%s\n", a);
  printf("%c\n", *p);
  printf("%c\n", *a);
  printf("%s\n", p);

  for(int i = 0; a[i] != '\0'; i++)
    printf("%c", a[i]);
}
```

답

03 다음은 C 코드이다. 실행 결과를 쓰시오. (단, 출력문의 출력 서식을 준수하시오.)

```
#include <stdio.h>
int main(){
  char* a = "qwer";
  char* b = "qwtety";
  for(int i = 0; a[i] != '\0' ; i++){
    for(int j = 0; b[j] != '\0'; j++){
    if(a[i] == b[j]) printf("%c", a[i]);
    }
  }
}
```

답

04 다음 빈칸에 공통으로 들어갈 용어를 쓰시오.

- (   )은/는 비동기적인 웹 애플리케이션의 제작을 위해 JavaScript와 XML을 이용한 비동기적 정보 교환 기법이다.
- (   )은/는 하이퍼텍스트 표기 언어(HTML)만으로는 어려운 다양한 작업을 웹페이지에서 구현해서 이용자가 웹페이지와 자유롭게 상호작용할 수 있도록 구현하는 기법이다.
- (   )은/는 Google Map과 Google에서 사용한 기술에 기반하여 제작되었다.

답

05 다음은 데이터 교환 방식에 대한 내용이다. 다음 각 지문(①, ②)이 설명하는 용어를 [보기]에서 골라 쓰시오.

① 연결형 통신에서 주로 사용되는 방식으로, 패킷이 전송되기 전에 출발지와 목적지의 논리적 통신 경로를 미리 설정하는 방법
② 비연결형 통신에서 주로 사용되는 방식으로, 사전에 접속 절차를 수행하지 않고 헤더에 출발지에서 목적지의 경로 지정을 위한 충분한 정보를 붙여 개별적으로 각각의 패킷을 순서에 상관없이 독립적으로 전송하는 방법

[보기]
가상 회선 방식, 회선 교환 방식, 메시지 교환 방식, 데이터그램 방식

답

①
②

06 다음 설명에 해당하는 용어를 쓰시오.

데이터 링크 계층의 프로토콜 중 하나로, 터널링 프로토콜인 PPTP(Point-to_Point Tunneling Protocol)와 VPN의 구현에 사용하는 L2F(Layer 2 Forwarding Protocol)를 결합하여 만든 프로토콜이다.

답

07 다음 설명에 해당하는 용어를 쓰시오.

- 네트워크상의 다른 컴퓨터에 로그인하거나 원격 시스템에서 명령을 실행하고 다른 시스템으로 파일을 복사할 수 있도록 해 주는 응용 프로그램이다.
- 보안 접속을 통한 rsh, rcp, rlogin, rexec, telnet, ftp 등을 제공하며, IP spoofing (IP스푸핑, 아이피 위/변조 기법 중 하나)을 방지하기 위한 기능을 제공한다.
- 기본적으로는 22번 포트를 사용한다.

답

08 다음은 서비스 보안 공격 기법과 관련된 지문이다. 각 지문(①~③)에 해당하는 알맞은 용어를 [보기]에서 찾아 쓰시오.

① 인터넷 또는 네트워크를 통해 컴퓨터에서 컴퓨터로 스스로 전파되는 악성 프로그램이다. 윈도우의 취약점 또는 응용 프로그램의 취약점을 이용하거나 이메일 또는 공유 폴더를 통해 전파되며, 최근에는 공유 프로그램(P2P)을 이용하여 전파되기도 한다. 또한 자가 복제가 가능하며, 네트워크 연결을 통해서 다른 컴퓨터로 스스로 전파할 수 있다.
② 겉보기에는 정상적인 프로그램으로 보이지만 실행하면 악성 코드를 실행하는 프로그램이다. 감염된 후, 자기 복제를 하지 않으며, 다른 파일을 감염시키거나 변경시키지 않지만, 해당 프로그램이 포함된 프로그램이 실행되는 순간, 시스템은 공격자에게 시스템을 통제할 수 있는 권한을 부여하게 된다.
③ 사용자 컴퓨터(네트워크로 공유된 컴퓨터 포함) 내에서 정상 파일을 변형해서 감염시키는 프로그램이다. 그리고 자신 또는 자신의 변형을 복사하는 프로그램으로 가장 큰 특성은 다른 네트워크의 컴퓨터로 스스로 전파되지는 않는다는 것이다.

[보기]
웜(Worm), 바이러스(Virus), 트로이 목마(Trojan Horse)

답

①
②
③

09 다음은 이진수를 십진수로 변환하는 C언어 코드이다. ⓐ, ⓑ에 들어갈 코드를 쓰시오.

```
#include <stdio.h>
int main() {
  int input = 101110;
  int di = 1;
  int sum = 0;
  while (1) {
    if (input == 0) break;
    else {
      sum = sum + (input ⓐ ⓑ) * di;
      di = di * 2;
      input = input / 10;
    }
  }
  printf("%d", sum);
  return 0;
}
```

답

ⓐ

ⓑ

10 다음 설명에 해당하는 용어를 쓰시오.

IP(Internet Protocol)의 주요 구성 중 하나로, TCP/IP에서 IP 패킷을 처리할 때 발생되는 문제를 알려 주는 프로토콜이다. 관련된 네트워크 공격 기법으로 Ping-of-Death가 있다.

답

11 다음 설명에 들어갈 알맞은 디자인 패턴을 [보기]에서 골라 쓰시오.

(　)은/는 복잡한 시스템을 개발하기 쉽도록 클래스나 객체를 조합하는 패턴에 속하며, 대리자라는 이름으로 불린다. 객체를 정교하게 제어해야 하거나 객체 참조가 필요한 경우 사용한다. 분리된 객체를 위임함으로써 대리 작업을 중간 단계에 삽입할 수도 있으며 분리된 객체를 동적으로 연결함으로써 객체의 실행 시점을 관리할 수도 있다.

[보기]

생성 패턴	구조 패턴	행위 패턴
Abstract Factory Builder Factory Method Prototype Singleton	Adapter Bridge Composite Decorator Facade Flyweight Proxy	Command Observer Template Mediator Interpreter Iterator State Visitor Strategy Memento Chain of Responsibility

답

12 다음은 데이터베이스에 관련된 내용이다. 각 지문(①~③)에 알맞은 용어를 [보기]에서 골라 쓰시오.

① 테이블 내의 행을 의미하며, 파일 구조에서는 레코드라고 한다. 어떤 요소의 집합, 혹은 테이블에서의 행을 가리키지만 일반적인 집합과는 달리 중복이 허용될 수 있다.
② 릴레이션에 실제 저장된 데이터의 전체를 의미한다.
③ 특정 데이터 집합의 유니크(Unique)한 값의 개수이다.

[보기]

도메인 / 튜플 / 디그리 / 카디널리티 / 릴레이션 스키마 / 릴레이션 인스턴스 / 애트리뷰트

답

①
②
③

13 [학생] 테이블에서 학생 이름이 '민수'인 튜플을 삭제하는 SQL문을 작성하시오.

[학생]

학번	학년	이름
100	1	지민
200	2	민수
300	3	민정
400	4	은정

[SQL 작성 조건]

- SQL 명령문 마지막의 세미콜론(;)은 생략이 가능하다.
- 컬럼의 값이 문자열일 경우, 작은 따옴표(' ')를 표기하시오.

답

14 다음은 버블 정렬을 이용하여 배열에 저장된 수를 오름차순으로 정렬하는 JAVA 코드이다. 빈칸에 들어갈 코드를 쓰시오.(단, 변수명으로 쓰시오.)

```
public class Sort{
    static void swap(int[] arr, int idx1, int idx2){
      int t = arr[idx1];
      arr[idx1] = arr[idx2];
      arr[ ① ] = t;
    }
    static void Usort(int[] array, int len){
      for(int i = 0; i < len; i++) {
        for(int j = 0; j < len - i - 1; j++){
          if (array[j] > array[j + 1]){
              swap(array, j, j + 1);
          }
        }
      }
    }

    public static void main(String[] args){
      int[] item = { 5, 3, 9, 1, 2, 7 };
      int nx = 6;
      Usort(item, ② );
      for (int data : item){
        System.out.print(data + ", ");
      }
    }
}
```

[출력]

1, 2, 3, 5, 7, 9,

답

①

②

15 다음은 파이썬 코드이다. 실행 결과를 쓰시오.

```
a = {'한국', '중국', '일본'}
a.add('베트남')
a.add('중국')
a.remove('일본')
a.update({'홍콩', '한국', '태국'})
print(a)
```

답

16 다음 중 [결과] 테이블에서 과목별 그룹으로 묶었을 때 과목 평균이 90 이상인 과목, 최소점수, 최대점수를 조회하는 SQL문을 작성하시오.

[성적]

학번	과목	점수
101	데이터베이스	91
102	데이터베이스	95
101	네트워크	75
104	인공지능	80
102	네트워크	85

[결과]

과목	최소점수	최대점수
데이터베이스	91	95

[SQL 작성 조건]

- WHERE 절을 사용하지 않아야 한다.
- '최소점수', '최대점수'는 별칭(Alias)를 위한 AS문을 이용한다.
- SQL 명령문 마지막의 세미콜론(;)은 생략이 가능하다.
- 반드시 GROUP BY와 HAVING을 사용해야 한다.
- 집계함수를 사용해야 한다.

답

17 다음은 JAVA 코드이다. 실행 결과를 쓰시오. (단, 출력문의 출력 서식을 준수하시오.)

```
abstract class Vehicle{
  String name;
  abstract public String getName(String val);
  public String getName() {
      return "Vehicle name: " + name;
  }
}

class Car extends Vehicle{
  public Car(String val){
      name=super.name=val;
  }
  public String getName(String val){
      return "Car name:" + val;
  }
  public String getName(byte val[]){
      return "Car name:" + val;
  }
}

public class Main {

  public static void main(String[] args){

  Vehicle obj = new Car("Spark");
  System.out.println(obj.getName());

  }
}
```

답

18 **다음은 스키마와 관련된 내용이다. 괄호 안에 알맞은 답을 [보기]에서 골라 쓰시오.**

- (①) 스키마는 데이터베이스의 전체적인 논리적 구조로, 모든 응용 프로그램이나 사용자들이 필요로 하는 데이터를 종합한 조직 전체의 데이터베이스이다.
- (②) 스키마는 물리적 저장 장치의 관점에서 보는 데이터베이스 구조로 실제로 저장될 레코드의 형식, 저장 데이터 항목의 표현 방법, 내부 레코드의 물리적 순서 등을 표현한다.
- (③) 스키마는 사용자나 개발자의 관점에서 필요로 하는 데이터베이스의 논리적 구조로 서브 스키마로 불린다.

[보기]

외부 / 내부 / 개념

답

①

②

③

19 **다음의 제어 흐름 그래프가 분기 커버리지를 만족하기 위한 테스팅 순서를 쓰시오.**

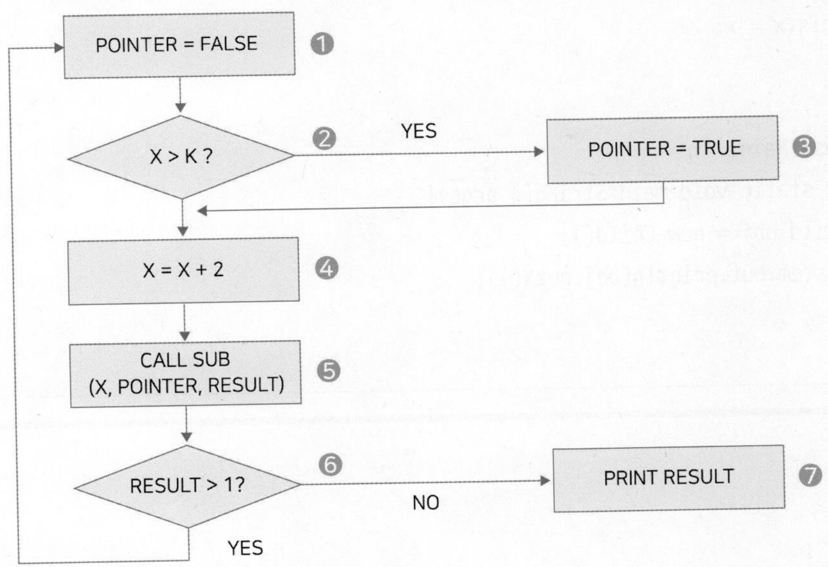

답

20 다음 JAVA 코드에 대한 실행 결과를 쓰시오. (단, 출력문의 출력 서식을 준수하시오.)

```
class Parent{
    int x = 100;
    Parent(){
        this(500);
    }
    Parent(int x){
        this.x = x;
    }
    int getX(){
        return x;
    }
}
class Child extends Parent{
    int x = 4000;
    Child(){
        this(5000);
    }
    Child(int x){
        this.x = x;
    }
}
public class Main{
    public static void main(String[] args){
        Child obj = new Child();
        System.out.println(obj.getX());
    }
}
```

답

002 2023년 2회 기출

해설 p.83

01 다음 프로그램에서 [출력결과]와 같게 출력되도록 밑줄 친 빈칸에 들어갈 코드를 [보기]에서 골라 쓰시오.

```
#include <stdio.h>
void main() {
    int n[5] = {5, 4, 3, 2, 1};
    int i;
    for (i = 0; i < 5; i++){
      printf("%d", _____);
    }
}
```

[출력결과]

43215

[보기]

n, i, +, %, 1, 5, [,], (,)

답

02 가지고 있는 돈이 총 4620원일 경우 1000원, 500원, 100원, 10원의 지폐 및 동전을 이용하여 [보기]의 조건에 맞춰 최소한의 코드를 통해 괄호 안을 작성하시오.

```
#include <stdio.h>
int main(){
  int m = 4620;
  int m1, m2, m3, m4;
  m1 = (      ⓐ      );
  m2 = (      ⓑ      );
  m3 = (      ⓒ      );
  m4 = (      ⓓ      );
  printf("1000원의 개수: %d\n", a);
  printf("500원의 개수: %d\n", b);
  printf("100원의 개수: %d\n", c);
  printf("10원의 개수: %d\n", d);
}
```

[출력결과]

1000원의 개수: 4
500원의 개수: 1
100원의 개수: 1
10원의 개수: 2

[보기]

- 사용 가능한 식별자는 m이며, 이외에 사용 불가하다.
- 사용 가능한 연산자는 / , %, [,], (,)이다.
- 사용 가능한 자료형은 정수형이다, 정수는 1000, 500, 100, 10이 사용 가능하다.

답

ⓐ
ⓑ
ⓒ
ⓓ

03 다음은 C언어의 코드이다. 입력값을 넣은 실행 결과를 쓰시오.

```
#include <stdio.h>
char n[30];
char *get(){
    printf("입력하세요: ");
    gets(n);
    return n;
} void main(){
    char *n1 = get();
    char *n2 = get();
    char *n3 = get();
    printf("%s\n",n1);
    printf("%s\n",n2);
    printf("%s",n3);
}
```

[입력]

홍길동
김철수
박영희

답

04 **[학생] 테이블에 데이터 삽입을 위한 SQL문을 작성하시오.**

[학생]

```
CREATE TABLE 학생 (
  학번 int,
  이름 varchar(20),
  학년 int,
  과목 varchar(30),
  전화번호 varchar(20)
);
```

[SQL 작성조건]

- [학생] 테이블에 학번이 98765431, 이름이 한국산, 학년이 3학년, 과목이 경영학개론, 전화번호가 010-1234-1234인 학생의 정보를 입력하시오.
- 문자는 작은 따옴표(' ')를 사용한다.
- SQL 명령문 마지막의 세미콜론(;)은 생략이 가능하다.

답

05 다음은 C언어의 문제이다. 실행 결과를 쓰시오. (단, 출력문의 출력 서식을 준수하시오.)

```
#include <stdio.h>
void main(){
  int n[3] = {73, 95, 82};
  int sum = 0;

  for(int i=0; i<3; i++){
    sum += n[i];
  }
  switch(sum/30){
    case 10:
    case 9: printf("A");
    case 8: printf("B");
    case 7:
    case 6: printf("C");
    default: printf("D");
  }
}
```

답

06 전체 조건식의 영향은 고려하지 않으며, 프로그램 내에 있는 결정 포인트 내의 모든 각 개별 조건식에 대한 모든 가능한 결과(참/거짓)에 대해 적어도 한번 수행하는 테스트 커버리지는 무엇인지 [보기]에서 골라 쓰시오.

> [보기]
> 구문 커버리지, 경로 커버리지, 조건/결정 커버리지, 변형 조건/결정 커버리지,
> 다중 조건 커버리지, 결정 커버리지, 조건 커버리지

답

07 다음은 C언어 코드이다. 실행 결과를 쓰시오. (단, 출력문의 출력 서식을 준수하시오.)

```
#include <stdio.h>
#define MAX_SIZE 10
int isWhat[MAX_SIZE];
int point = -1;
int isEmpty() {
  if (point == -1)
    return 1;
  return 0;
}
int isFull() {
  if (point == 10)
    return 1;
  return 0;
}
void into(int num) {
  if (point >= 10)
    printf("Full");
  isWhat[++point] = num;
}
int take() {
  if (isEmpty() == 1)
    printf("Empty");
  return isWhat[point--];
}
int main() {
  into(5);
  into(2);
  while (!isEmpty()) {
    printf("%d", take());
    into(4);
    into(1);
    printf("%d", take());
    into(3);
    printf("%d", take());
    printf("%d", take());
    into(6);
```

```
    printf("%d", take());
    printf("%d", take());
  }
  return 0;
}
```

답

08 데이터베이스 설계 순서에 관한 내용이다. [보기]를 이용하여 괄호 안에 알맞은 내용을 쓰시오.

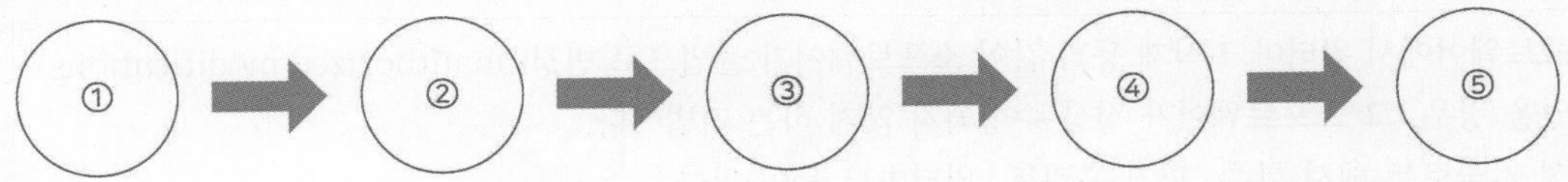

[보기]

ㄱ. 구현　　ㄴ. 요구사항 분석　　ㄷ. 개념적 설계

ㄹ. 물리적 설계　　ㅁ. 논리적 설계

답

①

②

③

④

⑤

09 다음 C언어 코드의 실행 결과를 쓰시오.

```
#include <stdio.h>
int main(){
    int c = 0;
    for(int i = 1; i <=2023; i++){
      if(i%4 == 0) c++;
    }
    printf("%d", c);
}
```

답

10 다음 내용에 알맞은 용어를 쓰시오.

- 소프트웨어에서 워터마크 삭제 등과 같이 소프트웨어가 불법으로 변경(unauthorized modifications) 되었을 경우, 그 소프트웨어가 정상 수행되지 않게 하는 기법이다.
- 구성 기술로는 해시 함수, 핑거 프린트, 워터마크 등이 있다.
- 소프트웨어의 위변조 방지 역공학 기술의 일종으로 디지털 콘텐츠의 관련 산업이나 전자상거래 또는 보호해야 할 소프트웨어가 있는 다양한 산업 분야에 적용된다.

답

11 다음은 디자인 패턴에 관한 문제이다. [보기]에서 알맞는 답을 골라 쓰시오.

① 생성자가 여러 차례 호출되더라도 실제로 생성되는 객체는 하나이고 최초 생성 이후에 호출된 생성자는 최초의 생성자가 생성한 객체를 반환하는 디자인 패턴이다. 주로 공통된 객체를 여러 개 생성해서 사용하는 DBCP(DataBase Connection Pool)와 같은 상황에서 많이 사용한다.

② 호스트 객체의 내부 상태에 접근할 수 있는 방법을 제공하여 호스트 객체에 연산을 추가할 수 있도록 한다. 연산을 수행해야 할 요소의 클래스를 수정하지 않고 새로운 연산을 추가할 수 있는 디자인 패턴이다.

[보기]

생성 패턴	구조 패턴	행위 패턴
Abstract Factory Builder Factory Method Prototype Singleton	Adapter Bridge Composite Decorator Facade Flyweight Proxy	Command Observer Templete Method Mediator Interpreter Iterator State Visitor Strategy Memento Chain of Responsibility

답

①

②

12 다음 내용에서 설명하는 문제에 대해 [보기]에서 알맞은 답을 골라 쓰시오.

데이터 전송 시 오류를 검출하고 수정하는 오류 제어 방식 중 (①) 방식은 데이터 전송 과정에서 발생한 오류를 검출하여 검출된 오류를 재전송 요구 없이 수신 측에서 스스로 수정하는 방식이다. (②) 코드 방식은 1비트의 오류 수정이 가능하다.
이와 반대로 오류 발생 시 송신 측에 재전송을 요구하는 (③) 방식의 대표적인 유형에는 (④) 검사, (⑤) 검사가 있다. (④) 검사는 7~8개의 비트로 구성되는 전송 문자에 특정 비트를 추가하여 오류를 검출하는 방식이다. (⑤) 검사는 송신 측과 수신 측이 동일한 특정 다항식을 사용하여 산출된 값을 토대로 오류를 검출하는 방식이다.

[보기]
EAC, FEC, hamming, CRC, PDS, parity, BEC

답

①
②
③
④
⑤

13 **다음은 HDLC 프로토콜에 대한 설명이다. [보기]에서 알맞은 답을 골라 쓰시오.**

HDLC 프로토콜은 데이터링크 계층의 대표적인 프로토콜로 플래그(Flag), 주소부(Address Field), 제어부(Control Field)로 구성되어 있다. 이때 제어부(Control Field)의 경우 형식에 따라 3가지 프레임으로 구분된다. (①) 프레임은 사용자의 정보와 제어 정보를 실어 사용자 데이터 및 일부 제어 정보 전달에 쓰이며, 제어부가 '0'으로 시작된다. (②) 프레임은 오류 제어와 흐름 제어를 위해 사용되며, 제어부가 '10'으로 시작된다. (③) 프레임은 링크 관리 정보를 실어 링크 자체의 관리용으로 쓰이며 제어부가 '11'로 시작된다.
HDLC의 데이터 전송 모드는 NRM, (④), (⑤)가 있다. (④)은/는 가장 많이 사용되며 포인트 투 포인트 균형 링크에 사용하고, 혼합국끼리 허가 없이 전송할 수 있도록 동작한다. (⑤)은/는 보조 서버들이 기본 서버의 허가 없이 데이터 전송을 할 수 있지만, 링크 설정이나 오류 복구 같은 제어는 기본 서버만 하는 특징이 있다.

[보기]

연결제어, 감독, 정보, 양방향 응답, 익명, 비번호, 릴레이, 동기균형, 동기응답, 비동기균형, 비동기응답

답

①
②
③
④
⑤

14 다음은 JAVA로 작성된 코드이다. 실행 결과를 쓰시오. (단, 출력문의 출력 서식을 준수하시오.)

```
public class Main{
  public static void main(String[] args){
    String str1 = "Programming";
    String str2 = "Programming";
    String str3 = new String("Programming");
    System.out.println(str1==str2);
    System.out.println(str1==str3);
    System.out.println(str1.equals(str3));
    System.out.print(str2.equals(str3));
  }
}
```

답

15 다음 [보기]는 암호화 알고리즘에 대한 내용이다. 대칭키와 비대칭키에 해당하는 것을 [보기]에서 골라 쓰시오.

[보기]
DES, RSA, AES, ECC, PKI, ARIA, SEED

답

① 대칭키:
② 비대칭키:

16 다음 괄호 안에 알맞은 용어를 쓰시오.

(   )은/는 임의의 길이의 입력데이터를 받아 고정된 길이의 값으로 변환하는 단방향 함수이다. 이 방식을 사용하는 대표적인 알고리즘으로 HAVAL, SHA-1 등이 있다.

답

17 다음 SQL문에서 괄호 안에 알맞은 명령어를 작성하시오.

DROP VIEW 학생 (   );
• 학생 테이블을 참조하는 다른 VIEW나 제약조건까지 모두 삭제되어야 한다.

답

18 다음 코드는 선택정렬 구현에 관한 문제이다. 빈칸에 알맞는 연산자를 [보기]에서 골라 쓰시오.

```
#include <stdio.h>
int main(){
  int E[] = {64, 25, 12, 22, 11};
  int n = sizeof(E) / sizeof(E[0]);
  int i = 0;
  do {
      int j = i + 1;
      do {
          if (E[i]       E[j]){
              int tmp = E[i];
              E[i] = E[j];
              E[j] = tmp;
          }
          j++;
      } while (j < n);
      i++;
  } while (i < n-1);
  for(int i=0; i<=4; i++)
      printf("%d ", E[i]);
}
```

[보기]
〈, 〈=, =〉, 〉, ==, /, %

답

19 **다음 파이썬 코드의 실행 결과를 쓰시오.**

```
a = "engineer information processing"
b = a[:3]
c = a[4:6]
d = a[28:]
e = b + c + d
print(e)
```

답

20 **다음 각 지문(①, ②)에 해당하는 용어를 쓰시오.**

① 하향식 테스트 시 상위 모듈은 존재하나 하위 모듈이 없는 경우의 테스트를 위해 임시 제공되는 모듈이다. 특별한 목적의 소프트웨어를 구현하는 것으로 컴포넌트를 개발하거나 테스트할 때 사용된다. 서버-클라이언트 구조에서 서버만 구현된 상태로 테스트를 해 보고 싶을 때 단순히 값만 넘겨 주는 가상의 클라이언트를 만들어서 테스트할 수 있다.

② 상향식 테스트 시 상위 모듈 없이 하위 모듈이 존재할 때 하위 모듈 구동 시 자료 입출력을 제어하기 위한 제어 모듈(소프트웨어)이다. 서버-클라이언트 구조에서 클라이언트만 구현된 상태로 테스트를 해 보고 싶을 때 접속 인증 등의 간단한 기능만 하는 가상의 서버를 만들어서 테스트할 수 있다.

답

①

②

003 2023년 3회 기출

해설 p.92

01 다음 JAVA 코드의 실행 결과를 쓰시오. (단, 출력문의 출력 서식을 준수하시오.)

```
class A {
  public void paint() {
    System.out.print("A");
    draw();
  }
  public void draw() {
    System.out.print("B");
    draw();
  }
}
class B extends A {
  public void paint() {
    super.draw();
    System.out.print("C");
    this.draw();
  }
  public void draw() {
    System.out.print("D");
  }
}
public class Tomorrow{
  public static void main(String[] args) {
    A b = new B();
    b.paint();
    b.draw();
  }
}
```

답

02 다음에서 설명하는 용어를 쓰시오.

- 사용자가 비밀번호를 제공하지 않고 다른 웹사이트나 애플리케이션의 접근 권한을 부여할 수 있게 하는 개방형 표준기술이다.
- 구글, 페이스북 등의 외부 계정을 기반으로 토큰을 이용하여 간편하게 회원가입 및 로그인할 수 있는 기술이다.
- 로그인 인증 API를 의미한다.

답

03 다음 C언어로 작성된 코드의 실행 결과를 쓰시오. (단, 출력문의 출력 서식을 준수하시오.)

```
#include <stdio.h>
int main() {
    char* p = "KOREA";
    printf("%s \n", p);
    printf("%s \n", p + 1);
    printf("%c \n", *p);
    printf("%c \n", *(p + 3));
    printf("%c \n", *p + 4);
    return 0;
}
```

답

04 다음은 Linux 명령어이다. 빈칸에 들어갈 답을 쓰시오.

- (①) (②) textbook.txt
- 사용자에게 읽기, 쓰기, 실행 권한을 부여한다.
- 그룹에게 읽기, 실행 권한을 부여한다.
- 기타 사용자에게 실행 권한을 부여한다.
- 8진법을 사용해 작성하며, 한 줄로 작성한다.

답

①

②

05 다음 C언어로 작성된 코드의 실행 결과를 쓰시오. (단, 출력문의 출력 서식을 준수하시오.)

```
#include <stdio.h>
int func(int n) {
  int i, sum = 0;
  for (i = 1; i <= n / 2; i++){
    if (n % i == 0)
      sum += i;
  }
  if (n == sum)
    return 1;
  return 0;
}
int main(){
  int i, sum=0;
  for (i = 2; i <= 100; i++){
    if (func(i))
      sum += i;
  }
  printf("%d ", sum);
  return 0;
}
```

답

06 C언어에서 구조체 멤버로 접근하기 위한 기호를 쓰시오.

답

07 다음은 서버 접근통제의 유형에 대한 설명이다. 각 지문(①~③)에 해당하는 서버 접근통제 유형을 쓰시오. (단, 영어 약어로 쓰시오.)

> ① 미리 정해진 정책과 보안 등급에 의거하여 주체에게 허용된 접근 권한과 객체에게 부여된 허용 등급을 비교하여 접근을 제한하는 방법이다.
> ② 사용자에게 할당된 역할에 기반하여 접근을 통제하며 중앙에서 집중적으로 관리하는 방법이다.
> ③ 시스템 객체에 대한 접근을 사용자나 그룹의 신분을 기준으로 제한하는 방법이다.

답

①
②
③

08 다음 빈칸에 들어갈 UNION 연산에 대한 실행 결과를 작성하시오.

[t1 테이블]

A
3
1
4

[t2 테이블]

A
4
2
3

```
[SQL]
SELECT A FROM t1
UNION
SELECT A FROM t2
ORDER BY A DESC;
```

답

09 **다음의 설명에 맞는 용어를 영문 약자로 쓰시오.**

( )은/는 네트워크 데이터 링크 계층(2계층)에 속하는 프로토콜이다. 비동기 전송모드의 광대역 전송에 쓰이는 스위칭 기법으로, Cell의 크기가 53 byte이다.

답

10 **다음 JAVA 코드에서 컴파일 오류가 발생하는 코드 라인의 번호를 쓰시오.**

```
1  class Person {
2    private String name;
3    public Person(String val) {
4      name = val;
5    }
6    public static String get() {
7      return name;
8    }
9    public void print() {
10     System.out.println(name);
11   }
12 }
13 public class Tomorrow{
14   public static void main(String[] args) {
15     Person obj = new Person("Tomorrow");
16     obj.print();
17   }
18 }
```

답

11 다음 JAVA로 작성된 코드의 실행 결과를 쓰시오. (단, 출력문의 출력 서식을 준수하시오.)

```
class Next {
  int compute(int num) {
    if(num <= 1)
      return num;
    return compute(num-1) + compute(num-2);
  }
}
class Day extends Next {
  int compute(int num) {
    if(num <= 1)
      return num;
    return compute(num-1) + compute(num-3);
  }
}
public class Tomorrow{
  public static void main(String args[]) {
    Next obj = new Day();
    System.out.print(obj.compute(7));
  }
}
```

답

12 다음 C언어로 작성된 코드의 실행 결과를 쓰시오. (단, 출력문의 출력 서식을 준수하시오.)

```
#include <stdio.h>
int f(int n) {
    if(n<=1) return 1;
    else return n*f(n-1);
}
int main() {
    printf("%d", f(7));
}
```

답

13 다음 Python으로 작성된 코드의 괄호에 들어갈 명령어를 쓰시오.

```
num1, num2 = input().(     )(',')
print(num1)
print(num2)
```

[입력]

10,20

[실행 결과]

10
20

답

14 다음 괄호 안에 알맞은 용어를 [보기]에서 골라 쓰시오.

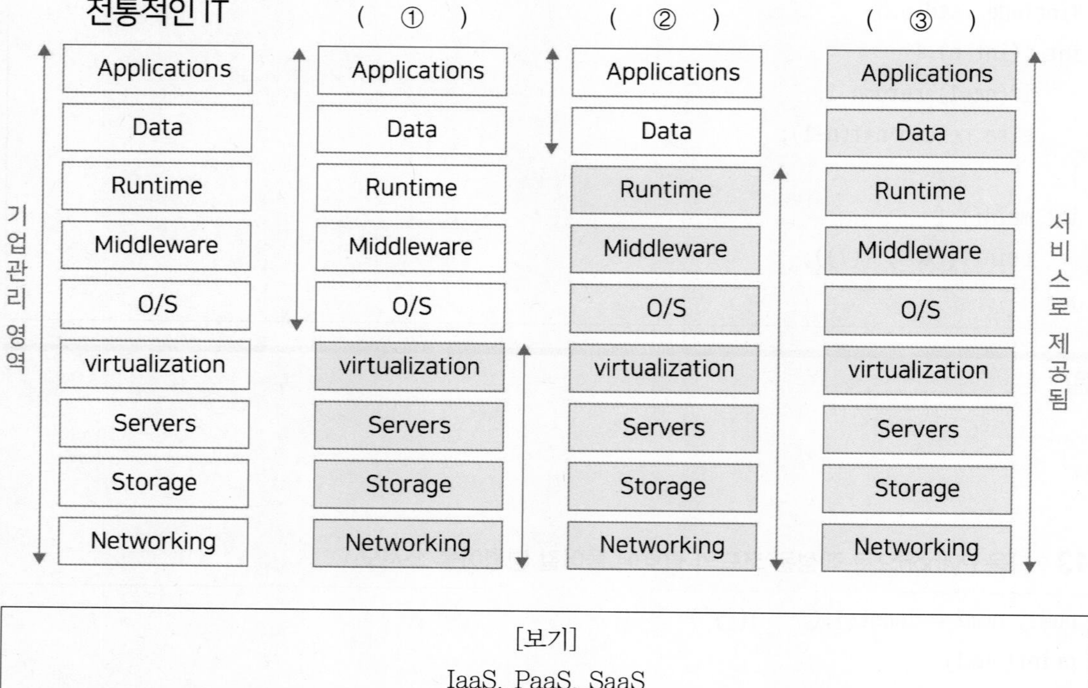

[보기]
IaaS, PaaS, SaaS

답

①

②

③

15 **다음의 괄호에 알맞은 용어를 쓰시오.**

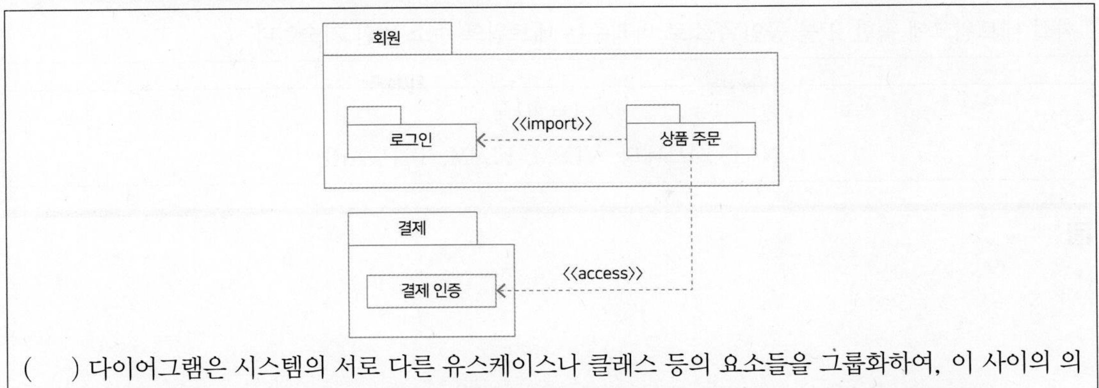

(　　) 다이어그램은 시스템의 서로 다른 유스케이스나 클래스 등의 요소들을 그룹화하여, 이 사이의 의존 관계를 표현한 것이다. 대규모 시스템에서 주요 요소 간의 종속성을 확인하는 데 사용한다.

답

16 **다음의 설명에 알맞은 용어를 쓰시오.**

거리 벡터 알고리즘 기반의 벨만-포드 알고리즘을 사용하여 개발된 내부 라우팅 프로토콜로, 최대 홉 수를 15개로 제한하는 것이 특징이다. UDP 포트 번호는 520를 사용한다.

답

17 **다음 블랙박스 테스트에 대한 설명으로 알맞는 용어를 [보기]에서 찾아 기호로 쓰시오.**

입력 데이터의 영역을 유사한 도메인별로 유효값, 무효값을 그룹핑하여 대푯값 테스트 케이스를 도출하여 테스트하는 기법이다. 데이터 영역에 가까운 값이 아닌 영역 내에 있는 일반 값들로 테스트한다.

[보기]

㉠ Equivalence Partitioning Analysis
㉡ Syntax Analysis
㉢ Boundary Value Analysis
㉣ Cause-Effect Graph Analysis
㉤ Decision Table Analysis

답

18 다음의 설명에 알맞는 용어를 [보기]에서 골라 쓰시오.

사설 네트워크에 속한 IP를 공인 주소로 바꿔주는 네트워크 주소 변환 기술이다.

[보기]
NAT, 서브네팅, VLSM, FLSM, TCP, ARP

답

19 아래 각각의 관계 대수 연산에 알맞은 관계 대수 연산자 기호를 [보기]에서 골라 쓰시오.

① join
② project
③ select
④ division

[보기]
⋈ / σ / ÷ / π / × / 〈 / 〉 / ∩ / ∪

답

①
②
③
④

20 다음 릴레이션에 생기는 문제를 방지하기 위해서는 (　　) 무결성 제약 조건을 준수해야 한다. 아래 설명에 맞는 용어를 [보기]에서 골라 쓰시오.

- 외래키 값은 NULL 값이거나 참조 릴레이션의 기본 키와 동일해야 함
- 참조되는 튜플이 반드시 존재해야 함

[고객]

고객 이름
A
B
C

[주문]

고객 이름	주문번호
A	111
B	222
D	333

[보기]

개체 무결성 / 참조 무결성 / 사용자 정의 무결성 / 도메인 무결성

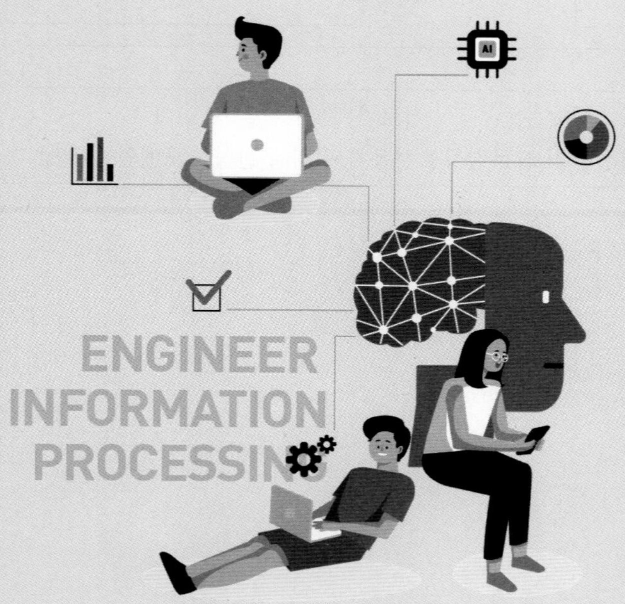

더 멋진 내일(Tomorrow)을 위한 내일(My Career)

내 일 은 정 보 처 리 기 사 실 기

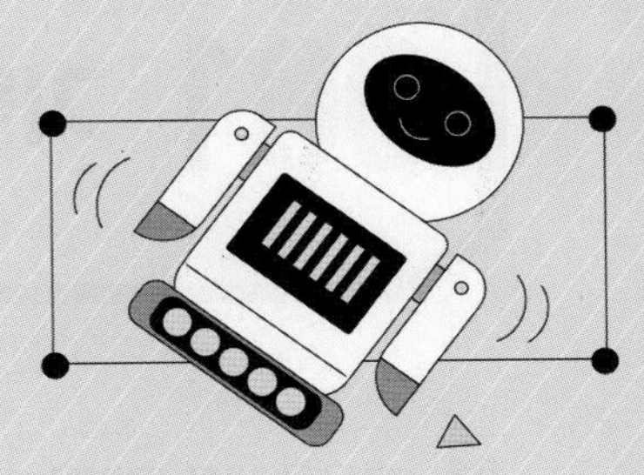

부록 02

기출변형 모의고사

001 기출변형 모의고사 1회

해설 p.100

01 다음은 버블 정렬을 이용하여 배열에 저장된 수를 오름차순으로 정렬하는 C언어 코드이다. 괄호에 들어갈 코드를 쓰시오. (단, 변수명으로 쓰시오.)

```
#include <stdio.h>
void swap(int* a, int* b) {
    int temp = *a;
    (  ①  ) = *b;
    *b = temp;
}
void bubbleSort(int arr[], int n) {
    for (int i = 0; i < n - 1; i++) {
        for (int j = 0; j < n - i - 1; (  ②  )) {
            if (arr[j] > arr[j + 1]) {
                swap(&arr[j], &arr[j + 1]);
            }
        }
    }
}
// 메인 함수
int main() {
    int arr[] = {5, 4, 3, 2, 1, 9};
    int n = sizeof(arr) / sizeof(arr[0]);
    bubbleSort(arr, n);
    for (int i = 0; i < n; i++) {
        printf("%d ", arr[i]);
    }
    return 0;
}
```

[실행 결과]

1, 2, 3, 4, 5, 9

답

①
②

02 다음 C언어 프로그램 실행 후, 2를 입력하였을 때 실행 결과는? (단, 출력문의 출력 서식을 준수하시오.)

```
#include <stdio.h>
main() {
    int i = 10, j = 0, m = 0;
    int k;
    scanf("%d", &k);
    switch(k) {
        case 1:
            printf("start");
        case 2:
            m *= i;
        case 3:
            m = (j != i);
        case 4:
            m = !j;
            j++;
            m++;
            m << j;
            printf("%d", m);
        default:
            printf("finish!")
    }
}
```

답

03 다음은 C언어 소스 코드이다. 실행 결과를 쓰시오. (단, 출력문의 출력 서식을 준수하시오)

```
#include <stdio.h>
struct st{
    int a;
    int c[10];
};
int main(int argc, char *argv[]){
    int i = 0;
    struct st obj1;
    struct st obj2;
    struct st* p1;
    struct st* p2;
    obj1.a = 0;
    obj2.a = 0;
    for(i = 0; i < 10; i++){
        obj1.c[i] = i;
        obj2.c[i] = obj1.c[i] + i;
    }
    p1 = &obj1;
    p2 = &obj2;
    for(i = 0; i < 10; i = i + 3){
        obj1.a = obj1.a + obj1.c[i];
        obj2.a = obj2.a + obj2.c[i];
    }

    printf("%d %d", p1 -> a, (*p2).a);
}
```

답

04 다음 JAVA 프로그램이 실행되었을 때, 실행 결과를 쓰시오. (단, 출력문의 출력 서식을 준수하시오.)

```
public class Tomorrow {
    static int partSum(int[] numbers) {
        int sum = 0;

        for (int number : numbers) {
            if (number % 2 == 0) {
                sum += number;
            }
        }
        return sum;
    }

    public static void main(String[] args) {
        int[] numbers = {1, 2, 3, 4, 5, 6};
        System.out.println("합: " + partSum(numbers));
    }
}
```

답

05 다음 JAVA 프로그램이 실행되었을 때 실행 결과를 쓰시오. (단, 출력문의 출력 서식을 준수하시오.)

```
public class Rarr {
    static int [] marr() {
        int temp[] = new int[4];
        for(int i = 0; i < temp.length; i++)
            temp[i] = i;
        return temp;
    }
    public static void main (String[] args) {
        int iarr[];
        iarr = marr();
        for(int i = 0; i < iarr.length; i++)
            System.out.print(iarr[i] + " ");
    }
}
```

답

06 다음 JAVA 프로그램의 실행 결과를 쓰시오. (단, 출력문의 출력 서식을 준수하시오.)

```
public class ovr{
    public static void main(String[] args) {
        int arr[];
        int i = 0;
        arr = new int[10];
        arr[0] = 0;
        arr[1] = 1;
        while(i < 8) {
            arr[i + 2] = arr[i + 1] + arr[i];
            i++;
        }
        System.out.println(arr[9]);
    }
}
```

답

07 [직원] 테이블에서 부서별 인원의 수를 조회하는 SQL문을 작성하시오.

[직원]

사번	이름	부서
1001	김은수	경영지원
1002	이정민	회계
1003	유수민	개발
1004	민정혜	회계
1005	이연지	개발

[실행 결과]

부서	부서별 인원
경영지원	1
개발	2
회계	2

[SQL 작성 조건]

- 대소문자를 구분하지 않는다.
- WHERE 조건절은 사용할 수 없다.
- GROUP BY는 반드시 포함한다.
- 집계함수(Aggregation Function)를 사용해야 한다.
- '부서별 인원' 컬럼이름 출력에 별칭(AS)을 활용한다.
- 문장 끝의 세미콜론(;)은 생략이 가능하다.
- 인용 부호 사용이 필요한 경우 단일 따옴표('')를 사용한다.

답

08 다음 SQL문에서 LEFT JOIN 할 경우 괄호 안에 알맞는 문장을 작성하시오.

[학생]

학과	이름
경영학과	김소미
경제학과	박정국

[건물]

학과	건물명
경영학과	경영대학
경제학과	내일로관

SELECT .... FROM 학생 a LEFT JOIN 동아리 b (①) a.학과 = b.(②)

답

①

②

09 **다음은 Python 코드이다. [실행 결과]를 나타낼 수 있도록 괄호 안에 알맞은 명령어를 쓰시오.**

```
a = [1, 2, 3, 4, 5]
result = map((        ) x : x+1, a)
print(list(result))
```

[실행 결과]

101, 102, 103, 104, 105

답

10 **다음의 설명에 해당하는 용어를 [보기]에서 골라 쓰시오.**

- 클라이언트는 자신이 사용하지 않는 인터페이스와 의존 관계를 맺거나 영향을 받지 않아야 한다는 원칙이다.
- 하나의 큰 인터페이스보다는 작은 여러 개의 인터페이스로 나누어서 클라이언트가 필요한 기능만 사용할 수 있도록 해야 한다.

[보기]

SRP, OCP, LSP, ISP, DIP

답

11 **다음은 테스트 요구사항에 따라 테스트 케이스를 작성한 예시이다. 다음 테스트 케이스 예시를 보고 괄호(①, ②)에 알맞은 테스트 기법을 쓰시오.**

[테스트 요구사항]

- S 대학의 학사관리 시스템 중 학점처리 부분의 요구사항이다.
- 학생의 학점은 평가 점수 0점 미만이면 'NA', 0점 이상 59점 미만이면 'F', 60점 이상 69점 미만이면 'D', 70점 이상 79점 미만이면 'C', 80점 이상 89점 미만이면 'B', 90점 이상 100점 이하이면 'A', 100점을 초과하면 'NA'로 처리한다.

[평가 점수표]

평가 점수	성적
100점 초과	NA
90~100	A
80~89	B
60~79	C
0~59	F
0점 미만	NA

ㄱ. [(①) 기법으로 작성한 테스트 케이스]

입/출력값 영역을 유사한 도메인별로 유효값/무효값을 그룹핑해, 대푯값 테스트 케이스를 도출해 검사하였다.

테스트 케이스	1	2	3	4	5	6	7
평가 점수 범위	0 미만	0~59	60~69	70~79	80~89	90~100	100 초과
입력값	–1	30	65	75	85	95	101
예상결과	NA	F	D	C	B	A	NA
실제결과	NA	F	D	C	B	A	NA

ㄴ. [(②) 기법으로 작성한 테스트 케이스]

입력 조건의 중간값보다 경계값에서 오류가 발생될 확률이 높다는 점을 이용해 입력 조건의 경계값을 테스트 케이스로 선정하여 검사하였다.

테스트 케이스	1	2	3	4	5	6	7	8	9	10
평가 점수 범위	0 미만	0~59	0~59	60~79	60~79	80~89	80~89	90~100	90~100	100 초과
입력값	–1	0	59	60	79	80	89	90	100	100
예상결과	NA	F	F	C	C	B	B	A	A	NA
실제결과	NA	F	F	C	C	B	B	A	A	NA

답

①

②

12 다음은 통합 테스트(Integration Test)에 대한 설명이다. 다음 괄호(①~⑤)에 들어갈 알맞은 용어를 쓰시오.

> 통합 테스트(Integration Test)는 단위 테스트가 끝난 모듈을 통합하는 과정에서 발생하는 오류 및 결함을 찾는 테스트 기법으로, 비점진적 통합 방식과 점진적 통합 방식이 있다. 프로그램 전체를 테스트하는 비점진적 통합 테스트와 달리, 점진적 통합 테스트는 모듈 단위로 단계적으로 통합하면서 테스트하는 방법으로 (①), (②), 혼합식 통합 테스트가 이에 속한다. (①)은/는 프로그램의 상위 모듈에서 하위 모듈 방향으로 통합하면서 테스트하는 기법으로, 깊이 우선 방식이나 너비 우선 방식을 사용한다. 한편, (②)은/는 하위 모듈에서 상위 모듈 방향으로 통합하면서 테스트하는 기법이다. (①)의 통합 테스트의 절차와 (②)의 통합 테스트 절차는 아래와 같다.
>
> ● (①)의 통합 테스트의 절차
>
> 1) 주요 제어 모듈은 작성된 프로그램을 사용하고, 주요 제어 모듈의 종속 모듈들은 (③)(으)로 대체한다.
> 2) 깊이 우선 또는 너비 우선 등의 통합 방식에 따라 하위 모듈인 (③)이/가 한 번에 하나씩 실제 모듈로 대체된다.
> 3) 모듈이 통합될 때마다 테스트를 실시한다.
> 4) 새로운 오류가 발생하지 않음을 보증하기 위해 (④)을/를 실시한다.
>
> ● (②)의 통합 테스트 절차
>
> 1) 하위 모듈들을 클러스터(Cluster)로 결합한다.
> 2) 상위 모듈에서 데이터의 입·출력을 확인하기 위해 더미 모듈인 (⑤)을/를 작성한다.
> 3) 통합된 클러스터 단위로 테스트한다.
> 4) 테스트가 완료되면 클러스터는 프로그램 구조의 상위로 이동하여 결합하고 (⑤)은/는 실제 모듈로 대체된다.

답

①

②

③

④

⑤

13 다음은 UML 다이어그램을 보고 UML 관계를 [보기]에서 골라 쓰시오.

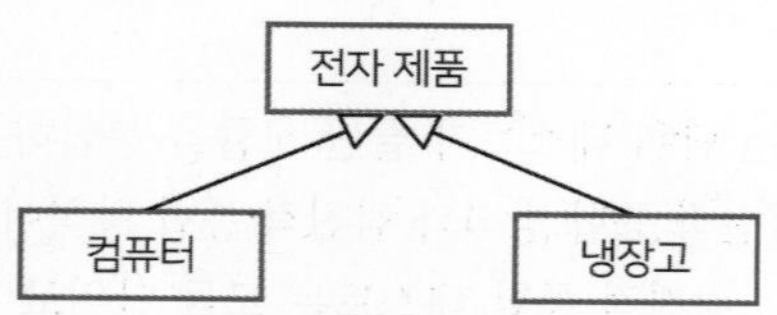

[보기]
Association, Dependency, Aggregation, Composition, Generalization, Realization

답

14 다음은 EAI 구축을 도식화한 것이다. 해당 그림이 설명하는 EAI 구축 유형을 [보기]에서 골라 쓰시오.

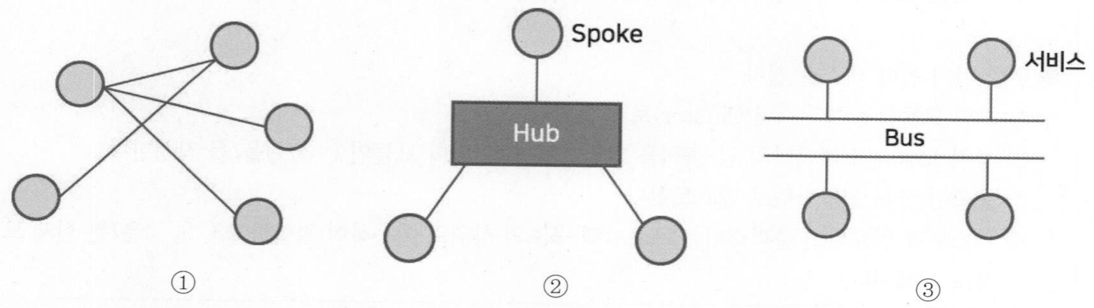

[보기]
Hub & Spoke, Hybrid, Message Bus, Point-to-Point

답

①
②
③

15 **다음 빈칸에 공통으로 들어갈 용어를 영문 약어로 쓰시오.**

- (   )은/는 비동기 브라우저/서버 통신(AJAX)을 위해 "속성-값 쌍", "키-값 쌍"으로 이루어진 데이터 오브젝트를 전달하기 위해 인간이 읽을 수 있는 텍스트를 사용하는 개방형 표준 포맷이다.
- (   )은/는 XML의 단점에 대응하기 위해 개발되었으며, 간결하고 통일된 양식이 특징이다.

답

16 **다음은 인증(Authentication)에 대한 설명 중 괄호(①, ②)에 들어갈 용어를 [보기]에서 모두 골라 쓰시오.**

- 지식 기반 인증은 주체가 '알고 있는 것'(Something you know)을 보여 주며 인증하는 방식이다. 지식 기반 인증에는 (①)이/가 있다.
- 소유 기반 인증은 주체가 '그가 가지고 있는 것'(Something you have)을 보여 주며 인증하는 방식이다. 소유 기반 인증에는 (②)이/가 있다.

[보기]

신분증, 홍채, 지문, 서명, 패스워드, OTP, PIN 번호, 몸짓

답

①

②

17 **다음의 설명에 해당하는 암호화 관련 기술을 한글로 쓰시오.**

시스템에 저장되는 패스워드들은 Hash 또는 암호화 알고리즘의 결괏값으로 저장되는데, (   )은/는 암호공격을 막기 위해 똑같은 패스워드들이 다른 암호 값으로 저장되도록 추가되는 임의의 문자열이다.

답

18 **다음의 설명은 네트워크 계층의 프로토콜에 대한 설명이다. 설명에 해당하는 프로토콜을 [보기]에서 골라 쓰시오.**

- ( )은/는 서로 다른 자율 시스템(AS)의 라우터 간에 라우팅 정보를 교환하는 데 사용되는 외부 게이트웨이 프로토콜(EGP)이다.
- ( )은/는 각 목적지에 대한 전체 경로가 포함되며, 다른 시스템과 교환하는 네트워크 도달 가능성 정보의 데이터베이스를 유지한다.
- ( )은/는 AS 연결 그래프를 구성하며, 이를 통해 라우팅 루프를 제거하고 AS 수준에서 정책 결정을 실행할 수 있다.

[보기]
IP, ARP, ICMP, IGMP, RIP, IGP, EGP, BGP

답

19 **다음 설명에 해당하는 용어를 영문(Full name 또는 약어)으로 쓰시오.**

- 32비트로 값으로 8비트씩 끊어 이를 0~255의 10진수 숫자로 나타내며, 각 숫자는 점(.)으로 구분한다.
- 멀티캐스트, 유니캐스트, 브로드캐스트를 지원한다.

답

20 **접근 제어의 요소에 대한 설명에 해당하는 용어를 [보기]에서 골라 쓰시오.**

- (①)은/는 접근을 시도하는 가입자 또는 단말에 대한 식별 및 신분 검증하는 요소이다.
- (②)은/는 검증된 가입자나 단말에게 어떤 수준의 권한과 서비스를 허용 요소이다.
- (③)은/는 리소스 사용에 대한 정보를 수집하고 관리하는 서비스이다.

[보기]
Authentication, Authorization, Accounting

답

①
②
③

002 기출변형 모의고사 2회

해설 p.109

01 다음은 C언어 소스 코드이다. 실행 결과를 쓰시오. (단, 출력문의 출력 서식을 준수하시오)

```
#include <stdio.h>
int main(int argc, char *argv[]){
    int arr[2][3] = {1, 2, 3, 4, 5, 6};
    int (*p)[3] = NULL;
    p = arr;
    printf("%d, ", *(p[0] + 1) + *(p[1] + 2));
    printf("%d", *(*(p + 1) + 0) + *(*(p + 1) + 1));
    return 0;
}
```

답

02 다음은 C언어 소스 코드이다. 실행 결과를 쓰시오. (단, 출력문의 출력 서식을 준수하시오.)

```
#include <stdio.h>
int factorial(int n);
int main(){
    int (*p)(int);
    p = factorial;
    printf("%d", p(4));
}
int factorial(int n){
    if (n <= 1)
        return 1;
    else
        return n * factorial(n - 1);
}
```

답

03 다음은 C언어 소스 코드이다. 실행 결과를 쓰시오. (단, 출력문의 출력 서식을 준수하시오)

```
#include <stdio.h>
int main(int argc, char *argv[]) {
    int a[2][2] = {{11, 22}, {44, 55}};
    int i, sum = 0;
    int *p;
    p = a[0];
    for(i = 1; i < 4; i++)
        sum += *(p + i);
    printf("%d", sum);
    return 0;
}
```

답

04 다음 JAVA 프로그램이 실행되었을 때의 실행 결과를 쓰시오. (단, 출력문의 출력 서식을 준수하시오.)

```
public calss array1 {
    public static void main(String[] args){
        int cnt = 0;
        do {
            cnt++;
        } while (cnt < 0);
        if(cnt == 1)
            cnt++;
        else
            cnt = cnt + 3;
        System.out.printf("%d", cnt);
    }
}
```

답

05 다음 자바 프로그램 조건문에 대해 삼항 조건 연산자로 나타내시오.

```
int i = 7, j = 9;
int k;
if(i > j)
   k = i - j;
else
   k = i + j;
```

답

06 다음 JAVA 코드의 실행 결과를 쓰시오. (단, 출력문의 출력 서식을 준수하시오.)

```
public class Client {
    public int age;
    public String name;

    Client(String name, int age){
       this.name = name;
       this.age = age
    }

    public void clientInfo() {
       System.out.println("이름:"+name)
       System.out.println("나이:"+age)
    }
}

 public class Main {
    public static void main(String[] args) {
       Student client = new Client("홍길동", 50);
       client.clientInfo()
    }
}
```

답

07 [공급자] 테이블에서 [실행 결과]를 조회하는 SQL문을 작성하시오.

[공급자]

공급자번호	공급자명	위치
16	대신공업사	수원
27	삼진사	서울
39	삼양사	서울
62	진아공업사	대전
70	신촌상사	서울

[실행 결과]

공급자번호	공급자명	위치
16	대신공업사	수원
70	신촌상사	서울

[SQL 작성 조건]

- 대소문자를 구분하지 않는다.
- 문장 끝의 세미콜론(;)은 생략이 가능하다.
- 인용 부호 사용이 필요한 경우 단일 따옴표(')를 사용한다.

답

08 아래의 SQL은 사용자 PARK에게 STUDENT 테이블에 대한 조회 권한을 회수하는 명령이다. 괄호 안에 알맞은 명령어를 쓰시오.

(①) (②) (③) STUDENT FROM PARK;

답

①

②

③

09 **다음 Python으로 작성된 코드의 실행 결과를 쓰시오.**

```
a = [0, 10, 20, 30, 40, 50, 60, 70, 80, 90]
print(a[:7:2])
```

10 **다음 설명에 들어갈 알맞은 디자인 패턴을 [보기]에서 골라 쓰시오.**

한 객체의 상태가 바뀌면 그 객체에 의존하는 다른 객체들에게 연락이 가서 자동으로 내용이 자동 갱신되는 방식으로, 일대다의 의존성을 정의하는 패턴이다. 상호작용을 하는 객체 사이에서는 가능하면 느슨하게 결합한다.

[보기]

생성 패턴	구조 패턴	행위 패턴
Abstract Factory Builder Factory Method Prototype Singleton	Adapter Bridge Composite Decorator Facade Flyweight Proxy	Command Observer Template Mediator Interpreter Iterator State Visitor Strategy Memento Chain of Responsibility

11 **다음 각각의 설명에 해당하는 애플리케이션 테스트의 종류를 [보기]에서 찾아 쓰시오.**

① 애플리케이션 테스트 중 시스템에 과다 정보량을 부과하여 과부하 시에도 시스템이 정상적으로 작동되는지를 확인하는 테스트
② 시스템에 여러 가지 결함을 주어 실패하도록 한 후 올바르게 복구되는지를 확인하는 테스트
③ 소프트웨어의 변경 또는 수정된 코드에 새로운 결함이 없음을 확인하는 테스트

[보기]

Stress Test	Recovery Test	Structure Test	Performance Test
Condition Test	Regression Test	Acceptance Test	Comparison Test

답

①
②
③

12 **다음 중 화이트박스 테스트 기법에 해당하는 것을 모두 골라 기호(㉠~㉧)로 쓰시오.**

[보기]
㉠ Equivalence partitioning
㉡ Loop Test
㉢ Decision Table Test
㉣ Decision Test
㉤ Cause-Effect Graph Test
㉥ Statement Test
㉦ Boundary Value Analysis
㉧ Condition Test

답

13 **다음의 기술이 설명하는 용어를 쓰시오.**

- ( )은/는 분산 컴퓨팅 환경에서 서로 다른 기종 간의 하드웨어나 프로토콜, 통신환경 등을 연결하여 응용 프로그램과 운영환경 간에 원만한 통신이 이루어질 수 있게 서비스를 제공하는 소프트웨어이다.
- ( )은/는 분산 시스템에서 다양한 부분을 관리하고 통신하며 데이터를 교환하게 해 주는 소프트웨어로 볼 수 있으며, 위치 투명성(Location Transparency)과 분산 시스템의 여러 컴포넌트가 요구하는 재사용 가능한 서비스의 구현을 제공한다.

14 **다음의 럼바우(Rumbaugh)의 객체지향 분석에 사용하는 분석 활동에 대한 설명이다. 설명에 맞는 용어를 [보기]에서 골라 쓰시오.**

- (①) 모형은 시스템에서 요구되는 객체를 찾아내어 속성과 연산 식별 및 객체 간의 관계를 규정하여 다이어그램으로 표시하며 객체 다이어그램을 활용한다.
- (②) 모형은 시간의 흐름에 따른 객체 간의 제어 흐름, 상호작용, 동작 순서와 같은 동적 행위를 표현하며 상태 다이어그램을 활용한다.
- (③) 모형은 프로세스들 사이의 자료 흐름을 중심으로 처리 과정을 표현하며 자료 흐름도를 활용한다.

[보기]

Active, Dynamic, Functional, Logical, Object

답

①

②

③

15 다음은 어떤 프로그램 구조를 나타낸다. 모듈 F에서의 fan-in과 fan-out의 수는 얼마인가?

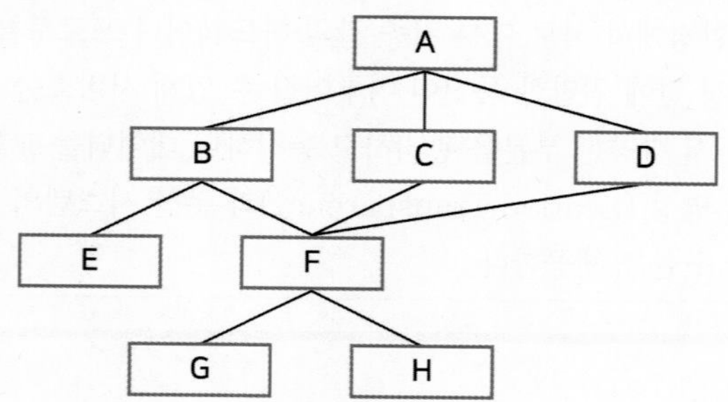

fan-in:
fan-out:

답

16 다음에서 설명하는 정보보안 침해 공격 유형은 무엇인지 쓰시오.

컴퓨터 사용자의 키보드 움직임을 탐지해서 저장하고, ID나 패스워드, 계좌 번호, 카드 번호 등과 같은 개인의 중요한 정보를 몰래 빼 가는 공격기법

답

17 코드의 기입 과정에서 원래 '12536'으로 기입되어야 하는데 '12936'으로 표기되었을 경우, 어떤 코드 오류인지 [보기]에서 골라 쓰시오.

[보기] Omission error, Transcription error, Transposition error, Double Transposition error, Addition error, Random error

답

18 UNIX에서 새로운 프로세스를 생성하는 명령어를 쓰시오.

답

19 다음의 설명에 알맞는 OSI 계층을 [보기]에서 골라 쓰시오.

OSI 7계층에서 단말기 사이에 오류 수정과 흐름 제어를 수행하여 신뢰성 있고 명확한 데이터를 전달하는 계층이다.

[보기]
물리 계층, 데이터링크 계층, 네트워크 계층, 전송 계층, 세션 계층, 표현 계층, 응용 계층

답

20 다음 대칭 키 암호화 알고리즘에 대한 설명으로 알맞는 용어를 영어 약어로 쓰시오.

- 2001년 미국 표준기술 연구소(NIST)에서 발표한 대칭 키 암호화 알고리즘이다.
- DES의 개인 키에 대한 전사적 공격이 가능해지고, 3 DES의 성능문제를 극복하기 위해 개발하였다.
- 블록 크기는 128bit이며, 키 길이에 따라 128, 192, 256bit로 분류한다.

답

003 기출변형 모의고사 3회

해설 p.119

01 다음 C 코드의 실행 시, mines 배열의 상태를 채워 넣으시오. (단, 출력문의 출력 서식을 준수하시오.)

```
#include <stdio.h>
int chkover(int w, int h, int j, int i);
void main() {
    int field[4][4] = { {0,1,1,1}, {0,0,0,1}, {1,1,1,0}, {1,1,0,1} };
    int mines[4][4] = { {0,0,0,0}, {0,0,0,0}, {0,0,0,0}, {0,0,0,0} };
    int w = 2, h = 3;
    for (int y = 0; y < h; y++){
        for (int x = 0; x < w; x++){
            if (field[y][x] == 0) continue;
            for (int j = y - 1; j <= y + 1; j++){
                for (int i = x - 1; i <= x + 1; i++){
                    if (chkover(w, h, j, i) == 1)
                        mines[j][i] += 1;
                }
            }
        }
    }
}
int chkover(int w, int h, int j, int i){
    if (i >= 1 && i < w && j > 0 && j < h) return 1;
    return 0;
}
```

답

〈mines〉

0	2	1	2

02 다음은 C언어 소스 코드이다. 실행 결과를 쓰시오. (단, 출력문의 출력 서식을 준수하시오)

```
#include <stdio.h>
struct student {
    char name[10];
    int age;
    int score;
};
int main(){
    struct student a[] = {"Kim", 28, 90, "Soo", 30, 85, "Park", 25, 100};
    struct student *p;
    p = a;
    p++;
    printf("%s", p -> age);
    printf("%d\n", p -> score);
}
```

답

03 다음은 C언어 소스 코드이다. 실행 결과를 쓰시오. (단, 출력문의 출력 서식을 준수하시오.)

```
#include <stdio.h>
int main() {
  int num = 1234;
  int div = 10, res = 0;
  while (number != 0) {
    res = res * div;
    res = res + num % div;
    num = num / div;
  }
  printf("%d", res);
  return 0;
}
```

답

04 다음 JAVA 코드의 실행 결과를 쓰시오. (단, 출력문의 출력 서식을 준수하시오.)

```
public class array1{
    static void rs(char a[]){
        for(int i = 0; i < a.length; i++)
            if(a[i] == 'B')
                a[i] = 'C';
            else if(i == a.length - 1)
                a[i] = a[i - 1];
            else a[i] = a[i + 1];
    }
    static void pca(char a[]){
        for(int i = 0; i < a.length; i++)
            System.out.print(a[i]);
        System.out.println();
    }
    public static void main(String[] args){
        char c[] = {'A', 'B', 'D', 'D', 'A', 'B', 'C'};
        rs(c);
        pca(c);
    }
}
```

답

05 다음 JAVA 프로그램이 실행되었을 때의 실행 결과를 쓰시오. (단, 출력문의 출력 서식을 준수하시오.)

```
public class Operator {
    public static void main(String[] args) {
        int x = 5, y = 0, z = 0;
        y = x++;
        y *= 10;
        z = --x;
        z /= x;
        System.out.print(x + y + z);
    }
}
```

답

06 다음은 switch 조건문 JAVA 프로그램이다. 프로그램을 분석하여 괄호(①, ②)에 들어갈 알맞은 답을 쓰시오. (단, 출력문의 출력 서식을 준수하시오.)

```
public class Test {
    public static void main(String args[]) {
        int i = 2, k = 1;
        switch(i) {
            ( ① ) 1: k++;
            ( ① ) 2: k -= 3;
                ( ② );
            ( ① ) 3: k = 0;
            default: k--;
        }
        System.out.print(k);
    }
}
```

[출력]

```
-2
```

답

①

②

07 STUDENT 테이블에 독일어과 학생 50명, 중국어과 학생 30명, 영어영문학과 학생 50명의 정보가 저장되어 있을 때, 다음 두 SQL문의 실행 결과 튜플 수는? (단, DEPT 컬럼은 학과명)

```
① SELECT DEPT FROM STUDENT;
② SELECT DISTINCT DEPT FROM STUDENT;
```

답

①

②

08 다음과 같이 왼쪽 릴레이션을 오른쪽 릴레이션으로 정규화를 하였을 때 어떤 정규화 작업을 하였는지 쓰시오.

국가	도시
대한민국	서울, 부산
미국	워싱턴, 뉴욕
중국	베이징

→

국가	도시
대한민국	서울
대한민국	부산
미국	워싱턴
미국	뉴욕
중국	베이징

답

09 다음 Python으로 작성된 코드의 실행 결과를 쓰시오.

```
result = 0
for n in range(1, 10):
    if n % 3 == 0:
        result += n
    if n % 5 == 0:
        result += n
print(result)
```

답

10 다음의 그림은 요구사항 개발 프로세스의 순서이다. 괄호(①, ②)에 들어갈 용어를 쓰시오.

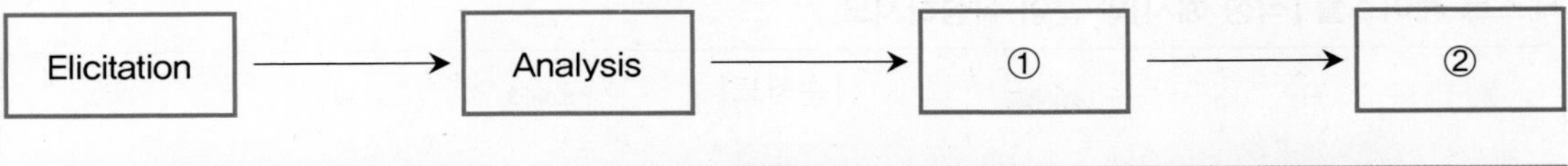

답

①
②

11 다음은 테스트 결과가 올바른지 판단하기 위해 사전에 정의된 참 값을 대입하여 비교하는 기법인 테스트 오라클의 종류에 대한 설명이다. 다음 괄호(①~③)에 들어갈 알맞은 용어를 쓰시오.

(①) 오라클	모든 테스트 케이스의 입력값에 대해 기대하는 결과를 생성함으로써 발생된 오류를 모두 검출할 수 있는 오라클이다.
(②) 오라클	특정 몇몇 테스트 케이스의 입력값에 대해서만 기대하는 결과를 생성하는 오라클이다.
추정(Heuristic) 오라클	특정 테스트 케이스의 입력값에 대해 올바른 결과를 제공하고, 나머지 값들에 대해서는 휴리스틱(추정)으로 처리하는 오라클이다.
(③) 오라클	애플리케이션의 변경이 있을 때, 테스트 케이스의 수행 전과 후의 결과 값이 동일한지를 확인하는 오라클이다.

답

①
②
③

12 다음 순서도는 화이트박스 테스트 프로그램 제어 흐름을 나타낸 것이다. 분기 커버리지에 해당하는 테스트 케이스를 [작성 예시]와 같이 작성하시오.

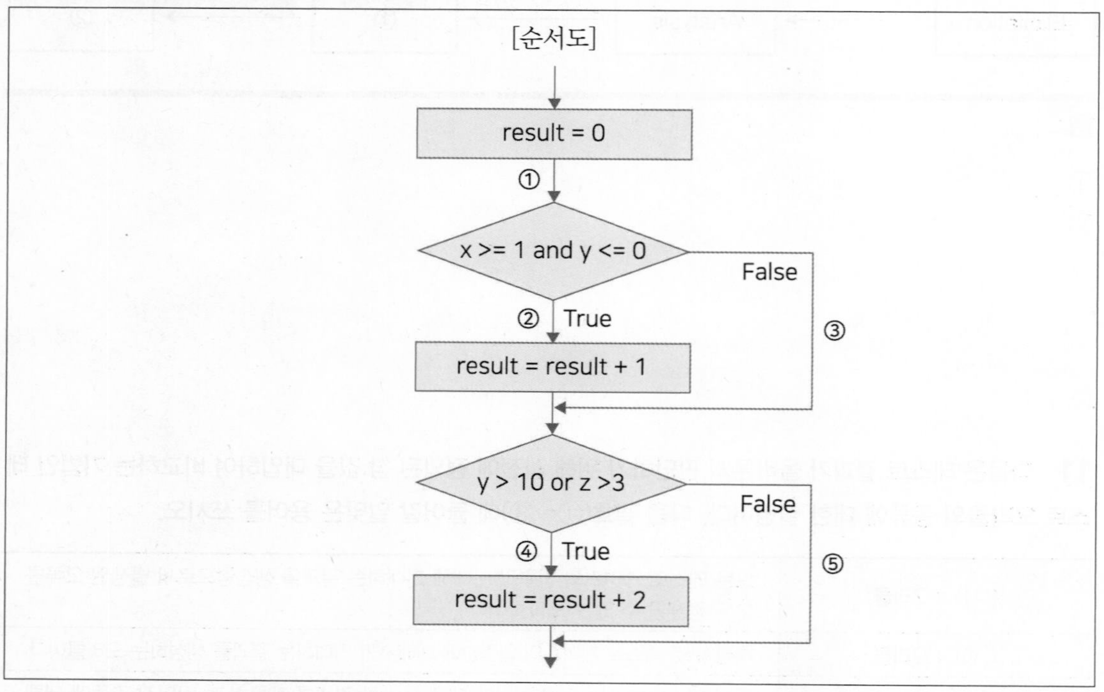

[작성 예시]
①→②→④로 테스트 케이스를 구성할 경우: ①→②→④

답

13 정보보안에서 무결성(Integrity)이란 무엇인지 쓰시오.

답

14 다음이 설명하는 IT 기술 용어를 영어로 쓰시오.

- 대용량 데이터 분산 처리하기 위한 목적으로 개발된 프로그래밍 모델이다.
- Google에 의해 고안된 기술로서 대표적인 대용량 데이터 처리를 위한 병렬 처리 기법을 제공한다.
- 임의의 순서로 정렬된 데이터를 분산 처리하고 이를 다시 합치는 과정을 거친다.

답

15 파일의 소유자를 변경하는 Linux/Unix 명령어를 쓰시오.

답

16 UML 모델에서 사용하는 Behavioral/Dynamic Diagram에 속하지 않은 것을 [보기]에서 골라 쓰시오.

[보기]

Use Case Diagram, Sequence Diagram, Communication Diagram, State Diagram, Activity Diagram, Timing Diagram, Deployment Diagram

답

17 다음의 설명에 해당하는 인터페이스 구현 검증 도구를 [보기]에서 골라 쓰시오.

- (　)은/는 소프트웨어의 함수나 클래스 같은 서로 다른 구성 원소(단위)를 테스트할 수 있게 해 주는 도구, JAVA(jUnit), C++(cppUnit), .Net(nUnit), Web(httpUnit) 등 다양한 언어를 지원한다.
- (　)은/는 같은 테스트 코드를 여러 번 작성하지 않게 해 주고, 그 결과가 어떠해야 하는지 기억할 필요 없게 자동화된 해법을 제공하는 장점이 있다.

[보기]

xUnit, STAF, FitNesse, NTAF

답

18 다음의 네트워크 침해 공격에 대한 설명에 해당하는 공격 유형을 쓰시오.

- 서버에 접속하고 있는 클라이언트들의 세션 정보를 가로채는 공격기법이다.
- 비동기화 상태 탐지, ACK 패킷 비율 모니터링, 패킷의 유실 탐지, 예상치 못한 접속의 리셋을 탐지하여 방어할 수 있다.

답

19 다음 접근 제어 유형에 대한 각 지문(①~③)의 설명에 알맞은 용어를 영어 약어로 쓰시오.

① 주체나 또는 그들이 속해 있는 그룹들의 신분(Identity)에 근거하여 객체에 대한 접근을 제한하는 방법이다.

② 어떤 주체가 특정 객체에 접근하려고 할 때 양쪽의 보안 레이블(Security Label)에 기초하여 높은 보안 수준을 요구하는 정보(객체)가 낮은 보안 수준의 주체에게 노출되지 않도록 접근을 제한하는 방법이다.

③ 중앙관리자가 주체와 객체의 상호관계를 제어하며 조직 내에서 직무, 직책 등의 개인의 역할에 따라 접근을 제한하는 방법이다.

답

①

②

③

20 다음 내용은 디자인 패턴이다. 괄호 안에 들어갈 알맞은 용어를 영문으로 쓰시오.

- (   ) 패턴은 객체를 생성하기 위한 인터페이스를 정의하여 어떤 클래스가 인스턴스화 될 것인지는 서브 클래스가 결정하도록 하는 것이다.
- Virtual-Constructor 패턴이라고도 한다.

답

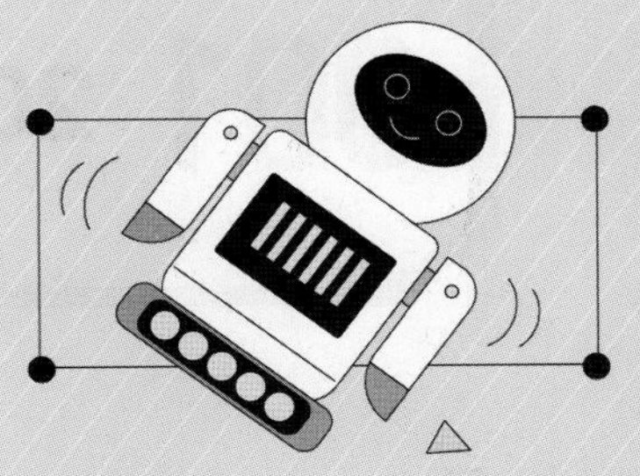

부록

03

정답 및 해설

001 2023년 1회 기출 정답 및 해설

01

정답 10
11
10
20

해설

코드	해설

class Static {
  public int a = 20;
  static int b = 0;
}	

public class Main{
  public static void main(String[] args){
    int a;
    a = 10;
	① 자료형이 int인 변수 a를 선언하고 10을 대입

Static.b = a;	② Static.b에 a의 값 10을 대입 • static 변수는 프로그램 전역에서 접근할 수 있고 값을 담을 수 있는 공간이 하나만 존재하는 static 변수
Static st = new Static();	③ Static 클래스 객체 st 생성
System.out.println(Static.b++);	④ Static.b의 값 10을 출력하고 Static.b의 값에 1을 더함
System.out.println(st.b);	⑤ Static.b의 값 11을 출력
System.out.println(a);	⑥ 변수 a의 값 10을 출력
System.out.print(st.a);	⑦ Static.a의 초깃값 20을 출력

02

정답 Art
A
A
Art
Art

해설

코드	해설
#include <stdio.h>	
int main(){	

char a[] = "Art";	① 문자열 a를 선언하고 "Art"로 초기화 • C에서 문자열은 문자의 배열이며, 배열 끝에는 널 종료 문자('\0')가 추가됨
char* p = NULL;	② 포인터 p 선언 및 NULL로 초기화
p = a;	③ 포인터 p를 문자열 배열 a의 첫 번째 요소를 가리키도록 설정
printf("%s\n", a);	④ 문자열 a, 즉 "Art"를 출력 • %s는 문자열을 출력하는 포맷 스트링
printf("%c\n", *p);	⑤ 포인터 p가 가리키는 값, 즉 배열 'a'의 첫 번째 문자를 출력 • %c는 단일 문자를 출력하는 포맷 스트링
printf("%c\n", *a);	⑥ 배열 a의 첫 번째 문자, 즉 'A'를 출력
printf("%s\n", p);	⑦ 포인터 p가 가리키는 문자열을 출력, 즉 "Art" 출력 • %s는 문자열을 출력하는 포맷 스트링
for(int i = 0; a[i] != '\0'; i++)	
printf("%c", a[i]);	
}	

* 포맷 스트링(Formatted String) 유형

포맷 스트링	입·출력 대상(자료형)	설명
%d	char, short, int	**부호 있는 10진수 정수 출력** ***char의 경우 값에 대응하는 숫자**
%u	unsigned int	**부호 없는 10진수 정수**
%o	unsigned int	부호 없는 8진수 정수
%x, %X	unsigned int	부호 없는 16진수 정수
%f	float, double	**10진수 실수 출력**
%c	char, short, int	**단일 문자 출력** ***short, int의 경우 값에 대응하는 문자**
%s	char *	**문자열 출력**
%p	void *	포인터의 주소 출력

03

정답 qwe

해설 두 문자열에서 겹치는 문자를 찾아서 출력하는 코드이다. 코드를 실행하면 두 문자열에서 공통된 문자가 출력된다. 중첩된 두 개의 반복문이 사용되었는데, 바깥쪽 반복문은 문자열 a의 각 문자를 확인하고, 안쪽 반복문은 문자열 b의 각 문자와 비교하여 일치하는 경우 해당 문자를 출력한다. 따라서 문자열 a와 문자열 b를 비교해 두 문자열 간 겹치는 문자를 찾아 출력하면 qwe가 된다.

04

정답 AJAX(Asynchronous JavaScript and XML)

해설 비동기적인 웹 애플리케이션의 제작을 위해 JavaScript와 XML을 이용한 비동기적 정보 교환 기법은 AJAX이다. 아래의 표를 참조하여 각 데이터 기술 및 포맷의 특징을 정확하게 암기하는 것이 중요하다.

데이터 기술, 포맷	설명
AJAX (Asynchronous JavaScript and XML)	JavaScript를 사용한 비동기 통신기술로 클라이언트와 서버 간에 XML 데이터를 주고 받는 기술
REST (Representational State Transfer)	웹과 같은 분산 하이퍼 미디어 환경에서 자원의 존재/상태 정보를 표준화된 HTTP 메서드로 주고받는 웹 아키텍처
JSON (JavaScript Object Notation)	비동기 브라우저/서버 통신(AJAX)을 위해 "속성-값 쌍", "키-값 쌍"으로 이루어진 데이터 오브젝트를 전달하기 위해 인간이 읽을 수 있는 텍스트를 사용하는 개방형 표준 포맷
XML (eXtensible Markup Language)	웹 페이지의 기본 형식인 HTML의 문법이 각 웹 브라우저에서 상호 호환적이지 못하다는 문제와 SGML의 복잡함을 해결하기 위하여 W3C에서 개발한 다목적 마크업 언어
YAML (YAML Ain't Markup Language)	데이터를 사람이 쉽게 읽을 수 있는 형태로 표현하기 위해 사용하는 데이터 직렬화 양식

05

정답 ① 가상 회선 방식
② 데이터그램 방식

해설

프로토콜	설명
TCP (Transmission Control Protocol)	• 인접한 노드 사이의 프레임 전송 및 오류를 제어 • 흐름 제어(Flow Control)의 기능을 수행 • 전이 중(Full Duplex) 방식의 **양방향 가상회선을 제공** • 패킷의 전송 및 오류를 제어해 신뢰성 있는 연결을 지향
IP (Internet Protocol)	• 패킷을 분할, 병합하는 기능을 수행 • 비연결형, 비신뢰성 서비스를 제공 • **데이터그램 전송 서비스**를 제공

06

정답 L2TP(Layer 2 Tunneling Protocol)

해설 데이터 링크 계층의 프로토콜의 설명이다.

프로토콜	설명
HDLC(High-level Data Link Control)	• 점대점 링크 및 멀티포인트 링크를 위해 개발됨 • 에어 제어를 위해 Go-Back-N ARQ를 사용 • 슬라이딩 윈도우 방식에 의해 흐름 제어를 제공
PPP(Point-to-Point Protocol)	네트워크 분야에서 두 통신 노드 간의 직접적인 연결을 위해 일반적으로 사용되는 프로토콜
LLC(Logical link control)	다양한 매체접속제어 방식 간의 차이를 보완함
X.25	DTE(Data Terminal Equipment)와 DCE(Data Circuit-terminating Equipment) 간의 인터페이스 제공
L2TP (Layer 2 Tunneling Protocol)	터널링 프로토콜인 PPTP(Point-to_Point Tunneling Protocol)와 VPN의 구현에 사용하는 L2F(Layer 2 Forwarding Protocol)를 결합하여 만든 프로토콜

07

정답 SSH(Secure SHell)

해설 SSH(Secure SHell)는 기본적으로 22 포트를 사용하며 보안 접속을 통한 원격 시스템에서 명령을 실행하고 다른 시스템으로 파일을 복사할 수 있도록 해 주는 응용 프로그램이다.

08

정답 ① 웜(Worm), ② 트로이 목마(Trojan Horse), ③ 바이러스(Virus)

해설 웜, 트로이 목마, 바이러스에 대해 묻는 문제이다.

09

ⓐ % ⓑ 10	또는	ⓐ % ⓑ 5	또는	ⓐ % ⓑ 2	또는	ⓐ & ⓑ 1

(넷 중 하나면 정답)

해설 이진수의 각 자리 비트에 2의 거듭제곱을 곱한 후 더하면 십진수가 된다. 이진수의 각 자리 비트는 오른쪽에서 왼쪽으로 갈수록 2의 거듭제곱이 증가하므로, 각 비트에 해당하는 2의 거듭제곱을 차례로 곱해서 더하면 십진수가 된다. 위 코드는 이러한 이진수에서 십진수로 변환하는 과정을 반복문을 이용해 구현한 것이다. 코드에서 현재 이진수의 가장 오른쪽에 있는 비트(나머지)를 가져오는 부분이고, input / 10은 가장 오른쪽에 있는 비트를 제외한 나머지 비트들을 가져오기 위해 사용된다.

10

정답 ICMP

해설 네트워크 프로토콜 ICMP에 대해 묻는 문제이다.

11

정답 Proxy

해설 대리자라는 의미를 가진 Proxy 패턴에 대한 설명이다. Proxy 패턴은 원본 객체를 대리하여 필요할 때만 대신 처리하게 함으로써 객체에 대한 접근을 제어하는 디자인 패턴이다.

디자인 패턴		설명
생성 패턴	추상 팩토리 (Abstract Factory)	• 생성할 객체의 클래스를 제한하지 않고 객체 생성 • 구체적인 클래스에 의존하지 않고 서로 연관된 객체들의 조합을 만드는 인스턴스를 제공하는 패턴
	빌더 (Builder)	• 복잡한 인스턴스를 조립하여 만드는 패턴 • 객체의 추상화와 구현을 분리하여 결합도를 낮춘 패턴
	팩토리 매서드 (Factory Method)	• 상위 클래스에서는 객체를 생성할 때 필요한 인터페이스만 만들고, 서브클래스에서 인스턴스 생성을 하는 패턴 • 가상 생성자(Virtual-Constructor) 패턴
	프로토타입 (Prototype)	원형이 되는 인스턴스를 복제함으로써 새로운 인스턴스를 생성하는 패턴
	싱글톤	• 어떤 클래스의 객체 인스턴스가 오직 하나임을 보장하는 패턴

구분	패턴	설명
	(Singleton)	• 하나의 객체를 생성하면 생성된 객체를 어디서든 참조할 수 있지만, 여러 프로세스가 동시에 참조할 수는 없음
구조 패턴	어댑터 (Adapter)	인터페이스가 호환되지 않아 사용할 수 없던 클래스를 사용할 수 있도록, 특정 클래스 인터페이스를 클라이언트에서 요구하는 다른 인터페이스로 변환해 주는 패턴
	브리지(Bridge)	추상화와 구현을 분리하여 각자 독립적으로 확장할 수 있도록 한 패턴
	프록시(Proxy)	• 원본 객체를 대리하여 필요할 때만 대신 처리하게 함으로써 객체에 대한 접근을 제어하는 패턴 • 객체를 드러나지 않게 하여 정보 은닉
	컴포지트 (Composite)	객체를 트리 구조로 구성해 부분-전체 계층 구조를 구현해, 개별 객체와 복합 객체를 동일하게 다룰 수 있도록 하는 패턴
	데코레이터 (Decorator)	객체 간의 결합을 통하여 객체에 대한 기능 확장이나 변경을 할 수 있도록 하는 패턴
	플라이웨이트 (Flyweight)	객체의 공유를 통해 메모리 사용량을 줄이고 성능을 향상시키는 패턴
	퍼사드 (Facade)	복잡한 서브 시스템을 단순한 인터페이스로 제공하여 서브 시스템을 더 편리하게 사용 가능하도록 한 패턴
행위 패턴	전략 (Strategy)	객체의 행위를 클래스로 캡슐화하여 행위의 변화에 따라 클래스를 유연하게 변경하는 패턴
	템플릿 메서드 (Template Method)	특정 작업을 처리하는 일부분을 서브 클래스로 캡슐화하여 전체적인 구조는 바꾸지 않으면서 특정 단계에서 수행하는 내용을 바꾸는 디자인 패턴
	중재자 (Mediator)	• 객체 간의 상호작용에서 발생하는 복잡한 로직을 하나의 객체(중재자)로 캡슐화하고, 다른 객체 간의 조정을 중재하는 패턴 • 객체 간의 통제와 지시의 역할을 하는 중재자를 두어 객체지향의 목표 달성
	커맨드 (Command)	요청을 객체로 캡슐화하여 요청의 처리를 취소하거나, 재사용하거나, 로깅하는 등의 작업을 수행하는 패턴
	옵저버 (Observer)	한 객체의 상태가 바뀌면 그 객체에 의존하는 다른 객체들에게 변경을 알려 주고 자동으로 내용을 갱신하는 패턴(일대다 의존성 정의)
	상태 (State)	객체의 상태를 캡슐화하여 상태에 따른 행위를 변경할 수 있게 해 주는 패턴
	반복자 (Iterator)	컬렉션의 구현 방법을 노출하지 않으면서 집합체 내의 모든 항목에 접근하는 방법을 제공하는 패턴
	방문자 (Visitor)	객체 구조와 기능을 분리하여 구조 안의 각 요소에 대해 새로운 연산을 정의하는 패턴
	책임 연쇄 (Chain of Responsibility Pattern)	요청을 처리할 수 있는 객체를 동적으로 지정하여 요청을 처리하고, 처리할 객체가 없는 경우에는 다음 객체로 요청을 전달하는 방식으로 요청의 처리를 해결하는 패턴
	인터프리터 (Interpreter)	문법 규칙을 클래스화하여 특정 표현식을 표현하는 객체를 생성하고 처리하는 방식의 패턴
	메멘토 (Memento)	특정 시점의 객체의 상태 정보를 저장하고, 필요에 따라 이를 복구(작업취소; Undo)할 수 있는 패턴

12

정답 ① 튜플
② 릴레이션 인스턴스
③ 카디널리티

해설

구성요소	설명
릴레이션(Relation)	행(Row)과 열(Column)로 구성된 테이블 **릴레이션의 특징** • 속성은 단일 값을 가짐 • 튜플의 삽입, 삭제로 인해 릴레이션의 시간에 따라 변함 • 속성은 서로 다른 이름을 가짐 • 한 속성의 값은 모두 같은 도메인 값을 가짐 • 튜플의 순서는 상관없음 • 속성값은 모두 원자값으로 저장
속성(Attribute)	릴레이션의 세로 값으로 열(Column)이라고도 함
튜플(Tuple)	릴레이션의 가로 값으로 행(Row)이라고도 함
차수(Degree)	속성의 수
카디널리티(Cardinality)	튜플의 수
인스턴스(Instance)	• 어느 한 시점 릴레이션에 존재하는 튜플들의 집합 • 외연(relation extension)으로도 불림
스키마(Schema)	릴레이션의 구성 및 정보에 대한 기본적인 구조를 정의함
도메인(Domain)	하나의 속성(Attribute)이 취할 수 있는 원자값들의 집합
식별자(Identifier)	속성(Attribute) 중에서 튜플을 유일하게 식별할 수 있는 속성(Attribute)

13

정답 DELETE FROM 학생 WHERE 이름 = '민수';

해설

구문	설명
DELETE FROM 테이블명	"테이블명"의 테이블 명에서 행을 삭제
[WHERE 조건]	• 삭제 조건을 설정 • WHERE 조건 없이 수행 시 모든 레코드 삭제

14

정답 ① idx2
② nx

해설 Usort 메서드의 파라미터는 int형 배열 array와 그 배열의 길이인 자료형이 int인 len을 받고 있다. int형 배열 item의 길이값 6을 가지고 있는 변수 nx가 ②의 답이다. Usort 메서드는 파라미터로 받은 배열 array를 0부터 배열의 길이로 받은 파라미터 len만큼 반복하며 찾아 array배열의 j 인덱스보다 j+1 인덱스의 값이 크면 swap 메서드를 호출해 값을 변경한다. swap 메서드는 idx1의 값을 t에 저장 후 idx2의 값에 입력한다. ①의 정답은 idx2이다.

15

정답 {'한국', '중국', '베트남', '홍콩', '태국'}

해설 set 자료형은 중복을 허용하지 않으며, 순서가 없는 집합형 자료형이다.

a = {'한국', '중국', '일본'}	① 변수 a에 set 타입, {'한국', '중국', '일본'} 저장
a.add('베트남')	② 변수 a에 '베트남' 추가 {'한국', '중국', '일본', '베트남'}
a.add('중국')	③ 변수 a에 '중국' 추가, 그러나 이미 '중국'이 있으므로 무시 {'한국', '중국', '일본', '베트남'}
a.remove('일본')	④ 변수 a에 '일본' 삭제 {'한국', '중국', '베트남'}
a.update({'홍콩', '한국', '태국'})	⑤ 변수 a에 '홍콩', '한국', '태국' 업데이트, 이미 '한국'은 있으므로, '홍콩', '태국' 저장 {'한국', '중국', '베트남', '홍콩', '태국'}
print(a)	⑥ 변수 a 출력 {'한국', '중국', '베트남', '홍콩', '태국'}

16

정답 SELECT 과목, MIN(점수) AS 최소점수, MAX(점수) AS 최대점수
From 성적
GROUP BY 과목
HAVING AVG(점수) >= 90;

해설 평균이 90 이상인 조건문과 최솟값과 최댓값 함수를 사용할 수 있는지를 물어 보고 있다. 과목별 최솟값 최댓값을 조회하기 위해 과목에 대한 GROUP BY와 90 이상의 조건을 위해 HAVING인 "GROUP BY 과목 HAVING AVG(점수) >= 90"이다. 과목에 대한 최솟값 최댓값을 추출하는 함수는 "SELECT 과목, MIN(점수) AS 최소점수, MAX(점수) AS 최대점수"이다.

17

정답 Vehicle name: Spark

해설

abstract class Vehicle{
  String name;
  abstract public String getName(String val);
  public String getName() {
    return "Vehicle name: " + name;
  }
}
	④ 매개변수 name의 값 "Spark"와 함께 "Vehicle name: Spark" 반환

class Car extends Vehicle{
  public Car(String val){
    name=super.name=val;
  }
	② 멤버 변수 name과 상위 클래스 Vehicle 멤버변수 name에 파라미터 변수 val의 값 "Spark"를 입력

코드	설명

public String getName(String val){
    return "Car name:" + val;
  }	

public String getName(byte val[]){
    return "Car name:" + val;
  }
}	

public class Main {
 	
  public static void main(String[] args){
 	
  Vehicle obj = new Car("Spark");
	① Car 클래스 객체 파라미터 "Spark"와 함께 obj 생성

System.out.println(obj.getName()); } }	③ Vehicle 클래스의 getName 메서드 실행 ⑤ getName 함수로 반환받은 "Vehicle name: Spark" 출력

18

① 개념
② 내부
③ 외부

사용자 / 사용자 / 사용자 외부 단계: 외부 스키마, 외부 스키마, 외부 스키마 개념 단계: 개념 스키마 내부 단계: 내부 스키마 저장 데이터베이스	외부 스키마 (External Schema)	• 사용자나 개발자의 관점에서 필요로 하는 논리적인 구조를 정의 • 하나의 데이터베이스 시스템에서 여러 외부 스키마가 존재
	개념 스키마 (Conceptual Schema)	• 데이터베이스의 논리적인 구조 • 데이터를 종합한 조직 전체의 데이터베이스로 하나만 존재 • 객체 간의 관계와 제약조건, 접근 권한, 보안 및 무결성에 관한 명세를 정의
	내부 스키마 (Internal Schema)	• 물리적 저장장치의 관점에서 본 데이터베이스 구조 • 저장 데이터 항목의 표현 방법과 내부 레코드의 물리적 순서 등을 나타냄

19

정답 1234561, 124567 or 1234567, 124561

해설 분기 커버리지는 분기 포인트 내의 전체 조건식이 적어도 한 번은 참과 거짓의 결과를 수행해야 하기 때문에 첫 번째 분기문도 참, 거짓이 와야 하고, 두 번째 분기도 참, 거짓이 한 번씩 와야 한다.

20

정답 500

해설 상속의 개념을 물어 보는 문제이다.

코드	설명

class Parent{
  int x = 100;
  Parent(){
    this(500);
  }
	② this 명령어로 파라미터 500과 함께 생성자 함수 실행

Parent(int x){
    this.x = x;
  }
	③ 파라미터로 받은 변수 x의 값 500을 매개변수 x에 저장

int getX(){
    return x;
  }
}
	⑦ 매개변수 x의 값 500을 반환

int getX(){
    return x;
  }
}	

class Child extends Parent{
  int x = 4000;
  Child(){
    this(5000);
  }
	④ this 명령어로 파라미터 5000과 함께 생성자 함수 실행

Child(int x){
    this.x = x;
  }
}
	⑤ 파라미터로 받은 변수 x의 값 5000을 매개변수 x에 저장

public class Main{
    public static void main(String[] args){
    Child obj = new Child();
	① Child 클래스 객체 파라미터 obj 생성

System.out.println(obj.getX()); } }	⑥ Parent 클래스의 getX 메서드 실행 ⑧ 반환받은 500의 값을 출력

002 2023년 2회 기출 정답 및 해설

01

정답 n[(i+1) % 5]

해설 배열의 요소를 거꾸로 출력하도록 해야 한다. 그러나 for문에서 i는 0부터 5까지 1씩 증가하며 수행되므로, printf 부분에서 인덱스를 거꾸로 출력되도록 해야 한다. 4 3 2 1 5 순으로 출력되어야 하므로 printf 문에는 n[(i+1) % 5]이 들어가야 한다.

02

정답 ⓐ m / 1000
ⓑ (m % 1000) / 500
ⓒ (m % 500) / 100
ⓓ (m % 100) / 10

해설 연산자를 이용해 빈 부분의 코드를 채우면 된다. 먼저 ⓐ는 1000원의 개수를 세는 부분이니 m / 1000을 하면 된다. m1이 int형 변수이므로 C언어에서 m / 1000을 하면 나머지는 제외되고 정수 부분만 변수 m1에 저장된다. ⓑ에는 1000원으로 나눈 나머지에서 500원을 나누면 되니까 (m % 1000) / 500이 된다. 같은 방식으로 ⓒ, ⓓ를 채우면 ⓒ는 (m % 500) / 100, ⓓ는 (m % 100) / 10이 된다.

03

정답 박영희
박영희
박영희

해설 C언어의 함수 중 문자열을 입력받는 함수 get()에 대한 문제이다.

#include <stdio.h>	
char n[30];	① size가 30인 배열 n 생성
char *get(){	② 사용자 함수 get()을 생성하여 char * 반환
gets(n);	③ 입력받은 문자열을 배열 n에 저장
return n;	④ n의 주솟값 반환
} void main(){	
char *n1 = get();	⑤ n1에 get() 함수 호출 n1 = n의 주솟값
char *n2 = get();	⑥ n2에 get() 함수 호출 n2 = n의 주솟값
char *n3 = get();	⑦ n3에 get() 함수 호출 n3 = n의 주솟값 [입력]의 가장 마지막인 박영희만 배열 n에 저장됨
printf("%s\n", n1);	⑧ n의 주솟값인 박영희 출력, 개행

printf("%s\n", n2);	⑨ n의 주솟값인 박영희 출력, 개행
printf("%s", n3);	⑩ n의 주솟값인 박영희 출력
}	

04

정답 INSERT INTO 학생(학번,이름,학년,과목,전화번호)
VALUES(98765431,'한국산',3,'경영학개론','010-1234-1234');
또는
INSERT INTO 학생
VALUES(98765431,'한국산',3,'경영학개론','010-1234-1234');

해설 INSERT 문을 작성할 수 있는지를 물어 보고 있다.

구문	설명
INSERT INTO 테이블	데이터를 삽입할 테이블을 정의
(속성명, ...)	데이터를 삽입할 속성을 정의
VALUES(데이터, ...)	• 데이터를 정의 • 속성, 데이터 수, 타입이 일치해야 함

05

정답 BCD

해설 switch ~ case에 관련한 문제이다. swich ~ case문 내에 break가 없다면 실행된 조건문 아래 행을 모두 실행시켜 준다.

#include <stdio.h>	
void main(){	
int n[3] = {73, 95, 82};	① 배열의 size가 3인 배열에 73, 95, 82 저장 n[0] | n[1] | n[2] 73 | 95 | 82
int sum = 0;	② 정수 변수 sum에 0 저장
for(int i=0; i<3; i++){	③ 정수 변수 i에 0 저장, 조건문 i<3이 참일 경우, ④ 실행 후, i ++ 실행
sum += n[i];	④ sum = sum + n[i] i | sum | n[i] | sum 0 | 0 | 73 | 73 1 | 73 | 95 | 168 2 | 168 | 82 | 250
}	
switch(sum/30){	⑤ 250/30 연산의 몫인 8
case 10:	
case 9: printf("A");	
case 8: printf("B");	⑥ 8인 경우, "B" 출력

	break문이 없으므로 다음 행들을 모두 실행 "C", "D" 출력
case 7:	
case 6: printf("C");	
default: printf("D");	
}	
}	

06

정답 조건 커버리지

해설 조건 커버리지에 대한 설명이다.

테스트 커버리지	설명
구문(문장) 커버리지 (Statement Coverage)	• 프로그램 내의 모든 명령문을 적어도 한 번 수행하는 커버리지 • 조건문 결과와 관계없이 구문 실행 개수로 계산
결정(분기) 커버리지 (Decision Coverage; Branch Coverage)	(각 분기의) 결정 포인트 내의 전체 조건식이 적어도 한 번은 참(T)과 거짓(F)의 결과를 수행하는 테스트 커버리지
조건 커버리지 (Condition Coverage)	(각 분기의) 결정 포인트 내의 각 개별 조건식이 적어도 한 번은 참과 거짓의 결과가 되도록 수행하는 테스트 커버리지
결정(분기)/조건 커버리지 (Decision/Condition Coverage)	전체 조건식뿐만 아니라 개별 조건식도 참 한번, 거짓 한 번 결과가 되도록 수행하는 테스트 커버리지
변경 조건-결정(분기) 커버리지 (Modified Condition/ Decision Coverage)	개별 조건식이 다른 개별 조건식에 영향을 받지 않고 전체 조건식에 독립적으로 영향을 주도록 함으로써 조건/결정 커버리지를 향상시킨 커버리지
다중 조건 커버리지 (Multiple Condition Coverage)	결정 조건 내 모든 개별 조건식의 모든 가능한 조합을 100% 보장하는 커버리지

07

정답 213465

해설 스택(Stack)을 구현한 코드이다. 스택은 나중에 삽입한 데이터가 먼저 나오는 Last-In-First-Out (LIFO) 구조로 되어 있다. into() 함수는 스택에 값을 추가하고, take() 함수는 스택에서 값을 가져오는 함수이다. main() 함수에서 into(5), into(2)를 통해 5와 2를 삽입하고, take()를 해서 2를 출력한다. 다시 into(4), into(1)을 한 후, take()를 해서 1을 출력한다. into(3)을 한 후, take()를 해서 3을 출력한다. 이어서 into(6)을 한 후 take()를 해서 6을 출력하고, 한 번 더 take()를 하면 가장 먼저 삽입된 값인 5가 출력된다.

08

정답 ① ㄴ. 요구사항 분석

② ㄷ. 개념적 설계

③ ㅁ. 논리적 설계

④ ㄹ. 물리적 설계

⑤ ㄱ. 구현

해설

순서	단계	설명
1	요구조건 분석	• 데이터베이스의 사용 목적 파악 • 데이터베이스 구조 설계에 필요한 개체, 속성, 관계 제약조건 등을 식별
2	개념적 설계	• 정보를 구조화하기 위해 추상적 개념으로 독립적인 개념스키마를 설계 • 트랜잭션 모델링과 개념스키마 모델링 • 요구조건 분석을 통해 E-R 다이어그램을 작성
3	논리적 설계	• 컴퓨터가 이해할 수 있도록 DBMS에 맞게 논리적 자료구조로 사람이 이해하기 쉽게 변환 • 스키마를 평가 및 정제 • 정규화를 수행 • 트랜잭션의 인터페이스를 설계 • 테이블을 설계하는 단계에서 정규화
4	물리적 설계	• 논리적 구조로 표현된 데이터를 물리적 구조의 데이터로 DB에 변환 • 저장 레코드의 양식을 설계함(데이터 타입, 데이터값의 분포, 접근 빈도) • 저장구조 및 접근 경로를 설정하고 레코드 집중의 분석 및 설계

09

정답 505

해설 2023까지 4의 배수가 몇 개인지 세는 코드이다.

코드	설명
#include <stdio.h>	
int main(){	
int c = 0;	① 정수 변수 c = 0 저장
for(int i = 1; i <=2023; i++){	② 정수 변수 i = 1 저장, i<=2023이 참일 경우, ③ 실행 후, i++ 실행
if(i%4 == 0) c++;	③ i를 4로 나누었을 때, 나머지 0이 참일 경우, c++ 실행 2023 안에 가장 큰 4의 배수는 2020 2020/4 = 505
}	
printf("%d", c);	④ 변수 c에 저장된 505 출력
}	

10

정답 템퍼 프루핑(Tamper Proofing)

해설 템퍼 프루핑에 대한 설명이다.

11

정답 ① Singleton

② Visitor

해설 생성자가 여러 차례 호출되더라도 실제로 생성되는 객체는 하나이고, 최초 생성 이후에 호출된 생성자는 최초의 생성자가 생성한 객체를 반환한다. 이러한 디자인 패턴은 싱글톤(Singleton)이다. 또한, 호스트 객체의 내부 상태에 접근할 수 있는 방법을 제공하여 호스트 객체에 연산을 추가할 수 있도록 하는 디자인 패턴은 방문자(Visitor) 패턴이다.

디자인 패턴		설명
생성 패턴	추상 팩토리 (Abstract Factory)	• 생성할 객체의 클래스를 제한하지 않고 객체 생성 • 구체적인 클래스에 의존하지 않고 서로 연관된 객체들의 조합을 만드는 인스턴스를 제공하는 패턴
	빌더(Builder)	• 복잡한 인스턴스를 조립하여 만드는 패턴 • 객체의 추상화와 구현을 분리하여 결합도를 낮춘 패턴
	팩토리 매서드 (Factory Method)	• 상위 클래스에서는 객체를 생성할 때 필요한 인터페이스만 만들고, 서브클래스에서 인스턴스 생성을 하는 패턴 • 가상 생성자(Virtual–Constructor) 패턴
	프로토타입(Prototype)	원형이 되는 인스턴스를 복제함으로써 새로운 인스턴스를 생성하는 패턴
	싱글톤(Singleton)	• 어떤 클래스의 객체 인스턴스가 오직 하나임을 보장하는 패턴 • 하나의 객체를 생성하면 생성된 객체를 어디서든 참조할 수 있지만, 여러 프로세스가 동시에 참조할 수는 없음
구조 패턴	어댑터 (Adapter)	인터페이스가 호환되지 않아 사용할 수 없던 클래스를 사용할 수 있도록, 특정 클래스 인터페이스를 클라이언트에서 요구하는 다른 인터페이스로 변환해 주는 패턴
	브리지(Bridge)	추상화와 구현을 분리하여 각자 독립적으로 확장할 수 있도록 한 패턴
	프록시(Proxy)	• 원본 객체를 대리하여 필요할 때만 대신 처리하게 함으로써 객체에 대한 접근을 제어하는 패턴 • 객체를 드러나지 않게 하여 정보 은닉
	컴포지트 (Composite)	객체를 트리 구조로 구성해 부분–전체 계층 구조를 구현해, 개별 객체와 복합 객체를 동일하게 다룰 수 있도록 하는 패턴
	데코레이터(Decorator)	객체 간의 결합을 통하여 객체에 대한 기능 확장이나 변경을 할 수 있도록 하는 패턴
	플라이웨이트(Flyweight)	객체의 공유를 통해 메모리 사용량을 줄이고 성능을 향상시키는 패턴
	퍼사드(Facade)	복잡한 서브 시스템을 단순한 인터페이스로 제공하여 서브 시스템을 더 편리하게 사용 가능하도록 한 패턴
행위 패턴	전략(Strategy)	객체의 행위를 클래스로 캡슐화하여 행위의 변화에 따라 클래스를 유연하게 변경하는 패턴
	템플릿 메서드 (Template Method)	특정 작업을 처리하는 일부분을 서브 클래스로 캡슐화하여 전체적인 구조는 바꾸지 않으면서 특정 단계에서 수행하는 내용을 바꾸는 디자인 패턴
	중재자 (Mediator)	• 객체 간의 상호작용에서 발생하는 복잡한 로직을 하나의 객체(중재자)로 캡슐화하고, 다른 객체 간의 조정을 중재하는 패턴 • 객체 간의 통제와 지시의 역할을 하는 중재자를 두어 객체지향의 목표 달성
	커맨드 (Command)	요청을 객체로 캡슐화하여 요청의 처리를 취소하거나, 재사용하거나, 로깅하는 등의 작업을 수행하는 패턴
	옵저버 (Observer)	한 객체의 상태가 바뀌면 그 객체에 의존하는 다른 객체들에게 변경을 알려 주고 자동으로 내용을 갱신하는 패턴(일대다 의존성 정의)
	상태(State)	객체의 상태를 캡슐화하여 상태에 따른 행위를 변경할 수 있게 해 주는 패턴
	반복자(Iterator)	컬렉션의 구현 방법을 노출하지 않으면서 집합체 내의 모든 항목에 접근하는 방법을 제공하는 패턴
	방문자(Visitor)	객체 구조와 기능을 분리하여 구조 안의 각 요소에 대해 새로운 연산을 정의하는 패턴

	책임 연쇄 (Chain of Responsibility Pattern)	요청을 처리할 수 있는 객체를 동적으로 지정하여 요청을 처리하고, 처리할 객체가 없는 경우에는 다음 객체로 요청을 전달하는 방식으로 요청의 처리를 해결하는 패턴
	인터프리터 (Interpreter)	문법 규칙을 클래스화하여 특정 표현식을 표현하는 객체를 생성하고 처리하는 방식의 패턴
	메멘토 (Memento)	특정 시점의 객체의 상태 정보를 저장하고, 필요에 따라 이를 복구(작업취소; Undo) 할 수 있는 패턴

12

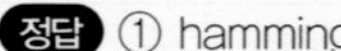

① hamming
② FEC
③ BEC
④ parity
⑤ CRC

해설

종류	설명
순방향 오류 수정 (FEC; Forward Error Correction)	• 데이터 전송 시 발생한 오류를 검출해 스스로 수정하는 방식 • 검사 방식은 해밍(Hamming) 코드 방식과 상승 코드 방식이 있음 • 해밍(Hamming) 코드 방식은 1비트의 오류 수정 가능
역방향 오류 수정 (BEC; Backward Error Correction)	• 데이터 전송 시 오류가 발생하면 송신 측에 재전송을 요구 • 패리티(Parity) 검사, CRC, 블록합 검사가 있음 • 오류 제어는 자동 반복 요청(ARQ; Automatic Repeat reQuest) • 패리티(Parity) 검사는 7~8개의 비트로 구성되는 전송 문자에 특정 비트를 추가하여 오류를 검출하는 방식 • CRC(Cycle Redundancy Check)는 송신 측과 수신 측이 동일한 특정 다항식을 사용해 산축된 값을 토대로 오류를 검출하는 방식

13

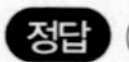

① 정보
② 감독
③ 비번호
④ 비동기균형
⑤ 비동기응답

해설

프로토콜	설명
HDLC (High-level Data Link Control)	• 점대점 링크 및 멀티포인트 링크를 위해 개발됨 • 에어 제어를 위해 Go-Back-N ARQ를 사용 • 슬라이딩 윈도우 방식에 의해 흐름 제어를 제공 • 플래그(Flag), 주소부(Address Field), 제어부(Control Field)로 구성됨 • 정보 프레임은 제어부가 '0'으로 시작되며 사용자와 일부 제어 정보 전달에 사용 • 감독 프레임은 제어부가 '10'으로 시작되어 오류 제어와 흐름제어를 위해 사용 • 비번호 프레임은 제어부가 '11'로 시작되어 링크 자체 관리용으로 사용

	• 데이터 전송 모드는 'NRM', 포인트 투 포인트 균형 링크에 사용되는 '비동기 균형'과 오류 복구 같은 제어만 기본 서버에서 하는 특징을 가진 '비동기 응답'이 있음
PPP (Point-to-Point Protocol)	네트워크 분야에서 두 통신 노드 간의 직접적인 연결을 위해 일반적으로 사용되는 프로토콜
LLC (Logical link control)	다양한 매체접속제어 방식 간의 차이를 보완함
X.25	DTE(Data Terminal Equipment)와 DCE(Data Circuit-terminating Equipment) 간의 인터페이스 제공
L2TP (Layer 2 Tunneling Protocol)	터널링 프로토콜인 PPTP(Point-to_Point Tunneling Protocol)와 VPN의 구현에 사용하는 L2F(Layer 2 Forwarding Protocol)를 결합하여 만든 프로토콜

14

정답 true
false
true
true

해설 JAVA는 문자열이 동일하다면 동일한 String 객체를 참조하도록 되어 있다. str1과 str2는 동일한 객체를 참조하고 str3는 new 연산자로 생성된 다른 String 객체를 참조한다. str1과 str2는 같은 객체를 참고하여 "str1==str2"는 true를 반환하고 str3는 다른 객체를 참고하여 "str1==str3"는 false를 반환한다. equals 메서드는 두 문자열의 값을 비교해 true를 반환한다.

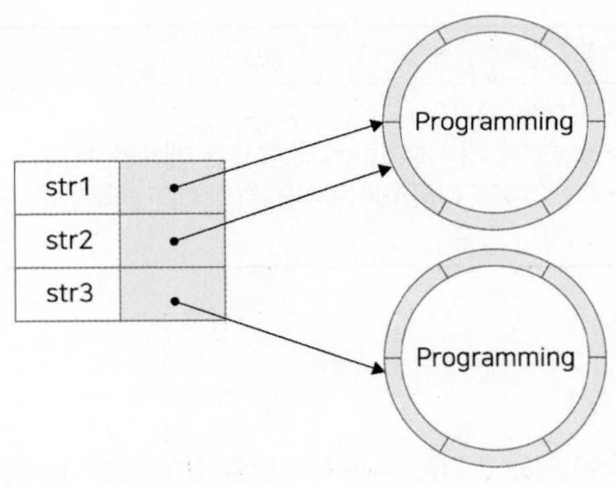

15

정답 ① DES, AES, ARIA, SEED
② RSA, ECC

해설

구분	대칭 키 암호 방식	비대칭 키 암호 방식
키	대칭 키(=개인 키, 비밀 키)	비대칭 키(=공개 키)
키의 관계	암호화 키=복호화 키	암호화 키≠복호화 키
암호화 키	비밀 키	공개 키
복호화 키	비밀 키	개인 키

키 개수	• $\frac{n(n-1)}{2}$ • 10명이 공개키 암호를 사용할 경우 45개의 키가 필요하다.	• $2n$ • 10명이 공개키 암호를 사용할 경우 20개의 키가 필요하다.
장점	• 암복호화 키 길이가 짧음 • **암복호화 속도가 빠름**	• 암호화 키 사전 공유 불필요 • **관리해야 할 키 개수가 적음** • **키 분배 및 관리가 쉬움** • **개인 키 활용해 인증, 전자 서명 등에 적용 가능**
단점	• 키 분배 및 관리의 어려움 • **기밀성**만 보장	• 암복호화 키 길이가 김 • **암복호화 속도가 느림**
알고리즘	• **블록 암호화 방식: DES, SEED, AES, ARIA, IDEA** • **스트림 암호화 방식: LFSR, RC4**	**디피-헬만(Diffie-Hellman), RSA, ECC, Elgamal, DAS**

16

정답 해시(Hash) or 해싱(Hashing)

해설 해시 암호 방식은 임의 길이의 정보를 입력받아, 고정된 길이의 암호문(해시값)을 출력하는 암호 방식이다.

17

정답 CASCADE

해설

문법	설명	예제
DROP TABLE 테이블명 [CASCADE | RESTRICT]	• 테이블 제거 • CASCADE는 참조하는 다른 모든 개체를 제거 • RESTRICT 다른 테이블이 삭제할 테이블을 참조 중이면 제거하지 않음	DROP TABLE 고객 CASCADE

18

정답 〉

해설 선택정렬은 정렬되지 않은 데이터에서 가장 작은 데이터를 찾아 정렬되지 않은 부분의 가장 앞의 데이터와 교환하여 오름차순으로 정렬하는 방식이다. 배열 E의 앞에 있는 값 E[i]와 그 다음 값인 E[i+1]을 서로 비교하는 방식으로 진행된다.

E[0]	E[1]	E[2]	E[3]	E[4]
64	25	12	22	11

if (E[i] E[j])에서 E[0], E[1]을 비교하는 연산자를 넣어 값의 위치를 바꿔줘야 한다. 64 〉 25로 연산자를 넣어야 if문 아래의 조건문이 실행된다.

19

정답 engneing

해설 문자열의 slicing에 대한 문제이다. 문자열 중간의 띄어쓰기를 모두 포함하는 것이 중요하다.

e	n	g	i	n	e	e	r		i	n	f	o	r	m	a	t	i	o	n		p	r	o	c	e	s	s	i	n	g
0	1	2	3	4	5	6	7	8	9	10	11	12	13	14	15	16	17	18	19	20	21	22	23	24	25	26	27	28	29	30

a = "engineer information processing"	
b = a[:3]	b = a[:3] = "eng" 저장
c = a[4:6]	c = a[4:6] = "ne" 저장
d = a[28:]	d = a[28:] = "ing" 저장
e = b + c + d	e = b + c + d = "engneing" 저장
print(e)	출력할 때는 문자열을 나타내는 ""는 생략하여 engneing

20

정답 ① 스텁(Stub)

② 드라이버(Driver)

해설

구분	테스트 드라이버(Driver)	테스트 스텁(Stub)
필요 시기	하위 모듈은 있지만 상위 모듈은 없는 경우	상위 모듈은 있지만 하위 모듈은 없는 경우
테스트 방식	상향식(Bottom-up) 통합 테스트	하향식(Top-down) 통합 테스트
정의	테스트 대상의 하위 모듈을 호출하고, 매개변수(Parameter)를 전달하고, 모듈 테스트 수행 후의 결과를 도출하는 도구	제어 모듈이 호출하는 타 모듈의 기능을 단순히 수행하는 도구로, 일시적으로 필요한 조건만을 가지고 있는 테스트용 모듈

003 2023년 3회 기출 정답 및 해설

01

 BDCDD

코드	해설

class A {
  public void paint() {
    System.out.print("A");
    draw();
  }	

public void draw() {
    System.out.print("B");
    draw();
  }
}
	④ "B"를 출력
	⑤ B 클래스의 draw 메서드 실행

class B extends A {
  public void paint() {
    super.draw();
    System.out.print("C");
    this.draw();
  }
	③ 상위 클래스인 A 클래스의 draw 메서드 실행
	⑦ "C"를 출력
	⑧ B 클래스의 draw 메서드 실행

public void draw() {
    System.out.print("D");
  }
}
	⑥ "D"를 출력
	⑨ "D"를 출력
	⑪ "D"를 출력

public class Tomorrow{
  public static void main(String[] args) {
    A b = new B();
    b.paint();
    b.draw();
  }
}
	① B 클래스 객체 b 생성
	② B 클래스의 paint 메서드 실행
	⑩ B 클래스의 draw 메서드 실행

02

 OAuth

해설 OAuth(Open Authorization)는 인터넷 사용자들이 비밀번호를 제공하지 않고 다른 웹사이트 상의 자신들의 정보에 대해 웹사이트나 애플리케이션의 접근 권한을 부여할 수 있는 공통적인 수단으로서 사용되는, 접근 위임을 위한 개방형 표준 기술이다.

03

정답 KOREA

OREA

K

E

O

해설 문자열 포인터 p를 선언하고 문자열 KOREA의 주소를 저장한다. %s는 문자열을 출력하는 포맷 스트링이고 p를 출력하도록 되어 있으므로 문자열 KOREA를 출력한다. 이후 p+1을 출력하므로 문자열의 두 번째 위치부터 출력해서 OREA가 출력된다. 한편, %c는 해당 위치의 문자만 출력하는 포맷 스트링이므로 *p는 문자열의 첫번째 위치의 값인 K, *(p+3)는 문자열의 4번째 위치의 값인 E를 출력한다. 또, *p+4는 K+4이므로 아스키코드에 따르면 K 다음 4번째 뒤에 오는 문자, K, L, M, N, O, 즉 O가 출력된다.

04

정답 ① chmod

② 751

해설 chmod는 파일 모드, 특성, 권한을 변경하는 명령어이다. 8진법을 사용하여 사용자, 그룹, 기타 사용자에게 권한을 주며, 읽기 권한은 4, 쓰기 권한은 2, 실행 권한은 1이다. 사용자의 읽기, 쓰기, 실행 권한은 4 + 2 + 1 = 7이고, 그룹 권한의 읽기 쓰기는 4 + 1 = 5이고, 기타 사용자는 실행 권한으로 1이므로, "chmod 751 textbook.text"이다.

사용자	그룹	기타
읽기(4) + 쓰기(2) + 실행(1) = 7	읽기(4) + 실행(1) = 5	실행(1) = 1

05

정답 34

해설 func()함수는 주어진 수가 완전수(perferct_number)인지 확인하는 함수이다. perfect_number 함수에서 주어진 수가 완전수인지를 확인하기 위해 1부터 해당 수의 절반까지의 수를 확인하고 약수의 합을 계산한다. 그 후, 약수의 합이 주어진 수와 같다면 1을 반환하고, 아니면 0을 반환한다. main 함수에서 2부터 100까지의 숫자를 순회하며 perfect_number 함수를 사용하여 완전수를 찾고, 찾은 완전수의 절반까지의 수를 확인하고 그 약수들의 합인 34를 출력한다.

06

정답 ->

해설 구조체 멤버로 접근하기 위한 기호는 ->이다.

07

정답 ① MAC

② RBAC

③ DAC

해설 접근 제어의 유형은 다음과 같다.

구분	DAC (Discretionary Access Control)	MAC (Mandatory Access Control)	RBAC (Role Based Access Control)
의미	신분 기반(임의적) 접근제어 정책	규칙 기반(강제적) 접근제어 정책	역할 기반 접근제어 정책
권한 부여자	데이터 소유자	시스템	중앙관리자
접근 결정	신분(Identity)	보안등급(Label)	역할(Role)
정책 변경	변경 용이	고정적(변경 어려움)	변경 용이
장점	구현 용이, 유연함	안정적, 중앙 집중적	관리 용이

08

정답 4
3
2
1

해설 UNION의 개념을 물어 보고 있다. "ORDER BY A DESC"는 "A"에 대한 내림차순이다.

<table>
<tr><th>집합연산자</th><th>설명</th></tr>
<tr><td>UNION</td><td>중복을 제거하여 새로 집합을 생성함
<table>
<tr><th>구문</th><th>결과</th></tr>
<tr><td>(SELECT 학번 FROM R1)
UNION
(SELECT 학번 FROM R2)</td><td><table><tr><th>학번</th></tr><tr><td>20201111</td></tr><tr><td>20202222</td></tr><tr><td>20203333</td></tr></table></td></tr>
</table></td></tr>
<tr><td>UNION ALL</td><td>중복된 행을 모두 유지하면서 행을 합침
<table>
<tr><th>구문</th><th>결과</th></tr>
<tr><td>(SELECT 학번 FROM R1)
UNION ALL
(SELECT 학번 FROM R2)</td><td><table><tr><th>학번</th></tr><tr><td>20201111</td></tr><tr><td>20202222</td></tr><tr><td>20202222</td></tr><tr><td>20203333</td></tr></table></td></tr>
</table></td></tr>
<tr><td>INTERSECT</td><td>공통된 행만 추출하여 새로운 집합을 생성함
<table>
<tr><th>구문</th><th>결과</th></tr>
<tr><td>(SELECT 학번 FROM R1)
INTERSECT
(SELECT 학번 FROM R2)</td><td><table><tr><th>학번</th></tr><tr><td>20202222</td></tr></table></td></tr>
</table></td></tr>
<tr><td>MINUS, EXCEPT</td><td>첫 번째 테이블에서 두 번째 테이블의 결과를 제외한 나머지 결과를 반환함
<table>
<tr><th>구문</th><th>결과</th></tr>
<tr><td>(SELECT 학번 FROM R1)
MINUS
(SELECT 학번 FROM R2)</td><td><table><tr><th>학번</th></tr><tr><td>20201111</td></tr></table></td></tr>
</table></td></tr>
</table>

09

정답 ATM

해설 정보 전달을 위한 데이터 링크 계층에서 53 byte 단위로 전달하는 비동기식 전송 모드는 ATM(Asynchronous Transfer Mode)이다.

10

정답 7

해설 return name 부분에서 'non–static variable cannot be referenced from a static context'라는 컴파일 오류가 발생한다. 'name'이라는 변수는 'Person' 클래스의 인스턴스 변수이며 클래스 변수(static)이 아니다. 따라서 정적 메서드로 선언된 'get()'에서 직접 접근할 수 없다. 정적 메서드로 선언된 get()에서 인스턴스 변수 name에 접근하려고 했으므로 컴파일 오류가 발생한다.

11

정답 2

해설 오버라이딩의 개념을 물어 보는 문제이다. obj.compute(7)는 Day 클래스의 compute 메서드를 호출한다. Day 클래스의 compute 메서드는 파라미터의 값이 1보다 작거나 같으면 파라미터 num이 값을 반환하고, 1보다 큰 경우 Day 클래스의 compute 메서드를 다시 호출하는 재귀함수이다. 아래 그림에서 반환되는 결괏값의 합인 1 + (–1) + 0 + 1 + 1*3 + (–1)*3 + 0 + 1 = 2이다.

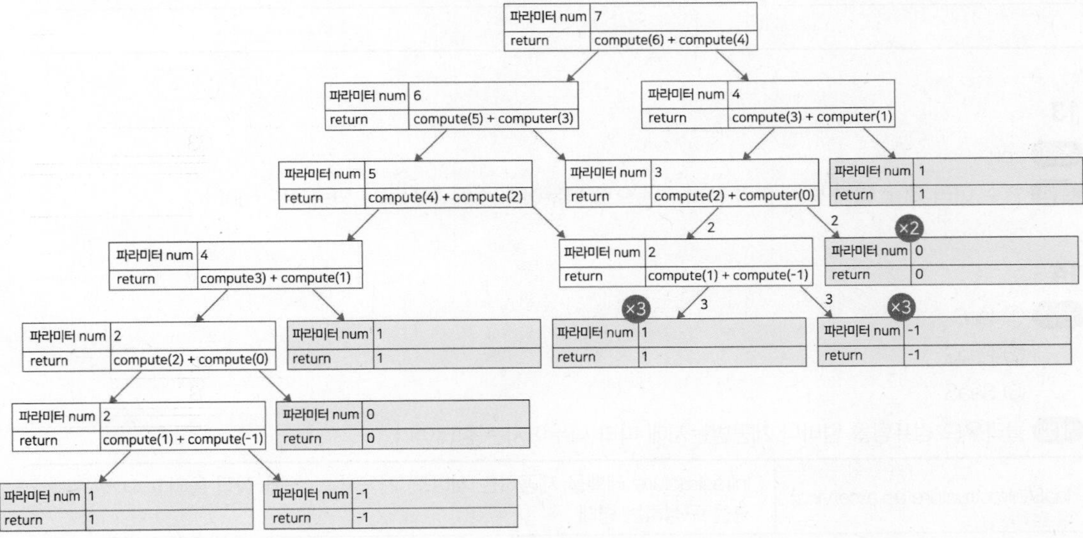

12

 5040

해설

<table>
<tr><td>#include <stdio.h></td><td></td></tr>
<tr><td>int f(int n) {</td><td>① 사용자 함수 f(n) 설정</td></tr>
<tr><td>   if(n<=1) return 1;</td><td>② if n<=1이 참인 경우, 1 반환</td></tr>
<tr><td>   else return n*f(n–1);</td><td>③ 거짓인 경우, n*f(n–1) 반환</td></tr>
<tr><td>}</td><td></td></tr>
<tr><td>int main() {</td><td></td></tr>
<tr><td>   printf("%d", f(7));</td><td>④ f(7) 출력
<table>
<tr><th>n</th><th>return</th></tr>
<tr><td>7</td><td>7 * f(6)</td></tr>
<tr><td>6</td><td>6 * f(5)</td></tr>
<tr><td>5</td><td>5 * f(4)</td></tr>
<tr><td>4</td><td>4 * f(3)</td></tr>
<tr><td>3</td><td>3 * f(2)</td></tr>
<tr><td>2</td><td>2 * f(1)</td></tr>
<tr><td>1</td><td>1</td></tr>
</table>
따라서 7 * 6 * 5 * 4 * 3 * 2 * 1 = 5040이다.</td></tr>
<tr><td>}</td><td></td></tr>
</table>

13

정답 split

해설 변수 여러 개를 입력 받아 분리 문자 기준으로 나누어 변수에 저장하는 명령어는 split이다.

14

정답 ① IaaS

② PaaS

③ SaaS

해설 클라우드 컴퓨팅을 얼마나 제공받는지에 따라 나누어지는 형태이다.

IaaS(Infrastructure as a service)	Infrastructure 레벨을 제공하는 서비스, 사용자는 OS를 직접 올리고 그 상위계층을 구성하는 형태
PaaS(Platform as a service)	개발자가 애플리케이션(응용 프로그램)을 작성할 수 있도록 플랫폼 및 환경이 제공되는 서비스
SaaS(Software as a service)	설치할 필요도 없이 클라우드를 통해 모든 것이 제공되는 서비스

15

정답 패키지(Package)

해설 시스템의 서로 다른 유스케이스나 클래스 등의 요소들을 그룹화하는 것은 패키지 다이어그램(Package Diagram)이다.

클래스 다이어그램 (Class Diagram)	• 시스템 내 클래스의 구조 표현 • 클래스–클래스, 클래스–속성 사이의 관계 표현
객체 다이어그램 (Object Diagram)	클래스에 속한 사물(객체)을 특정 시점에 연관된 객체–객체 사이의 관계 표현
컴포넌트 다이어그램 (Component Diagram)	실제 구현 모듈인 컴포넌트–컴포넌트 사이의 관계 또는 인터페이스 사이의 관계 표현
배치 다이어그램 (Deployment Diagram)	결과물, 프로세스, 컴포넌트 등의 물리적 요소들의 위치 표현
복합체 구조 다이어그램 (Composite Structure Diagram)	클래스나 컴포넌트가 복합 구조를 갖는 경우, 내부 구조 표현
패키지 다이어그램 (Package Diagram)	유스케이스나 클래스 등의 모델 요소들을 그룹화한 패키지들 사이의 관계 표현

16

정답 RIP

해설 종단 간 전송을 위한 경로 설정을 담당하는 네트워크 계층 프로토콜 중 RIP에 대한 설명이다.

프로토콜	설명
IP (Internet Protocol)	인터넷이 통하는 네트워크에서 어떤 정보를 수신하고 송신하는 통신에 대한 규약
ARP (Address Resolution Protocol)	• IP address를 이용해 mac address를 알아냄 • MAC address를 통해 IP를 알아내는 RARP(Reverse Address Resolution Protocol)도 있음
ICMP (Internet Control Message Protocol)	• 오류처리와 전송 경로의 변경 • IP의 동작 과정에서의 전송 오류가 발생하는 때에 대비해 오류 정보를 전송하는 목적으로 사용함
IGMP (Internet Group Management Protocol)	호스트 컴퓨터가 멀티캐스트 그룹을 주위의 라우터에 알림
RIP (Routing Information Protocol)	• 거릿값에 근거한 알고리즘으로, 목적지까지의 경로(Hop)를 알 수 있음 • 최대 홉 수를 15개로 제한 • 520번 UDP 포트번호 사용
OSPF (Open Shortest Path First)	• 대규모 네트워크에 적합 • Area 개념을 사용해 전체 OSFP 네트워크를 작은 영역으로 나누어 관리 • 다익스트라 알고리즘을 사용하고 라우팅 매트릭을 지정함
IGP (Internal Gateway Protocol)	라우터로 상호 접속이 되어 있는 여러 개의 네트워크 집합으로, 도메인 혹은 자율시스템(AS; Autonomous System)이라고 함

EGP (External Gateway Protocol)	• 시스템 사이에 경로 설정 정보 등을 교환하기 위해 사용 • 다른 도메인 사이에 라우팅 시 도메인이 많은 경우에 신용도가 매우 낮음 • 빠른 수행보다는 보안과 제어 목적
BGP (Border Gateway Protocol)	• 서로 다른 자율 시스템(AS)의 라우터 간에 라우팅 정보를 교환하는 데 사용되는 외부 게이트웨이 프로토콜(EGP) • 각 목적지에 대한 전체 경로가 포함됨 • 다른 시스템과 교환하는 네트워크 도달 가능성 정보의 데이터베이스를 유지함 • AS 연결 그래프를 구성하며, 이를 통해 라우팅 루프를 제거하고 AS 수준에서 정책 결정을 실행할 수 있음

17

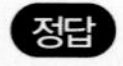 정답 ㉠

 해설

블랙박스 테스트	Equivalence Partition (동치 분할 검사)	입/출력값 영역을 유사한 도메인별로 유효값/무효값을 그룹핑해, 대푯값 테스트 케이스를 도출해 테스트하는 기법
	Boundary Value Analysis (경곗값 분석)	입력 조건의 중간값보다 경곗값에서 오류가 발생될 확률이 높다는 점을 이용하여 입력 조건의 경곗값을 테스트 케이스로 선정하여 검사하는 기법
	Cause-Effect Graph (원인-결과 그래프 검사)	그래프를 활용하여 입력 데이터 간의 관계와 출력에 영향을 미치는 상황을 체계적으로 분석한 다음 효용성이 높은 테스트 케이스를 선정하여 검사하는 기법
	Comparison Test (비교 검사)	여러 버전의 프로그램에 동일한 입력 값을 넣어서 동일한 결과 나오는지 비교해 보는 테스트 기법
	Error Guess (오류 예측 검사)	개발자가 범할 수 있는 실수를 추정하고 이에 따른 결함이 검출되도록 테스트 케이스를 설계하여 테스트하는 기법
화이트박스 테스트	Base Path Test (기초 경로 검사)	수행 가능한 모든 경로를 테스트하는 기법
	Condition Test (조건 검사)	프로그램 모듈 내에 있는 논리적 조건을 테스트하는 기법
	Loop Test (루프 검사)	프로그램의 반복(Loop) 구조에 초점을 맞춰 실시하는 테스트 기법
	Data Flow Test (데이터 흐름 검사)	프로그램에서 변수의 정의와 변수 사용의 위치에 초점을 맞춰 실시하는 테스트 기법

18

정답 NAT(Network Address Transformation)

해설 NAT은 IP 부족 문제를 해결하기 위해 한 개의 정식 IP 주소에 대량의 가상 사설 IP 주소를 할당하는 기능이다. 내부 네트워크에서 외부로 나가는 패킷들의 주소를 외부 네트워크의 주소로 변환하고 또한 그 패킷에 대한 응답 패킷의 목적지 주소를 다시 패킷이 발생된 내부 네트워크 주소로 변환하는 기술이다. 인터넷 공인 IP 주소를 절약할 수 있다는 점과 내부 네트워크를 보호할 수 있다는 장점이 있다.

19

정답 ① ⋈

② π

③ σ

④ ÷

해설

연산자	기호/표현	설명
선택 (Select)	• 기호: σ • σ 〈조건〉(R)	• 릴레이션 R에서 조건을 만족하는 튜플 반환 • 수평 연산 • 릴레이션에 존재하는 튜플 중에서 특정 조건을 만족하는 튜플들의 부분 집합을 구하여 새로운 릴레이션을 만듦
추출 (Project)	• 기호: π • π 〈속성리스트〉(R)	• 릴레이션 R에서 중복을 제거한 속성들의 값을 반환 • 수직 연산 • 주어진 릴레이션에서 속성 리스트에 제시된 속성값만을 추출하여 새로운 릴레이션을 만듦 (단, 연산 결과에 중복이 발생하면 중복이 제거됨)
조인 (Join)	• 기호: ⋈ • R⋈S	두 릴레이션이 공통으로 가지고 있는 속성을 이용해 하나의 릴레이션을 만들어 튜플을 반환
나누기 (Division)	• 기호: ÷ • R÷S	S 릴레이션의 속성 도메인 값과 일치하는 R 릴레이션의 S를 속성을 제외한 튜플을 반환

20

정답 참조 무결성

해설 참조 무결성에 대한 설명이다.

종류	설명
개체 무결성 (Entity Integrity)	• 기본키 • 중복 값을 가질 수 없음 • NULL 값이 될 수 없음
참조 무결성 (Referential Integrity)	• 외래키 • 외래 키 값은 NULL 값이거나 참조 릴레이션의 기본 키와 동일해야 함 • 참조되는 튜플이 반드시 존재해야 함
사용자 정의 무결성 (User-Defined. Integrity)	사용자가 정의한 조건에 만족해야 함
도메인 무결성 (Domain Integrity)	속성값이 그 속성이 정의된 도메인에 속한 값이어야 함

004 기출변형 모의고사 1회 정답 및 해설

01

 ① *a

② j++

해설

void swap(int* a, int* b) {	swap 함수의 인자로 a와 b의 주소를 전달 (&a, &b)
(①) = *b;	⑧ b에 저장된 값을 (①)에 대입
*b = temp;	⑨ temp의 값을 b에 저장된 값에 대입 → 결과적으로 a가 가리키는 주소에 있는 값은 원래 b가 가리키는 주소에 있는 값, b가 가리키는 주소에 있는 값은 원래 a가 가리키는 주소에 있는 값이 저장. swap 함수는 출력형태가 void로 return 값이 없으므로 swap 함수 종료, 호출된 위치로 이동
}	
void bubbleSort(int arr[], int n) {	
for (int i = 0; i 〈 n – 1; i++) {	④ 정렬하지 않은 요소 n개, 따라서 i=0부터 (n–1)까지 수행
for (int j = 0; j 〈 n – i – 1; (②)) {	⑤ j는 0부터 n–i–1까지 수행, 버블 정렬에서는 뒤에서부터 정렬되므로 (n–1)~(n–i–1)까지 이미 정렬되어 있으므로 (n–i–1)까지 수행. 0부터 (n–i–1)까지 앞쪽에서 뒤쪽으로 수행해야 하므로 j값은 1씩 증가
if (arr[j] 〉 arr[j + 1]) {	
swap(&arr[j], &arr[j + 1]);	⑥ arr[j] arr[j+1]보다 크다면 뒤쪽(오른쪽)이 정렬되어 있지 않다는 것을 의미하므로 swap 함수 호출 ⑩ swap 함수 종료 후에는 ④로 이동해 반복 수행
}	
}	
}	
}	
// 메인 함수	
int main() {	
int arr[] = {5, 4, 3, 2, 1, 9};	① 정수형 배열 arr 선언 및 초기화
int n = sizeof(arr) / sizeof(arr[0]);	② sizeof를 통해 arr 크기 산출
bubbleSort(arr, n);	③ bubbleSort 함수 호출
for (int i = 0; i 〈 n; i++) {	⑪ i=0부터 n까지 수행
printf("%d ", arr[i]);	⑫ arr[i]를 출력
}	

return 0;	⑬ 0 반환, 메인 함수 종료
}	

02

정답 4 finish!

해설

#include <stdio.h>	① 표출 입출력 라이브러리
main() {	
int i = 10, j = 0, m = 0;	② 정수형 i, j, m 선언 및 초기화
int k;	③ 정수형 k 선언
scanf("%d", &k);	④ &k는 k의 주소에 정수형("%d") 입력
switch(k) {	
case 1:	
printf("start");	
case 2:	⑤ 입력값이 case 조건문과 같은 2 일치
m *= i;	⑥ m의 값은 0이므로 결과는 항상 0
case 3:	⑦ break 문을 만나지 못했으므로 수행
m = (j != i);	⑧ j는 0이고 i는 10이므로 j != i는 1이 됨
case 4:	⑨ break 문을 만나지 못했으므로 수행
m = !j;	⑩ 논리연산자(NOT)을 사용해 j를 부정, 현재 j가 0이므로 m은 1
j++;	⑪ j를 1 증가, 이제 j는 1
m++;	⑫ m을 1 증가, 이제 m은 2
m << j;	⑬ 시프트연산자를 사용해 m을 j만큼 왼쪽으로 시프트, 시프트연산을 위해 m을 2진수로 표현하면, m은 2 (10진수) -> 10 (2진수), m을 j(=1)만큼 왼쪽으로 시프트하면 100 (2진수) -> 4 (10진수)
printf("%d", m);	⑭ m을 출력, 즉 4를 출력
default:	⑮ break문을 중간에 만나지 못했으므로 default문 수행
printf("finish!")	⑯ finish! 출력
}	
}	

03

정답 18 36

해설 구조체와 구조체 포인터를 선언하고 초기화할 수 있는지 묻는 문제이다. 형태는 복잡해 보여도 문제는 간단하다. 우선 첫 번째 등장하는 for문은 구조체 obj1과 obj2의 각 변수를 초기화하는 과정이다. 이에 따라 구조체 obj1의 c는 {0, 1, 2, 3, 4, 5, 6, 7, 8, 9}로 초기화되고, 구조체 obj2는 {0, 2, 4, 6, 8, 10, 12, 14, 16, 18}로 초기화된다. 이후 구조체 포인터 p1은 구조체 obj1을 가리키도록 하고, 구조체 포인터 p2는 구조체 obj2를 가리키도록 한다. 그리고 마지막 for문은 각 구조체의 변수 a를 초기화하는 과정으로 i는 0부터 10까지 3씩 증가하며 실행된다. 따라서 obj1.a = obj1.c[0] + obj1.c[3] + obj1.c[6] + obj1.c[9] = 0 + 3 + 6 + 9 = 18이고, obj2.a = obj2.c[0] + obj2.c[3] + obj2.c[6] + obj2.c[9] = 0 + 6 + 12 + 18 = 36이 된다. p1->a, (*p2).a 모두 각 구조체의 a 값을 가리키는 의미인데 따라서 18 16이 출력된다. 이때 printf문에 쉼표나 개행문자가 없으므로 쉼표를 추가하거나 줄바꿈을 해서 적으면 오답이니 주의하도록 한다.

04

정답 12

해설 짝수의 합을 구하는 문제이다.

public class Tomorrow {	
static int partSum(int[] numbers) {	
int sum = 0;	③ 값이 0인 정수형 변수 sum 선언

for (int number : numbers) {
if (number % 2 == 0) {
sum += number;
}
}
	④ 정수형 배열 numbers의 값을 하나씩 반복
	⑤ 2로 나눈 나머지가 0인 경우(짝수) sum에 더함
	2 + 4 + 6 = 12

return sum; }	⑥ 정수형 변수 sum의 값 12를 반환
public static void main(String[] args) {	
int[] numbers = {1, 2, 3, 4, 5, 6};	① 정수형 배열 numbers를 선언하고 {1, 2, 3, 4, 5, 6}을 입력
System.out.println(partSum(numbers));	② 파라미터 numbers와 함께 partSum 메서드 실행 ⑦ numbers 메서드가 반환한 12를 출력
}	

05

정답 0 1 2 3

해설 배열 결과를 매서드로 리턴받아서 화면에 출력한다.

public class Rarr {	
static int [] marr() {	
int temp[] = new int[4];	① 정수형 temp 배열 4개 정의
for(int i = 0; i < temp.length; i++)	② i값 0부터 temp 배열 길이(사이즈) 4 미만까지 i값 1씩 증가하면서 반복문 수행
temp[i] = i;	③ i값 0일 때: temp[0] = 0 ④ i값 1일 때: temp[1] = 1 ⑤ i값 2일 때: temp[2] = 2 ⑥ i값 3일 때: temp[3] = 3
return temp;	⑦ temp 배열 리턴
}	
public static void main (String[] args) {	
int iarr[];	⑧ 정수형 iarr 배열 선언
iarr = marr();	⑨ iarr 에 marr 매서드 결과 리턴받음
for(int i = 0; i < iarr.length; i++)	⑩ i값 0부터 4 미만까지 i값 1씩 증가하면서 반복문 수행

System.out.print(iarr[i] + " ");	iarr[i] +" "이므로 ⑪ 0일 때 "0 " 출력 ⑫ 1일 때 "1 " 출력 ⑬ 2일 때 "2 " 출력 ⑭ 3일 때 "3 " 출력 ⑮ System.out.println이 아니므로 한 줄에 "0 1 2 3 " 출력
}	
}	

06

정답 34

해설 피보나치 수열(F0=0,F1=1, Fn=Fn－1+Fn－2)을 찾는 문제로 0, 1, 1, 2, 3, 5, 8, 13, 21, 34, ... 누적한다.

public class ovr{	① public 클래스 ovr 선언
public static void main(String[] args) {	② 메인 매서드 선언
int arr[];	③ 정수형 arr 배열 선언
int i = 0;	④ 정수형 i를 선언하고 0으로 초기화
arr = new int[10];	⑤ 배열 arr에 정수형 10개를 담을 수 있는 공간을 만듦 (a[0]~a[9] 사용 가능)
arr[0] = 0;	⑥ arr[0]에 0을 대입
arr[1] = 1;	⑦ arr[1]에 1을 대입
while(i 〈 8) {	⑧ 반복문 i가 8 미만이면 실행
arr[i + 2] = arr[i + 1] + arr[i];	⑨ i값 0일 때: arr[0+2] = arr[0+1] + arr[0] = a[2] = 1 + 0 ⑩ i값 1일 때: arr[1+2] = arr[1+1] + arr[1] = a[3] = 1 + 1; ⑪ i값 2일 때: arr[2+2] = arr[2+1] + arr[2] = a[4] = 2 + 1 ⑫ i값 3일 때: arr[3+2] = arr[3+1] + arr[3] = a[5] = 3 + 2; ⑬ i값 4일 때: arr[4+2] = arr[4+1] + arr[4] = a[6] = 5 + 3 ⑭ i값 5일 때: arr[5+2] = arr[5+1] + arr[5] = a[7] = 8 + 5 ⑮ i값 6일 때: arr[6+2] = arr[6+1] + arr[6] = a[8] = 13 + 8 ⑯ i값 7일 때: arr[7+2] = arr[7+1] + arr[7] = a[9] = 21 + 13 ⑰ i값 8일 때: 반복문 빠져 나옴
i++;	⑱ i값을 1씩 증가
}	
System.out.println(arr[9]);	⑲ arr[9] 값을 출력
}	

07

정답 SELECT 부서, COUNT(부서) AS 부서별 인원 FROM 직원 GROUP BY 부서;

해설 [실행 결과]에는 부서와 부서별 인원을 나타내었다. [직원]테이블에는 부서가 모두 입력되어 있어 부서의 수를 세어서 부서별 인원으로 만들어줄 수 있다. 따라서 GROUP BY으로 부서별로 그룹화 해 준 후, COUNT()를 사용하여 [직원] 테이블 내의 부서 숫자를 세어 AS로 별칭을 만들어 준다.

08

정답 ① ON

② 학과

해설 JOIN은 두 개 이상의 테이블에서 공통된 값을 기준으로 연결하여 새로운 결과 집합을 생성하는 것이다. 공통된 값을 연결하는 명령어는 ON이고, a.학과와 동일한 내용을 가진 b.학과와 연결하여야 한다.

09

정답 lambda

해설 임의의 함수를 만드는 예약어는 람다(lambda)로 함수를 한 줄로 간결하게 만들 때 사용한다.

10

정답 ISP

해설 '인터페이스와 의존 관계를 맺거나 영향을 받지 않는다'라는 의미는 인터페이스가 분리되어야 한다는 뜻과 같다. 따라서 설명은 인터페이스 분리의 원칙인 ISP에 대한 설명이다.

원칙		설명
S	단일 책임의 원칙 (SRP; Single Responsibility Principle)	• 하나의 클래스는 하나의 역할만 수행해야 한다는 원칙 • 클래스가 여러 가지 역할을 수행하면 유지보수가 어려워지고 코드가 복잡해짐
O	개방 폐쇄 원칙 (OCP; Open-Closed Principle)	• 클래스는 확장에 대해 열려 있어야 하지만 수정에 대해서는 닫혀 있어야 한다는 원칙 • 새로운 기능이나 요구사항이 추가될 때 기존 코드를 수정하지 않고 확장할 수 있음
L	리스코프 치환의 원칙 (LSP; Liskov Substitution Principle)	• 상속된 클래스는 기본 클래스의 역할을 수행할 수 있어야 한다는 원칙 • 상속 관계에서 하위 클래스는 상위 클래스와 호환성이 있어야 함
I	인터페이스 분리의 원칙 (ISP; Interface Segregation Principle)	• 클라이언트는 자신이 사용하지 않는 인터페이스와 의존 관계를 맺거나 영향을 받지 않아야 한다는 원칙 • 하나의 큰 인터페이스보다는 작은 여러 개의 인터페이스로 나누어서 클라이언트가 필요한 기능만 사용할 수 있도록 해야 함
D	의존성 역전의 원칙 (DIP; Dependency Inversion Principle)	• 의존 관계를 뒤집어서 상위 수준 모듈은 하위 수준 모듈에 의존해서는 안 된다는 원칙 • 추상화된 인터페이스나 추상 클래스를 사용하여 두 모듈 간의 의존 관계를 최소화하고 유연성을 높여야 함

11

정답 ① 동치 분할 검사(Equivalence Partitioning)
② 경곗값 분석(Boundary Value Analysis)

해설

블랙박스 테스트	Equivalence Partition (동치 분할 검사)	입/출력값 영역을 유사한 도메인별로 유효값/무효값을 그룹핑해, 대푯값 테스트 케이스를 도출해 테스트하는 기법
	Boundary Value Analysis (경곗값 분석)	입력 조건의 중간값보다 경곗값에서 오류가 발생될 확률이 높다는 점을 이용하여 입력 조건의 경곗값을 테스트 케이스로 선정하여 검사하는 기법
	Cause-Effect Graph (원인-결과 그래프 검사)	그래프를 활용하여 입력 데이터 간의 관계와 출력에 영향을 미치는 상황을 체계적으로 분석한 다음 효용성이 높은 테스트 케이스를 선정하여 검사하는 기법
	Comparison Test (비교 검사)	여러 버전의 프로그램에 동일한 입력 값을 넣어서 동일한 결과 나오는지 비교해 보는 테스트 기법
	Error Guess (오류 예측 검사)	개발자가 범할 수 있는 실수를 추정하고 이에 따른 결함이 검출되도록 테스트 케이스를 설계하여 테스트하는 기법
화이트 박스 테스트	Base Path Test(기초 경로 검사)	수행 가능한 모든 경로를 테스트하는 기법
	Condition Test(조건 검사)	프로그램 모듈 내에 있는 논리적 조건을 테스트하는 기법
	Loop Test(루프 검사)	프로그램의 반복(Loop) 구조에 초점을 맞춰 실시하는 테스트 기법
	Data Flow Test(데이터 흐름 검사)	프로그램에서 변수의 정의와 변수 사용의 위치에 초점을 맞춰 실시하는 테스트 기법

12

정답 ① 하향식 통합 테스트(Top Down Integration Test)
② 상향식 통합 테스트(Bottom Up Integration Test)
③ 테스트 스텁(Test Stub)
④ 회귀 테스트(Regression Test)
⑤ 테스트 드라이버(Test Driver)

해설 테스트 드라이버와 테스트 스텁의 차이는 다음 표와 같다.

구분	테스트 드라이버(Test Driver)	테스트 스텁(Test Stub)
필요 시기	하위 모듈은 있지만 상위 모듈은 없는 경우	상위 모듈은 있지만 하위 모듈은 없는 경우
테스트 방식	상향식(Bottom-up) 통합 테스트	하향식(Top-down) 통합 테스트
정의	테스트 대상의 하위 모듈을 호출하고, 매개변수(Parameter)를 전달하고, 모듈 테스트 수행 후의 결과를 도출하는 도구	제어 모듈이 호출하는 타 모듈의 기능을 단순히 수행하는 도구로, 일시적으로 필요한 조건만을 가지고 있는 테스트용 모듈

회귀 테스트(Regression Test)는 통합 테스트로 인해 변경된 모듈이나 컴포넌트에 새로운 오류가 있는지 확인하는 테스트로, 이미 테스트된 프로그램의 테스팅을 반복하는 것이다. 수정한 모듈이나 컴포넌트가 다른 부분에 영향을 미치는지, 오류가 생기지 않았는지 테스트하여 새로운 오류가 발생하지 않음을 보증하기 위해 반복 테스트한다.

13

정답 Generalization

해설 구체적인 사물(자식, 하위)에서 일반적인 사물(부모, 상위)로 속이 빈 화살표를 연결해 표현하고 있으므로 Generalization 관계이다.

14

정답 ① Point-to-Point
② Hub & Spoke
③ Message Bus

해설 EAI 구축 유형은 다음과 같다.

Point-to-Point	• 가장 기본적인 애플리케이션 통합 방식으로, 중간에 미들웨어를 두지 않고 애플리케이션을 1:1로 연결 • 변경 및 재사용이 어려움
Hub & Spoke	• 단일 접점인 허브 시스템을 통해 데이터를 전송하는 중앙 집중형 방식 • 확장 및 유지 보수가 용이함 • 허브 장애 발생 시 시스템 전체에 영향을 미침
Message Bus	• 애플리케이션 사이에 미들웨어(버스)를 두어 처리하는 방식 • 확장성이 뛰어나며 대용량 처리가 가능

15

정답 JSON

해설 속성-값, 키-값 쌍으로 이루어진 것은 JSON(JavaScript Object Notation)이다.

16

정답 ① 패스워드, PIN 번호
② 신분증, OTP

해설 인증 기술의 유형과 예시는 아래와 같다. 알고 있는 것과 가지고 있는 것의 차이를 이해하도록 한다.

유형	설명	예시
지식 기반 인증	주체가 '알고 있는 것'(Something you know)을 보여 주며 인증	패스워드, PIN 번호 등
소유 기반 인증	주체가 '그가 가지고 있는 것'(Something you have)을 보여 주며 인증	토큰, 스마트카드, 신분증, OTP 등
생체(존재) 기반 인증	주체가 '그가 가지고 있는 고유한 생체적 특징'(Something You Are)을 보여 주며 인증	홍채, 지문, 얼굴 등
행위 기반 인증	주체가 '그가 하는 것'(Something you do)을 보여 주며 인증	서명, 발걸음, 몸짓 등

17

정답 솔트 키

해설 해시 함수의 레인보우 테이블 공격에 취약점을 보안하기 위하여 사용하는 솔트키에 대한 설명이다.

18

정답 BGP

해설 네트워크 계층(3계층)에서 사용되는 프로토콜 중 BGP(Border Gateway Protocol)에 대한 설명이다.

프로토콜	설명
IP (Internet Protocol)	인터넷이 통하는 네트워크에서 어떤 정보를 수신하고 송신하는 통신에 대한 규약
ARP (Address Resolution Protocol)	• IP address를 이용해 mac address를 알아냄 • MAC address를 통해 IP를 알아내는 RARP(Reverse Address Resolution Protocol)도 있음
ICMP (Internet Control Message Protocol)	• 오류처리와 전송 경로의 변경 • IP의 동작 과정에서의 전송 오류가 발생하는 때에 대비해 오류 정보를 전송하는 목적으로 사용함
IGMP (Internet Group Management Protocol)	호스트 컴퓨터가 멀티캐스트 그룹을 주위의 라우터에 알림
RIP (Routing Information Protocol)	거릿값에 근거한 알고리즘으로, 목적지까지의 경로(Hop)를 알 수 있음
OSPF (Open Shortest Path First)	• 대규모 네트워크에 적합 • Area 개념을 사용해 전체 OSFP 네트워크를 작은 영역으로 나누어 관리
IGP (Internal Gateway Protocol)	라우터로 상호 접속이 되어 있는 여러 개의 네트워크 집합으로, 도메인 혹은 자율시스템(AS; Autonomous System)이라고 함
EGP (External Gateway Protocol)	• 시스템 사이에 경로 설정 정보 등을 교환하기 위해 사용 • 다른 도메인 사이에 라우팅 시 도메인이 많은 경우에 신용도가 매우 낮음 • 빠른 수행보다는 보안과 제어 목적
BGP (Border Gateway Protocol)	• 서로 다른 자율 시스템(AS)의 라우터 간에 라우팅 정보를 교환하는 데 사용되는 외부 게이트웨이 프로토콜(EGP) • 각 목적지에 대한 전체 경로가 포함됨 • 다른 시스템과 교환하는 네트워크 도달 가능성 정보의 데이터베이스를 유지함 • AS 연결 그래프를 구성하며, 이를 통해 라우팅 루프를 제거하고 AS 수준에서 정책 결정을 실행할 수 있음

19

정답 IPv4(Internet Protocol version 4)

해설 IPv4와 IPv6의 차이를 정확하게 이해하는 것이 중요하다. 주소 공간이 IPv4는 32비트, IPv6는 128비트이다.

20

정답 ① Authentication

② Authorization

③ Accounting

해설 인증(Authentication), 인가(Authorization), 계정 관리(Accounting)에 대한 개념을 묻는 문제이다.

005 기출변형 모의고사 2회 정답 및 해설

01

 8, 9

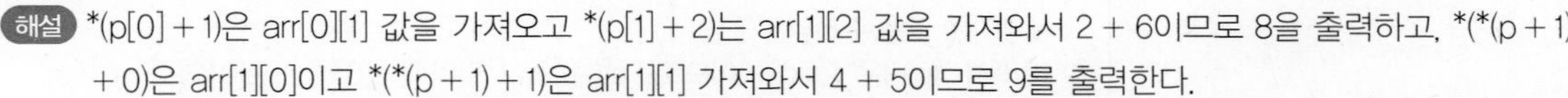
해설 *(p[0] + 1)은 arr[0][1] 값을 가져오고 *(p[1] + 2)는 arr[1][2] 값을 가져와서 2 + 6이므로 8을 출력하고, *(*(p + 1) + 0)은 arr[1][0]이고 *(*(p + 1) + 1)은 arr[1][1] 가져와서 4 + 5이므로 9를 출력한다.

#include <stdio.h>	
int arr[2][3] = {1, 2, 3, 4, 5, 6};	① arr[0][0] = 1, arr[0][1] = 2, arr[0][2] = 3 arr[1][0] = 4, arr[1][1] = 5, arr[1][2] = 6
int (*p)[3] = NULL;	② 정수형 3자리 배열포인터 선언
p = arr;	③ p 포인터에 arr배열 주소를 대입
printf("%d, ", *(p[0] + 1) + *(p[1] + 2));	④ p[0]은 &arr[0][0] 주소이고 p[0] + 1은 &arr[0][1] 주소하고 같은데 *(p[0] + 1) 포인트변수 앞에 '*'표시가 있으면 주소에 들어 있는 변수의 값을 가져옴. p[1]은 &arr[1][0] 주소이고, p[1] + 2이므로 &arr[1][2] 주소하고 같고 '*' 표시가 있으므로 변수의 값을 가져옴 ⑤ arr[0][1] + arr[1][2] = 2 + 6이므로 8 출력
printf("%d", *(*(p + 1) + 0) + *(*(p + 1) + 1));	⑥ *(p + 1)은 p[1]하고 같고 &arr [1][0]이다. *(p[1] + 0)은 &arr [1][0]이다. 포인트변수 괄호 밖에 '*'가 있어서 값을 가져옴. 한편, *(*(p+1)+1)은 arr[1][1]의 값을 의미함 ⑦ arr[1][0] + arr[1][1] = 4 + 5 = 9
return 0;	
}	

02

 24

해설 함수 포인터를 사용하여 재귀적으로 팩토리얼을 계산하는 함수이다. main 함수부터 보면, 함수 포인터 p를 선언하고, 함수 포인터 p는 정수를 받아 정수를 반환하는 함수를 가리킨다. 함수 포인터 p에 factorial 함수를 할당한다. factorial 함수는 만약 n이 1 이하라면 1을 반환하고, 그렇지 않으면 n * factorial(n – 1)을 반환하는 함수이다. p(4)를 호출하였으므로, 함수 포인터를 통해 factorial(4)를 호출된다. 따라서 4*3*2*1 = 24이다.

03

 121

해설 3번 반복하므로 a[1] + a[2] + a[3]는 121이다.

#include <stdio.h>	
int main(int argc, char *argv[]) {	① 정수형 메인 함수 선언하고 인수와 인자 매개변수(인자)로 받음
int a[2][2] = {{11, 22}, {44, 55}};	② 정수형 a를 이차원 배열로 a[0][0] = 11, a[0][1] = 22, a[1][0] = 44, a[1][1] = 55 대입
int i, sum = 0;	③ 정수형 i와 sum을 선언하고 sum에는 초기값 0을 대입
int *p;	④ 포인터 변수 p 선언(포인터 변수는 일반 변수의 주소를 대입하여 값을 가져오거나 수정할 수 있음)
p = a[0];	⑤ p에 배열 a[0] 주소 대입
for(i = 1; i 〈 4; i++)	⑥ 반복문 1부터 4 미만까지 I++(i를 1씩 증가)하면서 문장 내부 반복 실행
sum += *(p + i);	⑦ 이차원 배열은 일차원으로 메모리에 적재 되므로 a[2][2]로 선언한 경우에 a[0][2]와 a[1][0]은 같은 주소임 ⑧ 따라서 *(p+i)은 *(a[0]+i)이므로 a[0][i]하고 같아서 a[0][1] + a[0][2] + a[0][3] = a[0][1] + a[1][0] + a[1][1] = 22 + 44 + 55 = 121
printf("%d", sum);	⑨ 121 출력
return 0;	⑩ 0을 리턴
}	

04

정답 2

해설 do-while 조건문은 반복문 최소 1번은 실행하고 조건 판단하므로 cnt값이 1 증가하고 반복문 나와서 if(cnt == 1)이므로 cnt++ 수행하여 2가 된다.

public calss array1 {	
public static void main(String[] args){	
int cnt = 0;	① 정수형 cnt 0값 초기화
do {	② do 반복문
cnt++;	③ cnt값 1씩 증가
} while (cnt 〈 0);	④ cnt값이 0보다 작으면 반복문 수행 아니면 중단하여 cnt값은 1로 반복문 빠져 나옴
if(cnt == 1)	⑤ 조건문 cnt값이 1하고 같으면
cnt++;	⑥ cnt값 1 증가하여 2
else	⑦ 조건문이 참이 아니면
cnt = cnt + 3;	⑧ cnt값에 3을 더하여 cnt에 다시 넣음
System.out.printf("%d", cnt);	⑨ cnt 값 2 출력
}	
}	

05

정답 int i = 7, j = 9;
int k;
k = (i>j)?(i - j):(i + j);
* 답안 작성 시 주의 사항: 밑줄 친 내용이 반드시 들어가야 한다.

해설 삼항 연산자에 대한 문제이다. 조건 "i > j"이 참인 경우 "i - j"를 수행하고, 거짓인 경우 "i + j"를 k에 입력한다. 즉, "k = (i>j)?(i - j):(i + j);"이다.

삼항 연산자 (조건 연산자)	(조건)?(참):(거짓);	조건이 참일 경우 (참)부분을 반환하고, 조건이 거짓인 경우 (거짓)부분을 반환하는 연산자

06

정답 이름:홍길동
나이:50

해설

코드	설명

public class Client {
    public int age;
    public String name;	

Client(String name, int age){
        this.name = name;
        this.age = age
    }
	② Client 클래스 객첵 생성되어 생성자 실행. 파라미터 name의 값 "홍길동"을 멤버 변수 name에 대입하고, 파라미터 age의 값 50을 멤버 변수 age에 대입

public void clientInfo() {
        System.out.println("이름:"+name)
        System.out.println("나이:"+age)
    }
}
	④ 멤버 변수 name의 값 "홍길동"과 age의 값 50과 함께 출력
	• 출력 내용
	이름:홍길동
	나이:50

public class Main {
    public static void main(String[] args) {
        Client client = new Client("홍길동", 50);
        client.clientInfo()
    }
}
	① Client 클래스 객체 client 생성
	③ client.clientInfo() 메서드 실행

07

정답 SELECT * FROM 공급자 WHERE 공급자명 LIKE '%신%';

해설 특정 단어가 포함된 결과를 조회하기 위해서는 LIKE를 WHERE에 작성한다.

A LIKE '%신%'	%: 모든 문자를 검색
	%신%: '신'이 들어가는 모든 문자열을 검색

08

정답 ① REVOKE
② SELECT
③ ON

해설 사용자의 권한을 회수하는 REVOKE의 구성은 다음과 같다.

REVOKE [GRANT OPTION FOR] ON 테이블 FROM 사용자 [CASCADE CONSTRAINTS]	– 사용자에게 권한을 회수 – 권한 종류는 GRANT와 같음 – CASCADE CONSTRAINTS – 권한 회수 시 권한을 부여받았던 사용자가 부여한 권한도 회수

09

정답 [0, 20, 40, 60]

해설 0부터 7번째 인덱스까지 인덱스가 2씩 증가되도록 출력한다. 그러므로 0번째 값인 0, 2번째 값인 20, 4번째 값인 40, 6번째 값인 60까지 출력된다.

10

정답 Observer

해설 한 객체의 상태가 바뀌면 그 객체에 의존하는 다른 객체들에게 변경을 알려 주고 자동으로 내용을 갱신하는 패턴은 Observer이다.

디자인 패턴		설명
생성 패턴	추상 팩토리 (Abstract Factory)	• 생성할 객체의 클래스를 제한하지 않고 객체 생성 • 구체적인 클래스에 의존하지 않고 서로 연관된 객체들의 조합을 만드는 인스턴스를 제공하는 패턴
	빌더 (Builder)	• 복잡한 인스턴스를 조립하여 만드는 패턴 • 객체의 추상화와 구현을 분리하여 결합도를 낮춘 패턴
	팩토리 매서드 (Factory Method)	• 상위 클래스에서는 객체를 생성할 때 필요한 인터페이스만 만들고, 서브클래스에서 인스턴스 생성을 하는 패턴 • 가상 생성자(Virtual–Constructor) 패턴
	프로토타입 (Prototype)	원형이 되는 인스턴스를 복제함으로써 새로운 인스턴스를 생성하는 패턴
	싱글톤 (Singleton)	• 어떤 클래스의 객체 인스턴스가 오직 하나임을 보장하는 패턴 • 하나의 객체를 생성하면 생성된 객체를 어디서든 참조할 수 있지만, 여러 프로세스가 동시에 참조할 수는 없음
구조 패턴	어댑터 (Adapter)	인터페이스가 호환되지 않아 사용할 수 없던 클래스를 사용할 수 있도록, 특정 클래스 인터페이스를 클라이언트에서 요구하는 다른 인터페이스로 변환해 주는 패턴
	브리지(Bridge)	추상화와 구현을 분리하여 각자 독립적으로 확장할 수 있도록 한 패턴
	프록시(Proxy)	• 원본 객체를 대리하여 필요할 때만 대신 처리하게 함으로써 객체에 대한 접근을 제어하는 패턴 • 객체를 드러나지 않게 하여 정보 은닉

	컴포지트 (Composite)	객체를 트리 구조로 구성해 부분–전체 계층 구조를 구현해, 개별 객체와 복합 객체를 동일하게 다룰 수 있도록 하는 패턴
	데코레이터 (Decorator)	객체 간의 결합을 통하여 객체에 대한 기능 확장이나 변경을 할 수 있도록 하는 패턴
	플라이웨이트 (Flyweight)	객체의 공유를 통해 메모리 사용량을 줄이고 성능을 향상시키는 패턴
	퍼사드 (Facade)	복잡한 서브 시스템을 단순한 인터페이스로 제공하여 서브 시스템을 더 편리하게 사용 가능하도록 한 패턴
행위 패턴	전략 (Strategy)	객체의 행위를 클래스로 캡슐화하여 행위의 변화에 따라 클래스를 유연하게 변경하는 패턴
	템플릿 메서드 (Template Method)	특정 작업을 처리하는 일부분을 서브 클래스로 캡슐화하여 전체적인 구조는 바꾸지 않으면서 특정 단계에서 수행하는 내용을 바꾸는 디자인 패턴
	중재자 (Mediator)	• 객체 간의 상호작용에서 발생하는 복잡한 로직을 하나의 객체(중재자)로 캡슐화하고, 다른 객체 간의 조정을 중재하는 패턴 • 객체 간의 통제와 지시의 역할을 하는 중재자를 두어 객체지향의 목표 달성
	커맨드 (Command)	요청을 객체로 캡슐화하여 요청의 처리를 취소하거나, 재사용하거나, 로깅하는 등의 작업을 수행하는 패턴
	옵저버 (Observer)	한 객체의 상태가 바뀌면 그 객체에 의존하는 다른 객체들에게 변경을 알려 주고 자동으로 내용을 갱신하는 패턴(일대다 의존성 정의)
	상태 (State)	객체의 상태를 캡슐화하여 상태에 따른 행위를 변경할 수 있게 해 주는 패턴
	반복자 (Iterator)	컬렉션의 구현 방법을 노출하지 않으면서 집합체 내의 모든 항목에 접근하는 방법을 제공하는 패턴
	방문자 (Visitor)	객체 구조와 기능을 분리하여 구조 안의 각 요소에 대해 새로운 연산을 정의하는 패턴
	책임 연쇄 (Chain of Responsibility Pattern)	요청을 처리할 수 있는 객체를 동적으로 지정하여 요청을 처리하고, 처리할 객체가 없는 경우에는 다음 객체로 요청을 전달하는 방식으로 요청의 처리를 해결하는 패턴
	인터프리터 (Interpreter)	문법 규칙을 클래스화하여 특정 표현식을 표현하는 객체를 생성하고 처리하는 방식의 패턴
	메멘토 (Memento)	특정 시점의 객체의 상태 정보를 저장하고, 필요에 따라 이를 복구(작업취소; Undo)할 수 있는 패턴

11

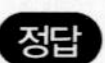 ① Stress Test

② Recovery Test

③ Regression Test

해설

<table>
<tr><th colspan="2">구분</th><th colspan="2">설명</th></tr>
<tr><td rowspan="2">1. 프로그램 실행 여부</td><td>정적 테스트
(Static Test)</td><td colspan="2">• 프로그램을 실행하지 않고 명세서나 소스 코드를 대상으로 분석하는 테스트
• 소프트웨어 개발 초기에 결함을 발견할 수 있어 소프트웨어의 개발 비용을 낮추는 데 도움이 됨</td></tr>
<tr><td>동적 테스트
(Dynamic Test)</td><td colspan="2">• 프로그램을 실행하여 오류를 찾는 테스트
• 소프트웨어 개발의 모든 단계에서 테스트를 수행할 수 있음</td></tr>
<tr><td rowspan="2">2. 테스트 기법</td><td>블랙박스 테스트
(Black Box Test)</td><td colspan="2">• 사용자의 요구사항에 대한 명세를 빠짐없이 테스트 케이스로 만들어 구현하고 있는지 확인하는 테스트
• 사용자의 요구사항에 대한 명세가 불충분하거나 테스트 시간에 제약이 있는 경우, 유사 소프트웨어나 기술 등에 대한 테스터의 경험을 기반으로 테스트 수행</td></tr>
<tr><td>화이트박스 테스트
(White Box Test)</td><td colspan="2">소프트웨어 내부 구조와 동작을 검사하기 위해 테스트 케이스를 작성하고 확인하는 테스트</td></tr>
<tr><td rowspan="2">3. 테스트 시각</td><td>검증 테스트
(Verification Test)</td><td colspan="2">• 개발자의 시각에서 제품의 생산 과정을 테스트
• 제품이 명세서대로 완성됐는지를 테스트</td></tr>
<tr><td>확인 테스트
(Validation Test)</td><td colspan="2">• 사용자의 시각에서 생산된 제품의 결과를 테스트
• 사용자가 요구한대로 제품이 완성됐는지, 제품이 정상적으로 동작하는지를 테스트</td></tr>
<tr><td rowspan="9">4. 개발 단계</td><td>단위 테스트
(Unit Test)</td><td colspan="2">구현 단계에서 개별 모듈 또는 컴포넌트 단위로 테스트</td></tr>
<tr><td rowspan="4">통합 테스트
(Integration Test)</td><td colspan="2">• 단위 테스트가 완료된 모듈들을 결합하여 하나의 시스템으로 완성시키는 과정에서의 테스트
• 모듈 간 또는 통합된 컴포넌트 간의 상호작용 오류 검사</td></tr>
<tr><td>빅뱅
(Big Bang)</td><td>모든 테스트 모듈을 동시에 통합 후 테스트 수행</td></tr>
<tr><td>상향식
(Bottom Up)</td><td>최하위 모듈부터 통합해 가면서 테스트
(테스트 드라이버 필요)</td></tr>
<tr><td>하향식
(Top Down)</td><td>최상위 모듈부터 통합해 가면서 테스트
(테스트 스텁 필요)</td></tr>
<tr><td>시스템 테스트
(System Test)</td><td colspan="2">개발된 소프트웨어가 해당 컴퓨터 시스템에서 완벽하게 수행되는지를 점검하는 테스트</td></tr>
<tr><td rowspan="3">인수 테스트
(Acceptance Test)</td><td colspan="2">개발한 소프트웨어가 사용자의 요구사항을 충족하는지에 초점을 두고 사용자가 직접 테스트</td></tr>
<tr><td>알파 테스트
(Alpha Test)</td><td>사용자의 환경에서 개발자 없이 행하는 테스트 기법으로, 실제 업무를 가지고 사용자가 직접 테스트</td></tr>
<tr><td>베타 테스트
(Beta Test)</td><td>개발자의 환경에서 통제된 상태로 사용자가 개발자 앞에서 행하는 테스트 기법</td></tr>
</table>

5. 테스트 목적	회복 테스트 (Recovery Test)	시스템에 고의로 결함을 주어 실패하도록 한 후, 올바르게 복구되는지를 확인하는 테스트
	안전 테스트 (Security Test)	시스템에 설치된 시스템 보호 도구가 불법적인 침입으로부터 시스템을 보호할 수 있는지를 확인하는 테스트
	성능 테스트 (Performance Test)	• 시스템의 실시간 성능이나 전체적인 효율성을 진단하는 테스트 • 시스템의 응답 시간, 처리량 등을 테스트
	강도 테스트 (Stress Test)	시스템에 과도한 정보량이나 빈도 등을 부과하여 과부하 시에도 시스템이 정상적으로 실행되는지를 확인하는 테스트
	구조 테스트 (Structure Test)	시스템 내부의 논리적인 경로, 소스 코드의 복잡도 등을 평가하는 테스트
	회귀 테스트 (Regression Test)	변경된 모듈이나 컴포넌트에 새로운 오류가 있는지 확인하는 테스트
	병행 테스트 (Parallel Test)	변경된 시스템과 기존 시스템에 동일한 데이터를 입력하여 결과를 비교하는 테스트

12

정답 ㉡, ㉣, ㉥, ㉧

해설

블랙박스 테스트	동치 분할 검사 (Equivalence Partitioning)	입/출력값 영역을 유사한 도메인별로 유효값/무효값을 그룹핑해, 대푯값 테스트 케이스를 도출해 테스트하는 기법
	경곗값 분석 (Boundary Value Analysis)	입력 조건의 중간값보다 경계값에서 오류가 발생될 확률이 높다는 점을 이용하여 입력 조건의 경계값을 테스트 케이스로 선정하여 검사하는 기법
	원인-결과 그래프 검사(Cause-Effect Graph)	그래프를 활용하여 입력 데이터 간의 관계와 출력에 영향을 미치는 상황을 체계적으로 분석한 다음 효용성이 높은 테스트 케이스를 선정하여 검사하는 기법
	비교 검사(Comparison Test)	여러 버전의 프로그램에 동일한 입력 값을 넣어서 동일한 결과 나오는지 비교해 보는 테스트 기법
	오류 예측 검사(Error Guess)	개발자가 범할 수 있는 실수를 추정하고 이에 따른 결함이 검출되도록 테스트 케이스를 설계하여 테스트하는 기법
화이트박스 테스트	기초 경로 검사(Base Path Test)	수행 가능한 모든 경로를 테스트하는 기법
	구문/문장 검증 기준 (Statement Coverage Test)	프로그램 내의 모든 명령문을 적어도 한 번 수행하는 커버리지
	결정 검증 기준 (Decision Coverage Test)	• (각 분기의) 결정 포인트 내의 전체 조건식이 적어도 한 번은 참(T)과 거짓(F)의 결과를 수행하는 테스트 커버리지 • Decision Coverage(결정 검증 기준)는 Branch Coverage(분기 검증 기준)라고도 함
	조건 검증 기준(Condition Coverage Test)	(각 분기의) 결정 포인트 내의 각 개별 조건식이 적어도 한 번은 참과 거짓의 결과가 되도록 수행하는 테스트 커버리지
	결정/조건 검증 기준 (Decision/Condition Coverage Test)	전체 조건식뿐만 아니라 개별 조건식도 참 한 번, 거짓 한 번 결과가 되도록 수행하는 테스트 커버리지

	변경 조건-결정 검증 기준(Modified Condition/Decision Coverage Test)	개별 조건식이 다른 개별 조건식에 영향을 받지 않고 전체 조건식에 독립적으로 영향을 주도록 함으로써 조건/결정 커버리지를 향상시킨 커버리지
	다중 조건 검증 기준(Multiple Condition Coverage Test)	결정 조건 내 모든 개별 조건식의 모든 가능한 조합을 100% 보장하는 커버리지
	조건 검사(Condition Test)	프로그램 모듈 내에 있는 논리적 조건을 테스트하는 기법
	루프 검사(Loop Test)	프로그램의 반복(Loop) 구조에 초점을 맞춰 실시하는 테스트 기법
	데이터 흐름 검사(Data Flow Test)	프로그램에서 변수의 정의와 변수 사용의 위치에 초점을 맞춰 실시하는 테스트 기법

13

정답 미들웨어(Middleware)

해설 서로 다른 기종 간의 하드웨어나 프로토콜, 통신환경을 연결하는 것은 미들웨어(Middleware)이다.

14

정답 ① Object
② Dynamic
③ Functional

해설 럼바우 객체지향 분석에는 객체 모델링, 동적 모델링, 기능 모델링이 포함된다.

객체 모형 (Object Modeling)	• 시스템에서 요구되는 객체를 찾아내어 속성과 연산 식별 및 객체 간의 관계를 규정하여 다이어그램으로 표시 • 객체 다이어그램 활용
동적 모형 (Dynamic Modeling)	• 시간의 흐름에 따른 객체 간의 제어 흐름, 상호작용, 동작 순서와 같은 동적 행위를 표현 • 상태 다이어그램 활용
기능 모형 (Functional Modeling)	• 프로세스들 사이의 자료 흐름을 중심으로 처리 과정을 표현 • 자료 흐름도(DFD; Data Flow Diagram) 활용

15

정답 fan-in: 3개
fan-out: 2개

해설 F를 기준으로 들어간 선(fan-in): 3개, F를 기준으로 나온 선(fan-out): 2개

16

정답 키로거 공격(Key Logger Attack)

해설 컴퓨터 사용자의 키보드 움직임을 탐지해서 저장하여 개인 정보를 빼가는 공격기법은 키로거 공격(Key Logger Attack)이다.

17

정답 Transcription error

해설 12536 → 12936은 5를 9로, 즉 임의로 한 자리를 잘못 기록한 경우에 해당하므로 필사 오류(Transcription error)에 해당한다.

생략 오류(Omission error)	입력 시 한 자리를 빼놓고 기록한 경우	1234 → 123
필사 오류(Transcription error)	입력 시 임의의 한 자리를 잘못 기록한 경우	1234 → 1235
전위 오류(Transposition error)	입력 시 좌우 자리를 바꾸어 기록한 경우	1234 → 1243
이중 오류(Double Transposition error)	전위 오류가 두 가지 이상 발생한 경우	1234 → 2143
추가 오류(Addition error)	입력 시 한 자리를 추가로 기록한 경우	1234 → 12345
임의 오류(Random error)	위의 오류가 두 가지 이상 결합하여 발생한 경우	1234 → 12367

18

정답 fork

해설 fork는 새로운 프로세스를 생성하는 명령이다.

19

정답 전송 계층

해설 전송 계층은 논리적 안정 및 균일한 데이터 전송 서비스를 제공해 종단 시스템 간 투명한 데이터를 전송한다.

계층	설명
응용 계층(Application Layer) 7계층	• 사용자와 밀접한 계층으로 인터페이스 역할을 함 • 응용 프로세스 간의 정보 교환을 담당함
표현 계층(Presentation Layer) 6계층	• 상이한 부호체계 간의 변화에 대해 규정 • 인코딩과 디코딩, 압축과 해제, 암호화와 복호화 등의 역할을 수행
세션 계층(Session Layer) 5계층	응용 프로그램 간의 논리적인 연결 생성 및 제어를 담당
전송 계층(Transport Layer) 4계층	• 종단 간 신뢰성 있는 전송을 담당 • 구체적인 목적지까지 데이터가 도달할 수 있도록 함 • process를 특정하기 위한 주소로 port number를 사용함
네트워크 계층(Network Layer) 3계층	• 종단 간 전송을 위한 경로 설정을 담당함(End-to-End) • 호스트로 도달하기 위한 최적의 경로를 라우팅 알고리즘을 통해 선택하고 제어함
데이터 링크 계층(Data Link Layer) 2계층	• 인접한 노드 간의 신뢰성 있는 데이터 전송을 제어함 • 네트워크 카드 MAC(Media Access Control) 주소를 통해 목적지를 찾음 • 신뢰성 있는 전송을 위해 흐름 제어(Flow Control), 오류 제어(Error Control), 회선 제어(Line Control)를 수행
물리 계층(Physical Layer) 1계층	• 물리적인 장치의 전기적, 전자적 연결에 대한 정의 • 디지털 데이터를 아날로그적인 전지적 신호로 변환해 물리적인 전송을 가능하게 함

20

정답 AES

해설 DES(Data Encryption Standard)의 성능문제 극복을 위해 탄생한 대칭 키 암호화 알고리즘은 AES(Advanced Encryption Standard)이다.

006 기출변형 모의고사 3회 정답 및 해설

01

정답 1 3 3 3 / 2 3 2 3 / 1 2 3 2 (행 기준)

0	2	1	2
1	3	3	3
2	3	2	3
1	2	3	2

해설 2차원 배열과 for문, 사용자 정의 함수 등의 활용에 대한 문제로, 현재까지 출제된 C언어 코드 문제 중 가장 난이도가 있는 문제에 속한다. '지뢰 찾기(Minesweeper)' 알고리즘을 구현한 코드로, 4*4 크기의 지뢰 field에서 각 칸 주변의 지뢰 개수를 계산하는 프로그램이다.

	#include <stdio.h>	
	int chkover(int width, int height, int r, int c);	chkover 함수 선언. chkover 함수는 배열의 범위를 벗어나지 않는지 확인하는 역할
	int main() {	
①	int field[4][4] = { {0,1,1,1}, {0,0,0,1}, {1,1,1,0}, {0,1,1,1} };	① 4*4 크기의 정수형 배열 field 선언 및 초기화
②	int mines[4][4] = { {0,0,0,0}, {0,0,0,0}, {0,0,0,0}, {0,0,0,0} };	② 4*4 크기의 정수형 배열 mines 선언 및 0으로 초기화
③	int width = 4, height = 4;	③ 정수형 변수 w와 h 선언 및 4로 초기화
④	int r, c, x, y;	④ 정수형 변수 r, c, x, y 선언
⑤	for (r = 0; r < height; r++) {	⑤ r을 0으로 초기화 및 height보다 작을 때까지 1씩 증가하면서 아래 반복
⑥	for (c = 0; c < width; c++) {	⑥ c를 0으로 초기화 및 width보다 작을 때까지 1씩 증가하면서 아래 반복
⑦	if (field[r][c] == 0)	⑦ field[r][c] 값이 0이면 continue를 수행하고 ⑧을 수행하여 ⑥으로 이동. 만약 0이 아니라면 width까지 반복
⑧	continue;	⑧ ⑥으로 이동해 반복문 계속 수행
⑨	for (y = r - 1; y <= r + 1; y++) {	⑨ y에 r-1을 대입하고 r+1 이하일 때까지 1씩 증가하며 아래 반복

⑩	for (x = c – 1; x <= c + 1; x++) {	⑩ x에 c–1을 대입하고 c+1 이하일 때까지 1씩 증가하며 아래 반복
⑪	if (chkover(width, height, y, x) == 1)	⑪ chkover 함수를 호출하여 리턴 값이 1과 같으면 mines[i][j]에 1을 더함
⑫	mines[y][x] += 1;	⑫ mines[y][x]에 1만큼 더해서 저장
	}	
	}	
	}	
	}	
⑭	for (r = 0; r < height; r++) {	r에 0을 대입하고 height보다 작을 때까지 1씩 증가하며 반복
⑮	for (c = 0; c < width; c++)	c에 0을 대입하고 width보다 작을 때까지 1씩 증가하며 반복
⑯	printf("%d ", mines[r][c]);	mines[r][c]를 출력
	}	
⑰	printf("\n");	줄 바꿈 출력
	}	
⑱	return 0;	main 함수 종료
	}	
	int chkover(int width, int height, int r, int c) {	
⑫	if (c >= 0 && c < width && r >= 0 && r < height)	⑫ c가 0보다 크거나 같으면서 c가 width보다 작고, r은 0보다 크거나 같으면서 height보다 작으면 1을 리턴 (즉, (r, c)가 지뢰 필드를 벗어나지 않으면 1을 리턴)
	return 1;	
⑬	return 0;	⑬ if문을 만족하지 않았을 때 실행되는 부분으로 0을 리턴 (즉, (r, c)가 지뢰 필드를 벗어나면 0을 리턴)
	}	

02

정답 3085

해설 구조체 배열 a를 선언 및 필드 초기화, 구조체 포인터 p를 선언한다. 그리고 구조체 포인터 p에 구조체 배열 a 주소(=&a[0])를 저장했다. p의 값을 1 증가시켰으므로 p는 구조체 배열 a+1의 주소를 가리키고 &a[1]이 저장된다. 따라서 p->name은 Soo를 가리키게 되고, p->age는 30, p->score는 85를 출력한다. 이때 개행문자나 스페이스가 없으므로 줄 나눔이나 띄어쓰기를 하면 오답이다.

03

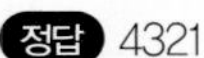 4321

해설

코드	설명
#include 〈stdio.h〉	
int main() {	
int num = 1234;	① 정수형 변수 num 선언 및 1234로 초기화
int div = 10, res = 0;	② 정수형 변수 div와 result를 선언하고 각각 10과 0으로 초기화
while (num != 0) {	③ 역순으로 출력하려면 num은 0이 아니거나 0보다 클 때까지 수행되어야 함
res = res * div;	④ 새로운 나머지를 더하기 전에 기존의 나머지가 저장된 res에 10(=div)을 곱함
res = res + num % div;	⑤ 기존의 나머지에, num % div을 통해 구한 새로운 나머지를 더한 후 이를 res에 다시 저장
num = num / div;	⑥ 다음 나머지를 구하기 위해 num을 10(=div)으로 나눔
}	
printf("%d", res);	⑦ res의 값인 4321을 출력
return 0;	⑧ 0을 반환하며 함수 종료
}	

04

 BCDABCC

해설

코드	설명
public class array1{	
static void rs(char a[]){	
for(int i = 0; i 〈 a.length; i++)	① a는 길이 7 미만까지 1씩 증가하면서 반복 수행
if(a[i] == 'B')	② a[i]가 'B'일 때
a[i] = 'C';	a[i]에 'C' 대입 : a[1] = 'C'
else if(i == a.length – 1)	③ i값이 6하고 같을 때
a[i] = a[i – 1];	a[6] = a[5] 대입 a[6] = 'C'
else a[i] = a[i + 1];	④ i값 0일 때: a[0] = a[1] =〉 'B' ⑤ i값 1일 때: 여기 수행 안 함 ⑥ i값 2일 때: a[2] = a[3] =〉 'D' ⑦ i값 3일 때: a[3] = a[4] =〉 'A' ⑧ i값 4일 때: a[4] = a[5] =〉 'B' ⑨ i값 5일 때: a[5] = a[6] =〉 'C' ⑩ i값 6일 때: 여기 수행 안 함
}	
static void pca(char a[]){	
for(int i = 0; i 〈 a.length; i++)	⑪ i값 0부터 a 배열길이가 7 미만까지 1씩 증가하면서 수행
System.out.print(a[i]);	⑫ a[0] = 'B', a[1] = 'C', a[2] = 'D', a[3]= 'A', a[4] = 'B', a[5]='C', a[6] = 'C'
System.out.println();	⑬ for문이 모두 끝나고 수행하므로 다음 줄로 넘김
}	
public static void main(String[] args){	

char c[] = {'A', 'B', 'D', 'D', 'A', 'B', 'C'};	⑭ 문자형 c[0]='A', c[1]='B', c[2]='D', c[3]='D', c[4]='A', c[5]='B', c[6]='C' 대입
rs(c);	⑮ rs 매서드에 인자로 c배열을 전달하여 실행
pca(c);	⑯ pca 매서드에 파마미터 c배열을 전달하여 실행
}	
}	

05

정답 56

public class Operator {	
public static void main(String[] args) {	
int x = 5, y = 0, z = 0;	① 정수형 x = 5, y = 0, z = 0 저장
y = x++;	② 후치 증감 연산자로 변수 y에 x=5를 먼저 대입, 변수 x을 1 증가시킨 후 저장 x = 6, y = 5, z = 0
y *= 10;	③ y의 값 5에 10을 곱한 후 저장 x = 6, y = 50, z = 0
z = --x;	④ 전치 증감 연산자로 변수 x를 1 감소시킨 후, 저장, 변수 z에 x = 5 대입 x = 5, y = 50, z = 5
z /= x;	⑤ z의 값 5에 x의 값 5를 나눠 준 1을 z에 대입 x = 5, y = 50, z = 1
System.out.print(x + y + z);	⑥ x + y + z의 값 5 + 50 + 1 = 56을 출력
}	
}	

06

정답 ① case
② break

해설 switch문에서는 조건에 해당하는 case로 이동을 한다. break를 만나면 switch문을 탈출한다.

07

정답 ① 130
② 3

해설 ① SELECT로 STUDENT 테이블의 튜플 전체를 검색했기 때문에 130 = 50(독일어) + 30(중국어) + 50(영어영문)이다.
② 중복을 제거하는 DISTINCT의 경우 독일어, 중국어, 영어영문 3가지다.

08

정답 제1정규형

해설 제1정규형은 도메인이 원자값으로 구성된 정규형으로 서울, 부산과 워싱턴, 뉴욕을 원자값으로 분해한 결과이다.

09

정답 23

해설 1~9까지 반복하여 3과 5의 배수일 때 result에 더하는 코드이다.

<table>
<tr><td>result = 0</td><td>① 변수result에 0 저장</td></tr>
<tr><td>for n in range(1, 10):</td><td>② n에 1~9까지 반복 저장하여 반복문 실행
<table>
<tr><th>n</th><th>result</th></tr>
<tr><td>1</td><td>0</td></tr>
<tr><td>2</td><td>0</td></tr>
<tr><td>3</td><td>3</td></tr>
<tr><td>4</td><td>3</td></tr>
<tr><td>5</td><td>8</td></tr>
<tr><td>6</td><td>14</td></tr>
<tr><td>7</td><td>14</td></tr>
<tr><td>8</td><td>14</td></tr>
<tr><td>9</td><td>23</td></tr>
</table></td></tr>
<tr><td>if n % 3 == 0:</td><td>③ n을 3으로 나누었을 때 나머지가 0인 경우(3의 배수)라면 다음 명령문 실행</td></tr>
<tr><td>result += n</td><td>④ result에 n을 더하고, 아닌 경우, 다음 줄의 명령문 실행</td></tr>
<tr><td>if n % 5 == 0:</td><td>⑤ n을 5로 나누었을 때 나머지가 0인 경우(5의 배수) result에 n을 더하고, 아닌 경우 다음 줄의 명령문 실행</td></tr>
<tr><td>result += n</td><td>⑥ result에 n을 더하고, 아닌 경우 다음 줄의 명령문 실행</td></tr>
<tr><td>print(result)</td><td>⑦ result에 저장된 23 출력</td></tr>
</table>

10

정답 ① Specification

② Validation

해설 도출 → 분석 → 명세 → 확인 순서로 요구사항 개발 프로세스가 이루어진다.

11

정답 ① 참(True)

② 샘플링(Sampling)

③ 일관성 검사(Consistent)

해설
- 테스트 오라클(Test Oracle)의 개념: 테스트 결과가 올바른지 판단하기 위해 사전에 정의된 참 값을 대입하여 비교하는 기법
- 테스트 오라클(Test Oracle)의 종류

종류	설명
참(True) 오라클	모든 테스트 케이스의 입력값에 대해 기대하는 결과를 생성함으로써 발생된 오류를 모두 검출할 수 있는 오라클
샘플링(Sampling) 오라클	특정한 몇몇 테스트 케이스의 입력값에 대해서만 기대하는 결과를 생성하는 오라클
추정(Heuristic) 오라클	샘플링 오라클의 단점을 개선한 오라클로, 특정 테스트 케이스의 입력값에 대해 올바른 결과를 제공하고, 나머지 값들에 대해서는 휴리스틱(추정)으로 처리하는 오라클
일관성(Consistent) 검사 오라클	애플리케이션의 변경이 있을 때, 테스트 케이스의 이전 수행 결과와 현재 수행 결과가 동일한지를 확인하는 오라클

12

정답 ① → ② → ④, ① → ③ → ⑤ 또는 ① → ② → ⑤, ① → ③ → ④

해설 분기 커버리지는 각 분기의 결정 포인트 내의 전체 조건식이 적어도 한 번은 참(T)과 거짓(F)의 결과를 수행하는 테스트 커버리지를 말한다.

- 테스트 커버리지 유형

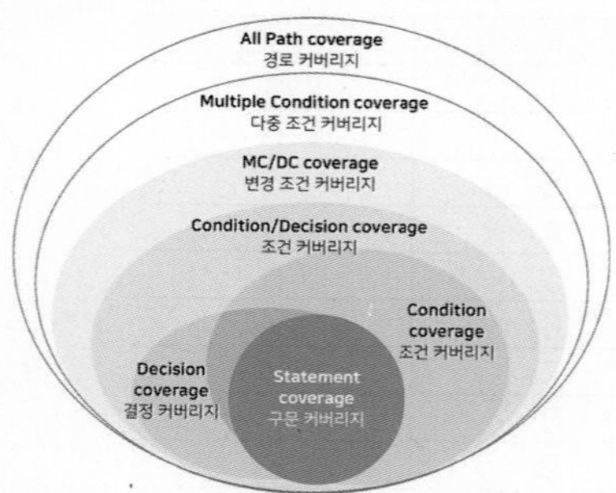

Statement Coverage Test (구문/문장 검증 기준)	프로그램 내의 모든 명령문을 적어도 한 번 수행하는 커버리지
Decision Coverage Test (결정 검증 기준)	• (각 분기의) 결정 포인트 내의 전체 조건식이 적어도 한 번은 참(T)과 거짓(F)의 결과를 수행하는 테스트 커버리지 • Decision Coverage(결정 검증 기준)는 Branch Coverage(분기 검증 기준)라고도 함
Condition Coverage Test (조건 검증 기준)	(각 분기의) 결정 포인트 내의 각 개별 조건식이 적어도 한 번은 참과 거짓의 결과가 되도록 수행하는 테스트 커버리지
Decision/Condition Coverage Test 결정/조건 검증 기준	전체 조건식뿐만 아니라 개별 조건식도 참 한 번, 거짓 한 번 결과가 되도록 수행하는 테스트 커버리지
Modified Condition/Decision Coverage Test (변경 조건/결정 검증 기준)	개별 조건식이 다른 개별 조건식에 영향을 받지 않고 전체 조건식에 독립적으로 영향을 주도록 함으로써 조건/결정 커버리지를 향상시킨 커버리지
Multiple Condition Coverage Test (다중 조건 검증 기준)	결정 조건 내 모든 개별 조건식의 모든 가능한 조합을 100% 보장하는 커버리지

13

정답 무결성은 **시스템 내의 정보**는 **오직 인가된 사용자만 수정할 수 있다**는 보안 요건이다.

해설 SW 개발 보안의 3개 요소는 다음과 같다.

요소	설명
기밀성(Confidentiality)	접근 체계를 만들어 허가 받지 않은 개인, 시스템의 접근 차단
무결성(Intergrity)	절차를 따르지 않고 데이터가 변경될 수 없으며, 데이터의 정확성 및 완전함이 훼손되지 않음을 보장
가용성(Availiability)	권한을 가진 개인, 시스템이 원하는 데이터에 대한 원활한 접근 제공 보장

14

정답 MapReduce

해설 분산 처리(map)하고 다시 병합(reduce)하는 기법이다.

15

정답 chown

해설 파일의 소유자를 변경하는 명령어는 chown이다.

16

정답 Deployment Diagram

해설 Deployment Diagram은 결과물, 프로세스, 컴포넌트 등의 물리적 요소들의 위치를 표현하는 다이어그램이며, 구조적/정적 다이어그램(Structural/Static Diagram)에 속한다. 행위적/동적 다이어그램(Behavioral/Dynamic Diagram)의 종류와 특징은 다음과 같다.

종류	설명
유스케이스 다이어그램 (Use Case Diagram)	• 사용자 관점에서 시스템의 활동 표현 • 요구분석 중 시스템의 기능적 요구 정의에 활용
순차 다이어그램 (Sequence Diagram)	상호작용 하는 객체 사이의 메시지 흐름을 시간 순서에 따라 표현
커뮤니케이션 다이어그램 (Communication Diagram)	상호작용 하는 객체 사이의 메시지 흐름을 표현하며, 객체 사이의 연관까지 표현
상태 다이어그램 (State Diagram)	객체가 속한 클래스의 상태 변화, 다른 객체와의 상호작용에 따른 변화 표현
활동 다이어그램 (Activity Diagram)	시스템이 어떤 기능을 수행하는지 객체의 처리 로직, 조건에 따른 처리 흐름을 순서대로 표현
타이밍 다이어그램 (Timing Diagram)	객체의 상태 변화와 시간 제약을 명시적으로 표현

17

정답 xUnit

해설 다양한 언어를 지원하는 단위 테스트 프레임워크는 xUnit이다.

xUnit	소프트웨어의 함수나 클래스 같은 서로 다른 구성 원소(단위)를 테스트할 수 있게 해 주는 도구, JAVA(jUnit), C++(cppUnit), .Net(nUnit), Web(httpUnit) 등 다양한 언어를 지원
STAF	각 테스트 대상 분산 환경에 데몬을 사용하여 테스트 대상 프로그램을 통해 테스트를 수행하고, 통합하며 자동화하는 검증 도구
FitNesse	웹 기반 테스트 케이스 설계/실행/결과 확인 등을 지원하는 테스트 프레임워크, 사용자가 테스트 케이스 테이블을 작성하면 빠르고 편하게 자동으로 원하는 값에 대한 테스트 가능
NTAF	FitNesse와 STAF의 장점을 결합하여 개발된 테스트 자동화 프레임워크

18

정답 세션 하이재킹(Session Hijacking)

해설 세션 정보를 가로채는(Hijacking) 공격은 세션 하이재킹이다.

19

정답 ① DAC

② MAC

③ RBAC

해설 접근 제어의 유형은 다음과 같다.

구분	DAC (Discretionary Access Control)	MAC (Mandatory Access Control)	RBAC (Role Based Access Control)
의미	신분 기반(임의적) 접근제어 정책	규칙 기반(강제적) 접근제어 정책	역할 기반 접근제어 정책
권한 부여자	데이터 소유자	시스템	중앙관리자
접근 결정	신분(Identity)	보안등급(Label)	역할(Role)
정책 변경	변경 용이	고정적(변경 어려움)	변경 용이
장점	구현 용이, 유연함	안정적, 중앙 집중적	관리 용이

20

정답 Factory Method

해설 객체를 생성하기 위한 인터페이스를 정의하여 어떤 클래스가 인스턴스화 될 것인지를 서브 클래스가 결정하도록 하는 것은 Factory Method 패턴이다.